本书获河南省社会科学院
哲学社会科学创新工程试点经费资助

中原学术文库·学者丛书

资源开发过程中的
利益博弈及均衡发展研究

RESEARCH ON RESOURCES DEVELOPMENT BENEFITS GAME
AND BALANCED DEVELOPMENT BETWEEN GOVERNMENTS
AND ENTERPRISES

杜明军 / 著

社会科学文献出版社
SOCIAL SCIENCES ACADEMIC PRESS (CHINA)

摘　　要

　　矿产等自然资源是人类生存与发展的重要物质基础，为国民经济发展提供着不可或缺的生产原料，也支撑地方经济社会发展，发挥着巨大的经济社会效益，但是资源开发利用存在着经济效益、环境生态、生产安全、管理体制机制、可持续发展等方面的失衡。这些问题发生和存在的本质，主要源于矿产资源开发利用中利益的分配问题，利益分配已成为资源开发中所有问题和矛盾的焦点。因此，对矿产资源开发利用中利益的失衡问题进行研究，需要高度重视，加强加快研究，反映矿产资源开发利用利益博弈失衡的严峻现实，挖掘利益博弈失衡背后的动因和机理，促进资源开发的和谐发展，满足国民经济发展需求，为经济发展方式转变和转型升级提供理论支撑和策略参考。

　　本研究以科学发展观为总指导，以经济发展方式转变的内涵目标为导引、以构建和谐社会的内涵目标为导引、以跨越"中等收入陷阱"的经济社会转型为导引；以利益博弈分析为研究主线，借鉴经济学、管理学、法学和伦理学等理论方法，通过运用资源开发理论、公共选择理论、经济发展的阶段性理论，以及数理经济理论、博弈论等分析工具，在实地调查和文献研究的基础上，侧重于经验分析和理论推理相结合，采用总结归纳与演绎推理相结合、定性与定量相结合、实证与规范相结合、数学模型与统计分析相结合等研究方法，以中国资源开发进程中的利益问题为研究对象，深入分析中国矿产资源开发利用中的现实特征和存在的问题，系统阐述矿产资源开发利用中利益相关主体的利益诉求和行为特征，对矿产资源开发利用中的中央政府、地方政府与矿产资源开发利用企业等利益相关主体相互之间的利益博弈互动关系特征、形成动因、产生效应、内在博弈机理以及均衡发展取向等进行全面综合深入分析，通过分析这些博弈主体之间的互动关系得出均衡结果，阐释中国矿产资源开发利用中的利益博弈均衡发展取向和提出对策思路。整个研究过程体现出从抽象到具体、从理论到实际的方法论特点。

本研究的主要创新点包括如下几方面。

首先，研究视角新。把资源开发中出现的开发利用秩序混乱、地方保护主义盛行、矿难等安全生产事故频发、生态环境恶化、可持续开发利用受到挑战等问题，从利益角度将其归结为相关利益主体之间利益博弈的失衡。虽然许多国内学者已经开始认识到利益主体间博弈的重要性，但无论是国内还是国外在资源开发领域的研究，都还没有较为系统全面地对资源开发中出现的问题从利益博弈角度进行详尽的解释和提出对策思路；没有对资源开发中多元利益主体间的博弈发生背景条件、互动关系特征、博弈失衡效应、博弈失衡内在原因、博弈内在机理，以及博弈均衡结果的选择等问题进行全面详细系统论述。本研究从政府与企业之间的多元互动关系视角等方面的探讨分析工作是本研究与以往文献的不同之处，也是本研究的一个重要的独特之处。

其次，分析框架新。本研究遵循着"是什么、为什么、怎么办"的逻辑基础，拟定矿产资源开发利用利益博弈的理论框架，构建"内嵌式"多层次的研究分析框架。一是构建整体的符合逻辑的研究框架。从分析资源开发中目前存在的突出问题和挑战出发，发现分析资源开发中存在的多元利益相关主体，引入利益博弈思想方法，再到中央政府、地方政府、多元的矿产资源开发利用企业等利益相关行为主体之间的多层利益博弈关系，再到利益相关行为主体之间的多元化多层次的利益博弈均衡关系，最后到利益博弈均衡发展的保障思路对策。二是构建分层次的符合逻辑的研究框架。在总框架的基础上，依次分别建立相应的分层博弈分析框架，展开中央政府与地方政府、地方政府与地方政府、政府与矿产资源开发利用企业、矿产资源开发利用企业之间等多个层面的矿产资源开发利用利益相关主体相互之间的博弈分析，具体包括：对各利益互动主体之间的利益博弈条件背景、利益博弈互动关系的主要特征、利益博弈的主要效应、利益博弈失衡的主要原因，并运用博弈模型分析工具阐释了利益博弈的内在机理，分析由各层面利益博弈导出的矿产资源开发利用利益结构特征及其效率影响，从分析过程中得到各相关主体博弈均衡及启示。三是构建矿产资源开发利用利益博弈均衡发展的分析框架。展开中央政府、地方政府、矿产资源开发利用企业等矿产资源开发利用利益博弈的多元分析，分析由利益博弈导出的矿产资源开发利用利益多元博弈均衡发展启示。因此，本研究的研究框架整体逻辑性强，分层逻辑关系明晰，层次分明、环环相扣，逻辑关系层层相套。分析过程较为系统全面深入，分析结果具有较强的说服力，为制定相关政策奠定了理论基础。

再次，研究内容新。通过对矿产资源开发利用中的中央政府、地方政府、矿产资源开发利用企业等主要利益相关主体的利益诉求目标、行为选择特征的系统分析，通过对资源开发中普遍存在利益博弈现象的分析，引入利益博弈的思想和分析方法，运用博弈思想研究资源开发中主要利益相关主体之间的利益互动关系，并尽量对矿产资源开发利用利益相关主体互动博弈中出现的问题分门别类，运用正规的博弈数理模型进行阐释，求解均衡结果。通过系统深入的研究资源开发中各相关利益主体之间的利益行为集合、利益博弈机制、利益结构特征，本研究增添了新的研究元素，丰富了资源开发理论研究的内容，促进了资源开发研究的系统化，具有一定的理论创新意义。

最后，具有一定的政策参考启示。以矿产资源开发利用利益博弈为研究主线，从微观行为主体的角度分析利益需求和博弈过程，通过分析中国资源开发中存在问题和挑战的利益博弈机制和利益融合特点，着力探求资源开发过程中的利益关系互动、利益博弈失衡效应、利益博弈失衡原因，着力解决资源开发过程中的利益分配与和谐发展问题。本研究从理论上提出了矿产资源开发利用利益均衡发展的合理制度安排，提出了对矿产资源开发利用利益制衡的可操作性的综合对策建议。构建基于多元相关主体的利益诉求和行为选择的博弈均衡发展机制体系，提出中央政府、地方政府、矿产资源开发利用企业等多层次相关利益主体应相互协调矿产资源开发利用利益发展，实现多元多层次共赢；对促进资源开发的可持续、促进经济发展方式的转变，践行科学发展观、构建和谐社会，具有一定的决策参考价值，可以为政策安排提供理论支撑和方向借鉴。

关键词： 资源开发　利益博弈　综合制衡

目录

第一章　导论 …………………………………………………………… 1
　　一　选题背景及意义 ………………………………………………… 1
　　二　国内外理论文献综述与研究现状 ……………………………… 6
　　三　指导思想、研究思路和研究方法 …………………………… 11
　　四　本研究的结构安排 …………………………………………… 16
　　五　创新点与尚待深入研究之处 ………………………………… 20
第二章　**矿产资源开发利用利益失衡的严峻现实** …………………… 25
　　一　矿产资源开发利用保护总览 ………………………………… 26
　　二　矿产资源开发利用的宏观经济效益失衡 …………………… 43
　　三　矿产资源开发利用的环境生态效益失衡 …………………… 48
　　四　矿产资源开发利用的安全效益失衡 ………………………… 53
　　五　矿产资源开发利用的管理体制机制效益失衡 ……………… 60
　　六　矿产资源开发利用的可持续发展效益失衡 ………………… 66
第三章　**矿产资源开发利用中的企业与政府** ………………………… 72
　　一　矿产资源开发利用中的企业与政府范畴 …………………… 72
　　二　矿产资源开发利用中的企业利益行为特征 ………………… 77
　　三　矿产资源开发利用中中央政府的利益行为特征 …………… 80
　　四　矿产资源开发利用中地方政府的利益行为特征 …………… 85

第四章 政府与矿产资源开发利用企业间的博弈关系特征 ……… 101
 一 政府与矿产资源开发利用企业间利益博弈的制度背景 ……… 102
 二 政府与矿产资源开发利用企业间利益博弈关系的特征 ……… 112
 三 矿产资源开发利用企业间的利益博弈基本关系 ……… 121

第五章 政府与矿产资源开发利用企业间的博弈效应 ……… 136
 一 政府与矿产资源开发利用企业间利益博弈的效应 ……… 136
 二 矿产资源开发利用企业间的利益博弈效应 ……… 147

第六章 政府与矿产资源开发利用企业间利益博弈失衡动因 ……… 161
 一 政府与矿产资源开发利用企业间利益博弈失衡的原因 ……… 161
 二 矿产资源开发利用企业间的利益博弈失衡原因 ……… 169

第七章 政府与矿产资源开发利用企业间利益博弈的内在机理 ……… 189
 一 政府与矿产资源开发利用企业间利益博弈失衡的基本特征机理 ……… 189
 二 政府与矿产资源开发利用企业间的开发秩序利益博弈 ……… 204
 三 政府与矿产资源开发利用企业间的生态环保利益博弈 ……… 213
 四 政府与矿产资源开发利用企业间的生产安全利益博弈 ……… 221
 五 政府与矿产资源开发利用企业间的寻租利益博弈 ……… 227
 六 政府与矿产资源开发利用企业间利益博弈的政策启示 ……… 243

第八章 政府与矿产资源开发利用企业间多元利益博弈的内在机理 ……… 247
 一 矿产资源开发利用企业间利益博弈的内在机理 ……… 247
 二 政府对多元矿产资源开发利用企业间利益博弈局势的改变机理及政策取向 ……… 282

第九章 政府与矿产资源开发利用企业间博弈均衡发展的策略取向 ……… 291
 一 完善矿产资源开发利用企业制度，规范资源开发行为选择 ……… 291
 二 完善地方政府职能，约束政府对矿产资源开发利用利益的调控行为 ……… 300

参考文献 ……… 316

第一章
导论

矿产资源开发利用中的利益博弈问题既是经济发展方式转变的重要方面，也是落实科学发展观、构建和谐社会的重要基础之一，作为研究背景的提供和研究的总括，导论部分的基本安排如下：第一，解释了选题背景及意义，认为针对矿产资源开发利用中的开发秩序的治理、生态环境的保护、安全生产的保证、可持续发展的内在要求、开发利用效率的改善等，需要对矿产资源开发利用中的利益博弈问题进行理论研究和政策探讨。第二，系统归纳梳理了国内外关于矿产资源开发利用利益博弈问题方面的理论文献综述与研究现状，认为具有系统综合、提炼升华、研究扩充的空间。第三，综合提炼了本研究的指导思想、研究思路、技术路线和研究方法。第四，介绍了整个研究的结构安排、主要研究结论和观点。第五，探讨了创新点与尚待深入研究之处。

一 选题背景及意义

（一）选题来源

矿产等物质资源是人类生存与发展的重要物质基础，为国民经济发展提供不可缺少的原料资源，支撑地方经济社会发展，产生巨大的经济社会效益，但是不合理地开采利用却会带来生存环境恶化和生态失衡等负面影响，导致矿产资源开发利用利益分割的严重失衡。第一，资源开发中存在着开发利用方式粗放、综合利用经济性较差、社会资源禀赋浪费惊人等经济效益失衡。第二，资源开发中存在着开发生产诱发的灾害增多，生态环境破坏问题凸显的环境生态效益失衡。其实质是矿产资源开发利用不充分，大量固体废物排放占用了大量宝贵的土地资源；矿山废水排放率高，废水量大，废水中含有固体微细粒物质，有的还含有残余药剂及溶于水中的金属离子；大量废水外排，污染了社区四周的河流、农田，给周边地区的农作物、植物、河流留下巨大的祸患，同时也造成大量金属与非金属资源的流失，造成的生态环境恶化已成为不可忽视的重大问题。第三，资源开发中存在着安全生产问题突出、矿难频发的安全效益失衡。第四，资源开发中存在着开发利用的体制机制不顺，管理不得力，开采秩序混乱；开发利用的体制机制运作成本高昂，优势矿产资源消耗过快等管理体制机制效益失衡。第五，资源开发中存在着开发的远景勘探及投入机制不畅，开发利用的后续投入不足，远景开发的可持续发展受到挑战等可持续效益失衡。这些问题，主要是由矿产资源开发利用利益分配问题而引发，利益分配已成为资源开发所有问题和矛盾的焦点。因此，对矿产资源开发利用利益的失衡问题研究，需高度重视，加强加快研究，揭示矿产资源开发利用利益博弈失衡的严峻现实，促进资源开发的和谐发展，满足国民经济发展的需求。

（二）理论和实践意义

改革开放以来，在资源开发中开采秩序混乱、地方监管不力、掠夺性开采、开采利用效率低下、矿山生产事故频发、生态破坏严重等问题普遍存在，并且局部有愈演愈烈之势。在经济社会转轨发展中，我国一直没有很好地解决矿产资源开发利用中的利益分配制衡问题。影响经济既好又快发展，事关可持续发展全局的最突出障碍之一是资源供给的可持续受到严峻挑战。正确处理利益博弈及分配问题，实现资源开发的可持续利用，对促进资源开发可持续发展，践行科学发展观、实现经济发展方式转变，构建和谐社会意义重大。所以，通过对矿产资源开发利用利益的失衡问题的研究，一是着力探寻资源开采秩序混乱、地方监管不力、掠夺性开采、开采利用效率低下、生产事故频发、生态破坏严重等严峻现实背后的利益博弈失衡症结所在；二是运用博弈方法，丰富资源开发问题研究的手段，整合资源开发的利益制衡管理理论；三是尝试解决资源开发面临的严重利益失衡问题，提出资源开发的利益分配制衡对策，从利益机制的有效运作上确保资源开发达到最佳经济社会效益，促进"两型"社会的构建。

1. 有助于促进资源开发理论的研究

近年来，资源开发研究一个引人注目的动向是，研究者开始把注意力集中于矿产资源开发利用利益主体等各方的动机驱动和行为方式选择分析。科斯以前的传统经济学不关注产权等制度机制层面的安排与协调，也不关注个体行为，虽然价格是利益主体共同行为的结果，但对单个利益主体的行为选择而言，决策时所面对的价格却是一个物化的、非人格化的东西，既不考虑自己的选择对别人选择的影响，也不考虑别人的选择对自己选择的影响。当关注矿产资源开发利用利益在不同行为主体之间的分割时，个体的行为选择再也不能像在宏观环境下那样被忽略或者被非人格化，学者必须考虑个体资源开发行为之间彼此的影响及作用，而博弈论正是研究这一问题的有力的数学工具。博弈论正是矿产资源开发利用利益均衡发展得以深入的技术基础，通过对矿产资源开发利用利益个体经济行为的研究，约束规制矿产资源开发利用利益主体的行为选择，充分调动参与各方的资源开发积极性，以实现矿产资源开发利用利益价值的最大化。本研究试图从博弈角度对矿产资源开发利用利益博弈进行分析，依托制度机制结构基本决定矿产资源开发利用利益主体的行为选择和利益分配关系。鉴于利益目标的理性追求、制度机制结构所决定的行为方式选择决定了矿产资源开发利用利益主体各方的利益冲突与合作，机制权益安排能吸引各方参与资源开发，并调动参与各方的积极性。所以，确切地说，本研究通过着眼于由矿产资源开发利用利益博弈导出的分配机制结构，促进矿产资源开发利用利益的均衡发展。因此，从对矿产资源开发利用利益结构这一复杂的系统和结构运行的规律探索、分析做起，会促进矿产资源开发利用中的理论发展。

2. 有助于从微观视角剖析中国矿产资源开发利用利益均衡发展的"内源性"因素

事实上，在矿产资源开发利用中的一切行为选择都与利益博弈不可分离。研究"生产什么、如何生产和为谁生产"这三个基本的经济学问题①从三个方面展开：一是矿产资源开发利用中的"生产什么"问题，通过涉及的开发利益创造和控制博弈问题研究，从微观视角剖析中国矿产资源开发利用中的体制性转型，探讨资源开发调控是由市场的供求与价格机制决定还是由计划直接调控，涉及资源开发企业的行为约束激励，涉及政府转型及其行为优化问题。二是矿产资源开发利用中的"如何生产"问题，通过涉及的利益创造博弈问题研究，从微观视角剖析中国矿产资源开发利用中的利益相关主体间的利益分割契约方式与内容，利益在政府间、资源开发企业间、资源开发企业与政府、资源开发企业与社区、资源开发企业与矿工等利益主体之间的分布与配置等均衡发展问题。三是矿产资源开发利用中的"为谁生产"问题，通过涉及的利益分割博弈的问题研究，从微观视角剖析中国矿产资源开发利用中利益相关主体间的和谐均衡发展，着眼于刺激各利益相关主体的积极性，促进利益分配环节的均衡发展；促进、引导资源开发高效，提高开发利用效率，实现矿产资源开发利用利益均衡可持续发展。本研究通过对矿产资源开发利用利益均衡问题的探索，分析中国的资源开发的利益结构特征和核心推动力量，有利于从微观视角剖析中国矿产资源开发利用利益均衡发展的"内源性"因素。研究涉及的利益博弈问题，有助于资源开发效率提升、安全生产和生态环保问题的解决，为转变经济发展方式，全面落实科学发展观提供坚实的资源开发基础；有助于为领导者、决策者制定资源开发政策提供理论参考和依据。

3. 有助于从利益角度促进资源开发和谐均衡发展

矿产资源开发利用利益均衡发展意味着根据矿产资源开发利用利益分配分割的规则状况，对利益相关主体的行为选择形成特定的激励和约束，

---

① 保罗·A. 萨缪尔森、威廉·D. 诺德豪斯：《经济学》（上册），北京经济学院出版社，1996，第5页。

形成特定的行为选择预期,把稀缺的资源禀赋配置到最佳位置,促进资源开发价值最大化。因此,矿产资源开发利用利益博弈的研究会揭示资源开发内在持久的动力机制,也会掘开矿产资源开发利用利益相关主体诞生、发展所必需的动力源泉。市场经济条件下的矿产资源开发利用利益结构功能发挥过程是矿产资源开发利用利益相关主体有目的地运用资源禀赋、形成利益行为互动、构建矿产资源开发利用利益博弈结构,发挥其创造资源开发价值的功能过程。矿产资源开发利用利益博弈问题的研究,有利于明晰矿产资源开发利用利益相关主体间行为结构,最大化激励矿产资源开发利用利益相关主体的行为,改善矿产资源开发利用利益相关主体间的非和谐局面,促进资源开发创新的利益"催生机制"形成,营造矿产资源开发利用利益均衡发展、矿产资源开发利用利益相关主体共同成长的"生态环境"。因此,矿产资源开发利用利益均衡发展既符合资源开发市场的供需规律,也是资源开发客观、本质、内在和必然的要求。本研究有助于推动以科学发展观引领经济发展方式转型,解决区域发展与生态危机的关系问题,通过矿产资源开发利用利益分割的均衡发展、矿产资源开发利用利益相关主体和谐发展的培育,达到经济效益、社会效益和生态效益有机统一的目标。

4. 矿产资源开发利用利益的研究有更为重要的现实意义

我国矿产资源开发利用过程中的一个重要特征就是主体的多元化发展,正形成国家、政府、资源开发企业、矿工、社区社会等多方参与的价值分割过程。资源开发活动将体现为多方参与的利益博弈。因此,探讨矿产资源开发利用各方的利益互动关系及其行为选择的相互影响,探讨什么样的制度机制结构最有利于提高矿产资源开发利用利益效率就显得很有价值了。一是有利于国有资源利益的实现。《中华人民共和国矿产资源法》(以下简称《资源法》)虽然明文规定资源属于国家所有,由国务院行使国家对资源的所有权。但是由于法律规定的资源产权主体不清晰,资源无序开采的现象十分严重,国家的利益大部分被资源开发企业和其他利益主体拿走,通过矿产资源开发利用利益博弈的研究,建立和完善资源开发的利益分配机制,提升开发效率,杜绝或减少资源开发的浪费,有利于实现国家资源利益的真正国有化。二是有利于保护矿工、社区等弱势群体的利益和构建和谐有序的资源开发环境。矿产资源开发利用中的和谐是整个社会和谐的重要组成部分。国有资源的最终所有权归全体人民所有,通过矿产资源开发利用利益博弈的研究,建立和完善矿产资源开发利用利益分配机制,使矿工、社区等弱势群体也能在资源开发过程中获益,以增加矿工和资源开发地社区的收入,这对维持社区的社会稳定具有十分重要的作用。

二 国内外理论文献综述与研究现状

近年来,资源开发的监督管理、有偿使用、优化开采、战略安全始终是研究的热点和难点。从矿产资源开发利用的利益角度,国内外的研究主要在以下四方面进行了探索:政府及其监管部门与矿产资源开发利用企业间的利益关系方面,矿产资源开发利用有偿使用利益方面,矿产资源开发利用监管利益方面,矿产资源开发利用国际安全利益的保障方面等。并对未来矿产资源开发利用利益的研究进行了总结和展望。

(一) 对政府及其监管部门与矿产资源开发利用企业间的利益关系的研究

政府及其监管部门与矿产资源开发利用企业间的利益关系,是我国矿产资源开发利用利益分割过程中必须正确处理的一个关键问题。它不仅关系我国矿产资源开发利用企业能否真正成为市场主体,关系矿产资源开发利用的效率和外部效应问题,更关系矿产资源开发利用的体制能否完善,矿产资源开发利用能否实现健康、持续发展等重大改革课题,因此一直受到经济理论界和企业界的关注。关于这方面的研究主要有以下成果。

孙洪志等(2003)研究了小煤窑的无序开采问题。孙洪志等人认为:小煤窑的无序开采,对煤炭资源造成了严重破坏和浪费;关井压产政策旨在控制煤炭供给总量,保护煤炭资源。共同的利益使执法者与生产者相互勾结,演变成利益共同体,对国家的宏观政策采取不同的行为策略,关井压产政策没能得到彻底贯彻,效果难以完全实现。

赵海云等(2005)分析了政府和企业间复杂的利益关系。赵海云等人挖掘了矿产资源开发城市中政府和企业之间的关系现状,分析了其间利益博弈的表现形式和形成原因,在此基础上建立了政府和企业博弈的模型,并根据不同的前提条件进行了"斗鸡博弈"、"囚徒困境"和"智猪博弈"的研究,提出了这三种博弈在政府和企业之间都有一定的代表性。

郭进平等(2005)分析了如何有效控制开采单位及个人滥采乱挖等问题。郭进平等人应用博弈论分析方法,研究分析了公共资源、参与矿产品价格谈判、资源管理、合理利用国内外两种资源等问题,建立了相应的分析模型,并提出了解决问题的建议。

石林伟(2006)分析了官煤勾结问题。石林伟认为:近年来,矿难事故屡屡发生的原因,虽然有中国经济处于高速发展时期,对能源存在高需求和高开发,往往导致安全事故高发的客观背景;但是痛定思痛,石林伟从博弈论的角度分析,认为矿难是官煤勾结的一种后果,而官煤勾结正是执法人员和非法煤矿矿主之间博弈的一种利益均衡。只要我们破坏这种利益串谋的条件,就可以使官煤勾结不能成立,从而达到有效遏制矿难的目的。

娄晓海(2008)从多个角度分析了企业与政府在矿产资源开发利用中的利益关系。娄晓海从博弈论的视角,分析了资源开发过程中,环境污染与治理、税费征收与使用、矿产等物质资源开发权与矿产品市场等领域内企业与政府之间的利益与冲突。

胡红安和李海霞(2008)分析了西部资源开发与生态环境保护的利益关系。胡红安和李海霞以S县煤矿资源开发为例,从博弈理论的视角,提供了探讨西部经济发展与生态环境保护双赢的一种思考,通过S县煤矿资源开发的案例研究,指出西部能源开发与生态环境保护实质上是企业与政府利益的博弈,并指出以GDP考核地方政府政绩,则企业与政府博弈的混合策略纳什均衡的结果只能使环境进一步恶化;若将环境保护列入政府考核标准,则可达到经济发展与生态环境保护的双赢,最后针对性地提出了相应的对策与建议。

(二) 对矿产资源开发利用有偿使用利益的研究

资源开发生产有偿使用的现实出发点是资源无偿使用的低效和浪费。资源属于国家所有,由国务院行使国家对资源的所有权。所有权最基本的四项职能为占有、使用、收益和处置权。保护自身财产收益权，必须向矿产资源开发利用者征收相应的税额，并建立相应的有偿使用利益分割机制。在改革开放初期，我国资源开发生产有偿使用问题主要从矿产资源开发利用补偿的角度进行分析。矿产资源开发利用的补偿问题是人与资源的关系问题。而资源的配置效率及其利用主体间的利益属于人与人之间的关系问题。在现阶段，人与人在矿产资源开发利用中的关系问题也成为资源开发生产有偿使用的依据之一。关于这方面的研究主要有以下成果。

干飞（2002）分析了资源补偿费的截留、挪用行为。干飞通过运用博弈论方法，分析我国资源补偿费在征管过程中出现的截留、挪用以及不按有关规定及时、足额缴纳资源补偿费等违法违规行为，并指出了产生这些违规行为的主要原因，提出了相应的解决政策措施。

耿书文等（2002）分析了征管监督人、征收人与纳费人间的利益关系。耿书文等人在对目前我国资源补偿费征管现状剖析的基础上，应用博弈论的思想和理论方法，对资源补偿费征管的博弈行为进行了描述，建立了征管监督人与征收人、征收人与纳费人之间的博弈模型，对不同博弈方的混合策略纳什均衡进行了研究，进而提出了资源补偿费征收管理的对策建议。

干飞和贾文龙（2007）分析了我国资源开发生产有偿使用制度的演化问题。干飞和贾文龙通过运用博弈论的思想与方法进行分析研究，认为现存资源税费制度是有偿使用制度演化的基础；构成参与主体利益博弈的基本规则，决定了制度的演化方向和演变结果；因而制度是博弈的基础，也是利益博弈的结果。短期来看，有偿使用制度的演化将是资源税和补偿费各自在局部范围内进行调整，不会向统一或合并方向发展。长期来讲，有偿使用制度的演化必将涉及资源财产制度的修改与完善，建立与市场经济相适应和与国际惯例相符合的财权制度，但这种制度如何建立还有待进一步进行综合研究。

（三）对矿产资源开发利用监管利益的研究

矿产资源开发利用的监管意义重大，不仅可以进一步规范矿山开采秩序，提高矿产资源开发利用的效率和管理水平，增强资源供应能力；更关系资源的综合利用水平和矿山环境保护力度及效应，对于鞭策鼓励矿产资源开发利用企业开展资源综合利用，发展循环经济，加强环境保护，促进矿产采选技术和工艺水平的不断提高，督促共伴生矿回收、尾矿二次开发和矿山废弃物综合利用取得进展，保证一些低品位、难选冶的资源得以利用，保证矿山环境恢复治理取得成效，作用非凡。关于这方面的研究主要有以下成果。

吴强（2003）分析了矿产资源开发"三率"指标执行监督博弈的几种可能结果。吴强运用博弈论的方法，从有利于资源可持续利用的利益均衡入手，分析了矿产资源开发活动中"三率"指标执行监督过程中几种可能的利益均衡结果，探讨了影响利益均衡结果的多种因素，进而提出了调整这些影响因素，促进矿产资源开发可持续发展的政策建议。

陈林和曹德刚（2005）分析了资源综合开发利用评价的博弈及最优化问题，并提出了矿产资源开发多目标决策博弈及最优化分析方法。以客观数据为基础，对多目标决策方案的实验结果值构造盈利矩阵，寻求纯策略 Nash 均衡解或混合策略 Nash 均衡解；在混合策略情况下应用最优方法，寻求混合策略 Nash 均衡的最优化点，作为多指标决策问题的优选方案。

那春光（2006）分析了矿产资源开发利用规划实施中的利益问题。那春光对资源规划实施过程中出现的规划难以落实现象，通过借鉴博弈模型来进行利益分析，他认为：在全局性的事务方面，如果没有强有力的中央政府的协调，地方政府微观理性的行为必然导致宏观不理性的恶果，陷入地方主义的泥淖。为了尽可能减少宏观环境恶化对本地区的不良影响，地方政府会采取保护地方的措施。要克服地方主义，就必须加强中央政府的权威和深化制度改革，改变导致地方主义恶果的博弈结构中的奖惩机制，在制度上消除地方政府行为走向地方主义的动因，从而实施合作的策略，为共同落实资源规划而努力。

（四）对矿产资源开发利用国际安全利益保障的研究

随着中国经济规模的扩大和与世界经济的融合不断加深，扩大国际资源开发生产合作已是历史的客观必然趋势，因而维护中国矿产资源开发利用国际安全利益已迫在眉睫。只有在矿产资源开发利用的国际安全利益内在机制得到明晰、得到保证的前提下，才能"引进来""走出去"，发展矿产等资源产品贸易，提高矿产资源开发利用外资水平，加强境外矿产资源开发利用；才能进一步扩大稀缺资源进口，合理控制资源性产品出口；才能加大境外勘探开发的力度，通过新建项目和收购、兼并、参股等多种形式推进国际合作。关于这方面的研究主要有以下成果。

丁万鱼（2005）分析了开采国内外铜矿资源面对的各种利益情形。丁万鱼运用利益博弈方法，系统分析了国内铜业公司争夺国内铜矿资源的"囚徒困境"；国内铜业公司开拓国外铜矿资源相互之间面临的"智猪博弈"；国内铜业公司与日本、美国、欧洲等国外铜业公司争夺铜矿资源的"市场阻挠"博弈；国内铜业公司与日本、美国、欧盟等国外铜业公司争夺铜矿资源的"性别战博弈"；国内铜业公司与日本、美国、欧盟等国外铜业公司争夺铜矿资源的"斗鸡博弈"，并提出了中国开采国外铜矿资源的投资战略。

隋舵（2005）分析了国际石油资源利益博弈与中国的石油外交战略。隋舵认为：国际石油资源博弈的主要方式有多种，且在博弈中不断转化或由几种类型博弈交织在一起形成复杂的博弈结构，并且分析了国际石油资源博弈要素、方式及其均衡；分析了中国实施石油外交战略的必要性；分析了中国石油外交战略的调整重点及其具体实施措施。隋舵认为："走出去"战略是中国石油安全体系的重要内容，它需要国家外交的支持。具体而言，需要体制创新，需要成立能源对外协调机构，需要积极推动"东北亚能源合作组织"的建立。

郭进平、张惠丽等（2005）论证了参与世界铁矿石谈判、合理利用国内外两种资源的必要性。

（五）结论与展望

国外研究所形成的公共资源管理、可持续和生态平衡发展等理论构成了矿产资源开发利用利益问题研究的理论基石；国内研究侧重于从不同角度着力解决局部实际问题，基本上是从某个角度分析局部利益关系，相对缺乏对矿产资源开发利用中的利益博弈关系的全面系统的研究整合，缺乏对矿产资源开发利用利益分配的机制和制度根源进行进一步的深层挖掘。

从矿产资源开发利用研究的理论发展轨迹来看，已突破传统资源的价值属性、资源的定价理论、资源开发生产有偿使用、资源的管理制度等研究，正在向矿产资源开发利用的利益机制构建研究方向发展，例如近年来所出现的：对政府及其监管部门与矿产资源开发利用企业间利益分割关系的研究、对矿产资源开发利用有偿使用中利益分割的研究、对矿产资源开发利用监管中利益分割的研究、对矿产资源开发利用国际安全利益保证的研究等都体现了这种趋势。另外，从方法论上看，矿产资源开发利用的研究已经突破纯粹资源经济学的方法范畴，生态学、经济学、管理学、博弈论、数理优化手段等相关理论方法的运用正在拓展矿产资源开发利用的研究领域，丰富其研究方法。

矿产资源开发利用中利益攸关方综合制衡角度的研究应当加强。随着改革开放的深入，利益分化的潜在发展，中国矿产资源开发利用的利益格局已逐渐演变为：中央政府、各级地方政府、政府资源职能部门和监管部门、矿产资源开发利用企业、矿工、矿山所在社区（村镇）、新闻媒体等多方利益主体竞逐和制衡的多边形架构，其间的利益关系错综复杂，牵扯着多个利益层面。

因此，如何立足资源开发中各利益攸关方的利益诉求，运用博弈分析工具，解释矿产资源开发利用中的利益博弈失衡原因，探寻资源开采秩序混乱、地方监管不力、掠夺性开采、开采利用效率低下、生产事故频发、生态破坏严重等严峻现实背后的利益博弈失衡症结所在；解决资源开发面临的严重利益失衡问题，以弥补资源开发问题研究的系统整合性、深层利益矛盾分析不足的缺陷；提出资源开发的利益分配制衡对策，从利益机制的有效运作上确保资源开发达到最佳经济社会效益，促进"两型"社会的构建；这将是今后一个时期矿产资源开发利用研究的一个重大挑战。

三 指导思想、研究思路和研究方法

（一）研究的指导思想

1. 科学发展观的总指导

马克思主义的历史唯物观和辩证观、中国共产党和政府的以人为本，全面、协调、可持续，经济社会和人的全面发展的科学发展观，和谐社会的构建目标和包容性增长的倡导等，要求矿产资源开发利用的发展应兼顾多方利益主体的诉求，统筹城乡、区域、自然等的均衡发展，因此，科学发展观是本研究的指导总纲。

2. 经济发展方式转变的内涵目标导引

经济发展方式转变涉及"三驾马车"的需求结构层次、三次产业协同带动转变的产业结构供给层次，以及由主要依靠增加物质资源消耗向主要依靠科技进步、劳动者素质提高、管理创新转变的要素结构转变层次，而中国的资源开发存在着：资源禀赋利用过度、开发效率低下、生态环境问题严重、开发秩序混乱、安全生产问题突出、可持续发展受到挑战等现实问题，因此，中国加快经济发展方式转变的内涵目标引导着本研究的立足基础和方向。

3. 构建和谐社会的内涵目标导引

在资源开发中，中央政府、地方政府、资源开发企业、矿工、社区等利益相关主体对资源开发价值的创造作用是基础性的；各利益相关主体的本质利益特征、利益诉求、行为选择、相互间的互动方式等在很大程度上决定着资源开发目的、开发效率、开发价值，以及相关主体间的利益分割地位；并通过微观利益行为合成，反过来形成资源禀赋的开发利用方式和效率特征、生态环境保护、开发利益秩序、安全生产安排、可持续发展等现实问题和挑战。要求资源开发要以利益均衡发展为目标，促进资源开发和谐发展，向着和谐社会构建的方向发展。因此，中国构建和谐社会的内涵目标引导着本研究的立足基础和方向。

4. 跨越"中等收入陷阱"的经济社会转型导引

中国的经济社会发展已进入跨越"中等收入陷阱"的发展阶段，在此背景下，长期快速增长累积的基于矿产资源开发利用利益博弈形成的深层次利益矛盾、行为矛盾，处于程度激化、集中爆发、亟须解决的发展阶段，出现了开发利用效率低下、开发秩序混乱、生态环保问题严重、安全生产问题突出、可持续发展受到挑战等严峻挑战，亟须通过矿产资源开发利用中的利益博弈及其均衡调整，促进矿产资源开发利用和谐发展，化解利益相关主体的深层次矛盾冲突，缓解基于利益及其结构的各层次、各类别的资源开发风险和挑战，实现资源开发转型，顺应经济社会大局转型。因此，中国跨越"中等收入陷阱"挑战的经济社会转型导引本研究的方向。

（二）研究思路的基本脉络

本研究在实地调查和文献研究的基础上，按照"是什么、为什么、怎么办"的逻辑思路，奠定理论依据和研究视野，提出问题、分析问题、解决问题。弄清矿产资源开发利用利益博弈失衡的现实特征，从资源开发中相关利益主体的利益博弈关系视角出发，运用博弈思想，界定各利益主体的价值目标、分析其行为集合、构建其间的利益博弈矩阵（树形），揭示问题存在的"合理性"利益根源；结合现有政策分析，提出资源开发保护的综合制衡对策建议。具体的研究思路和步骤如下。

第一，收集和查阅国内外矿产资源开发利用利益博弈的相关文献资料，系统梳理有关的研究及文献，诠释相关概念，由点及面，明确定义本研究的问题，界定研究范畴，从中总结概括出研究的现状，找出进一步深入研究的突破点。

第二，调查国内典型的矿产资源开发利用利益冲突事件，收集资源开发中各相关利益主体的冲突信息，分析各利益相关主体的利益诉求和行为动机，识别其利益关系，总结其利益冲突的诱因；分析各利益相关主体的行为选择特征，揭示出矿产资源开发利用利益冲突产生的机制根源。

第三，拟定矿产资源开发利用利益博弈的理论框架，建立相应的博弈分析模型，展开中央政府与地方政府、地方政府与地方政府、政府与资源开发企业、资源开发企业与资源开发企业等矿产资源开发利用利益相关主体相互之间的博弈分析；分析由利益博弈导致的矿产资源开发利用利益结构特征及其效率影响，在分析过程中得到相关博弈均衡及启示。

第四，构建矿产资源开发利用利益博弈均衡发展的分析框架，展开中央政府、地方政府、资源开发企业等矿产资源开发利用利益博弈的多元分析，分析矿产资源开发利用利益多元博弈均衡发展启示。

第五，通过实证的调查和分析本研究对利益博弈分析进行检验，并提出矿产资源开发利用利益博弈均衡的机制构建体系，对解决矿产资源开发利用利益冲突进行对策探讨。

（三）研究的主要技术路线

以中国资源开发为基本研究视野，以矿产资源开发利用中的问题、挑战得到解决为终极目标立足点，以利益及其博弈为研究对象，构建"矿产资源开发利用中的现实特征和突出问题→资源开发中利益相关主体的目标取向和行为特征→资源开发中利益博弈思想方法的引入→矿产资源开发利用中的中央政府、地方政府、资源开发企业等矿产资源开发利用利益相关主体相互之间的博弈分析→矿产资源开发利用中的多元利益博弈分析→矿产资源开发利用中的利益均衡发展的对策思路"的技术分析主线。

第一，从界定资源的特殊性、中国资源开发的现状以及利益分割问题的宏观表象等几个方面进行分析评述，以揭示矿产资源开发利用利益博弈失衡的严峻现实，提供中国矿产资源开发利用中的利益博弈问题的基础情况、现实特征和实际问题，为进一步挖掘这些表象背后的深层利益矛盾建立基础，以保证中国资源开发问题的研究能落到中国经济社会发展的实处。

第二，界定矿产资源开发利用中的相关利益主体。根据资源开发中存在的突出问题所涉及的各相关利益主体，界定其利益目标、分析其行为特征，以便为后续的矿产资源开发利用利益博弈机制的研究，揭示利益分配的相互影响，利益博弈背后的原因和可以改进的原因和动力，促进矿产资源开发利用利益和谐发展的社会总体利益最大化。

第三，从利益博弈思想的创新特征及其在资源开发分析中运用的现实意义，博弈分析工具的主要特征及其对资源开发分析的适用性以及矿产资源开发利用利益博弈思想方法要解决问题的类型等方面进行分析，在资源开发中引入利益博弈思想方法；并综述矿产资源开发利用利益相关主体间的博弈行为关系集合特征，归纳矿产资源开发利用利益博弈相关概念介绍及分析范式。

第四，遵循着"是什么、为什么、怎么办"的逻辑基础，从中央政府、地方政府、资源开发企业等方面，系统深入地分析这些矿产资源开利用中的主要相关行为主体相互间的利益博弈，包括：各对利益互动主体之间的利益博弈条件背景，利益博弈互动关系主要特征，利益博弈的主要效应，利益博弈失衡的主要原因，运用博弈论模型阐释利益博弈的内在机理，综述矿产资源开发利用利益博弈的政策启示，为中国资源开发问题的解决奠定基础。

第五，着重从矿产资源开发利用利益均衡发展的角度，分析多元利益主体基于委托代理关系的、矿产资源开发利用利益博弈的多元化多层次均衡发展及政策取向；分析了政府改变资源开发企业间矿产资源开发利用利益博弈局势的机理及政策取向等。

第六，拟提出矿产资源开发利用利益均衡发展的对策思路；分析矿产资源开发利用利益分配综合制衡的基本构想，概述矿产资源开发利用利益分配综合制衡的基本内涵和主要特征；分析矿产资源开发利用利益分配综合制衡的目标，提出矿产资源开发利用利益分配综合制衡的手段。尝试在理顺监督体制，加强国家监管，发挥中央政府的权威；完善地方政府职能，约束政府对矿产资源开发利用利益的调控行为；完善资源开发企业制度，规范资源开发行为选择等矿产资源开发利用利益相关主体方面提出对策思路。创新资源开发管理体制，尝试提出矿产资源开发利用中的利益博弈的机制体系及对策思路，以保障矿产资源开发利用利益博弈的均衡发展，化解问题挑战。

（四）研究采取的主要方法

本课题以博弈工具为主线，在实地调查和文献研究的基础上，通过资源管理部门调查资源储备、开发准入及运营机制状况；通过财税部门调查资源税收管理使用情况；通过矿产资源开发利用企业调查矿工的生产生活福利状况等重点调查，侧重于经验分析和理论推理相结合，采用总结归纳与演绎推理相结合、定性与定量相结合、实证与规范相结合、数学模型与统计分析相结合等研究方法。

本研究在实证数据分析和文献研究的基础上，以中国矿产资源开发利用进程中的利益问题为主线，涉及经济学、管理学、法学和伦理学的理论方法，通过运用资源开发理论、公共选择理论、经济发展的阶段性理论，以及数理经济理论、博弈论等分析工具,分析博弈主体之间的互动关系来得出均衡结果。深入分析中国矿产资源开发利用进程中的现实特征和存在问题,系统阐述矿产资源开发利用中的相关利益主体利益诉求和行为特征,对矿产资源开发利用中央政府、地方政府、资源开发企业等利益主体在博弈中相互间的利益互动关系特征、形成动因、产生效应、内在博弈机理以及均衡发展取向等进行全面综合深入分析,阐释中国矿产资源开发利用中的利益博弈均衡发展的取向和提出对策思路。整个研究过程体现出从抽象到具体、从理论到实际的方法论特点。

四 本研究的结构安排

(一) 主要研究框架的五个层面

1. 第一个层面:矿产资源开发利用利益博弈失衡的严峻现实

①资源开发方式粗放,资源综合利用的经济性较差、浪费惊人;②采矿诱发的灾害增多,生态环境破坏问题突出;③资源开发中安全生产问题突出、矿难频发;④体制不顺,管理不得力,开采秩序混乱、优势矿产消耗过快;⑤资源开发的利益最大化,成为部分地方政府追求财政收入的"唯一"目的和决定性动机,现行法律法规及财税机制亟待改进;⑥资源的远景勘探及投入机制不畅,远景开发的可持续发展受到挑战。

2. 第二个层面:矿产资源开发利用中的相关利益主体及其博弈特征分析

首先,资源开发中利益博弈思想和方法的引入。矿产资源开发利用利益博弈思想引入具有现实意义;博弈论分析工具的主要特征及其用于资源开发分析具有适用性。分析了矿产资源开发利用利益相关主体间的博弈行为关系集合特征;综合归纳了矿产资源开发利用利益博弈相关概念介绍及分析范式。

其次,资源开发中各相关利益主体之间的利益诉求及行为选择特征。着重分析了中央政府、地方政府、资源开发企业等利益博弈主体之间的互动关系及其博弈特征。

3. 第三个层面：资源开发中相关利益主体间的利益博弈机理

遵循着"是什么、为什么、怎么办"的逻辑基础，从中央政府、资源开发企业等方面，系统深入地分析这些矿产资源开发利用中的主要相关行为主体相互间的利益博弈，包括：各对利益互动主体之间的利益博弈条件背景，利益博弈互动关系主要特征，利益博弈的主要效应，利益博弈失衡的主要原因，运用博弈论模型阐释了利益博弈的内在机理。综述了矿产资源开发利用利益博弈的政策启示，为中国资源开发问题的解决奠定基础。

对资源开发中资源开发企业与政府间的利益博弈分析，具体而言，系统分析了资源开发企业与政府间矿产资源开发利用利益关系现状，资源开发企业管理的体制约束，资源开发企业与政府间利益博弈的运作机制背景（含财税和政绩考核）等利益博弈平台特征；分析了资源开发企业与政府间利益博弈的制度背景；分析了资源开发企业与政府间的利益博弈关系特征；分析了资源开发企业与政府间利益博弈的合作效应、竞争效应、歧视效应，以及利益博弈的宏观失衡效应；分析了资源开发企业与政府间利益博弈失衡的目标差异、利益博弈权限的差异、利益博弈行为偏差、利益博弈环境偏差等原因。运用博弈论模型手段阐释了资源开发企业与政府间利益博弈的内在机理；综述了资源开发企业与政府间利益博弈的政策启示。

4. 第四个层面：资源开发中相关利益主体间的多元利益博弈分析

着重从矿产资源开发利用利益均衡发展的角度，分析了资源开发企业间利益博弈关系的特征，分析了资源开发企业间利益博弈的效应，分析了资源开发企业间利益博弈失衡的政府行为影响、政府竞争影响、所有制基础影响、外部基础环境影响等原因。运用博弈论模型阐释了资源开发企业间利益博弈的内在机理，综述了资源开发企业间利益博弈的政策启示。在此基础上，分析了政府改变资源开发企业间矿产资源开发利用利益博弈局势的机理及政策取向等。

5. 第五个层面：矿产资源开发利用利益综合制衡的对策思路

第一，分析矿产资源开发利用利益分配综合制衡的基本构想，概述矿产资源开发利用利益分配综合制衡的基本内涵和主要特征；分析矿产资源开发利用利益分配综合制衡的目标在于化解利益分配的失衡，实现利益均衡发展机制。提出矿产资源开发利用利益分配综合制衡的手段在于：从单一的行政控制到多元的治理方式；稳定明确的矿产资源开发利用利益目标和游戏规则；公正、严厉的资源开发管理处罚制度；公平的资源开发活动进入门槛。

第二，理顺监督体制，加强国家监管，发挥中央政府的权威。矿产资源开发利用利益多元化格局的形成，资源开发的现实国情需要加强中央政府的权威。要完善中央资源开发政策的认同，完善资源开发的中央立法，完善资源开发财税体制的引领，完善资源开发的绩效考核制度。

第三，完善地方政府职能，约束政府对矿产资源开发利用利益的调控行为。完善地方政府资源开发职能的目标取向，强化资源开发政策执行主体层面的行为约束、强化资源开发政策执行主体人格化层面的行为约束、强化资源开发政策执行过程中的公共利益维护、强化资源开发政策执行过程中的传播层面约束。

第四，完善资源开发企业制度，规范资源开发行为选择。优化资源开发企业行为选择的思路，明晰产权关系，提升资源开发企业动力行为；深化综合改制，提升资源开发企业效率行为；建立抵押金制度，提升资源开发企业责任行为；加强行业安全监管，引导资源开发企业理性行为；加大矿产勘查力度，提升资源开发企业可持续发展行为。完善资源开发企业的内在行为激励，完善资源开发企业的外部行为约束；强化资源开发企业的生态环保行为规范，强化资源开发企业的生产安全行为规范。

第五，创新资源开发管理体制。建立健全合理的矿产资源开发利用利益的道德和法律引导约束机制，建立健全矿产资源开发利用利益畅通表达的机制，建立健全矿产资源开发利用利益均衡分配的机制，建立健全矿产资源开发利用利益矛盾的防控机制，建立健全矿产资源开发利用利益矛盾预警机制，建立健全矿产资源开发利用利益矛盾的疏导机制，建立健全矿产资源开发利用利益矛盾的应急处理机制。完善资源开发政策执行的监督和惩处机制，建立必要的监督制约机制，加大惩处力度。

（二）主要研究结论和观点

1. 结论一：矿产资源开发利用存在着利益博弈失衡的严峻现实

一是存在着开发利用方式粗放，浪费惊人，综合经济性差，技术水平低等经济效益失衡;二是存在着生态环境破坏问题突出,"三废"排放地质灾害严重,生态环境较差等环境生态效益失衡;三是存在着与国外的生产安全水平差距大,安全事故的经济损失巨大的安全效益失衡;四是存在着政府行为关系不合理,矿产等物质资源开发权市场运作不完善等的管理体制机制效益失衡;五是存在着后续勘探投入不足,储备保障程度下降,资源型城市转型问题突出,旧体制遗留问题需妥善处理等可持续效益失衡。

2. 结论二:矿产资源开发利用利益主体的目标取向及行为特征

矿产资源开发利用中的利益主体类别主要包括:中央政府(国家)、各级地方政府及其行政机构、资源开发企业及其利益相关者等。矿产资源开发利用中的利益行为取向受到利益驱动、制度约束、制度激励、制度保护。一是矿产资源开发利用中央政府的利益目标及其行为取向在于整体利益的最大化,但也存在行为的异化特征。二是地方政府的利益目标具有"利益集团"复合特征和多元化取向,其行为取向存在企业化困境和利益行为均衡困境。三是资源开发中资源开发企业的利益目标在于剩余最大化或价值创造最大化;其行为取向存在安全生产的机会主义倾向,乱采乱挖的隐蔽行为偏好,铤而走险的急功近利行为追求,"官矿勾结"的"寻租"行为激励等行为异化特征。整个资源开发的利益系统具有利益主体多元化和层次化、利益行为主体间高度相互依存,经济利益与政治权力结合等特征。

3. 结论三:资源开发中利益博弈思想方法的引入

一是利益博弈思想的创新特征对其在资源开发分析中的运用具有现实意义;二是博弈分析工具的主要特征使其对资源开发分析具有适用性;三是资源开发分析对利益博弈工具的运用具有适用性。矿产资源开发利用利益相关主体间的博弈行为关系具有委托代理关系、竞争与合作关系、博弈与适应关系等集合特征。矿产资源开发利用利益博弈分析具有博弈模型分析、成本收益分析、机制分析等范式特征。

4. 结论四:资源开发企业与政府间的矿产资源开发利用利益博弈

一是资源开发企业与政府间的利益博弈具有资源开发企业与政府间的管理制度、资源开发企业与政府间利益博弈的财税机制、绩效考核制度运作机制等制度背景。二是资源开发企业与政府间的利益博弈关系存在互为价值所在、利益动态一致等特征。三是资源开发企业与政府间的利益博弈存在合作效应、冲突效应、政府歧视效应、宏观失衡效应。四是资源开发企业与政府间利益博弈失衡的原因在于目标差异、地位权限差异、行为选择偏差、运作环境偏差等。

5. 结论五：资源开发企业间的利益博弈

一是资源开发企业间的利益博弈基本关系具有利益竞争博弈、利益合作博弈等特征。二是资源开发企业间的利益博弈具有诱导资源开发企业行为的合理化、优化资源开发要素流动配置行为、协调资源开发的区域间利益关系、完善资源开发市场体系等正效应；具有开发过度竞争、地方保护主义、开发安全风险、开发行为投机倾向等负效应，以及微观主体行为效应。三是资源开发企业间的利益博弈失衡原因在于政府角色缺失、政府互动影响、所有制因素、外部基础环境条件等。

6. 结论六：矿产资源开发利用中的政府与企业的多元利益博弈

政府可改变资源开发企业间矿产资源开发利用利益博弈局势。

7. 结论七：矿产资源开发利用利益均衡发展的对策思路

为促进矿产资源开发利用利益分配综合制衡，须明确矿产资源开发利用利益分配综合制衡的目标、手段和机制保障体系。一是需理顺监督体制，加强国家监管，发挥中央政府的权威。二是完善地方政府职能，约束政府对矿产资源开发利用利益的调控行为。三是完善资源开发企业制度，规范资源开发行为选择。四是创新资源开发管理体制。

总之，矿产资源开发利用中的利益博弈制衡机制决定了相关利益主体的行为取向，导致了资源开发的现状及发展趋势；需要激励和约束矿产资源开发利用利益主体的目标追求和行为选择，构建矿产资源开发利用利益均衡发展机制体系。

五 创新点与尚待深入研究之处

（一）特色与创新之处

选取资源开发领域为背景视野，以利益博弈为研究对象，以资源开发问题和挑战的解决为研究目标，结合中国资源开发的实际，在系统归纳矿产资源开发利用中的宏观发展障碍、综合分析矿产资源开发利用中的相关行为主体的利益诉求和行为选择的前提下，引入利益博弈的思想和分析方法，系统深入地研究矿产资源开发利用中的中央政府、地方政府、资源开发企业等主要行为主体间的利益博弈。明晰主要利益主体的行为选择制度基础，深入系统分析利益主体间的行为互动特征，系统分析综合利益博弈失衡表现，深入分析利益博弈失衡的效应，深入挖掘利益博弈失衡的内在原因，特别是，通过分门别类的构建利益博弈模型进行内在博弈机理的深度阐释，以求挖掘矿产资源开发利用利益在行为主体均衡发展的方向启示，尝试提出中国矿产资源开发利用利益博弈均衡发展的现实对策措施，具有一定的理论创新和现实意义。

1. 研究视角新

本研究把资源开发中出现的开发利用秩序混乱、地方保护主义盛行、矿难等安全生产事故频发、生态环境恶化、可持续开发利用受到挑战等问题，从利益角度将其归结为相关利益主体之间利益博弈机制的失衡。虽然有许多国内学者已经开始认识到利益主体间博弈的重要性，但无论是国内还是国外的资源开发领域研究，都还没有较为系统全面地对资源开发中出现的问题从利益博弈角度进行详尽的解释和提出对策思路。并没有对资源开发中多元利益主体间的博弈发生背景条件、互动关系特征、博弈失衡效应、博弈失衡内在原因、博弈内在机理以及均衡结果的选择等问题进行全面详细系统论述，这些方面的工作是本研究与以往文献的不同之处，也是本课题的一个重要的独特之处。

2. 分析框架新

本研究遵循着"是什么、为什么、怎么办"的逻辑基础，拟定矿产资源开发利用利益博弈的理论框架，构建多层次的研究框架。一是构建整体的符合逻辑的研究框架，从分析资源开发中目前存在的突出问题挑战，到分析资源开发中存在的利益相关主体，到引入利益博弈思想方法，再到利益行为主体相关的多层的利益博弈关系，再到利益行为主体间的多元化的利益博弈均衡关系，最后到利益博弈均衡发展的保障思路对策。二是构建分层的符合逻辑的研究框架。依次分别建立相应的博弈分析框架，展开中央政府、地方政府、资源开发企业等多个层面的矿产资源开发利用利益相关主体相互之间的博弈分析，包括：各对利益互动主体之间的利益博弈条件背景，利益博弈互动关系主要特征，利益博弈的主要效应，利益博弈失衡的主要原因，运用博弈论模型阐释了利益博弈的内在机理。分析利益博弈导致的矿产资源开发利用利益结构特征及其效率影响，从分析过程中得到相关博弈均衡及启示。三是构建矿产资源开发利用利益博弈均衡发展的分析框架。展开中央政府、地方政府、资源开发企业等矿产资源开发利用利益博弈的多元分析，分析矿产资源开发利用利益多元博弈均衡发展启示。因此，本课题的研究框架整体逻辑性强，分层逻辑关系明晰，层次分明、环环相扣，逻辑关系层层相套。分析结果具有较强的说服力，为制定相关政策奠定理论基础。

3. 研究内容新

通过对矿产资源开发利用中的中央政府、地方政府、资源开发企业等主要利益相关主体的利益诉求、行为选择特征的系统分析，通过对资源开发中普遍存在利益博弈现象的分析，引入利益博弈的思想和分析方法，运用博弈理论研究矿产资源开发利用中的主要利益相关主体之间利益互动关系，并尽量对资源开发中出现的问题分门别类，运用正规的数理模型进行阐释，求解均衡结果。系统深入地研究了资源开发中各相关利益主体之间的利益行为集合、利益博弈机制，从而使得本研究增添了新的研究元素，丰富了资源开发理论研究的内容内涵，促进了资源开发研究的系统化，具有一定的理论创新意义。

4. 具有一定的政策参考启示

以资源开发的利益博弈为主线，从微观行为主体的角度分析利益需求和博弈过程，通过分析资源开发问题和挑战形成的利益博弈机制与利益融合特点，着力探求资源开发过程中的利益关系互动、利益博弈失衡效应、利益博弈失衡原因，着力解决资源开发过程中的利益分配和谐发展问题，从理论上提出了对矿产资源开发利用利益均衡发展进行合理的制度安排，提出资源开发中利益制衡的可操作性的综合对策建议，构建基于多元利益主体的机制体系，提出政府、企业等多层次相关利益主体应相互协调发展，实现共赢，促进资源开发的可持续、促进经济发展方式的转变，践行科学发展观、构建和谐社会，具有一定的决策参考价值，可以为政策安排提供理论支撑和方向指导。

（二）尚待深入研究之处

由于矿产资源开发利用中的利益博弈问题研究内容丰富，涉及面广，微观性、战略性、政策性、综合性和地域性很强，研究的理论和方法又立足于经济发展方式转变和经济社会转型发展时期，因此，矿产资源开发利用中的利益博弈问题蕴含的丰富内容，不是仅一项课题所能包容的，许多方面仍需进一步地研究。

1. 开展研究的理论体系有待进一步完善

尽管矿产资源开发利用利益均衡发展已成为化解资源开发面临的挑战、转变该领域的发展方式过程中的关键环节和亟须解决的问题，但有关矿产资源开发利用中的利益博弈问题研究理论体系还很不完善。如何在借鉴国内外已有利益博弈方法的基础上，融合公共选择理论的思想方法，结合中国资源开发的实际，充分考虑中国矿产资源开发利用利益分割的现实发展阶段，充分利用中国矿产资源开发利用利益相关行为主体的利益诉求特征、行为选择方式，提出适合中国国情和具有中国特色的矿产资源开发利用利益博弈研究理论体系，还应作进一步深入研究。

2. 矿产资源开发利用中的利益博弈问题的动态化手段研究仍需进一步深化

矿产资源开发利用利益博弈模型的构建和均衡结果解析的研究，是阐释矿产资源开发利用利益均衡发展内在机理问题的理论基础，是提出资源开发政策方向的实践基础。尽管本课题研究分门别类地构建了大量的矿产资源开发利用利益博弈模型，并进行了均衡结果解析，以及进行了政策启示分析，但所得结论还是以静态或比较静态分析为主；而且限于篇幅等原因，没有利用演化博弈方法、动态经济学等手段，进行进一步的利益博弈动态分析；鉴于动态博弈分析能为资源开发政策的制定提供更切实际的重要参考，因此，进行系统的动态分析是必要的，目前矿产资源开发利用中的利益博弈问题与较成熟的包含动态博弈分析的体系形成还有很长距离，可以预见，这部分工作将成为未来研究中的重点。

3. 矿产资源开发利用利益博弈中的利益均衡发展研究仍需进一步加强

鉴于中国矿产资源开发利用中的利益格局已逐渐演变为：中央政府、各级地方政府、资源开发企业等多元利益主体竞逐和制衡的多维度、多层次、多边形架构，其间的利益诉求关系错综复杂，牵扯着多个利益层次，存在着利益集团的满足诉求；这些条件约束和问题共同对矿产资源开发利用利益相关主体的行为选择施加影响，从而形成中国特有的矿产资源开发利用利益发展格局。因而，中国矿产资源开发利用利益的未来研究仍需强化利益均衡发展研究，可继续立足于资源开发中各利益攸关方的利益诉求，运用博弈论等分析工具，探究利益激励和约束的可能性，挖掘矿产资源开发利用中的利益博弈问题中的深层利益矛盾，诱发利益均衡发展的内在动力，促进矿产资源开发利用利益博弈均衡，实现矿产资源开发利用利益发展中的包容性增长，应对资源开发的挑战。

第二章
矿产资源开发利用利益失衡的严峻现实

资源是人类生存与发展的物质基础，为国民经济发展提供不可缺少的原料资源，支撑地方经济社会发展，产生巨大经济社会效益，但是资源开发利用会带来生存环境恶化和生态失衡的负面影响，形成矿产资源开发利用利益分割严重失衡的宏观表象。矿产资源开发利用中利益失衡问题已成为当今研究的一个热点，备受重视，本章从资源的特殊性、中国资源开发的现状，以及利益分割及其失衡问题的宏观表象等几个方面分析评述，以揭示矿产资源开发利用利益博弈失衡的严峻现实，为进一步挖掘表象背后的深层利益矛盾奠定基础。

本章综合论述了矿产资源开发利用利益博弈失衡的严峻现实。第一，总述了我国矿产资源开发利用保护情况，指出矿产资源开发利用具有特殊性。中国资源储存基础的特征在于：储量较为丰富，呈现"三少三多"的结构特征；资源人均占有量相对不足，可开发经济性较差；资源分布极为不均，远离经济发展中心。中国矿产资源开发利用保护的总体概况在于：矿产资源开发利用发展迅速，已形成相当规模；资源需求不断上升，供应形势严峻；资源进口关税等政策动态调整，有力弥补国内不足；资源勘查开发"引进来"持续推进，利用成效较为明显；资源勘查开发"走出去"进展明显，获利能力不断增强。第二，分析了矿产资源开发利用的宏观经济效益失衡现象，指出矿产资源开发利用方式粗放，存在浪费与环境污染；矿产资源开发利用的综合经济性差，技术水平低。第三，分析了矿产资源开发利用的生态环境效益失衡现象，指出矿产资源开发利用中的生态环境破坏问题突出，破坏较为严重，部分矿产城市生态环境较差；矿产资源开发利用中的"三废"排放和地质灾害严重；资源无序开发对环境和生态造成的破坏日益加剧。第四，分析了矿产资源开发利用的安全效益失衡现象。对矿产资源开发利用安全现状进行了国内外对比，分析了矿产资源开发利用安全的损失。第五，分析了矿产资源开发利用的管理体制机制效益失衡现象。分析了矿产资源开发利用中政府行为关系不合理的典型表现和典型效应；指出矿产资源开发利用管理体制机制关系存在障碍，矿产资源开发利用的矿产等物质资源开发权市场运作有待完善。第六，分析了矿产资源开发利用的可持续发展效益失衡现象，指出矿产资源开发利用的后续勘探投入不足，储备保障程度有待提高；资源型城市转型问题突出，旧体制遗留问题需妥善处理。

一 矿产资源开发利用保护总览

（一）矿产资源开发利用的特殊性

1. 矿产资源开发利用相关概念的阐释

（1）资源。地质学认为的资源是指矿产资源（mineral resources），指赋存于地下或地表的，由地质作用形成的呈固态、液态或气态的具有现实或潜在经济价值的天然富集物。①《资源法实施细则》规定，"资源指由地质作用形成的，具有利用价值的，呈固态、液态、气态的自然资源"。②鉴于这两个定义的内在一致性，资源的地质学内涵包括以下几层含义。

一是资源是地球演化过程中经过地质作用形成的，是天然产出于地表或地壳中的原生富集物。二是资源的产出形式有固态、液态和气态等多种物质形态。三是鉴于科学技术进步和人类开发能力的历史性不断提高，资源既包括已经发现的对其数量、质量和空间位置等特征已取得一定认识的矿产，也包括经预测或推断可能存在的矿物质；既包括当前开发并具有经

---

① 矿产资源开发百科：《什么是资源?》，中国矿网，http://www.minevip.com/Cyclopaedia/bkShow.aspx?ClassID=22&ID=49，2008年6月11日。
② 矿产资源开发百科：《什么是资源?》，中国矿网，http://www.minevip.com/Cyclopaedia/bkShow.aspx?ClassID=22&ID=49，2008年6月11日。

济价值的矿产，也包括将来可能开发并具有潜在价值的资源。

（2）资源管理。《中国资源科学百科全书》指出，资源管理是指矿产资源管理。① 这意味着国家政府机关以资源所有者和国家行政管理者的身份对资源的积累、储备、使用、配置的全过程进行规划决策、调节控制、监督协调，以保障矿产资源开发利用取得最佳经济效益、社会效益和环境效益，实现资源可持续利用。因而，《中国资源科学百科全书》的资源管理内涵包括以下几层含义。

一是资源管理是以政府机关为主体的政府行为。依据《资源法》第三条规定，② 资源归国家所有，并由国务院代表国家行使资源所有权。因此，政府机关在资源管理中具有资源所有者和国家行政管理者的双重身份：既对资源的所有权及其派生出的其他职能进行管理，维护所有者权益，又以国家行政管理者的身份对资源的勘查、开发、合理利用和保护进行管理，保证资源的可持续利用，维护全社会的利益。

二是资源管理的对象是作为自然物的资源及与其有关的相对人（自然人和法人）行为。鉴于资源是由地质作用形成的，自然资源具有利用价值，而绝大多数资源是不可再生的，因而资源管理具有有别于其他自然资源、其他产业管理的特殊性，主要表现在资源的勘探与开发活动具有较高的风险性、收益性、社会性。

三是资源管理的内容是广泛的、全程的。既包括按照所有权与经营权适当分离的原则设置矿产等物质资源开发权，以法律、法规形式规定矿产等物质资源开发权人必须履行相应义务，又要通过授权各级政府行政管理机关依法决定矿产等物质资源开发权的授予、变更和终止，进行资源开发统一规划，实现国家对资源的处分权；通过征收资源税、资源补偿费和收取矿产等物质资源开发权使用费，实现国家对资源的收益权。

四是资源管理目的多元性。既要保障资源经济效益、社会效益和环境效益的三元目标统一实现，保障资源的可持续利用，保障社会经济的可持续发展，也要促进矿产资源开发利用利益的均衡发展。

---

① 孙鸿烈：《中国资源科学百科全书》，中国大百科全书出版社、石油大学出版社，2000。
② 中华人民共和国国土资源部：《资源法》，http：//www.mlr.gov.cn/zwgk/flfg/kczyflfg/200406/t20040625_292.htm，2004年6月25日发布。

2. 矿产资源开发利用的典型特殊性

鉴于资源是经过地质长期作用的产物，其形成和富集要经历漫长的地质年代，是一种非再生的有价值的资源禀赋，因而决定了矿产资源开发利用的有限性、可耗性等特征。

（1）资源基础储量的寿命特性。据有关资料，全球许多矿种储量基础寿命不足100年，铅、锌和金等矿种不足50年①，具体内容见表2-1。

表2-1 全球资源静态储量基础寿命

矿种	年限	矿种	年限	矿种	年限
金刚石	21	黄金	31	铜	64
萤石	64	煤	228	钾盐	611
镍	125	天然气	66	钨	86
石墨	587	石油	45	钼	117
铅	43	铝土矿	250	锡	86
铁	242	菱镁矿	657	钴	310
铬铁矿	651	锌	47	硫	59

（2）资源分布的地域集中特性。资源在世界的分布具有明显的地域性特点，据有关资料，世界典型矿产资源分布如表2-2所示。②

表2-2 全球典型矿产资源地域空间分布

单位:%

品种	主要集中分布区域	所占比例
石油	中东地区	57
天然气	中东、东欧及独联体地区	72
煤	美国、中国和澳大利亚	53
铜	美洲的智利、秘鲁、墨西哥、美国和加拿大	56
锌	澳大利亚、中国和美国	48
金	南非、美国、澳大利亚和俄罗斯	51

---

① 赵洁心、冯波、谭俊、鲍明学、李闫华：《我国矿产资源开发利用现状与可持续发展探讨》，《经济管理》2006年第5期，第1~4页；张文彬、宋焕斌：《21世纪矿产资源开发可持续发展问题与对策》，《昆明理工大学学报》1998年第2期，第11~19页。

② 赵洁心、冯波、谭俊、鲍明学、李闫华：《我国矿产资源开发利用现状与可持续发展探讨》，《经济管理》2006年第5期，第1~4页。

（3）矿产资源开发利用的风险性和长期性。鉴于资源开发投资金额较大，周期较长，属于战略性投资。既需要注重投资前的可行性研究，充分做好投资前的调研工作，更要有风险意识；且资源开发投资的长周期，对环保、安全等方面的要求也较高。因而，资源开发具有风险性和长期性的特征。另外，资源勘查常常是在"灰色"条件下进行决策的一种活动，① 尤其是在找矿难度越来越大、发现率不断降低的形势下，其风险性和长期性尤为突出。

（4）矿产资源开发利用的效益性。自18世纪中叶产业革命以来，资源就成为国民经济的重要物质基础，随着城市化、工业化进程的加快，经济社会发展对能源和原材料等矿产品的需求大量增加，资源成为经济繁荣、社会进步和国家富强的重要决定因素之一，是极其重要的社会生产资料，又是生活资料的重要来源。据有关资料，当今世界95%以上的能源和80%以上的工业原料都取自资源，支撑着70%以上的国民经济总量及其相关产业的运转，为社会发展做出了巨大的贡献，具有效益性的特点。②

（5）矿产资源开发利用的环境破坏性。鉴于资源的开发利用实质上是矿产资源与环境资源的双重消耗，特别是不合理地开发、利用，会对矿山及其周围环境造成污染并诱发多种地质灾害，导致生态环境破坏，表现出资源开发对环境的破坏性。

（二）中国矿产资源开发利用保护的储存基础

1. 资源储量较为丰富，呈现"三少三多"的结构特征

（1）资源储存总量。由中国主要矿产基础储量可知，中国资源丰富，种类较为齐全，既有能源、黑色金属、冶金辅助原料、贵金属和有色金属等矿产，也有建材及非金属原料、化工原料、稀有稀土和放射性宝石玉石等矿产品种类别。③ 另外，在目前已知的170余种资源中，中国拥有查

---

① 赵鹏大：《矿产勘查理论与方法》，中国地质大学出版社，2001。
② 赵洁心、冯波、谭俊、鲍明学、李闫华：《我国矿产资源开发利用现状与可持续发展探讨》，《经济管理》2006年第5期，第1~4页。
③ 国家统计局：《中国统计年鉴》（2008~2010年），中国统计出版社。

明资源储量的矿产共158种；按45种主要矿产的价值计算，中国资源储量总值占全世界的14.64%，居世界第三位；且已成为世界第二大矿产品生产国和第三大矿产品进口国。① 可以说，中国资源总量丰富，矿产品种齐全，是世界上资源较为丰富的国家之一，是一个典型的资源大国。

表2-3 2007年、2010年中国主要矿产基础储量对比

类别	2007年	2010年
石油（万吨）	283253.77	317435.3
天然气（亿立方米）	32123.63	37793.2
煤炭（亿吨）	3261.26	2793.9
铁矿（矿石，亿吨）	223.64	222.0
锰矿（矿石，万吨）	22443.72	19515.6
铬矿（矿石，万吨）	582.22	442.1
钒矿（万吨）	1309.43	1242.6
原生钛铁矿（万吨）	22541.90	23042.96
铜矿（铜，万吨）	2932.11	2870.7
铅矿（铅，万吨）	1346.32	1272.0
锌矿（锌，万吨）	4250.81	3251.4
铝土矿（矿石，万吨）	75072.71	89732.7
镍矿（镍，万吨）	299.16	312.1
钨矿（Wo₃，万吨）	240.87	220.8
锡矿（锡，万吨）	152.25	138.2
钼矿（钼，万吨）	431.68	463.0
锑矿（锑，万吨）	94.99	71.0
金矿（金，吨）	1859.74	1863.4
银矿（银，吨）	43942.00	36363.7
稀土矿（氧化物，万吨）	1837.05	—
菱镁矿（矿石，万吨）	193160.96	182936.8
普通萤石（矿物，万吨）	3401.48	4055.9

① 冯培忠、曲选辉、吴小飞：《关于我国矿产资源开发利用现状及未来发展的战略思考》，《中国矿产资源开发》2004年第6期，第12～16页。

续表

类别	2007 年	2010 年
硫铁矿（矿石，万吨）	179411.28	159152.1
磷矿（矿石，亿吨）	36.73	29.6
钾盐（KCl，万吨）	33752.04	43885.6
盐矿（NaCl，亿吨）	1880.05	1750.7
芒硝（Na_2SO_4，亿吨）	100.27	91.1
重晶石（矿石，万吨）	9899.89	9498.6
玻璃硅质原料（矿石，万吨）	141047.50	146170.5
石墨（矿物，万吨）	5480.59	5412.3
滑石（矿石，万吨）	11834.26	12594.2
高岭土（矿石，万吨）	65261.87	63933.2

（2）结构呈现"三少三多"特征。按照国土资源部正式发布的信息，中国资源的结构特征：一是基础储量少，资源量多。查明的资源储量中，基础储量占 36.3%，资源量占 63.7%。二是经济可利用的资源储量少，经济可利用性差或经济意义未确定的资源储量多。前者占 1/3，后者占 2/3。三是探明的资源储量少，控制的和推断的资源储量多。中国 148 种固体矿产查明储量达到探明程度的仅占 10.63%，达到控制程度的占 43.55%，达到推断程度的占 45.82%。① 这些数据表明中国的固体矿产，特别是一些重要矿产的勘查程度明显偏低，难采选和品位低的矿床没有充分开发和利用，采、选、冶技术落后于国际先进水平，矿产资源开发市场发育不全；但也反映出中国具有较大的资源开发潜力。

2. 资源人均占有量相对不足，可开发经济性较差

（1）人均资源拥有量少。从人均水平来说，中国人均资源拥有量仅为世界水平的一半左右，即 58%，列世界第 53 位。② 对经济长期发展具有重要制约作用的资源，如能源、铁矿等，中国人均占有量不及世界平均

---

① 国土资源部：《全国资源规划（2008－2015 年）》，http://www.mlr.gov.cn/xwdt/zytz/200901/t20090107_113776.htm，2009 年 1 月 7 日发布。
② 赵洁心、冯波、谭俊、鲍明学、李闫华：《我国矿产资源开发利用现状与可持续发展探讨》，《经济管理》2006 年第 5 期，第 1~4 页。

水平的1/2。中国其他主要矿产的人均占有水平，除钨、稀土较高之外，均低于世界平均水平，有些还不及世界平均水平的1/3。同时，中国石油、天然气、铁矿石、铜和铝矾土等重要资源人均储量，分别只占世界平均水平的11%、4.5%、42%、18%和7.3%，资源紧缺，已成为可持续发展的瓶颈。①

（2）贫矿、难选矿多，矿床规模偏小。中国虽然有稀土、钨、锑等优势矿种，但关系国计民生的一些支柱性重要矿产，如铁、锰、铝、铜、铅、锌、硫等，与国外资源品位比较，或贫矿多，或难选矿多，加上中国资源矿体结构和规模的特定特点，在不同程度上影响了其开发利用。

表2-4 中国与国外资源品位比较

品种	中国	国外
石油	除大庆等油田的单井日产量较大外，大多数每井平均日产量5.8吨；与国外相比均属极贫矿	国外每井日产量在11吨以上
铁矿石	中国铁矿石平均品位为33.5%，比世界平均水平低10个百分点以上	国外主要铁矿生产国，如澳大利亚、巴西、印度、俄罗斯等，其铁矿石不经选矿品位就可达62%的商品矿石品位
铜矿	中国铜矿平均品位仅0.87%，远低于智利、赞比亚等世界主要产铜国的铜矿品位；铜矿品位Cu>1%的储量只占总量的35%左右	智利、赞比亚分别为1.5%、2%
硫矿	中国是以硫铁矿为主，平均品位仅为16.95%；硫源明显不同于国外	国外是以从石油、天然气中回收硫为主
钾盐	中国严重短缺钾盐；现在利用的盐湖钾镁盐，根本无法与国外固态氯化钾开发的成本效益相比	国外固态氯化钾

资料来源：见赵洁心、冯波、谭俊、鲍明学、李闫华《我国矿产资源开发利用现状与可持续发展探讨》，《经济管理》2006年第5期，第1~4页。

---

① 冯飞：《我国矿产资源开发利用存在的突出问题》，《瞭望新闻周刊》2006年第7期。

表 2-5　资源矿体结构和规模特点

类别	矿体比较
共（伴）生矿	中国有80多种矿产是共（伴）生矿，以有色金属最为普遍，例如，仅铅锌矿中的银就占全国银储量的60%，产量占70%；全国伴生金的76%来自铜矿等
矿体规模	中国资源总体上规模大多数偏小，拥有大型、超大型矿床的多为钨、铝、锑、铅、锌、镍、稀土、菱铁矿、石墨及北方煤等矿产；一些重要支柱性矿产如铁、铜、铝、金、南方煤及石油天然气等矿产，以中小型为主，不利于规模开发

资料来源：见赵洁心、冯波、谭俊、鲍明学、李闰华《我国矿产资源开发利用现状与可持续发展探讨》，《经济管理》2006年第5期，第1~4页。

由此可反映出中国资源，特别是一些重要资源的勘查开发工作难度明显偏大，难采选和品位低的矿床需要下大力气充分开发利用，需在采、选、冶等技术方面下大力气。

（3）有色金属资源禀赋不佳。中国的铜、铝、铅、锌等资源短缺，品质较差，大型矿床少，中小矿床多。以铜为例，在已利用的509处矿产地中，大型的只有18处占3.5%，中型有77处占15.1%，小型的占81.4%；贫矿多、富矿少，铜矿的平均品位只有0.87%。[1] 因此，有色金属资源的总量少，质量低劣，可能会造成总量供应不足。

3. 资源分布极为不均，远离经济发展中心

（1）基础储量空间分布不均。据2010年各地区主要能源、黑色金属矿产基础储量统计，以及2010年各地区主要有色金属、非金属矿产基础储量统计，资源储量空间分布不均，如新疆石油、天然气储量居各区域之首，现在每年新增的石油产量主要来自吐鲁番和准噶尔油田。青海的钾盐占全国的95%以上；云南、贵州的磷占全国的51%。天然气的情况也大致如此，陆上天然气富集区是塔里木、鄂尔多斯、四川和柴达木盆地，这四个盆地2000年的产量约占全国一半。除四川盆地外，其他盆地都地处偏僻，远离城市和工业市场，极大地增加了天然气使用的管输成本；加之下游市场需求不足，严重制约了天然气这一洁净能源比例的快速提高。

---

[1] 易斌、左治兴、朱必勇：《中国有色金属矿山可持续发展存在的问题与解难》，《中国矿产资源开发》2007年第6期。

表2-6 2010年各地区主要能源矿产基础储量

地区	石油（万吨）	天然气（亿立方米）	煤炭（亿吨）
北 京	—		3.79
天 津	3415.91	288.64	2.97
河 北	27780.80	359.32	60.59
山 西	—	—	844.01
内蒙古	7643.80	7149.44	769.86
辽 宁	18799.01	209.43	46.63
吉 林	18861.77	681.26	12.40
黑龙江	54516.41	1454.98	68.17
上 海			—
江 苏	2689.35	23.66	14.23
浙 江			0.49
安 徽	186.73	0.06	81.93
福 建	—		4.06
江 西			6.74
山 东	34310.68	366.99	77.56
河 南	5051.21	99.21	113.49
湖 北	1307.97	4.68	3.30
湖 南	—		18.76
广 东	8.16	0.31	1.89
广 西	146.41	3.39	7.74
海 南	-17.27	0.70	0.90
重 庆	160.44	1921.02	22.49
四 川	514.74	6763.11	54.37
贵 州	—	10.61	118.46
云 南	12.21	2.41	62.47
西 藏	—	—	0.12
陕 西	24947.67	5628.11	119.89
甘 肃	16085.39	191.25	58.05
青 海	5635.18	1321.89	16.22
宁 夏	202.77	2.75	54.03
新 疆	51163.47	8616.43	148.31
海 域	44012.46	2693.00	—
全 国	317435.30	37793.20	2793.92

表 2-7 2010年各地区主要黑色金属矿产基础储量

单位：万吨

地 区	铁矿（矿石）	锰矿（矿石）	铬矿（矿石）	钒矿	原生钛铁矿
北 京	0.89	—	—	—	—
天 津	—	—	—	—	—
河 北	37.49	4.80	6.90	13.18	361.05
山 西	12.13	12.90	—	—	—
内蒙古	12.12	566.00	60.35	0.77	—
辽 宁	75.46	1412.41	—	—	—
吉 林	2.31	0.40	—	—	—
黑龙江	0.42	—	—	—	—
上 海	—	—	—	—	—
江 苏	1.72	—	—	2.48	—
浙 江	0.16	—	—	—	—
安 徽	8.19	8.80	—	8.27	—
福 建	3.54	64.48	—	—	—
江 西	1.91	—	—	2.16	—
山 东	10.31	—	—	—	99.67
河 南	1.65	—	—	—	0.46
湖 北	3.73	807.10	—	40.49	—
湖 南	1.63	5711.10	—	226.03	—
广 东	1.59	215.81	—	—	—
广 西	1.10	4033.44	—	171.49	—
海 南	1.04	—	—	—	—
重 庆	0.01	2252.62	—	—	—
四 川	28.73	97.74	—	686.77	22534.64
贵 州	0.51	2468.87	—	—	—
云 南	3.82	905.86	—	0.07	—
西 藏	0.27	—	199.49	—	—
陕 西	4.04	279.74	1.1	0.89	—
甘 肃	3.91	263.14	124.83	89.87	—
青 海	0.07	—	0.48	—	—
宁 夏	—	—	—	—	—
新 疆	3.57	410.43	48.95	0.16	47.14
全 国	222.32	19515.64	442.10	1242.63	23042.96

资料来源：《中国统计年鉴2011》，中国统计出版社，2012。

表2-8 2010年各地区主要有色金属、非金属矿产基础储量

地区	铜矿（铜，万吨）	铅矿（铅，万吨）	锌矿（锌，万吨）	铝土矿（矿石，万吨）	菱镁矿（矿石，万吨）	硫铁矿（矿石，万吨）	磷矿（矿石，亿吨）	高岭土（矿石，万吨）
北京	0.02	—	—	—	—	—	—	—
天津	—	—	—	—	—	—	—	—
河北	15.29	18.66	154.62	393.80	866.26	1765.86	2.12	58.30
山西	215.67	0.55	0.32	13592.14	—	614.98	—	160.20
内蒙古	365.93	301.12	588.89	—	—	15745.76	0.02	433.18
辽宁	16.13	13.62	39.83	—	165672.70	2504.88	0.81	525.00
吉林	20.44	10.19	13.55	—	1.10	728.39	—	50.38
黑龙江	119.61	5.35	21.55	—	—	48.20	—	—
上海	—	—	—	—	—	—	—	—
江苏	5.50	15.03	24.80	—	—	412.78	0.25	749.44
浙江	8.44	41.26	67.37	—	—	717.64	—	750.87
安徽	192.53	5.09	12.07	—	—	14912.71	0.38	303.37
福建	83.11	24.28	48.65	65.00	—	1011.72	0.04	5608.66
江西	698.58	58.25	85.91	—	—	14892.60	0.72	3137.89
山东	29.60	7.11	2.58	412.70	16158.28	311.70	0.67	533.96
河南	14.15	36.29	38.58	21525.87	2.11	8726.70	0.07	31.31
湖北	120.71	1.49	4.02	244.20	—	3841.20	7.17	467.03
湖南	39.31	111.64	178.99	174.10	—	6303.31	2.79	2109.18
广东	58.14	105.66	192.26	—	—	27903.63	—	27853.43
广西	14.41	17.72	149.25	27236.89	—	4556.91	—	18733.32
海南	2.67	1.15	0.61	—	—	—	0.04	1872.60
重庆	—	3.94	14.78	3639.10	—	1976.80	—	—
四川	75.61	82.95	222.40	14.40	186.49	42807.04	3.45	71.87
贵州	0.34	6.32	15.62	20157.04	—	5623.90	3.62	11.45
云南	274.25	191.01	682.05	1551.84	—	3099.18	6.66	390.70
西藏	199.38	—	—	—	—	—	—	—
陕西	16.03	14.82	84.92	725.58	—	577.62	0.21	81.10
甘肃	171.98	84.15	379.51	—	—	1.00	—	—
青海	41.19	79.38	137.76	—	49.90	50.20	0.60	—
宁夏	—	—	—	—	—	—	0.01	—
新疆	71.67	35.01	90.53	—	—	17.36	—	—
全国	2870.69	1272.04	3251.42	89732.66	182936.84	159152.07	29.63	63933.24

资料来源：《中国统计年鉴2011》，中国统计出版社，2012。

（2）与生产力布局不匹配，开发利用困难。资源分布不均衡，与生产力布局不匹配，给矿产的开发利用造成极大困难。比如，中国煤炭储量位居世界第一，但主要分布于陕西、山西、内蒙古3省（区），占全国保有储量的68%；磷矿70%的保有储量集中于云、黔、川和鄂西地区；铁矿主要集中于辽、冀、晋和川等地，占全国保有储量的60%；铜矿主要集中在长江中下游地区；铝矿主要分布在山西、贵州；金矿主要分布在山东、河北、吉林、辽宁、黑龙江等东部地区。① 可见，西部地区资源潜力巨大，但受经济不发达、交通不便利等因素制约，其开发利用还基本处于起步阶段。中国资源主要分布在经济发展相对落后的中西部地区，普遍远离经济相对发达的东南沿海地区，不仅增加开发利用成本，还加大交通运输和环境保护的压力，加之有些资源下游市场需求不足，严重制约开发的快速发展。

（三）中国矿产资源开发利用保护的总体概况

1. 矿产资源开发利用发展迅速，已形成相当规模

（1）矿产资源开发利用的产量产值。中国已建成一批能源、重要金属和非金属资源开发基地，近年与资源开发相关的主要工业产品产量已达到相当规模，资源供应能力明显增强。目前，中国原煤、钢、十种有色金属和水泥等产量居世界第一位，磷矿石和硫铁矿产量分别居世界第二位和第三位，原油产量居世界第五位。② 矿产资源开发经济快速发展，矿产资源开发增加值达到1.36万亿元，约占工业增加值的12.7%，占GDP的5.5%，资源的开发利用促进了区域经济的发展，已成为推动中国经济蓬勃发展的重要动力。③

---

① 赵洁心、冯波、谭俊、鲍明学、李闫华：《我国矿产资源开发利用现状与可持续发展探讨》，《经济管理》2006年第5期，第1~4页。
② 《中国的资源政策》白皮书（全文），人民网，http://www.people.com.cn/GB/shizheng/1026/2261013.html。
③ 国土资源部：《全国资源规划（2008-2015年）》，http://www.mlr.gov.cn/xwdt/zytz/200901/t20090107_113776.htm。

表2-9 2009~2010年中国与资源相关的主要工业产品产量

产品名称	2009年	2010年
原煤（亿吨）	29.73	32.35
原油（万吨）	18948.96	20301.40
天然气（亿立方米）	852.69	948.48
原盐（万吨）	6662.79	7037.76
水泥（万吨）	164397.80	188191.20
生铁（万吨）	55283.46	59733.34
粗钢（万吨）	57218.23	63722.99
钢材（万吨）	69405.40	80276.58
十种有色金属（万吨）	2648.54	3120.98
其中：		
精炼铜（万吨）	413.49	458.65
电解铝（万吨）	1288.61	1577.13
氧化铝（万吨）	2379.29	2893.02
采矿设备（万吨）	358.28	495.65

（2）矿山及矿产品企业结构。经过几十年的普查和勘探，截至2010年，全国共有进行矿产资源开发的规模以上企业452872家，其中，企业单位数、工业总产值、资产总计、利润总额、本年应交增值税、年平均从业人数占全国按行业分、规模以上工业企业的比重分别为：4.57%、6.43%、9.72%、15.49%、14.50%、8.51%（见表2-10）。

表2-10 2010年矿产资源开发利用企业和矿产品结构

行业	企业单位数（个）	工业总产值（亿元）	资产总计（亿元）	利润总额（亿元）	本年应交增值税（亿元）	年平均从业人数（万人）
全国总计	452872	698590.50	592881.90	53049.66	22472.72	9544.71
采矿产资源开发比重（%）	4.57	6.43	9.72	15.49	14.50	8.51
采矿产资源开发总计	20703	44950.70	57600.84	8216.52	3257.73	812.68
煤炭开采和洗选业	9016	22109.27	29941.66	3446.52	1848.02	527.19

续表

行业	企业单位数（个）	工业总产值（亿元）	资产总计（亿元）	利润总额（亿元）	本年应交增值税（亿元）	年平均从业人数（万人）
石油和天然气开采业	310	9917.84	16692.05	3026.76	830.13	106.06
黑色金属矿采选业	4262	5999.33	5985.13	893.05	313.70	67.04
有色金属矿采选业	2443	3799.41	3083.47	572.05	142.28	55.40
非金属矿采选业	4633	3093.54	1882.30	276.16	122.69	56.54
其他采矿产资源开发	39	31.31	16.23	1.98	0.91	0.45

资料来源《中国统计年鉴2011》，中国统计出版社，2012。

2. 资源需求不断上升，供应形势严峻与潜力机遇并存

（1）随着经济发展和人民生活水平的提高，能源等资源消费量逐年增长。

表2-11　2006～2010年能源消费总量、结构及其弹性系数

年份	能源消费总量（万吨标准煤）	占能源消费总量的比重（%）			能源消费比上年增长（%）	能源消费弹性系数
		煤炭	石油	天然气		
2006	258676	71.1	19.3	2.9	9.61	0.76
2007	280508	71.1	18.8	3.3	8.44	0.59
2008	291448	70.3	18.3	3.7	3.90	0.41
2009	306647	70.3	17.9	3.9	5.20	0.57
2010	324939	68.0	19.0	4.4	6.00	0.58

资料来源：《中国统计年鉴2011》，中国统计出版社，2012。

（2）资源需求大幅攀升，对外依存度急剧提高，不确定性加大。中国的石油、铁矿、铜铅锌等重要有色金属和钾盐等大宗矿产已探明的资源储量不能满足国内需求。目前，中国油气、铁、铜等对外依存度为50%左右，矿产品进出口已经占到进出口总额的近35%，中国资源需求将持

续刚性增长。① 另外，中国原油进口的50%来源于动荡不安的中东地区，进口原油运输量的80%通过十分敏感的马六甲海峡。资源特别是石油对外依存度不断提高，始终使中国经济处于高风险状态，直接影响经济安全以至国家安全。②

（3）资源供应形势严峻。中国正处于城市化工业化快速发展阶段，需要大量的矿产品及相关的能源与原材料加工制品，对包括能源在内的重要资源需求强劲，资源保障程度总体不足，供应形势严峻。而且，中国资源总量大，但人均少、禀赋差，大宗、支柱性矿产不足，经济社会发展的阶段性特征和资源国情，决定了资源大量快速消耗态势短期内难以逆转，资源供需矛盾日益突出。据预测，到2020年，中国煤炭消费量将超过35亿吨、石油5亿吨、铁矿石13亿吨、精炼铜730万～760万吨、铝1300万～1400万吨。③ 如不加强勘查和转变开发利用方式，届时在中国45种主要矿产中，有19种将出现不同程度的短缺，其中11种为国民经济支柱性矿产，石油的对外依存度将上升到60%，铁矿石的对外依存度在40%左右，铜和钾的对外依存度仍将保持在70%左右。

（4）资源潜力很大，具有提高保障程度的有利条件，困难面前仍有机遇。中国成矿地质条件有利，主要资源总体查明程度约为1/3，多数重要资源勘查开发潜力较大，主要表现在：石油探明程度约33%，储量和产量增长具备资源基础；天然气探明程度约14%，1000米以浅的煤炭查明程度约37%，资源前景广阔；煤层气处于勘探初级阶段，将成为能源资源的重要组成部分；油页岩资源潜力可观，有望成为可供利用的重要油源；重要金属资源查明程度平均为35%，铁、铝等大宗矿产查明率为40%左右；预测中国1000米以浅未查明的铁矿石远景资源有1000亿吨以上；西部地区和中东部隐伏矿床的找矿潜力巨大，危机矿山接替资源找矿

---

① 徐绍史：《中国进出口总额近35%为矿产品进出口》，中财网，http：//www.cfi.net.cn/p2011 1121 000130.html。
② 韩海青、苏迅：《建立完善土地和资源节约集约利用新机制》，《中国国土资源经济》2008年第3期。
③ 国土资源部：《全国资源规划（2008—2015年）》，http：//www.mlr.gov.cn/xwdt/zytz/200901/t20090107_113776.htm。

成果表明，已知矿床深部和外围大多具有增储挖潜条件。① 同时，资源节约与综合利用潜力巨大，通过加强管理、推进科技进步和发展循环经济，提高矿产资源开发利用效率有较大的空间。

3. 资源进口关税等政策动态调整，有力弥补国内不足

（1）矿产品进口关税演变。2001年以来，中国矿产品进口关税进一步下调，平均降至9.03%，② 促进了短缺矿产品及相关原材料的进口，保障了国内需求。

（2）资源进出口结构。资源开发规模不断扩大，利用水平日益提高。根据近年资源进出口货物分类及金额数据，中国已成为世界重要的矿产生产国、消费国和贸易国。在进出口贸易中，大宗短缺矿产品及相关能源与原材料的进口量都有不同程度增加，矿产品进口多元化趋势进一步加强，提高了进口安全保障程度。

表2-12 2006～2010年资源进出口货物分类及进出口金额

单位：亿美元，%

商品分类		总额	矿产品	矿产品占比	盐；硫黄；泥土及石料；石膏料石灰及水泥	矿砂、矿渣及矿灰	矿物燃料、矿物油及其蒸馏产品；沥青物质；矿物蜡
2006年	出口	9689.36	213.92	2.21	26.98	9.23	177.70
	进口	7914.61	1235.38	15.61	22.75	321.64	890.98
2007年	出口	12177.76	235.88	1.94	26.91	9.46	199.51
	进口	9559.50	1620.82	16.96	30.51	540.45	1049.86
2009年	出口	12016.12	227.66	1.89	21.72	2.19	203.75
	进口	10059.23	1968.86	19.57	27.27	700.99	1240.45
2010年	出口	15777.54	303.75	1.93	31.20	5.8	266.75
	进口	13962.44	3030.28	21.70	45.09	1095.1	1890.08

说明：无2008年数据。
资料来源：相关年份的《中国统计年鉴》，中国统计出版社。

---

① 国土资源部：《全国资源规划（2008—2015年）》，http://www.mlr.gov.cn/xwdt/zytz/200901/t20090107_113776.htm。
② 《中国矿产品进口关税下调平均降至9.03%》，中国发展门户网，http://www.chinagate.com.cn，访问时间2009年8月2日。

4. 资源勘查开发"引进来"持续推进，利用成效较为明显

（1）资源外商投资金额。1998年以来，矿产资源开发利用"引进来"继续推进。外商投资中国矿产勘探项目，近年资源按行业分，外商直接投资已达一定规模。

表 2-13 2007年、2010年矿产资源开发外商直接投资情况

类别	2007年		2010年	
	合同项目（个）	实际使用金额（万美元）	合同项目（个）	实际使用金额（万美元）
总　计	37871	7476789	27406	10573524
矿产资源开发投资占比（%）	0.62	0.65	0.34	0.65
矿产资源开发投资	234	48944	92	68440

资料来源：《中国统计年鉴》（2008年、2011年），中国统计出版社。

（2）资源外商注册登记。近年矿产资源开发外商投资企业年底注册登记已达一定规模。

表 2-14 2007年、2010年矿产资源开发外商投资企业年底注册登记情况

年份	类　别	企业数（户）	投资总额（亿美元）	注册资本（亿美元）	外方（亿美元）
2007	总　计	286232	21087.89	11554.18	9211.48
	矿产资源开发比重（%）	0.33	0.45	0.51	0.45
	矿产资源开发	947	95.68	58.87	41.46
2010	总　计	445244	27059.31	15738.43	12589.69
	矿产资源开发比重（%）	0.23	0.56	0.60	0.50
	矿产资源开发	1039	150.98	94.34	63.20

资料来源：《中国统计年鉴》（2008年、2011年），中国统计出版社。

5. 资源勘查开发"走出去"进展明显，获取能力不断增强

（1）资源勘查开发投资。近年采矿产资源开发对外直接投资已达相当规模，并在不断增长，另外资源勘查开发投资已成为"走出去"的"重头戏"。

表2-15 2006年~2010年矿产资源开发对外直接投资

单位：万美元,%

时间	总计	矿产资源开发	矿产资源开发占比
2006年	2116396	853951	40.35
2007年	2650609	406277	15.33
截至2007年对外直接投资净额	11791050	1501381	12.73
2009年	5652899	1334309	23.60
2010年	6881131	571486	8.31
截至2010年对外直接投资净额	31721059	4466064	14.08

说明：无2008年数据。

资料来源：《中国统计年鉴》（2008年、2011年），中国统计出版社。

（2）资源"走出去"成效明显。比如，中国油气开发"走出去"已具一定规模，中国石油天然气集团获石油份额可采储量约4.46亿吨，在海外已建成近1400万吨的原油生产能力，8亿立方米天然气生产能力，获得海外份额油产量500多万吨。①

二 矿产资源开发利用的宏观经济效益失衡

当前中国的资源综合利用的重大技术经济政策主要包括两方面的内容：除工业"三废"的综合利用，主要是共、伴生资源的综合利用，提高资源的经济价值，维护生态平衡，化解开发利用的经济效益失衡，以求可观的经济效益、社会效益和生态环境效益。

（一）矿产资源开发利用方式粗放，浪费惊人

由于政策、制度以及技术水平等多方面的原因，中国的资源开发方式总体上仍是粗放型的，开发水平低下，综合利用经济性较差，资源禀赋浪费惊人，主要表现在：在采富矿的时候糟蹋甚至破坏了贫矿；开采主要矿种时浪费或破坏了伴生矿；开采多种金属矿的时候只用了其中的单元素；共（伴）生矿的综合利用率不高。

---

① 《中国矿产品进口关税下调平均降至9.03%》，中国发展门户网，http：www.chinagate.com.cn，访问时间2009年8月2日。

1. 矿产资源开发利用方式粗放的表现

（1）生产工艺落后，设备仍相当粗陋。尽管中国从国外引进了一些先进的技术装备，在一定程度上提高了资源开发企业的技术装备水平，但除了部分大中型资源开发企业的技术装备水平有所提高外，为数众多的小型资源开发企业采用的生产工艺和设备仍相当落后，整体技术装备水平与世界先进水平相比，还有较大差距。这种科技含量不足的粗放型经营方式，不仅导致生产力水平低下，增大了单位综合能耗，还造成了资源的严重浪费，加重了资源约束的危机。

（2）高技能人才短缺，成为矿产资源开发利用能力提高的障碍。产业化的人力资本，不仅能使自身的收益递增，还可以使其他生产要素得以优化组合，达到收益递增的目的，并促进持续快速增长。而中国许多矿山的区位劣势以及落后的发展状况，导致人才汇聚能力不足，造成具有较高知识和技能水平的人力资源短缺。

（3）采掘工艺技术和管理水平不高，劳动生产率低。西方发达国家的地下矿山接近80%实现了无轨化，独联体国家有色矿山无轨化开采也占一半以上比重，[①] 对国外先进采掘工艺技术和方法，中国虽然大多有所研究和应用，但由于管理水平不高等原因，技术经济指标和劳动生产率低，特别是由于非生产人员大量增加，全员劳动生产率低得令人难以置信。国外地下和露天矿山的全员劳动生产率分别为中国的20~30倍和10倍左右，其中铜矿山为中国的16~45倍，同类设备的实际生产能力也比中国高出1倍以上。[②]

2. 矿产资源开发利用的浪费

（1）先天的资源禀赋导致浪费。中国许多矿种品位较差，贫矿多富矿少，小型矿多大型矿少，利用难度大，开发成本高，竞争力弱。比如铁矿，全国平均品位小于34%，富矿不足5%；铜矿，品位大于3%的富矿只占总储量的0.7%；磷矿中富矿仅占总储量的5.9%。另外，还有相当

[①] 汤雁斌：《有色矿山可持续发展存在的问题和对策》，《四川有色金属》2003年第2期，第9~13页。

[②] 汤雁斌：《有色矿山可持续发展存在的问题和对策》，《四川有色金属》2003年第2期，第9~13页。

部分矿产物质组成复杂或矿产类型复杂，利用困难，如铁矿储量的1/3和铜矿储量的1/4都是多组分矿，而铝矿资源基本是一水型、含硅量高，加工时耗碱量大。① 因此，在此资源禀赋条件下，难以避免地会导致中国的矿产资源开发综合利用水平不高。

（2）矿产资源开发利用水平不高导致浪费。中国资源的平均总回收率在1999年时只有30%~50%，比发达国家低10~20个百分点，2/3以上矿山的综合利用率指数还不到25%；② 工业废渣综合利用率仅为29%，累计堆积量达67.5亿吨，成为严重的二次污染源。全国煤炭总回收率仅为32%，铜矿平均回收率为50%，钨矿平均回收率为28%。③ 而金属尾矿的平均利用率不足10%，工业固体废弃物总利用率在60%左右。④ 低下的开发利用水平，不仅导致了资源浪费，更直接导致了环境破坏。

（二）矿产资源开发利用的综合经济性差，技术水平低

1. 矿产资源开发利用的综合效率

（1）综合利用率偏低，且差距较大。中国资源开发的综合利用率平均不超过50%，总体上综合利用率约为20%。⑤ 目前中国矿产资源综合利用比较好的国有矿山仅占30%左右，部分进行综合利用的国有矿山占25%左右，完全没有进行综合利用的占45%，集体、个体矿山基本上不采取综合利用。⑥ 另外，资源的总回收率与国外差距明显。2004年中国资源的总回收率仅为30%~50%，比发达国家低10~30个百分点；⑦ 2006

---

① 冯培忠、曲选辉、吴小飞：《关于我国矿产资源开发利用现状及未来发展的战略思考》，《中国矿产资源开发》2004年第6期，第12~16页。
② 唐咸正：《国土矿产资源开发利用状况对产业结构的影响》，《资源产业》1999年第5期，第13~17页。
③ 景跃军：《中国资源与经济可持续发展研究》，《人口学刊》2002年第5期，第13~17页。
④ 王颖春：《我国资源的综合平均回收率不足50%》，《中国经济导报》2010年3月25日。
⑤ 《中国资源综合利用现状、问题与对策研究》，中华商务网，http://www.chinaccm.com/H8/H814/H81401/news/20070315/110513.asp。
⑥ 景跃军：《中国资源与经济可持续发展研究》，《人口学刊》2002年第5期。
⑦ 梁凯、兰井志：《我国资源综合利用的现状及对策》，《中国矿产资源开发》2004年第12期，第44~46页。

年中国资源的回收利用率比较低,比一般发达国家低10~20个百分点。①

(2) 资源的天然禀赋对综合开发利用回收率的提高提出了挑战。作为矿产资源开发大国,中国资源的特点是贫矿多,富矿少;难选矿多,易选矿少;共生矿多,单一矿少。比如有色金属矿的85%以上是综合矿,共伴生铁矿约占总储量的31%。② 因而,资源勘探和开发,需确定合理的采矿方法和产品方案,推广应用先进的开采加工技术,提高资源采选利用率。

(3) 资源开采条件日益复杂困难,作业条件亟待改善,限制了综合开发利用率的提高。随着开采条件的恶化,作业条件亦变差。目前有色矿山中的一些中晚期矿山的开采深度在400米以下且不断加深,在开采技术提升、通风等诸多方面都更加困难;老采空区的残矿、矿柱和零星矿体,高温、大涌水量和矿岩破碎的矿体以及低品位的矿体,无疑将增加开采难度。

2. 矿产资源开发利用的技术水平

(1) 矿产资源开发利用的技术装备落后,创新能力不强。具有自主知识产权的技术装备缺乏,具有重大带动作用的共性和关键技术开发不够,许多可再生利用的废物得不到应有的开发利用,一些综合利用产品的技术含量低、附加值不高、竞争力不强。有关资源综合利用方面的科研工作与实际的生产应用结合不紧密,使得中国资源的综合利用效率不高。

(2) 资源的开采、冶炼等过程中难以实现对矿石中某种物质的高纯提取和多种物质的共同提炼,工人劳动效率低,深加工产品少。比如,中国钨产品出口结构为钨精矿1.3%,中间产品(钨铁、钨酸)84.4%,再加工制品(钨粉)6.7%,深加工制品(丝、棒、硬质合金)7.6%,仍以中低档产品为主,综合利用率低,20多种元素只回收12个。③

---

① 赵洁心、冯波、谭俊、鲍明学、李闫华:《我国矿产资源开发利用现状与可持续发展探讨》,《经济管理》2006年第5期,第1~4页。
② 杨志云:《浅谈矿产资源开发利用中的环境问题》,《科技资讯》2009年第2期。
③ 冯培忠、曲选辉、吴小飞:《关于我国矿产资源开发利用现状及未来发展的战略思考》,《中国矿产资源开发》2004年第6期,第12~16页。

(3) 矿产资源开发利用的规模经济技术水平不高。部分矿山各自为政，技术单一，难以形成规模采矿和规模经济。许多资源开发企业缺少雄厚的资金、先进的技术设备和有效的规划管理，难以吸引高精尖的人才，因而采富弃贫、采易弃难现象比较严重，造成矿石中的有用成分得不到完全有效的开采利用，所得产品质量不高。这种粗放式开采虽然投资少、见效快，但是极大地浪费了资源，在给当地的社会经济带来暂时的繁荣之后留下的是千年的祸害，殃及子孙。

3. 矿产资源开发利用的贫化和低效损失

(1) 矿产资源开发利用的损失贫化率水平高。由于采矿工艺技术设备及管理水平等方面的原因，虽然贫化损失量不能完全避免，但中国矿山的矿石损失率和贫化率长期居高不下。据原有色系统连续8年地下矿山综合资料统计，铜矿开采损失率和贫化率分别为16.26%和19.6%；铅锌矿开采损失率和贫化率分别为10.6%和19.7%。①

(2) 矿产资源开发利用的损失浪费大。大量消耗资源的粗放式经营、掠夺式开采使得资源破坏严重，且损失巨大，主要表现在：采选回收率低，采主弃次、采富弃贫、采易弃难，严重浪费和破坏国内有限的资源。共伴生资源综合利用率低。矿山固体废弃物排放量大，利用程度低，多数金属矿山的开采回收率偏低，比国际水平低10~20个百分点。② 大型矿山的大量尾砂堆积，不仅含有有害成分，还含有可利用回收的成分。

(3) 矿产资源开发利用方面的能源效率低下问题十分突出。有研究表明中国物理能耗综合水平比国际先进水平高出20%~30%，万元GDP能耗水平是日本的4.5~5.7倍，是美国的2.6~3.3倍。③ 近年虽有所下降，但能耗过高的问题依然突出，节能降耗的任务仍然十分艰巨。

---

① 汤雁斌：《有色矿山可持续发展存在的问题和对策》，《四川有色金属》2003年第2期，第9~13页。
② 龙云凤、付善明、赵宇鷃：《广东省矿山可持续发展问题研究》，《中山大学研究生学刊》（自然科学、医学版）2003年第1期。
③ 韩海青、苏迅：《建立完善土地和资源节约集约利用新机制》，《中国国土资源经济》2008年第3期。

三 矿产资源开发利用的环境生态效益失衡

资源开发诱发的灾害增多，生态环境破坏问题凸显，已成为不可忽视的重大问题。资源开发的环境污染其实质是矿产资源开发利用不充分，大量固体废物排放占用了大量宝贵的土地资源，造成生态环境恶化，同时也造成大量金属与非金属资源的流失。且矿山废水排放率高，废水量大，废水中含有固体微细粒物质，有的还含有残余药剂及溶于水中的金属离子；大量废水外排，污染了社区四周的河流、农田，给周边地区的农作物、植物、河流留下巨大的祸患。

(一) 矿产资源开发利用中的生态环境破坏问题突出

中国人口多，人均资源不多，生态环境先天脆弱。多年来盛行高消耗、高污染、低效益的粗放扩张型开发方式，许多矿产资源开发利用企业重资源开采，轻环境保护，尤其是不合理地开发、利用，已对矿山及其周围环境造成污染并诱发多种地质灾害，破坏了生态环境，使得能源浪费大、环境破坏严重等问题日益凸显。

1. 矿区生态环境已受到较为严重的破坏

中国因采矿引起的环境问题类型较为复杂，有"三废"问题，地面变形问题，矿山排（突）水、供水、生态环保三者之间的矛盾问题，沙漠化和水土流失等问题。过度开采使得矿山环境受到较为严重的破坏，突出表现在：一是因采矿及各类废渣、废石堆置等，破坏了大量耕地、建设用地、森林、草地，导致严重的水土流失和土地荒漠化。二是不合理地采矿破坏了地形地貌，诱发地面开裂、塌陷、塌陷坑、崩塌、泥石流和滑坡等地质灾害。三是采矿使社区水位下降、吃水困难、水田变成旱地，水体严重污染、水均衡遭受破坏，产生各种水环境问题。四是废气、粉尘、废渣"三废"排放，产生大气污染和酸雨。以燃煤最为突出，中国煤燃烧所释放的 SO_2 占到全国总排放的 87%、CO_2 排放量占到 71%、NO_x 占到 67%、粉尘占到 60%，CO_2 排放总量居世界第二；大量燃煤排放的 SO_2 和 NO_x 形成了极大危害，酸雨区域迅速扩大，已超过国土面积的40%，每年酸雨和SO_2污染造成的经济损失已超过当年国民生产总值的2%。① 另据调查，采矿排放的废水占工业废水的10%，采矿产生的固体废弃物占工业固体废弃物的80%，大量老矿山的塌陷区、排石场、尾矿坝都亟待治理。②

2. 矿产资源开发利用的部分城市生态环境较差、治理任务繁重

鉴于矿产资源开发城市中的一部分大中型老矿山历史包袱过重，社区土地破坏面积大，地质灾害隐患严重，恢复治理任务艰巨。全国的矿产资源开发城市，大多数存在着植被减少，水土流失，空气质量差，环境污染、生态破坏严重，地质环境恶化，发展后劲不足，人文氛围、社会环境差的状况，并且部分城市已经面临资源严重不足、难以为继的局面。需要重新激活老矿产资源开发城市的活力，全面实行"适度开发，谁开发、谁负责、谁治理"的方针，做好开挖矿井的回填、植被的覆盖、社区的绿化、水污染的洁净化、固体废弃物的回收利用和无污染处理、烟尘排放的过滤工作，营造一定的人文氛围，实现矿产资源开发城市的可持续发展。

3. 矿产资源开发利用环境恶化的态势

造成矿产资源开发利用环境恶化的主要原因是：思想认识落后，对资源有关的环境问题重视程度不够，环境保护工作开展较晚，资源环境的研究基础十分薄弱。虽然政府已开始意识到不恰当的矿产资源开发活动带来的环境危害，并在努力改变这种不利局面，但由于受认识、资金和技术等方面的制约，长期以来并没有进行资源开采活动对环境的影响评估，因此难以动态掌握，更难从根本上提出解决问题的合理方案。由于利益驱动、地方保护、开矿准入制度不健全、技术落后等原因，环境问题特别突出。因此，遏制矿产资源开发利用的环境恶化态势仍需下大力气。

---

① 汪云甲：《论我国资源安全问题》，《科技导报》2003年第2期。
② 李秋元、郑敏、王永生：《我国资源开发对环境的影响》，《中国矿产资源开发》2002年第2期，第47~51页。

（二）矿产资源开发利用中的"三废"排放及地质灾害严重

矿产资源开发利用加剧"三废"排放，并引起自然地貌形态的改变、诱发相应的环境地质灾害。

1. 矿产资源开发利用的"三废"排放及地质灾害

（1）矿产资源开发利用导致的"三废"排放。因尾矿库坝堆放、维护不利等原因而造成的崩塌、泥石流等灾害发生多起，造成重大损失。同时，尾矿的堆放容易导致环境地质问题，损毁土地，破坏植被；诱发滑坡、泥石流地质灾害；社区环境污染等。有些选矿场排出的废水中砷、镉、铅等严重超标，随着尾矿数量的不断增加，对坝体下游的人民生命财产潜在的威胁也加大。根据近年废水排放及处理情况、工业固体废物产生及处理利用情况、废物处理利用情况，矿产资源开发利用中的"三废"排放已达一定规模，治理也在艰辛中前行。

表2-16　2010年废水排放及处理情况

行业	工业企业数（个）	工业废水排放总量（万吨）	工业废水排放达标量（万吨）
行业总计	112798	2118585	2030907
矿产资源开发总计	8603	178582.4	166742.6
矿产资源开发占比（%）	7.63	8.43	8.21
煤炭开采和洗选业	4623	104765.3	97541.5
石油和天然气开采业	228	11554.6	11530.3
黑色金属矿采选业	1232	15352.5	14001.6
有色金属矿采选业	1679	38851.6	36000.5
非金属矿采选业	763	7683.1	7312.6
其他	78	375.3	356.1

资料来源：《中国统计年鉴2011》，中国统计出版社，2012。

表 2-17 2010 年废气排放及处理情况

单位：万吨，%

行业	工业二氧化硫排放量	工业二氧化硫去除量	工业烟尘排放量	工业烟尘去除量	工业粉尘排放量	工业粉尘去除量
行业总计	1705.45	3304.00	549.24	38941.38	408.94	9501.72
矿产资源开发总计	40.25	71.31	18.73	184.56	24.09	42.80
矿产资源开发占比	2.36	2.16	3.41	0.47	5.89	0.45
煤炭开采和洗选业	16.03	4.96	11.62	118.65	14.91	16.17
石油和天然气开采业	3.56	6.09	1.28	8.35	—	0.01
黑色金属矿采选业	5.28	2.07	1.89	13.79	5.33	16.08
有色金属矿采选业	11.12	56.03	1.28	16.56	0.86	5.28
非金属矿采选业	4.13	2.15	2.47	26.26	2.86	4.28
其他	0.13	0.01	0.19	0.94	0.13	0.98

资料来源：《中国统计年鉴 2011》，中国统计出版社，2012。

表 2-18 2010 年工业固体废物产生及处理利用情况

单位：万吨，%

行业	工业固体废物产生量	危险废物	工业固体废物储存量	工业固体废物处置量	工业固体废物排放量
行业总计	225093.65	1586.75	22117.50	53652.52	437.89
矿产资源开发总计	90682.76	275.31	12393.87	38646.67	293.18
矿产资源开发占比	40.29	17.35	56.04	72.03	66.95
煤炭开采和洗选业	27316.09	0.01	1627.02	5327.00	187.73
石油和天然气开采业	206.61	17.50	6.66	122.70	0.04
黑色金属矿采选业	31968.87	0.01	5463.40	19841.32	21.62
有色金属矿采选业	29338.37	164.31	4880.78	12908.42	77.84
非金属矿采选业	1780.21	93.49	411.14	432.04	5.66
其他	72.62		4.88	15.18	0.29

资料来源：《中国统计年鉴 2011》，中国统计出版社，2012。

表 2-19　2010 年废物处理利用情况

单位：万吨，%

行业	工业固体废物综合利用量	"三废"综合利用
行业总计	150899.41	17785033.70
矿产资源开发总计	40208.72	930011.60
矿产资源开发占比	26.65	5.23
煤炭开采和洗选业	20906.06	299842.00
石油和天然气开采业	77.98	235806.70
黑色金属矿采选业	6657.94	36844.30
有色金属矿采选业	11581.93	325170.60
非金属矿采选业	932.54	30890.90
其他	52.27	1457.10

资料来源：《中国统计年鉴2011》，中国统计出版社，2012。

（2）矿产资源开发利用导致地质灾害。资源的开发利用实质上是对其本身与环境的双重消耗。"三废"的排放引起自然地貌形态的改变、诱发相应的环境地质灾害。据统计，华东地区矿山废水废液年排放量十分巨大，各种类型矿山年产生废水废液总量 38.3 亿吨，年排放废水废液总量 6.3 亿吨。不同类型矿山废水废液产出量和排放量存在明显差别，年废水废液排放量前四位的矿山类型为能源、有色金属、黑色金属和建材矿山，分别占全部矿山年排放废水废液总量的 42%、34%、12% 和 7%。[①] 同时，矿山废渣污染也同样值得关注。固体废物影响地质安全，区内共有废石堆、尾矿坝、煤矸石山等达 9000 余处，各种固体废弃物积存量达 25.7 亿吨，年产出各种固体废弃物 14.1 亿吨，固体废弃物年排放量 7.3 亿吨。因此，矿产资源开发利用直接增加了环境的负担，也威胁到矿山正常生产和矿区民众生命安全。

另外，矿产资源开发利用破坏地质地貌和自然景观，占用大量耕地和建设用地，诱发崩塌、滑坡、泥石流、地面塌陷等地质灾害，不少社区的

---

① 《华东矿山环境治理须解决三大难题》，国土资源网，http://news.mlr.gov.cn/front/read/read.asp?ID=158878，2009 年 5 月 27 日。

百姓生存条件恶化、生活水平下降，甚至出现大规模搬迁现象。许多矿山为露天开采，开采过程产生粉尘、废水、废石和噪声，且随着深度的推进，可能会产生局部塌方；露天开采结束后形成的最终边坡也可能产生塌方。地质灾害将会破坏当地的生态环境，并会造成人身财产损失。

2. 矿产资源开发利用"三废"的地质灾害综合治理

（1）工业"三废"的综合利用发展很快，但治理难度越来越大。矿山固体废弃物和废水排放量大得惊人。以矿山排放的废石为例，一般每生产一吨金属或煤，需要消耗和废弃堆放数十甚至成百吨的矿石和废石，资源开发累计破坏土地面积达 200 万平方千米（按 1997 年统计数据），按递增速度为 4 万平方千米/年计算，到 2010 年破坏土地面积将达到 256 万公顷。[1] 随着资源的进一步开发，所造成的环境影响越来越大，治理难度也加大。

（2）矿山环境治理多为"末端治理"。除自然、历史原因外，造成矿山环境恶化的原因还有以下几种：一是矿山环境管理薄弱，法律法规不健全；二是矿山开采及治理技术落后；三是矿山环境恢复投入不够。社区生态环境恢复是一个系统工程，需要大量的投入。因而，矿山环境治理多为"末端治理"，重开发利用、轻资源节约和环境保护，重经济效益和发展速度，轻环境效益和发展质量，走的是一条"先污染后治理"的道路，治理赶不上破坏。

四 矿产资源开发利用的安全效益失衡

资源开发伴随的安全生产问题突出、矿难频发。

（一）矿产资源开发利用安全现状的国内外对比

1. 矿产资源开发利用安全的国内现状

（1）近年来矿产资源开发利用安全的典型事故及原因。据国家安全生产监督管理总局公布的数据，从死亡 50 人以上的煤矿重特大恶性事故中可以看出，除个别为透水事故外，其余均与瓦斯或煤尘爆炸直接相

---

[1] 杨志云：《浅谈矿产资源开发利用中的环境问题》，《科技资讯》2009 年第 2 期。

关。发生重特大事故的主要原因主要归结为以下几方面：一是企业安全生产责任制不落实，措施不具体，执行不严格，安全管理不到位；二是企业生产设备状况差，事故隐患多；三是职工自我保护意识差，安全培训不到位；四是对外包队伍管理薄弱；五是拒不执行煤矿安全监察机构的整改和停产指令。上述原因均可能与企业是否执行安全生产规定有关。

（2）近年来矿产资源开发利用安全事故发展趋势。统计数据显示，全国矿山安全生产呈现总体稳定、趋于好转的发展趋势，尤其是2004年以后中国矿山安全生产情况连续多年趋好，事故发生数、死亡人数、煤矿百万吨死亡率，均有不同幅度的下降，如2006年煤矿百万吨死亡率为2.041人，达到历史最好水平。①

表2-20　全国非煤矿山发生事故及死亡人数

年 份		2004	2005	2006
事故	起数（起）	2248	1928	1869
	同比增长（%）	-1.7	-14.2	-3.1
死亡	人数（人）	2699	2342	2271
	同比增长（%）	-6.7	-13.2	-3.0

表2-21　全国煤矿山发生事故及死亡人数

年 份		2004	2005	2006
原煤产量（亿吨）		19.56	22	23.25
事故	起数（起）	3639	3306	2945
	同比增长（%）	-12.17	-9.2	-10.90
死亡	人数（人）	6027	5938	4746
	同比增长（%）	-6.33	-1.5	-20.1
百万吨死亡人数（人）		3.08	2.811	2.041

（3）近年来矿产资源开发利用的煤矿安全事故死亡率及其特征。

---

① 国家安监总局《2005年全国安全生产各类伤亡事故情况表》（统计数）（2006年1月）；国家安监总局《2006年安全生产主要特点》（2007年1月）、《2006年全国非煤矿山事故分析》（2007年1月）；国家或地方安全生产政府门户网站。

表2-22 1990~2005年中国煤矿事故死亡人数统计

年份	全国煤炭产量（Gt）	死亡人数（人）	死亡率（人/百万吨）
1990	1.058	6515	6.16
1991	1.044	5446	5.21
1992	1.061	4942	4.65
1993	1.077	5283	4.78
1994	1.255	7016	5.59
1995	1.233	6387	5.03
1996	1.374	6404	4.67
1997	1.325	6753	5.10
1998	1.222	6134	5.02
1999	1.045	6478	6.20
2000	0.989	5798	5.86
2001	1.089	5670	5.20
2002	1.393	6995	5.02
2003	1.736	6434	3.71
2004	1.95	6027	3.081
2005	2.15	5938	3.62

资料来源：《中国煤炭工业年鉴2005》。

在百万吨死亡率呈下降趋势的同时，总死亡人数却呈上升趋势。以煤矿为例，由于产量增长的原因，尽管煤矿百万吨死亡率不断呈下降的趋势，但死亡人数总体上则呈现不断上升的趋势。通过进一步的分析，研究者发现，煤矿死亡人数与煤炭产量呈现高度的正相关，利用双对数模型可构建煤矿死亡人数与煤炭产量的回归关系：$Ln(Y) = C + BLn(X)$，其中，Y——历年死亡人数，X——相应年份的煤炭产量。

根据死亡人数和煤炭产量数据进行回归分析，会有如下回归关系：

$$Ln(Y) = -0.483 + 0.798Ln(X)$$
$$(-1.01)\quad(18.07)$$

F 统计量 $=326.64$，拟合优度 $R^2 = 0.856$。

可见，该方程通过各项显著性检验，可信度较好。该方程说明，中国煤炭产量死亡人数的弹性系数为0.798，即煤炭产量每增长1%，死亡人数将增长0.798%。

2. 矿产资源开发利用安全的国外现状

（1）矿产资源开发利用安全事故率。国外矿山安全情况各国不尽相同。以美国煤矿为例，生产事故死亡人数少，虽然在一定程度上得益于其优越的开采条件，但先进的经营管理和较强的工人安全意识，以及严格的监管是保障美国煤矿安全生产的先决条件。美国煤矿伤亡事故也经历了从频繁多发到加强立法管理最终进入安全生产的过程。20世纪前30年，美国煤矿事故每年平均死亡2000多人，最严重的1907年，全国煤矿事故死亡3242人，为历史最高纪录。① 围绕煤矿安全生产，美国先后制定了十多部法律，安全标准越来越高，其中最重要的是1977年的《联邦矿山安全与健康法》。依据该法律组建的国家矿山安全与健康监察局，由劳工部助理部长任局长，对所有矿产资源开发生产进行全面和严格监察，标志着美国煤矿资源开发生产走上事故低发的新阶段。进入20世纪90年代，美国煤矿安全形势得到彻底改观，恶性事故已杜绝，工伤事故稳步下降。据美国劳工部发表的1998年各行业事故率统计，矿产资源开发的事故率为5.0，已成为较安全的行业，明显好于金属采矿、林木采伐、钢铁冶炼、运输及建筑等行业，甚至比农业、食品加工和仓储业的事故率还低。②

（2）矿产资源开发利用安全事故死亡率。仅以1988年世界上重要产煤国家的煤矿安全生产情况做一对比：百万吨死亡率美国为0.06，波兰为0.59，英国为0.17，印度为0.93，世界上主要产煤国家平均为0.5；而1996年中国各类煤矿平均百万吨死亡率为5.3，比1988年的世界主要产煤国家平均百万吨死亡率高出近10倍。③

3. 矿产资源开发利用安全事故的基本特征

矿产资源开发利用是一种高利润、高风险的特殊行业，盲目追逐眼前利益会导致超能力生产现象十分严重，易诱发安全生产问题。

（1）企业的生产工艺及管理不到位。一些矿山超能力、超强度、超定员

---

① 朱晓超、康理诚：《美国煤矿安全启示》，《财经》2005年2月23日，http://www.jxmkaqjc.gov.cn/2005-2/2005223210409.htm。
② 彭成、陈博健：《美国煤炭工业发展趋势》，《中国煤炭》2004年第1期。
③ 刘铁敏、任伟：《我国煤矿安全管理的现状与对策》，《煤矿安全》2000年第2期。

开采,井下布置采掘工作面多,作业人员多,易导致通风系统紊乱,"一通三防"① 措施落实不到位,安全管理混乱,从而导致事故多发,伤亡人员增加。

(2) 安全、技术欠缺,地方政府监管不力、工作不到位。一些地方安全监管机构不健全、职责不清,安全生产工作抓得不严、不细、不实,很多矿山的机械化程度低,防水治水工作和顶板管理工作被忽视。

(3) 矿工的意识素质不到位。采矿劳动力普遍素质不高,就业适应能力差,不具备相关的矿产资源开发利用和地质环境知识,安全技术素质差,缺乏自我保护意识,违章作业现象比较严重。

(二) 矿产资源开发利用生产事故的损失

1. 矿产资源开发利用生产事故损失的分类与估算

矿产资源开发利用生产事故的损失包括:人员伤亡损失、财物损失和其他损失。具体而言,损失包括有形和无形两个方面。

(1) 矿产资源开发利用生产事故的有形损失(见表 2-23)。

表 2-23　矿产资源开发利用生产事故的有形损失

类别	主要内容
财产损失费用	因生产事故导致的财产报废,设施受损、设备清理、修理、更换以及所涉及的材料、运输、人工等所有费用。如企业有商业保险,则损失将由企业和保险公司共同负担。企业分担的部分构成了企业的安全损失,加上保险公司理赔的部分构成了整个社会的财产安全损失费用
人员伤亡和补偿费用	包括因生产事故导致的人员死亡赔偿、丧葬费用、抚恤费用,伤员的医疗护理、照顾费用等
事故处置费用	事故抢险费用(如动用的机具材料费用)和事故处置的人工费用,包括现场抢救费用、清理现场费用等
额外管理费用	包括招聘、培训和使用替代者的费用,为减少或弥补生产损失的加班费,复产、复工的管理性费用,事故所引起的民事纠纷处理、行政处理和刑罚处理所涉及的费用
生产损失费用	包括误工、停工、减员、减产、停产带来的一系列损失,表现为因损失员工工时而造成的生产损失和工资成本、生产流程中断造成的生产损失,以及生产线停顿期间的维护费用和再启动过程中的费用

---

① "一通"是指矿井通风,"三防"是指防治瓦斯、防治煤尘、防治矿井火灾。

（2）矿产资源开发利用生产事故的无形损失。事故所造成的无形损失体现在社会、企业、个人三方面，如对区域性经济和社会稳定的影响，对环境和公众安全的影响；对企业内部劳动关系、商誉和形象的影响，以及对与之相关的市场和发展机遇的影响等；对个人而言，是对伤亡者本人的生命价值、生活质量的影响，精神和肉体所承受的痛苦，以及对其家庭造成的长期的甚至是永久性的精神创伤，是最直接的无形损失。需要指出的是，虽然很多损失项目可以用货币来计量，但有些损失如人的生命与健康是很难用货币来衡量的。

（3）直接损失和间接损失倍比系数。矿产资源开发利用事故损失可以分为直接损失和间接损失，保险损失（投保损失）和非保险损失（未投保损失），经济损失（价值损失）和非经济损失（非价值损失），等等。其中，事故的间接损失、非经济损失比直接损失、经济损失更为巨大，这也是估算和测算的难点。[①] 一些研究人员针对事故直接损失和间接损失所做的倍比系数的研究结果，几乎无一例外地表明，事故所造成的间接损失是直接损失的几倍到几十倍。[②] 另外，海因利希提出了事故费用的"冰山理论"，[③] 认为直接的事故费用只是总的事故费用的冰山一角，大量的被隐藏的间接费用或非经济损失往往被忽略。海因利希通过统计研究事故发生频率与事故后果严重程度之间的关系，提出了1∶29∶300法则，又称海因利希法则，也是大家日常所讲的冰山原理。该法则分析了事故所造成的人身伤害程度与事故发生次数之间的关系，揭示了事故发生的规律性，其中1代表伤亡事故，29代表轻伤障碍，300代表未遂和异常，即严重人身伤害的事故次数总是远少于轻微伤害事故次数，轻微伤害事故次数又远少于无伤害事故（未遂事故或称事件）次数。

[①] 《第四讲 事故经济损失分析》，盐田区安全生产信息服务网，http://www.ytsafety.gov.cn/viewnews.jsp?newsID=6467，2005年7月7日发布。
[②] 罗云等：《安全经济学》，化学工业出版社，2004，第134页。
[③] 《省安监局：辛集"7·28"烟花爆炸事故周年反思》，《河北日报》2004年7月22日。

表2-24 事故直接损失与间接损失倍比系数

研究者	基准年（代）	直接损失、间接损失倍比系数	说明
美国 Heinrich	1941	4	保险公司5000个案例
法国 Bouyeur	1949	4	1948年法国数据
法国 Jacques	20世纪60年代	4	法国化学工业
法国 Legras	1962	2.5	从产品售价、成本研究得出
Bird & Loftus	1976	50	
法国 Letoublon	1979	1.6	针对伤害事故
Sheiff	20世纪80年代	10	
挪威 Elka	1980	5.7	起重机械事故
Leopold & Leonard	1987	间接损失微不足道	将很多间接损失重新定义为直接损失
法国 Bernard	1988	3	保险费用按赔偿额
Hinze & Appelgate	1991	2.06	诉讼引起的损失
英国 HSE	1993	8~36	因行业而异

2. 矿产资源开发利用安全事故的经济损失估计

根据中国1986年出台的《企业职工伤亡事故经济损失统计标准》（GB/6721—1986）的规定，伤亡事故经济损失是指企业职工在劳动生产过程中发生伤亡事故所引起的一切经济损失，包括直接经济损失和间接经济损失。直接经济损失是指事故造成人身伤亡及善后处理支出的费用和毁坏财产的价值；间接经济损失是指事故导致产值减少、资源破坏和受事故影响而造成其他价值的损失。① 但由于缺乏完整的矿产资源开发利用事故所造成的经济损失的统计数据，这里借助中国煤炭工业劳动保护科学技术学会李文俊的研究结论：每发生死亡事故平均造成的直接和间接损失大约为30万元/人，② 对中国矿产资源开发利用生产事故造成的经济损失进行

---

① 《企业职工伤亡事故经济损失统计标准》，法律图书馆，http://www.law-lib.com/law/law_view.asp?id=3830，1986年8月22日发布。
② 李文俊：《全国煤矿安全生产状况分析及发展对策》，《中国煤炭》2001年第6期。

估算。据此推算，2005年之前中国每年的事故死亡人数在6000人左右，①造成的直接经济损失高达18亿元（6000人×30万元/人）。根据国际上比较保守的事故经济损失直接间接比1∶4计算，则中国每年煤矿的事故经济损失都在90亿元以上。而这不包括非经济损失的数据。事实上，如果将事故所造成的非经济损失通过价值化处理方法进行计算，则中国煤矿安全生产事故总损失可能将在已有经济损失的数据基础上翻几番。②

五 矿产资源开发利用的管理体制机制效益失衡

矿产资源开发利用的体制机制不顺，管理不得力，开采秩序混乱；开发利用的体制机制运作成本高，优势矿产消耗过快。

（一）矿产资源开发利用的政府行为关系不合理

矿产资源开发利用的政企不分、政事不分和政府行为企业化。

1. 矿产资源开发利用中政府行为关系不合理的典型表现

（1）矿产资源开发利用中的政企不分、政事不分。在矿产资源开发利用中，如果政府资源开发管理部门既是市场交易的一系列规定和办法规则的制定者，又是对违法违规现象行使行政处罚权的监管者，同时还是登记管理机关招标、拍卖矿产等物质资源开发权并收取价款的参与者，那么，当矿产管理部门作为交易市场上的甲方时，它追求的是收益最大化，并不关心外部环境和公共利益；当其作为市场监管者时，它维护的是自己的利益，这样，依法行政就不能做到公平和公正。中国矿产资源开发秩序和矿产等物质资源开发权转让市场运作的混乱，其根源在于政府资源管理部门政企不分、政事不分和政府行为企业化。③

（2）矿产资源开发利用中的政府及其部门行为企业化。矿产资源开

---

① 新浪新闻中心：《安监总局：我国矿难死亡人数连续9年下降》，http://news.sina.com.cn/c/2012-02-27/131424010277.shtml。
② 事故总损失＝事故经济损失＋事故非经济损失＝事故直接经济损失＋事故间接经济损失＋事故直接非经济损失＋事故间接非经济损失。
③ 单继林：《田山岗：矿产资源开发混乱无序根源在于政企不分》，《中国经济时报》2003年4月1日。

发利用利益的最大化诉求已成为部分地方政府追求财政收入的"唯一"目的和决定性动机，现行法律法规及财税机制亟待改进。同时，中央各部门所属的矿产资源开发利用企业及地勘队伍在近几年来虽实行了属地化管理，但部门间的利益冲突和摩擦并未完全消除，加之矿产管理部门的一些单位和工作人员的"寻租"行为，在探矿权、采矿权出让和矿权登记中偏袒一方的现象不断发生。

（3）矿产资源开发利用中的行政层级间利益矛盾冲突。从整个资源开发管理体系来看，改革开放以来，中央向地方下放了许多资源开发管理权力，改变了长期以来权力过于集中的格局，调动了地方的主动性和积极性，有力地推动了资源开发。但在理顺关系方面，中央集权过多的问题尚未完全解决，有的本应下放的权力下放不够，同时又出现了有些权力过于分散、应当由中央集中的权力集中不够等问题。有的地方和部门过多地考虑本地区、本部门的局部利益，贯彻执行中央的资源开发政策不力。集权过多与权力过于分散交织在一起，使中央与地方的资源开发关系更加复杂，具体表现在：中央与地方权限划分不清；中央的权威和宏观调控能力减弱；有的地方甚至地区分割，个别地方甚至存在有令不行、有禁不止的现象。

2. 矿产资源开发利用中政府行为关系不合理的典型效应

国家对资源勘查和开发实施属地化管理以后，形成了国土资源部和省（区、市）共同管理的格局。但由于国家和地方权责划分模糊和地方间也存在着管理权限不清等问题，导致各地资源勘查开发管理凸显出以下问题：无证勘查、采矿，非法采矿；采矿权人越层越界开采、抢夺资源；边探边采，以采代探；持勘查许可证开采或开采矿种与采矿许可证不符；未按批准的开发利用方案或矿山设计开采、开采回采率达不到设计要求、破坏浪费资源；由于某种原因被勒令停产的矿产资源开发利用企业在停产整顿期间擅自采矿；矿产资源开发利用企业生产严重污染环境、未按国家规定进行环境影响评价等问题。

另外，一些地区存在矿山布局不合理、经营粗放、浪费资源、破坏环境、安全生产事故频发等问题；一些地方权力部门非法干预设置探矿权、采矿权，矿产等物质资源开发权人非法转让探矿权、采矿权；部分勘查单位取得勘查许可证不按期施工或未依法完成最低勘查投入；一些地方违法违规审批、滥用职权、失职渎职以及国家机关工作人员参与办矿、徇私舞弊等。

3. 矿产资源开发利用管理体制机制关系存在发展障碍

（1）矿产资源开发利用管理不得力，优势矿产消耗过快，资源管理体制机制存在障碍。经过改革，中国资源开发管理体制已逐步完成从计划经济向市场经济的转变，但仍存在市场主体过于单一，区域垄断严重的问题，还存在价格尚未完全市场化。石油等部门分拆后的区域垄断性还比较强，竞争主体、市场秩序、市场功能、定价机制等还未改革到位。

（2）矿产资源开发利用管理发展存在制约因素。一是不利于提高投资效率。随着国内资本市场逐步发育，目前已有相当多的资本主体有实力参与石油等资源的勘探开发，但由于其无法获得矿权，无法发展壮大，加上体制不畅和缺乏监管，也造成了诸如滥采等问题。二是难以适应对外开放的要求。在开展区域国际合作时，我方常常处于被动地位，在谋求区域性石油中心的过程中处于劣势。三是地质资料不共享导致较大浪费。地质资料等基础数据应由国家统一掌握，并根据一定的程序向社会公开。公司间的资料不共享会造成相当多的重复工作。

（3）矿产资源开发利用管理不合理。首先，中国正处于计划经济向市场经济不断发展、完善的过程中，制度的建立、法律的保证、标准的制定都需要一个过程，必然存在政策漏洞，存在矿产资源开发利用管理不合理的状况。计划经济时代的资源开发主体、开发方式、开采量、利用主体等与市场无关。而社会主义市场经济条件下的资源的生产、需求，除了国家宏观调控之外，都主要由市场来决定。但中国特色的基于市场经济基础的矿产资源开发利用管理，没有先例可借鉴，只能在实践中不断探索完善，显然关于矿产资源开发利用的各种规章制度、法律条文必然存在漏洞，需逐步完善健全，部分企业、商人便趁机对中国资源进行粗放式利用，掠夺资源或利润，造成破坏性开发。

其次，还应考虑国家处于大发展时期，需要消耗更多的资源，在当前大规模矿产资源开发集团难以满足发展需要的情况下，只能让部分小资源开发企业来填补空白，而小资源开发企业的技术设备落后等条件，也会造成矿产资源开发利用的不合理现象。

另外，由于资源勘查和开发涉及地方政府利益，甚至能够体现出地方官员的政绩，因此，部分地方政府把资源勘查和开发看成"聚宝盆"，尽力获得利益。

所以，众多复杂的资源勘查和开发问题，表面上是管理不严和监察不到位等原因导致的管理秩序混乱；实际上根本原因是资源开发管理体制机制所体现出来的国家和地方的利益关系不可言喻的矛盾和冲突，以及各个部门间利益关系和权力机制的矛盾和冲突。

（二）矿产资源开发利用中矿产等物质资源开发权市场运作不完善

1. 矿产资源开发利用中矿产等物质资源开发权市场的基本制度建设

矿产等物质资源开发权市场是由交易主体、交易制度等组成的有机整体，其中制度建设是交易运行的基础，主要体现在矿产等物质资源开发权财产制度、市场主体与市场组织制度建设上，矿产等物质资源开发权基本制度在逐步发展。

（1）矿产等物质资源开发权交易制度建设。随着《资源法》和相关配套法规与部门规章的颁布，矿产等物质资源开发权交易市场制度得以逐步建立。1996年《资源法》的修改和1998年国务院三个配套法规的颁布，初步构建起矿产等物质资源开发权市场交易制度，确立矿产等物质资源开发权出让和转让的交易条件、程序与审批等制度。2000年国土资源部的《矿产等物质资源开发权出让转让管理暂行规定》进一步规范细化矿产等物质资源开发权交易方式，明确矿产等物质资源开发权的出让方式包括批准申请、招标、拍卖；矿产等物质资源开发权的转让方式包括出售、作价出资、合作、出租、抵押。2003年《探矿权采矿权招标拍卖挂牌管理办法》对矿产等物质资源开发权出让的方式和程序、竞价方式、公开信息内容以及市场监督管理方面又做了进一步规定。2005年的《关于规范勘查许可证采矿许可证权限有关问题的通知》和2006年的《关于进一步规范矿产等物质资源开发权出让管理的通知》等部门规章与管理政策的制定与实施，使矿产等物质资源开发权交易制度得以进一步完善。

(2) 专业性矿产等物质资源开发权交易中介机构的制度建设。矿产等物质资源开发权交易除严格按照法律规范行事外,矿产等物质资源开发权交易的决策与实施有赖中介机构的参与,要运用相应的技巧,以促进交易的顺利进行。矿产等物质资源开发权交易中介机构中有两个是矿产资源开发行业所特有的,即储量评审机构和矿产等物质资源开发权评估机构。因此,相关制度建设也围绕这两个主体展开。

一是资源储量评审制度建立与发展。1999 年人事部和国土资源部的《矿产储量评估师执业资格制度暂行规定》,以及国土资源部 1999 年的《资源储量评审认定办法》、2000 年的《矿产储量评估师管理办法》、2001 年的《资源储量评审机构资格管理暂行办法》,标志着资源储量评审管理制度的建立,即储量评审资格资质管理和评审认定制度。2003 年改革储量认定制度,实行备案管理制度。2006 年调整储量评审管理权限,贯彻"谁发证、谁备案"原则。

二是矿产等物质资源开发权评估制度建立与改革。1999 年的《探矿权采矿权评估管理暂行办法》、2000 年修改的《探矿权采矿权评估资格管理暂行办法》和 2000 年的《矿产等物质资源开发权评估执业资格制度暂行规定》,初步建立矿产等物质资源开发权评估管理制度,该制度的基本特征是资质管理的审批制、评估结果的确认制。实行"统一的评估报告备案监督管理"制度。2006 年国土资源部将矿产等物质资源开发权评估的资格资质管理和技术报告体系建设移交给中国矿产等物质资源开发权评估协会,对行业实现自律管理,建立《中国矿产等物质资源开发权评估准则体系框架》《评估师职业道德基本准则》《矿产等物质资源开发权评估技术基本准则》等制度,进一步对从业行为与制度进行规范。

(3) 矿产等物质资源开发权专业性中介机构建立与发展。自矿产等物质资源开发权评估业 1998 年诞生以来,矿产等物质资源开发权评估机构的建立建设都取得了重要成就①,全国已有 95 家评估机构,分布在 22 个省(区、市),其中,1999～2003 年通过政府资格审批建立 78 家,

---

① 《我国矿产等物质资源开发权评估管理改革透视》,百度文库, http://wenku.baidu.com/view/3b8cda3 3b90d6c85 ec3ac 6a5. html。

2008年经矿产等物质资源开发权评估协会核准有17家。伴随着中国储量评审制度的改革，全国共建立储量评审机构37家，各省、区、市都有一家。矿产等物质资源开发权评估机构以及与其相关的矿产储量评估、矿山地质测量、矿产资源开发利用咨询等机构或人员为中国矿产等物质资源开发权评估师协会的会员。目前，矿产等物质资源开发权交易专业性中介行业已形成政府监管、行业自律、评估机构自我完善发展相结合的管理格局。

（4）矿产等物质资源开发权交易平台建设与发展。中国矿产等物质资源开发权交易平台的建设起步于2001年，主要有两个快速发展期。一是2001~2003年，随着矿产等物质资源开发权的公开竞争、有偿出让方式试点及全面推开，全国大部分国土资源厅以及部分市（县）级国土资源管理局都建立了各自的矿产等物质资源开发权出让交易大厅，政府行为明显，交易服务功能主要是资源所在地区矿产等物质资源开发权出让。二是2006年以来，随着"资源开发秩序治理整顿和资源整合"的深入，新一轮矿产等物质资源开发权交易平台建设主要采用公司制形式，服务功能增加，地域性服务增强。目前中国已建立近20家相关交易平台，采用的是公司制和事业制形式。

2. 矿产资源开发市场秩序有待规范

（1）资源开发市场秩序存在的主要问题。虽然主管部门依法治理力度持续加大，经济处罚和追究刑事责任并举，通过处理违法案件，吊销勘查许可证、采矿许可证，收缴罚款，矿产资源开发秩序继续好转，但存在的主要问题有：一是无证采矿，非法采矿。虽经过多次治理整顿，全国大规模的非法采矿得到基本遏制，但在一些地区，无证采矿问题仍然突出，影响恶劣。有的地方还存在采矿权人越层越界开采、抢夺资源的情况，如有的煤矿、金属矿山，擅自越界开采，破坏井下安全防护系统，造成重大事故。二是边探边采，以采代探。有的探矿权人未经审批擅自进行边探边采。有的只有勘查许可证，以勘探之名从事非法采矿活动，牟取暴利，严重破坏浪费资源。有的甚至在提交勘查报告时，矿产地已失去应有的开发价值。三是越权发证，违法处置。有的省级及以下地矿行政主管部门，超越规定批准权限，违法进行资源勘查开采的审批发证，特别是违法审批颁发油气、海砂勘查、开采许可证，以及未经授权擅自批准在国家划定的自然保护区、重要风景区等区域开采资源。有的地矿行政主管部门对明令停止发证的矿种，照样受理申请发证。有的不依法定程序办事，给不具备办矿资质条件的申请人发证。另外，一些地方政府或地矿行政主管部门，超越权限擅自处置矿产等物质资源开发权，擅自承包转让矿产等物质资源开发权，从中牟取暴利。有的部门还非法将取得的矿产等物质资源开发权转让给不具备资质条件的个体采矿者。

（2）矿产资源开发市场秩序混乱，引发污染环境、破坏耕地等问题以及影响群众正常生产生活，资源浪费严重。矿产等物质资源开发权的产权界定不明晰，由于国有资源"得来全不费工夫"，有的企业占着资源没有资金开发，搞所谓的资源战略储备。而非国有资源开发企业虽有资金却没有资源开发，致使储采比过低。有的外资和中外合资企业占有资源区核心部分，使得内资非国有资源开发企业难以进入。管理机制的滞后，导致矿产等物质资源开发权出让信息不透明，纠纷不断。部分资源开发企业追求眼前利益，掠夺式开采、采富弃贫，尾矿利用率低，严重破坏了资源与环境；很多矿山的矿种很杂，但只集中开采主要矿种和提炼有价值的成分，很多还含有矿石的尾矿就被弃而不用，造成巨大浪费。乱采滥挖屡治无效导致部分矿产资源开发外部环境差，生态环境、耕地以及群众正常生产生活等受到影响。相关的法律法规不健全，一些人受经济利益的驱动，钻"法律"空子或者无视规章制度；相应的监督机制缺乏，合理合法的保护和利用资源没有有力的保障是开发秩序混乱的重要原因。

六 矿产资源开发利用的可持续发展效益失衡

资源开发的远景勘探及投入机制不畅，矿产资源开发利用的后续投入不足，远景开发的可持续发展受到挑战。中国的资源型城市面临的矛盾和问题严峻，主要表现为加快经济发展的地区产业结构单一，资源丰富的地区经济欠发达，市场经济发展的市场化因素先天不足，区域封闭难以对外开放，开发中要保护环境，群众生活困难诱发社会不稳定等矛盾。需要在资源不断枯竭、资源性产业逐步退出之后实现转型，实现资源型城市依托的替代产业继续发展、人与环境和谐统一。

（一）矿产资源开发利用的后续勘探投入不足，储备保障程度下降

1. 矿产资源开发利用的勘探投入及保障不足

（1）地质勘查工作欠账，地质勘探事业费不足，地质勘探队伍萎缩。部分国有大型矿山都是20世纪50~60年代初期建成投产的老矿山，经过40多年的开采，都进入深层或深凹露天开采，矿体形态、地质构造、矿石质量等都有很大变化，给持续开采和选矿造成困难，产量逐年滑坡，成本上升，亏损严重。一些成矿远景区、新生新发现的矿产资源不清，亟待地质勘探投入；一些地方小型矿山由于地质工作程度低，导致乱采滥挖，资源破坏和损失严重。另外，地勘单位属地化后由中央支付的事业费等较少或部分取消。① 在当前地勘市场发育不良、地勘事业费又逐年萎缩的背景下，地勘单位举步维艰，职工下岗，骨干技术人才大量流失。

（2）储量增长缓慢，储备保障程度不足。由于资金投入减少，中国主要矿产的保有储量消耗速度大于储量增长速度，探明储量连续多年出现负增长，其中煤、铁、锰、铜、铝土矿、磷、钾等支柱矿产的情况格外突出。45种主要矿产中平均每年有26种以上的矿产保有储量的消耗速度大于新增速度；② 铁、锰、铜、铝土、磷、钾等国民经济建设需要的矿产，消耗过快，"吃老本"问题突出，形势严峻。勘探投入的减少，使得中国面临着地大物博，而许多的资源需大量进口的尴尬局面。相关部门预测，到2020年，中国45种主要矿产中能够保障需求的矿种则只有6种。③ 据有关部门估计，在2010~2015年尚难取得能影响全局的突破。石油、铁矿、锰矿、铬铁矿、铜矿、镍矿、金矿、钾盐、金刚石、硫矿等18种矿

---

① 中华人民共和国国土资源部：《地勘单位改革发展若干问题探析》，中国国土资源网，http：//www.mlr.gov.cn/zt/yw/dzzkgg/mtsp/200911/t20091120 _ 127351.htm，2009年11月20日发布。

② 《我国资源勘查现状及对策建议》，中国煤炭市场网，http：//www.cctd.com.cn/detail//02/08/09/02432942/content.html?path=/02/08/09/02432942/，2002年8月9日发布。

③ 《矿产勘查即将全面开放强力吸引社会资本》，锐思管理网，http：//esoftbank.com.cn/wz/80_4897.html，2005年9月6日发布。

产的供应不能保证国内需求。①

2. 矿产资源开发利用的储备保障建设程度不足

（1）建设资金缺乏。国家现行财政政策对矿产资源开发扶持不够，加上投资矿山的风险性和微利性使得商业银行和其他金融机构不愿投资，导致矿山建设资金严重不足，影响储备保障的生产和建设。一方面现行矿山生产大多处于"二次建矿"的调整期，建设资金不能及时到位，许多矿山接替工程一再滞后，新增生产能力不能及时形成，导致产量下降。比如，大冶有色金属公司铜绿山矿本是该公司的主要盈利单位，后因资金等问题，致使后续工程滞后近十年之久，边生产边建设，导致生产能力大幅下降，甚至一度出现亏损局面。另一方面，一些资源条件、发展前景较好的矿山，因资金缺乏，得不到及时开发，如铜陵公司冬瓜山铜矿已具备大规模开发的条件，而由于资金原因开发滞后。②

（2）矿山的矿产勘查投入严重不足，矿山本区和外围勘查得不到保证，矿山资源危机加剧，很多企业甚至出现坐以待毙的状况。资金投入不足阻碍矿山生产发展。一方面，矿产资源开发利用企业税赋、债务、社会负担过重，自身用于勘探找矿及产品研发的资金不足，矿山产量提高乏力；另一方面，国家投入的勘查资金，近几年也有所下降，资源净增加量的不断下降与资源消耗量逐年大幅度上升的矛盾日益突出。以有色地勘部门年完成岩芯钻探工作量为例，1983年完成预算内岩芯钻探工作量78.3万米，2000年所完成的工作量萎缩至不及1983年的45%，年平均下降率为5.6%。同时，十种有色金属产量却由132.6万吨增加到784万吨，年均增长率高达28.9%。③ 由于资源普查勘探投入下降，在资源普查勘探机制需进一步完善的形势下，企业借资，导致资源后备基地匮乏，对经济发展的支持力度已从过去的基本保障供给到难以满足需求。近十年来，中国主要资源储量增长低于开采量增长，产量增长又低于消费增长，导致储采

---

① 于今：《中国资源的不合理开发与利用》，于今研究专栏之思想加油站，http://cicto.bokee.com/4150860.html。
② 汤雁斌：《有色矿山可持续发展存在的问题和对策》，《四川有色金属》2003年第2期，第9~13页。
③ 易斌、左治兴、朱必勇：《中国有色金属矿山可持续发展存在的问题与解难》，《中国矿产资源开发》2007年第6期。

比下降。

（二）矿产资源开发利用的资源型城市转型问题突出，旧体制遗留问题需妥善处理

在计划经济时代，在什么地方找到矿产，意味着就在该地方发展矿产资源开发及辅助性产业，建成矿产资源开发城镇，形成产业链，并带动城市的建设和发展。目前资源型城市问题突出，"矿竭城衰"。许多单一的矿山资源型城市面临着资源即将耗竭，产业重点集中于资源采选、冶炼及原材料初级加工，其他产业比重小，产业层次低，产业结构单一，失业率高，缺乏接替产业等问题，影响着城市的结构调整和经济转型。

1. 资源型城市支柱产业单一

资源型城市一般因矿产资源开发而兴建发展起来，矿产资源开发在城市产业结构中占据支柱产业的地位。矿产资源开发的对象是不可再生的资源，资源采尽枯竭之后不可避免要出现矿竭城衰的局面。改革开放以来，非矿产业在资源型城市虽有不同程度发展，但大多数资源型城市产业结构单一。以传统产业为支柱，结构单一、链条短、辐射作用小、科技含量相对较低，受资源开采量、环保问题、市场行情影响较大，对资源依赖性强，抵御风险能力较弱。资源型城市过分依赖矿产资源开发，产业转型升级递进速度慢，经济稳定性差，一旦资源枯竭会对城市发展产生严重的不良影响。

2. 资源型城市后备资源不足

增长过于依赖自然资源产出是资源型城市经济结构最重要的特征，且初级产品常常占绝对优势。因而资源型城市能否持续发展的根本问题之一在于所拥有的资源总量，而资源是不可再生的耗竭性资源，采一点就少一点。同时，产业结构单一的资源型城市对矿产资源开发依赖性太强，也必然受到矿产资源开发牵制，与矿山兴衰与共是一般规律。目前，大部分资源型城市所拥有可供开发的后备资源已经不多，将面临矿竭城衰的威胁。即使资源潜力较大、矿产资源开发处于成长期或鼎盛期的资源型城市，也总有一天会面临资源枯竭的问题。所以，后备资源问题对于资源型城市的可持续发展至关重要。

3. 资源型城市环境污染严重

环境、人口和资源问题事关当今经济社会持续发展，生态建设与环境保护问题是所有城市面临的共同挑战。而资源型城市面临的环境保护方面的压力远比其他城市要大，环保问题比较突出。虽然不断加大对环境保护的要求和力度，但由于大量开采资源会造成生态恶化，资源型城市不同程度地存在大气污染、水污染、土壤污染、地面沉陷等一系列环保问题，生态破坏比较严重。采矿需占用大量土地，采空或超采地下水易引起地面沉降、塌陷、滑坡、地裂缝及泥石流等地质灾害。全国每年工业固体废弃物排放量中85%以上来自矿山，现有固体废矿渣积存高达六七十亿吨，其中仅煤矸石就有30多亿吨，形成煤矸石山1500余座，占地5000公顷。矿山生产过程中排放大量废水和废气，仅煤矿排放的废水每年就达26亿吨，废气达1700亿立方米，对土地、水体和大气都造成污染。① 另外，全国现有100多座矸石山在自燃，排放大量烟尘、SO_2、CO_2、H_2S等有害气体，对资源型城市的大气造成严重污染。矿产资源开发利用过程中对生态环境产生的危害，已成为许多资源型城市可持续发展的严重障碍。

4. 资源型城市与资源开发企业关系不顺

由于历史和体制方面的原因，资源型城市政府和矿产资源开发企业之间的关系没有完全理顺。一方面，由于客观环境的原因，可供开发的矿产地往往位于远离城镇的偏僻地区，所以兴建矿山之时，同时也办起小社会，大大加重了矿产资源开发利用企业的负担。市政重复建设，效率低下，运行不畅，对城市和企业发展都带来不良影响。另一方面，管理体制条块分割，矿产资源开发企业有中央、省属和地方之分，受不同利益机制影响，城市服务功能畸形化，政府很难发挥城市发展的带动与辐射功能，不利于宏观调控。资源型城市与资源开发企业这种不顺畅的关系对可持续发展带来诸多问题。

5. 资源型城市社会性包袱沉重

矿区随着开采时间的延长，社会性包袱越背越重。一是遍布全国各地

---

① 王志武：《资源型城市可持续发展面临的问题与对策研究》，《郑州经济管理干部学院学报》2002年第1期。

的矿山大多地处偏远山区，孤立分散，无法依托城镇，造成非生产性费用支出过大。二是由于工农关系等方面的原因，矿山的社会性包袱中有相当一部分是无偿或暗贴性地为附近村镇承担文教卫生、供电供水、村镇道路等基础性建设；向有关部门交纳城镇建设、商业网点配套、教育附加费、城乡建设税等费用，矿山实际上承担了双重社会性负担。三是由于部分矿山为中晚期矿山，退休职工多，待业人员多，对部分矿山粗略统计，退休与在职职工人数比为 1∶0.6,① 一些尾期矿山的退休职工数甚至超过在职的。四是下岗矿工再就业是制约资源型城市发展的重要问题。国营矿山职工，由于矿产资源开发成本高、进口矿石冲击等原因，剥离下岗已成定局。矿产资源开发比较集中的城市，城市容量又很有限，短时期内大量安置矿工下岗再就业实属困难。

6. 资源型城市布局建设有待加强

虽然资源型城市已开始注重基础建设，逐渐改善环境质量，部分城市的环境质量已达到很高的标准。但从整体布局来看，其建设仍受到城市产业发展的影响，以资源开采为主的产业结构使资源型城市布局呈现过于分散的特征，对城市建设造成很大困难，城市布局仍需进一步更新和优化组合。

---

① 汤雁斌：《有色矿山可持续发展存在的问题和对策》，《四川有色金属》2003 年第 2 期，第 9~13 页。

第三章
矿产资源开发利用中的企业与政府

中国资源开发的现状以及利益分割问题的宏观表象,源于资源开发中存在的突出问题所涉及的各相关利益主体,以及相应的利益目标诉求、行为选择偏好特征。资源开发领域是由企业组成的,产业发展中的宏观现象源于企业间利益博弈的微观基础。没有矿产资源开发利用企业之间、矿产资源开发利用企业与政府之间利益博弈的一般规律分析,就不可能合理地解释资源开发过程中,诸如开发利用效率低下、安全生产问题严重、生态环保挑战严峻、可持续发展忽略等源于矿产资源开发利用企业间利益博弈竞争、合作等导致的宏观问题。矿产资源开发利用企业与政府之间的利益博弈是这些问题出现的根本原因之一。本章研究分析了矿产资源开发利用中企业与政府的类别;矿产资源开发利用中的企业利益目标诉求、行为选择偏好特征;矿产资源开发利用中中央政府的利益目标诉求、行为选择偏好特征;矿产资源开发利用中地方政府的利益目标诉求、行为选择偏好特征。本章的分析为进一步探究矿产资源开发利用中的企业与政府之间的互动关系和利益博弈动机指向奠定基础。

一 矿产资源开发利用中的企业与政府范畴

(一) 矿产资源开发利用中的企业及其利益相关者

从权益划分上看,目前依附于资源开发所产生的权利主要是资源所有权和资源使用权，① 在资源所有者与开发经营者分离的情况下，二者拥有不同的财产权，都有资格利用自己的财产权利获得资源收益。资源所有者可以凭借垄断占有开发利用收益，而要开发利用或经营资源首先应取得其使用权。资源使用的目的在于通过对资源开发，通过对资源使用权的运用创造出更多价值，获取更高收益。中国资源的使用者是指探矿权人和采矿权人，且随着计划经济向市场经济的转变，资源的探矿权和采矿权得以分离出来，且资源使用者之间通过探矿权、采矿权的获得和相互流转，以探矿权、采矿权转让价款的形式体现这些权利的经济价值。鉴于此，资源开发中存在以利润或价值等最大化为目标的矿产资源开发利用企业及其利益相关者，他们正是以资源使用权的充分运用为目标的利益主体。同时，追求自身效益最大化的、与矿产资源开发利用企业发展相关的利益主体，是与矿产资源开发利用企业的开发活动密切相关的理性人；由于相关利益主体在矿产资源开发利用企业内外所处的地位不同，所关注的权利和承担的风险各不相同，因而他们的利益诉求也各不相同。

1. 矿产资源开发利用中的工人

矿产资源开发利用企业的存在和经营发展离不开工人的贡献。作为矿产资源开发利用企业职工，其主要通过提供自己的劳动力（体力、智力）以获得报酬。通过提供资源产出价值中不可或缺的劳动力要素，工人所获得的报酬构成资源开发收益的组成部分。

2. 矿产资源开发利用中的矿产资源开发利用企业股东

股东作为投资者是企业物质资本的拥有者，为矿产资源开发利用企业开发经营创造基本物质条件，是后续筹资活动的财务根基。通过提供资源开发收益中不可或缺的资本要素，股东所获得的报酬构成资源收益的组成部分。作为股东最关注的利益莫过于索取正常利润甚至更多的投资回报，即股本收益、股本增长及股本安全。

3. 矿产资源开发利用中的矿产资源开发利用企业债权人

债权人提供了资源开发收益中不可或缺的资本要素。鉴于债权人的利

---

① 中华人民共和国国土资源部：《论资源所有权及其实现》，http://www.mlr.gov.cn/wskt/wskt_bdqkt/200912/t20091225_130930.htm，2009年12月25日。

益主要体现在显性契约中,如借出的资本数额、资本利率、还款时间和使用方向等,因而,作为债权人最关心的是自己投入的本金和利息能否顺利收回,所获得的报酬也是资源开发收益中的一部分。

4. 矿产资源开发利用中的矿产资源开发利用企业经营者

现代企业的发展离不开经营者的辛苦管理和经营,矿产资源开发利用企业经营者可能包括股东代表,如董事长、董事、监事以及CEO、经理人员等,他们通过付出经营才智和辛苦管理,追求更高薪酬、在职消费以及职业声誉,获得资源开发收益中的一部分。作为独立的利益相关者,其利益要求既包括诸如劳动合同中标明的职位、收入等显性经济利益规定;也包括诸如对权力、声誉、地位的追求,也即企业规模扩张、在职权力控制、人力资本和管理声誉提升等隐性利益追求。

5. 矿产资源开发利用中的矿产资源开发利用企业供应商和顾客

鉴于资源的不可再生性等自然属性,开发利用的行政垄断特征,以及中国经济发展的买方市场结构,加之矿产资源开发利用企业产品的同质性和紧缺性,作为矿产资源开发利用企业利益相关者的供应商和顾客,其地位和话语权一般处于相对劣势。①

(二) 矿产资源开发利用中的政府及其相关机构

矿产资源开发利用中的各级政府机构,级别比较高的主要负责开发政策的制定或根据上级的政策,完善政策并监督下级机构执行,在一定情况下也直接执行某些政策;而矿产资源开发利用中的大量政策执行则是由基层行政机构完成的。

1. 矿产资源开发利用中的中央政府(国家)

《宪法》第八十五条规定,"中华人民共和国国务院,即中央人民政府,是最高国家权力机关的执行机关,是最高国家行政机关"。②

---

① 郜伟明:《山西煤炭资源整合法律问题探析》,《山西大学学报》(哲学社会科学版) 2009 年第 5 期。湖南省国家税务局:《资源税应告别"隔靴搔痒"》,http://www.hntax.gov.cn/article_content.jsp?articleid=20051206004090,2005 年 6 月 27 日。
② 《中华人民共和国宪法(全文)》,新华网,http://news.xinhuanet.com/newscenter/2004-03/15/content_1367387.htm,2004 年 3 月 15 日。

《资源法》第三条规定，资源属于国家所有，由国务院行使国家对资源的所有权。① 鉴于中央各部、委、行、署，各直属机构、办事机构都是中央人民政府主要的职能机构，负责管理和执行某些方面的国家行政事务。因此，中央政府（国家）的资源开发职能主要表现在：一是资源开发重大政策事项的决策执行权；二是资源开发政策执行进程的监督权；三是某些跨省的或某些需要在全国范围内统一执行的资源开发政策的直接执行。

2. 矿产资源开发利用中的各级地方政府及其行政机构

鉴于国务院代表国家行使资源所有权，其所有权实现方式是通过委托或以法律法规形式授权给地方各级行政主管部门，由地方政府依法管理和保护资源，因此，国务院即中央政府是资源所有权的代表者，地方各级政府是参与者和实施者；国务院（国家）作为资源所有权人，其所有权权益主要是通过与使用权人之间委托代理关系来体现的，因而，资源开发中涉及的各级地方政府及其相关者主要包括以下几方面。

（1）矿产资源开发利用中的省级、地级行政机构。作为最高或较高一级的地方政府，《宪法》规定，省级人民政府是省级国家权力机关的执行机关，是地方国家行政机关；地级市是省、自治区管辖下的地方分治单位。所以，省级、地级行政机构在矿产资源开发利用中的作用与国务院及其所属部门的作用类似，只不过政策执行的范围限于本行政区域，政策权限也相对较小，主要是制定政策、根据上级的政策细化和完善政策、直接执行政策、交付下级政府机构执行政策、监督政策的执行进程等。具体就资源开发而言，一是上级下达政策的具体化。鉴于中国严格的行政层级制度特征，对上级机关提出的政策，往往需在本级机关有明确的意见之后，下级机关才会执行；且在大多数情况下，上级提出的政策往往是原则性的要求，下级有政策具体化的权限和义务。二是类似于中央级行政机构，但仅限于本行政区域内的监督政策执行。三是直接执行某些仅适应于本级地域内的政策。

---

① 《资源法》（修正），中国矿产资源开发网，http：//app.chinamining.com.cn/focus/Law/2007-08-07/1186454015d6952.html。

（2）矿产资源开发利用中的县、乡级行政机构。县级行政机构指行政级别上相当于县一级的人民政府，主要包括县、市辖区、县级市等。鉴于县级政府的区划、机构设置、职能作用以及相对稳定性，对经济发展的实际影响相对稳定，且与国家政策的执行目标群体联系最为密切，因而，对资源开发政策而言，由县级行政机构来执行，比较适合其人员、财力及管理范畴。因此，从一定意义上可以说，中国资源开发政策执行的基本单位是县级行政机构，其可以管理本行政区域内与资源开发相关的财税、工人就业、生产安全监察、生态环保等事务，促进本地区的经济发展。

乡镇政府是中国最基层的行政机构，《宪法》规定，"乡、民族乡、镇的人民政府执行本级人民代表大会的决议和上级国家行政机关的决定和命令，管理本行政区域内的行政工作"。① 随着中国资源开发的发展，以乡级为主的国家行政权力开始频频出现在矿区（村镇）的资源开发视野中，其职能主要表现在：管理与资源开发相关的部分安全生产、生态环境等事务。

（3）矿产资源开发利用中的各级政府内部行政管理者及其部门。作为行政管理者及其部门，为资源开发的参与者提供服务。按照生产要素分配理论，行政管理者及其部门有理由获得部分资源开发收益，以维持其不断提供服务的财力、物力等。鉴于政府往往以 GDP 的增长为衡量政府官员政绩的指标，加剧了政府追逐自身利益的最大化，② 代表国家权力的相关部门通过加强各项管理，逐步建立和规范当地资源开发的秩序，实现"资源国家所有"应当分割的利益；同时，与国家权力的延伸相伴随的，还有一些不同层级的政府管理机构及其公职人员以"公权力的名义"或以"私人"的身份，利用明显的公权力优势涉足资源开发生产，显著地改变了资源开发的利益格局。

---

① 《中华人民共和国宪法（全文）》，新华网，http：//news.xinhuanet.com/newscenter/2004-03/15/content_1367387.htm，2004年3月15日。
② 陈锦昌：《试论遏制地方政府的非经济手段扩张》，《湖北经济学院学报》2006年第2期。

二 矿产资源开发利用中的企业利益行为特征

(一) 矿产资源开发利用中的企业利益目标取向

企业是经济价值创造和分配的重要组织形式，矿产资源开发利用企业的矿产资源开发利用利益目标是多元化的，包括剩余最大化和价值创造最大化。

1. 矿产资源开发利用企业剩余最大化

(1) 企业剩余。根据企业产出或企业剩余的形成过程，企业剩余可表述为：企业剩余＝销售收入－销售成本（不含生产人员工资）－销售费用（不含销售人员工资）－管理费用（不含管理人员工资）。[①] 而这种剩余是通过分享结构实现的，也即通过企业资本结构和管理机制的实质性利益分割安排，确定由企业股东、债权人、管理者、员工及政府等构成的企业剩余分享结构。

(2) 矿产资源开发利用企业剩余分享。在矿产资源开发利用利益的形成和分割过程中，矿产资源开发利用企业的股东和债权人投入资金，其投入成本即为资金成本，可用市场利率来衡量；员工投入劳动，其投入成本为工人所付出的劳动成本；管理人员所付出管理努力，即员工的努力成本；政府投入资源开发的制度环境及公共设施，因为政府投入是一种公共物品，为众多矿产资源开发利用企业等利益相关主体所共享，对单一利益主体而言，政府的投入成本可以忽略不计。这样，矿产资源开发利用企业的净剩余为企业剩余减去企业所有者投入成本的余额。也即企业净剩余＝企业剩余－股东和债权人投入成本－员工（含管理人员）投入成本－政府投入成本（忽略）。

(3) 矿产资源开发利用企业剩余的最优利益目标。应使股东、债权人、管理者、员工及政府的收益最大化，它等同于企业净剩余的最大化，剔除不确定环境因素，也就是企业期望净剩余的最大化，实际上这也即为

---

① 〔美〕希金斯：《全美最新工商管理权威教材译丛——财务管理分析》（第8版），沈艺峰等译，北京大学出版社，2009。

矿产资源开发利用企业的帕累托（Pareto）最优目标。

2. 矿产资源开发利用企业经济价值创造最大化

（1）矿产资源开发利用企业目标的利益相关者价值最大化。对于企业目标是利益相关者价值最大化的观点，鉴于理论界关于利益相关者的界定没有统一的认识，① 企业经营者很难满足存在利益冲突的不同利益相关者的利益诉求，企业也不可能对所有的利益相关者负责，因而，将矿产资源开发利用企业的目标确定为利益相关者价值最大化的观点可操作性较小。

（2）矿产资源开发利用企业目标的利润最大化。对于企业目标是利润最大化的观点，鉴于过分追求利润最大化，容易导致企业经济价值分配不公，企业利润越多，意味着其他利益相关者分配的经济价值越少，分配的公平程度就越低；其他利益相关者参与企业经济价值创造的积极性就越低，影响企业经济价值的持续创造。而且，利润是企业所有获得先期、固定报酬的利益相关者得到经济价值分配后的经济价值剩余。所以，利润最大化是拥有经济价值剩余索取权的主体（股东）的利益目标诉求，不是矿产资源开发利用企业的目标所在。

（3）矿产资源开发利用企业目标的经济价值最大化。鉴于部分学者认为，财务管理目标应与企业多个利益集团有关，也即财务管理目标是这些利益集团共同作用和相互妥协的结果。② 在一定时期和一定环境下，某一利益集团可能会起主导作用。但从长期发展来看，不能只强调某一集团的利益，而置其他集团的利益于不顾，不能将财务管理的目标集中于某一集团的利益。从这一意义上讲，股东财富最大化不应是财务管理的最优目标。因此，矿产资源开发利用企业的利益目标应是经济价值创造最大化，即对矿产资源开发利用企业而言，其企业价值最大化应是通过财务上的合理经营，采取最优的财务政策，充分利用资金的时间价值和风险与报酬的关系，将长期稳定发展摆在首位，强调矿产资源开发利用企业在开发中的价值增长满足各方利益主体关系，不断增加财富，使企业总价值达到最大

---

① 国赟：《"利益相关者财富最大化"与"企业价值最大化"之比较研究》，《会计之友》2006年第20期。

② 智库百科：《企业价值最大化》，门户网址，http://wiki.mbalib.com/wiki/。

化。而且，矿产资源开发利用企业创造的经济价值越大，可用于分配的经济价值就越多，利益相关者价值最大化的目标才有得到满足的可能；而且，只有先创造了经济价值，企业才会有利润；没有企业经济价值创造的最大化，企业利润最大化的目标就不能长期、持续地实现。另外，矿产资源开发利用企业通过主动履行一些社会职能，如对所在矿区（村镇）承担社会责任，以提高自身的社会声誉，将有利于社会声誉和品牌形象的提升，增强经济价值创造最大化能力，有利于利润最大化目标的实现，提升利益相关者价值最大化的满足概率，促进矿产资源开发利用企业剩余最大化目标的成功。

（二）矿产资源开发利用中的企业行为异化特征

鉴于矿产资源开发利用企业利益目标的多元化特征，要追求剩余最大化、要满足相关利益主体需求、要达到利润最大化的梦想，要实现经济价值创造能力的最大化，因而，矿产资源开发利用企业的资源开发行为会产生一些异化现象。

1. 安全生产的机会主义倾向

受产量和利润追求的利益驱动，部分矿产资源开发利用企业会无视国家法令和政府监管，忽视安全生产，不顾工人生命安全，违法生产，得过且过，具有强烈的机会主义倾向。具体表现为：一是对安全生产工作不认真，主体责任不落实；二是部分矿产资源开发利用企业的安全生产工作力度存在层层衰减问题。

2. 乱采乱挖的隐蔽行为偏好

为追求产量和利润，部分矿产资源开发利用企业用复杂多样、具有很强迷惑性和隐蔽性的方式乱采乱挖，导致整治工作变得相当困难。具体表现为：一是以所谓"基建井"的名义开采。二是私营矿披着合法外衣采矿的"挂靠井"形式，也即一个合法矿与周边几个非法矿组成股份制矿产资源开发利用企业，非法矿挂靠在保留矿井上的假接替井、假风井、假排水井等，采用"一证多井"的形式进行伪装，形式上是合法矿。这种隐蔽式私挖滥采给自然环境造成巨大的污染与危害，破坏生态平衡，造成地表损坏，引发地质灾害等。

3. 铤而走险的急功近利行为追求

在巨大利益的刺激下，不少矿产资源开发利用企业会铤而走险，采取急功近利行为。具体表现为：一是为获得更高暴利，生产成本和安全投入很低，导致非法或私营矿开采的成本比合法矿要低得多。二是基本上采用原始落后的开采方式，且设备相当简陋，劳动生产率极低，安全性相当差，不符合先进生产力发展的要求。三是破坏性开采，资源的有效开采利用度很低，资源浪费严重。总之，急功近利思想严重，致使乱挖滥采，回采率极低，导致资源严重浪费，可持续发展受到严重影响。

4. "官矿勾结"的"寻租"行为激励

"官矿勾结"意味着促使矿产资源开发利用企业的寻租行为成为可能；寻租意味着矿产资源开发利用企业通过影响政府政策和决策行为以及制度变量来增加自身利益或使自己受益的行为；寻租成本意味着用于寻租活动的财富投入。巨大的利益空间诱惑导致部分矿产资源开发利用企业与官员"串谋"，寻求利益背后的"保护伞"，通过"寻租"行为获得不正当利益。具体行为表现：一是不具备合法开采证件的矿产资源开发利用企业从官员那里获得生产便利。二是原本不能合法开采的矿产资源开发利用企业从官员那里取得合法开采的证件帮助。三是执法不力、执法不严、执法不到位，基础工作不扎实，给矿产资源开发利用企业开采提供便利。"官矿勾结"式"寻租"行为严重扰乱资源开发的均衡发展与生产秩序，不利于良好平等竞争环境的形成。

三 矿产资源开发利用中中央政府的利益行为特征

作为市场主体之一的中央政府，是指包括立法、行政和司法机关等全部在内的国家机构。而中央政府行为是指政府作为国家的代表所进行的一切活动。由于中央政府行为体现了国家意志，在特定市场经济关系中完全代表了国家。

（一）矿产资源开发利用中中央政府的利益目标取向

1. 诺思的国家（政府）利益目标观

（1）诺思的国家观。按照诺思的观点，国家的存在有契约理论与掠夺（剥削）理论两种解释。① 国家契约论认为，如果国家界定和行使有效率的产权，将对经济起促进作用；国家掠夺论认为，如果国家界定一套使得权力集团收益最大化而无视其对社会整体福利影响的产权，就是掠夺或剥削。在此存在着国家是经济增长的关键，又是导致人为经济衰退根源的"诺思悖论"，国家对经济增长存在双重作用。诺思的"暴力潜能分配论"认为，若暴力潜能在公民间进行平等分配，便产生契约国家；反之，便产生掠夺式国家。

（2）国家存在的比较优势。诺思认为，由于国家具有一般社会组织所没有的"暴力潜能"性质，由它来界定和行使产权具有比较优势：一是可以代表大多数人的利益。由政府提供制度这种公共产品比私人更有效。二是可避免新制度安排的最佳供给量不足。在诱致性制度安排中，国家行为可避免因"搭便车"行为所造成的制度短缺或制度创新机制的丧失，克服个人或利益集团不能解决的新制度创立的集体享受与其所需费用个别承担的矛盾；并通过提供具有一定规模经济的产权，降低交易费用。

（3）国家存在的目的及特征。按照诺思的国家观，一个福利或效用最大化的国家具有三个基本特征：一是国家为获取收入，以一组具有规模经济特征的服务（如保护和公正）作为交换，其社会总收入高于每一个社会个体自己保护自己拥有的产权的收入总和；二是国家通过具有歧视性的垄断者活动，为每一个成员集团设计出区别对待的产权，使国家收入最大化；三是国家面临着其他国家以及现存政治经济传统中潜在统治者的竞争，受制于其选民的机会成本。

（4）国家提供基本服务的目的。按照诺思对国家的解释，国家提供的基本服务是博弈的基本原则，其目的在于：一是界定竞争和合作的基本原则（在要素和产品市场范围内界定所有权结构）；二是建立有效率的产权，降低交易费用以使社会产出最大化和增加税收；三是鉴于国家是由不同的利益集团所组成的集合体，是不同利益的"均衡者"，制度的变迁或创新会引起利益的重新调整，政策选择往往具有政治意义。

---

① 〔美〕道格拉斯·诺思、罗伯斯·托马斯：《西方世界的兴起》，厉以平、蔡磊译，华夏出版社，1999。

2. 矿产资源开发利用中中央政府的目标函数分析

根据诺思的国家（政府）利益目标观，鉴于国家（政府）及其利益目标的存在理由，在矿产资源开发利用中中央政府有其政治利益、经济利益和历史使命，共同构成中央政府的利益目标函数。

（1）矿产资源开发利用中中央政府的政治利益。首先，中央政府会追求资源开发政治利益的最大化。鉴于中央政府处于官僚层级结构的最顶端，一般被认为没有进一步晋升的强大需求，根据曹红钢的研究，其关注的目标可被概括为维护统治、保障民族利益、制度偏好和其他具体目标四个方面，且均属于政治利益的范畴，只是各有侧重。① 因而，中央政府的资源开发政治利益主要是通过资源开发的公共政策，创造经济发展、社会和谐与政治稳定的绩效，以获得学者所称的"政绩合法性"；② 通过施政和治理来获取最广大民众的政治支持。③ 因此，与地方政府不同，中央政府对资源开发相关利益主体的利益偏好和行为选择相当敏感，要获得政治支持。

所以，中央政府基于政治利益的考虑，会通过资源开发管理体制和利益机制的构建，保障资源开发的可持续性，保证工人的劳动权利，克服资源开发的负外部性，努力消除资源开发的生态环境污染破坏，最终保障整个国家资源开发的整体利益最大化，促进和谐社会构建，实践科学发展观。

（2）矿产资源开发利用中中央政府的经济利益。就经济利益而言，中央政府也有强烈的资源开发激励。这一方面是因为只有推动资源开发才能保证资源需求、社会就业、人民生活水平提高，构成"政绩合法性"的重要内容；另一方面，资源开发直接带来财政收入的增加，提高国家的税收汲取能力，也提高了国家的经济发展能力。鉴于中央政府拥有制定税收和财政制度的权力，④ 因此，中央政府在很大程度上可通过宏观的资源

---

① 曹红钢：《政府行为目标与体制转型》，社会科学文献出版社，2007。
② 高全喜主编《大国策》，人民日报出版社，2009。
③ 倪星：《政府合法性基础的现代转型与政绩追求》，《中山大学学报》（社会科学版）2006年第46卷第4期。
④ 郭玮：《政府间财权及收入划分的基本理论研究》，《经济师》2009年第1期。

开发政策来调控发展，通过政策刺激地方政府进行资源开发。因此，为获得资源开发的经济利益，中央政府首先会制定利益最大化的资源税收政策，管理好中央直属企业源于资源开发的税收，划分好资源开发收益中中央和地方分成，最终保障整个国家的矿产资源开发利用利益。

（3）矿产资源开发利用中中央政府的历史满足感。中央政府处于官僚制顶端，往往会有一种历史荣誉感心理，"名垂青史"，也即唐斯所说的"政治家"特征，关注矿产资源开发利用中的全社会"公共利益"实现。① 所以，为获得矿产资源开发利用中的历史满足感，中央政府会尽力摆平资源开发的挑战，会努力在提升资源的开发效率、遏制生态环境恶化、保障资源的可持续发展等方面有所建树。

（二）矿产资源开发利用中中央政府的行为取向特征

1. 矿产资源开发利用中中央政府的一般行为特征

鉴于中央政府的利益目标取向，其矿产资源开发利用中的行为偏好主要表现在以下方面。

（1）培育矿产资源开发利用企业的市场体系行为。鉴于市场本身存在着不完全竞争的市场结构、外部成本和外部收益、不完全信息等不可克服的局限性，会造成市场配置资源的低效率，不可能实现帕累托最优；同时市场经济是一种典型的契约经济；因而，为了约束参与资源开发的利益主体间的责任和义务，必须培育市场体系、完善市场机制，规范矿产资源开发利用企业的市场行为，维护市场经济的效率与公平行为，构成中央政府的分内责任。

（2）熨平资源开发波动的稳定发展行为。资源开发对国民经济发展具有极端重要性，需要中央政府从整体利益出发，制定资源开发的宏观整体规划与长远发展目标，并以此为中心实施相应的系统配套政策。通过控制地方政府行为，保证各项资源开发政策完整地执行；推动资源整合、结构优化和稳定开发；协调资源开发的总供求，保证资源开发与国民经济整体发展的协调。

---

① 〔美〕安东尼·唐斯：《官僚制内幕》，郭小聪等译，中国人民大学出版社，2006。

（3）调节矿产资源开发利用利益的分配关系。鉴于矿产资源开发利用利益主体的多层次性，利益关系的多层次性和复杂性，需要中央政府建立效率和公平有机统一的矿产资源开发利用利益分配与调节制度。制定全国统一的资源开发法律法规，协调工农、城乡、地区等的各种资源利益关系，为资源开发的正常运行提供必要的制度保障。通过均衡利益关系，促进矿产资源开发利用利益相关主体整体福利水平的稳定提高。

（4）保证资源开发的可持续。鉴于环境污染是资源开发中所必然出现的问题，如果放任环境污染日益严重而不加控制和治理，短期会直接影响矿区（村镇）生活环境，降低生活质量，甚至导致生理性危害；长期会破坏生态环境和自然资源，影响国家和民族后代的后续发展，成为历史罪人。正因为如此，1992年的里约环境与发展大会后，中国政府率先制定《中国21世纪议程》，将可持续发展确定为必须始终遵循的重大战略，① 努力消除矿产资源开发利用中的负外部性问题，努力实现资源开发的可持续。

2. 矿产资源开发利用中中央政府行为的异化

（1）中央政府行为异化的背景。鉴于政府在中国制度变迁过程中的重要作用，中国制度变迁属于政府主导型的制度创新；② 同时，由直接为主向间接转变的调控，其市场行为特征越发明显：一是政府的决策行为结构由"集权型"向"分权型"转变，中央决策权下放，地方政府权限日益增大。二是经济行为调节由政府直接调控为主向间接调控转变，微观主体比改革前充满生机和活力。③ 三是主要通过政府政策工具运用来实现其变革目的。④ 基于市场调控的分权式的政策治国，虽然具有基于利益的反应灵活、迅速高效等优点，但也有法治薄弱、行政裁量权过度、政策随意

---

① 陈锦华：《中国与可持续发展》，《中国新闻与报道》2001年第6期。
② 陈天祥：《论中国制度变迁的方式》，《中山大学学报》（社会科学版）2001年第3期。
③ 吴敬琏：《经济全球化背景下的政府改革》，中国宏观经济信息网，http：//www.macrochina.com.cn/zhzt/000089/001/20010817016763.shtml，2001年8月21日。
④ 周永生：《实现依政策治国到依法治国的历史转变》，《西南民族大学学报》（人文社会科学版）2003年第2期。

改变、政策失效等缺点，为中央政府的行为异化埋下伏笔。

（2）矿产资源开发利用中中央政府行为异化的表现。一是管理资源开发行为的企业化和市场化偏好。鉴于资源属于代表全民的国家所有，开发具有国家垄断性特征，中央政府与矿产资源开发利用企业活动的紧密结合，易于按照矿产资源开发利用企业的利益目标确定本身的目标取向，片面追求资源开发的局部利益，而忽略中央政府应承担的其他重要的资源开发管理功能，例如环境保护等，造成中央政府在矿产资源开发利用利益的分割中超越性降低，导致"政策变通化"① 等行为偏好倾向。在矿产资源开发利用中的具体表现是：中央政府机构直接参与资源营利性的经营活动；层层下达指标，将资源发展作为衡量绩效考核的标准之一；以"为矿产资源开发利用企业办实事" 为名对资源开发项目和企业经营活动直接介入；对除矿产资源开发利用利益以外的其他相关政府功能丧失兴趣，政府官员和矿产资源开发利用企业私下交易。

二是易导致对中央政府政策的官僚保护性追求，掠夺性地瓜分资源，而不去创造性高效率地开发。鉴于人类追求利益的行为方式有：通过生产性活动使自己的利益与社会财富总量同时增进；或通过非生产性的"寻租"活动重新分配和集中社会财富，利益相关主体间是"零和"或"负和"博弈。因此，为了获得垄断性的资源财富，部分矿产资源开发利用企业会发现进行生产经营活动，还不如寻求中央政府保护政策，掠夺性地开发资源，从而导致不顾及子孙后代利益、矿区（村镇）居民利益、工人生命安危，以获得更大的"寻租"收益，形成资源的"掠夺式"开采。

四 矿产资源开发利用中地方政府的利益行为特征

（一）矿产资源开发利用中地方政府的利益目标取向

地方政府是国家为了管理需要，划分地区设置的地方行政单位，其形成和发展受到国家结构、政治制度、经济体制、文化传统等诸多因素的影

---

① 潘修华：《当代中国社会阶层结构变迁与重建国家自主性》，《理论与改革》2005年第4期。

响和制约,但也存在着一些共同的特征。

1. 地方政府的内涵

(1) 关于地方政府的各类观点。一是英国《布莱克维尔政治学百科全书》的地方政府观,认为地方政府是:"权力或管辖范围被限定在国家的一部分地区内的政治机构。它经过长期的历史发展,在一国政治结构中处于隶属地位,具有地方参与权、税收权和诸多职责。"二是维基百科自由的百科全书的地方政府观,认为地方政府是管理一个国家行政区事务的政府组织的总称,通常对应于中央政府(在联邦制国家,即称"联邦政府")的称谓,不属中央政府管辖,或不直接由中央管辖。① 但当今世界绝大部分国家在国内设有不同层级和不同类型的地方政府,以保证国家行政管理的稳定性、有序性和效能性。三是中国的地方政府观。中国普遍将中央政府以下的分支均称为地方政府,包括省(自治区、直辖市)、市(计划单列市、地级市)、县(县级市)、乡镇等几个层级。

综上所述,地方政府的含义一般是指:在国家特定区域内,依据宪法和有关法律的规定,对本地区事务享有自治管理权的地域性统治机关。在单一制国家,是指除中央政府之外的所有地方政府;在联邦制国家,既包括州和省一级政府,也包括州和省以下的地方政府。

(2) 矿产资源开发利用中的地方政府范围。矿产资源开发利用中的地方政府包括:中央政府以外的各级政府,既可以是省市,也可以是县乡。既包含地方行政机关、地方立法机关、地方司法机关在内的地方公共权力机关,也包括地方各级党委。鉴于地方各级党委掌握着决策权、用人权以及其他重要权力,不仅自身具有行政功能,且对政府的资源开发行为有着极大的影响,自然应包括在地方政府之中。

(3) 矿产资源开发利用中地方政府的重大作用。一是地方政府贴近基层和矿区(村镇)(村政),具有信息优势,了解与基层和矿区(村镇)(村政)发展利益相关的各类主体的真实需求,在提供地方性公共服务方面具有得天独厚的优势,可以在资源开发公共政策领域及时做出回应;二

---

① 董幼鸿等编著《地方公共管理:理论与实践》,上海人民出版社,2008。

是和谐矿区（村镇）（村政）的构建对政府管理提出诸多要求，远远超过了中央政府的承受能力，客观上要求地方政府承担更多的地方矿区（村镇）（村政）发展事务的管理工作；三是为了全国资源开发的整体可持续发展，必须有地方政府的存在，以构建稳定和谐可持续的基础条件。

2. 矿产资源开发利用中地方政府的利益主体类别

根据中国学者对政府利益的研究，一是认为"政府利益主要是指政府本身的权益"；① 二是认为"政府利益是指政府自身需求的满足"；② 三是认为"从政府及其成员的双重角色来看，政府利益是由人民利益、政府组织利益及其成员个人利益共同构成的复杂综合体"；③ 四是认为政府利益是指政府系统自身需求的满足，如政府的权力与权威，政府的业绩、信誉与形象，政府工作条件与公务人员的收入和福利，等等。④ 综观上述可知，政府利益并不完全等同于公共利益，只不过与公共利益的关系更加密切；同时，鉴于市场经济要求承认每一个社会成员和组织的合法利益，⑤ 因此，可将矿产资源开发利用中的政府利益主体划分为以下几部分。

（1）矿产资源开发利用中的政府官员利益。政府官员是私人利益和公共利益的综合体，鉴于其"理性人"特征，其在与资源开发联系过程中，具有自身利益取向，如个人价值实现、职位升迁、个人经济利益增进、舒适生活追求等。同时，作为政府工作人员，又要求其超脱地从矿产资源开发利用利益的全局出发，以客观公正的第三者身份来对待政策和管理问题，完成好政策制定者、执行者和操作者角色；因而其利益又常常表现为："公仆"的地位限制了其自利利益的明确追求表达，导致其他方式的被迫采用，如通过腐败寻租等行为实现私利，极易增加侵害资源开发公共利益的概率。

---

① 臧乃康：《政府利益论》，《理论探讨》1999年第1期。
② 商红日：《政府基础论》，经济日报出版社，2002，第63页。
③ 陈庆云、曾军荣：《论公共管理中的政府利益》，《中国行政管理》2005年第8期，第22页。
④ 刘健雄：《财政分权、政府竞争与政府治理》，人民出版社，2009。
⑤ 王颖、娄成武：《政府利益内在性的抑制与政府信用建设》，《东北大学学报》（社会科学版）2007年第5期。

（2）矿产资源开发利用中的政府部门利益。它包括横向和纵向两个方面：横向部分表示部门局部利益，也即政府内部同级不同部门间的利益差别；纵向部分表示地方局部利益，也即中央与地方、上级与下级政府部门间的利益差别。鉴于改革开放导致的利益结构调整，充当公共利益代表者的政府部门，也表现出越来越明显的单位利益代表者角色，① 因此，政府部门的资源开发行为基本准则经常以本地区（部门）的利益为出发点，可能导致地方（部门）的小集团在矿产资源开发利用利益的分割中获利，国家整体和绝大多数利益相关者的利益受损。

（3）矿产资源开发利用中的政府组织整体利益。按照韦伯的观点，理论上科层组织只是非人格的部门，但实际上却形成了政府中的独立群体，拥有本身的利益、价值和权力基础。② 在资源开发中，政府组织整体利益包括政治和经济两个方面。鉴于政府政绩主要由上级制定的考核标准来决定，会导致政府行为目标唯上不唯下，会对资源开发管理的"唯上级马首是瞻"；鉴于政府本身的"经济人"特性，③ 政府财政收入与其经济利益直接挂钩，会导致政府追求自身利益最大化，存在与矿产资源开发利用利益提供者结盟的偏好，损害资源开发其他利益相关者的利益，导致生态环境受损，生产安全问题恶化，矿产资源开发利用效率低下等。

3. 资源开发中地方政府利益目标函数的决定要素分析

按照利益决定要素划分，矿产资源开发利用中地方政府的利益目标函数由经济利益、政治利益和政治忠诚三大因素决定。经济利益包括地区资源经济发展（如产值规模和就业等）、资源税费收入和官员个人收入；政治利益主要指职务升迁；政治忠诚主要指执行和完成上级的矿产资源开发利用利益目标。经济利益、政治利益和政治忠诚三要素对地方政府行为都具有明显的正面激励作用：经济利益越多，政治利益越大和政治忠诚越强，则其行为的动机就越强烈，也即地方政府更愿意做那些能给自己带来经济利益、政治利益和政治忠诚表现度高的事情。在一定制度条件下，地

---

① 齐树洁：《论我国环境纠纷诉讼制度的完善》，《福建法学》2006 年第 1 期。
② 刘健雄：《财政分权、政府竞争与政府治理》，人民出版社，2009。
③ 王驰：《信息非对称理论在公共管理中的应用与反思》，《经济与社会发展》2007 年第 5 期。

方官员会力图使自己的这些利益最大化。

（1）官僚制特征背景下的资源开发政治利益。官僚制本身属于上下级等级关系严格的多层级的"金字塔"科层组织。马克斯·韦伯认为，"典型官僚制下的官僚，是由上级任命的，由被支配者选举出来的官僚，再也不是个纯粹的官僚类型"。① 按照刘健雄的研究，典型的官僚由上级任命，政治前途也取决于上级，相对于上级有很弱的自主性，总是在上级的监督下工作。② 因而，地方政府官员的政治生命主要掌握在中央政府或上级手中，政治升迁意味着更大的政治权力，也意味着更高的政治声誉。另外，根据周黎安的政治竞标赛理论，同一层级的地方官员相对于上级而进行的竞争称为"政治晋升博弈"或"政治竞标赛"（political tournaments）。③ 竞赛优胜的标准由上级政府决定，可以是 GDP 增长率，或其他如财政收入、就业率、治安状况等指标，是理解政府激励与增长的关键线索，可以将关心仕途的地方政府官员置于强大的激励之下。

由此可知，地方政府政治利益追求成为资源开发体制背景下的一个极其重要的影响因素，影响地方政府组织的内部运作成为决定资源开发管理和利益分割的一个较为关键的变量。所以，政治利益诉求成为地方政府参与分割矿产资源开发利用利益目标函数中的三大决定因素之一。

（2）政治经济体制背景下的资源开发经济利益。经济利益也是地方政府矿产资源开发利用利益目标函数的决定因素之一。经济利益包括政府经济收益，如财政收入等，也包括官员个人经济所得，如工资收入、各项补贴等。因此，资源开发的财税收入和经济激励会进入地方政府的利益目标函数视野，其主要原因在于经济利益。

首先，经济工作重心的转向，官员升迁的重要考核内容和保障在于地方发展。充分利用地区的资源禀赋，重视矿产资源开发利用利益，增加资源开发的 GDP 分量，用经济发展的利益追求来保障政治收益的实现成为其内在行为选择。根据周黎安的研究结论，现有政治体制下的仕途考核指

---

① 〔德〕马克斯·韦伯：《韦伯作品集Ⅲ：支配社会学》，康乐、简惠美译，广西师范大学出版社，2004。
② 刘健雄：《财政分权、政府竞争与政府治理》，人民出版社，2009。
③ 周黎安：《中国地方官员的晋升锦标赛模式研究》，《经济研究》2007 年第 7 期。

标主要是以地方官员所在省份的相对经济业绩，甚至以 GDP 挂帅，使各地具有强大的发展愿望。① 其实证结论发现，省级官员的升迁概率与多省份 GDP 的增长率呈显著的正相关关系。②

同时，张军认为，从 1978 年"十一届三中全会"的"以经济建设为中心"到"发展是第一要务"，"增长共识"被纳入执政党的纲领中；通过有效的地方官员考评和晋升激励机制和治理结构，加上财政体制上的分权和分税，地方经济发展的激励问题得以解决；形成基于地方发展的"政绩观"，实现了经济分权和政治集中的平衡。③

因此，作为国民经济基础的重要产业，能够带来 GDP 份额和财税收入的资源开发自然会进入到致力于区域经济发展的地方政府利益目标框架，并成为政绩追求的核心内容，成为地方政府利益目标函数的一个重要变量。特别是，对于具有资源禀赋优势的地区而言，资源开发会直接增加政府财税收入，提高政府公共产品的供给能力，提升对市场经济不确定环境的驾驭调控力，直接提高政府能力，如大型项目投资、市政设施改善、就业岗位创造等，从而直接影响官员任职的合法性和支持度，所以，地方政府必然会十分关心能够带来税收和规费增长的资源开发。另外，资源开发增加的政府财政收入会直接带来官员个人经济收益的增加。作为"理性人"的官员，出于自身工作设施条件、办公软硬件环境、公车配备、各种津贴、福利待遇等非货币性收益和货币性收入的考虑，也会非常注重区域资源开发。

（3）意识形态教育背景下资源开发的政治信仰或者政治忠诚。政治信仰或政治忠诚元素会进入地方政府的矿产资源开发利用利益目标函数。根据刘健雄的研究，意识形态教育等已成为统一思想、加强组织凝聚力和激励的重要手段；成为国家与社会管理的一项重要传统；局部服从全局、地方服从中央、个人服从集体在某种程度上已成为官员行为准则。④ 因

---

① 周黎安：《中国地方官员的晋升锦标赛模式研究》，《经济研究》2007 年第 7 期。
② 周黎安、李宏彬、陈烨：《相对绩效考核：关于中国地方官员晋升的一项经验研究》，《经济学报》2005 年第 1 期。
③ 张军：《为增长而竞争：中国之谜的一个解读》，《东岳论丛》2005 年第 4 期。
④ 刘健雄：《财政分权、政府竞争与政府治理》，人民出版社，2009。

此，为了保证整体国民经济的和谐发展和速度要求，以及资源开发可持续发展目标的实现，地方政府会在区域生态环境保护、安全生产保障、矿区（村镇）居民安居乐业等方面采取一定措施，以表达政治忠诚。所以，政治忠诚在一定程度上也是地方政府利益目标函数中的三大决定因素之一。

4. 资源开发中地方政府利益目标的"利益集团"复合特征

按照矿产资源开发利用利益享用的覆盖面划分，地方政府的利益目标是公共利益和集团利益的集合体。

（1）矿产资源开发利用中的地方政府内在公共利益目标及其实现困境。在规范经济学里，政府行为应以"公共利益"（public interests）为目标，以最大化社会福利为目标，[①] 因而，地方政府作为矿产资源开发利用中的利益主体之一，其存在的基本价值在于发展和维护矿产资源开发利用利益的均衡。但地方政府存在着资源开发公共利益目标实现的有限理性困境。这是由于：地方政府的资源开发决策过程，总是面临着错综复杂的不确定因素，信息和认识能力都是稀缺的，获得需要付出一定的代价；同时，即使地方政府主观上想把事情办好，由于种种的现实局限也不容易办到，甚至好心办坏事。因此，地方政府总是在有限信息和有限能力约束下，从资源开发管理的各种备选方案中选择"最佳"，存在实现困境。

（2）矿产资源开发利用中的地方政府集团利益偏好。民众尽管都希望政府会按照矿产资源开发利用利益均衡的要求行事，但事实却与理想存在较大差异：地方政府在资源开发中会脱离公共利益的轨道，出现集团利益偏好。具体在资源开发中出现以下地方政府行为特征：一是地方政府总是尽可能在一定约束条件下追求矿产资源开发利用利益最大化。二是现实中由政治人物和公务人员组成的地方政府，其"经济人"官员会以追求机构利益最大化为行为准则，关心工资高低、办公条件好坏、公众声望和权力大小、晋升概率大小等。三是存在政府规模扩大的偏好。按照"帕金森定律"的结论，政府官员愿意扩充其下属而不是竞争对手，在缺乏竞争淘汰机制的情况下会变得越发难以遏制。最终满足官僚们的矿产资源

[①] 董江涛：《转变政府职能：以公共利益最大化为目标》，《长白学刊》2008年第2期。

开发利用利益和权力欲望。①

（3）矿产资源开发利用中的地方政府利益复合性。鉴于地方政府实现资源开发公共利益的困难和利益集团化偏好，其利益目标具有复合性特点，具体包括：社会层面利益目标，其宗旨在于本地区福利最大化；集团层面利益目标，其宗旨在于本地区"利益集团"福利最大化。前者形成纯粹的"公共利益"；后者形成特殊的集团利益，客观上它可能对本地经济的长期发展有利。两者的交叠部分表明社会层面上与集团层面上的利益达到了一致，但非重叠的相悖部分表明，政府可能为谋求自身利益而侵犯公共利益，背离政府行为的最初目标。

因此，随着资源经济发展，鉴于县乡级政府与基层和矿区（村镇）最为贴近，以县级为主的地方行政权力频频出现在资源开发视野中。一方面，代表国家权力的地方政府相关部门通过加强各项管理，逐步建立和规范当地资源开发秩序，实现"资源国家所有"的利益分割，保证公共利益实现；另一方面，鉴于地方政府相关部门存在自身利益追求的内在偏好；同时，矿区（村镇）的利益相关主体也可能"策略地"与这些政府行政权力周旋博弈，以尽可能实现自身利益最大化。于是，地方政府行政权力开始了其新的延伸历程，部分层级的地方政府、管理机构及其公职人员会以"私人"身份进入矿产资源开发利用利益的分配，导致矿产资源开发利用利益格局的显著改变，增强了矿产资源开发利用中的地方政府利益复合性。

5. 资源开发中地方政府利益关系目标的多元化取向

按照纵向利益关系划分，地方政府的矿产资源开发利用利益目标是多元化的，包括上级利益、自身利益和辖区利益。这是由于：分权化和市场化改革以来，地方政府的主体角色呈现多元化特征：中央政府在本辖区的"代理人"、具有自身独立利益的地方政府、辖区利益的代表者和辖区公共物品的提供者等。② 而且作为不同的角色主体，地方政府有着不同的目

---

① 《帕金森定律》，http://www.shenmeshi.com/Education/Education_20070131212153.html。
② 丘海雄、徐建牛：《市场转型过程中地方政府角色研究述评》，《社会学研究》2004年第7期。

标函数和约束条件,如中央政府(包括上级政府)和辖区微观主体(辖区居民和企业)会对地方政府施加不同的约束,构成不同的利益博弈关系,使地方政府的目标函数更偏向于其主体的本位要求。因此,地方政府的利益目标关系取向至少应包括:上级政府的满意度、辖区的 GDP 和税收最大化、辖区居民的满意度三个层面。

(1) 矿产资源开发利用中地方政府的上级利益目标。根据李军杰和钟君的观点,"按照中国目前的干部任用体制,上级政府的满意无异于西方政治家眼中选民的选票,是决定性的"。① 因而,地方政府的利益目标首先是满足中央政府(包括上级政府)利益要求。鉴于中央政府的矿产资源开发利用利益目标是多重性的,包括开发的可持续性、开发过程中生态环保等负外部性的治理、税费收入的获得、安全生产的保障、工人权益的维护、就业和社会稳定等,而且中央政府的利益目标会通过科层组织机制层层分解到下级政府,形成中央政府与各级地方政府之间关于资源开发的委托代理关系;同时,下级地方政府的资源开发行为受委托者的激励机制支配,其利益目标和行动取决于上级政府的目标偏好和考评激励制度以及地方政府手中握有的博弈条件。所以,矿产资源开发利用中地方政府的利益目标取向会受到上级政府利益多元性的约束。

(2) 矿产资源开发利用中的地方政府自身利益目标。作为具有自身独立利益的行为主体,地方政府的目标取向自然是自身利益最大化。在地方政绩考核标准主要是经济增速和税收增长数量的情况下,其自身利益主要表现为辖区 GDP 和税收最大化。从辖区 GDP 最大化角度看,资源开发与辖区 GDP 的增长存在着正向相关性,资源开发的良性发展预示着更多的 GDP 份额。就辖区税收最大化而言,资源开发的规模扩张和高效利用,意味着政府获得充足的财税源泉,向更多的、新增资源财富开发部门征税;而且,即使税率不变甚至降低税率,税收总量也不会减少;即使税率提高,只要其增长幅度小于资源财富开发的增幅,也不会导致政府合法性的恶化。当然,在缺乏有效制度约束条件下,这种做法可能会损害国家的

---

① 李军杰、钟君:《中国地方政府经济行为分析》(上),《中国工业经济》2004 年第 4 期。

整体利益，如地方保护主义；也可能会危害辖区居民的公共利益，如矿区（村镇）生态环境恶化；而在科学合理的制度环境诱导下，地方政府行为可与全国利益的最大化和辖区居民的公共利益最大化实现一定的激励兼容。

（3）矿产资源开发利用中的地方政府辖区利益目标。作为辖区利益的代表者和辖区的管理者及公共物品的提供者，地方政府的资源开发辖区利益目标是辖区微观主体即居民和企业的满意程度；可通过资源开发管理，增加辖区就业岗位、增加居民收入等赢得辖区微观利益主体拥护和支持。如果对地方政府的资源开发管理行为不满，辖区居民原则上可通过选举、人大对地方政府职能部门报告的批准、居民的建言献策、行政诉讼等"用手投票"方式来约束地方政府；在户籍制度约束日益松动和资本可以跨辖区流动选择的条件下，辖区居民（尤其是资本拥有者）可以采取"用脚投票"的方式对各级地方政府间接制约。但在缺乏有效的制度约束条件下，地方政府基于自身或部门利益最大化的考虑，会通过机会主义获得非正式收入而掠夺和牺牲辖区的资源开发整体利益，导致辖区生态环境恶化等，形成与辖区微观利益主体效用最大化的偏差。

（二）矿产资源开发利用中地方政府的行为取向特征

1. 矿产资源开发利用中地方政府的行为方式

鉴于地方政府的矿产资源开发利用利益目标，其主要行为方式表现如下。

（1）执行上级政策、争取上级政策优惠和投入。一是依据中央政府（或上级政府）关于资源开发的总体规划与长远发展目标，结合本地区的资源禀赋，科学制定和实施本地区资源开发的战略目标及其发展步骤，促进辖区资源和谐开发。二是争取上级政策优惠。上级政策优惠和投入是中央政府（或上级政府）用来协调资源开发和实现矿产资源开发利用利益再分配功能的主要手段，对于地方政府来说，争取上级政策优惠和投入，比如财政转移支付、项目投资等既是促进辖区资源禀赋利用过程的组成部分，也是横向竞争的重要手段。

（2）提供并改善公共物品的数量与质量，促进地方资源开发。顺应上级资源开发政策，提供并改善地方公共物品的基础条件，是本辖区留住和吸引资本、人才等要素，促进资源开发的最主要竞争手段。一是构建并完善本辖区的政策法规和服务、交通通信等基础设施，教育和安全等公共物品体系，为矿产资源开发利用企业提供开发条件。二是利用地方财政和区域性收入分配政策，引导和调节辖区矿产资源开发利用利益，推动区域性资源开发效益增长。

（3）调节本地区的产业结构，扶持和保护辖区矿产资源开发利用企业发展。一是在中央宏观产业政策框架内，及时有效地调节本地区的产业结构，最大限度地利用本地区的资源禀赋优势，建立健全适合本地区特色的资源开发格局。二是扶持和保护辖区矿产资源开发利用企业。给予包括资金、政策和政府采购等方面的支持，扶持和保护辖区矿产资源开发利用企业，促进辖区资源禀赋的利用，实现多重利益目标。

2. 资源开发中地方政府行为的约束条件

地方政府的资源开发管理行为会受到以下条件约束。

（1）政府行为失效的约束。地方政府在为其矿产资源开发利用利益目标努力时，往往力不从心，不能充分实现其政策目标，造成"政府失效"。主要表现在：一是鉴于信息的不完全性，地方政府对资源开发的动态认识与采取的行动间存在一定的时差时滞，使得许多资源开发政策的决定条件和实施效果极为复杂和难以预测。二是地方政府的控制能力和范围有限。除政府行为外，市场力量会在资源开发中发挥巨大作用。三是矿产资源开发利用中的众多"棘轮效应"会造成政策效果的不对称，导致地方政府力不从心，如资源的价格刚性、工人的工资福利刚性、生态环境保护刚性等，由于要素价格都具有增长偏好，因此，在矿产资源开发利用利益的制衡过程中，增长的政策调节易于奏效，相反地，利益抑制效果则不佳。

（2）利益集团寻租行为的约束。地方政府的资源开发管理行为会受到利益集团寻租行为的约束，主要表现在：一是根据布坎南的研究，政府的特许、配额、许可证、特许权分配等都意味着由政府造成的任意的或人为的稀缺，因此，资源开发使用权的廉价或非公平市场交易，会培育矿产资源开发利用企业利益集团寻租行为的约束土壤。① 二是鉴于任一政策导致某些集团得益或受损时，会发生有组织地起来支持或反对，以便从中得到更多利益或减少损失，因而，在某些矿产资源开发利用利益集团得益的条件下，会导致寻租（rent seeking）行为，如对探矿权、采矿权等的寻租追求；在某些矿产资源开发利用利益集团受损的条件下，会导致地方政府政策不能始终如一地贯彻，处于不断变化之中。

（3）矿区（村镇）居民"以脚投票"的约束。鉴于要素的地域性流动无疑会给地方政府压力，地方政府的行为会受到辖区居民"以脚投票"的选择约束。在资源开发中，有条件和能力流动的居民会自然地朝那些生态环境更好、要素收益率更高的地区迁移，不仅导致劳动要素的流失，其他要素（如资本）也将会被附带转移。

（三）矿产资源开发利用中地方政府的行为困境

地方政府的资源开发管理行为存在着行为企业化、公共利益行为均衡等困境，主要表现在以下几方面。

1. 矿产资源开发利用中地方政府的行为企业化困境

地方政府的资源开发行为除了受其追逐的辖区经济发展利益驱动外，更重要的驱动在于，在市场经济体系逐步完善的过程中，地方政府掌握着本地区经济发展的大部分资源，② 在民间制衡力量尚没有形成或不占主导地位的条件下，地方政府行为的企业化偏好，会导致地方政府的资源开发管理行为企业化。

（1）权力格局的演变保障了地方政府的矿产资源开发利用利益。改革开放进程中的权力格局演变为拥有资源禀赋优势的地方政府提供了矿产资源开发利用利益激励的基础。邓小平认为，权力过分集中，权力结构不合理，是中国政治体制的"总病根"。③ 因此，权力下放转移，以财政制

---

① 〔美〕詹姆士·布坎南：《寻求租金和寻求利润》，《经济社会体制比较》1988 年第 6 期，第 51~59 页。
② 杨淑华：《我国经济发展方式转变的路径分析——基于经济驱动力视角》，http://www.zei.gov.cn/portal/il.htm?a=si&id=8a948a9522b9da690122ce40434703c5&key=zei_zfb/yjp/060202/06020204，2009 年 7 月 31 日。
③ 《邓小平文选》第 2 卷，人民出版社，1994，第 328 页。

度安排为核心的"放权让利"的改革，改变了地方政府的权力格局，形成了地方政府的横向层面自主性；同时，在纵向层面地方政府获得了更多的经济决策权和自主权，成为市场利益主体。具体表现在：一是放权的利益导向调动了地方政府制度创新的动力和积极性；二是放权强化了地方政府权力的自主程度，加大了其行政能力和权限；三是管理权限的获得和扩大导致地方政府实际上取得了制度创新的物质保障和资源配置权，获得了制度创新的政治资源和法律保障。所以，地方政府权力格局的演变，不仅使得拥有资源禀赋的地方政府获得了资源开发的利益激励基础，更预示着地方政府可以通过制度创新、运用自主行政能力和法律保障等手段获得更多更稳固的矿产资源开发利用利益。

（2）资源开发权力的整合提供了地方政府开发行为企业化的条件。鉴于在经济权力迁移过程中，中央政府将经济剩余分享权和控制权分配给地方，不同层级的地方政府成为辖区内经济剩余的真正索取者和控制者，地方经济利益的独特性逐渐显露；因而，地方政府拥有矿产资源开发利用利益的三个支配权：一是国有资源开发力量的支配权。随着对地方政府的行政性分权，作为区域发展重要组成部分的资源开发也转变为地方主导型，地方政府可以成为辖区资源开发领域最重要的投资主体和直接控制者，并获得了辖区矿产资源开发利用利益的剩余索取权和控制权。二是矿产资源开发利用利益的收入支配权。各级地方政府保持着强大的矿产资源开发利用利益支配权：与矿产资源开发利用利益相关的增值税要与中央政府（或上级政府）分成；资源税基本上留给地方。① 三是矿产资源开发利用利益的行政控制权。借助行政权力的垄断性和强制性，地方政府可采用市场和企业管制手段来控制非国有资源开发力量，诸如在资源开发的项目审批、生产许可证发放、安全许可证发放、环境评估许可等方面进行调控。因此，资源开发的权力整合，不仅为地方政府的资源开发行为企业化提供了条件，也提供了可能。

另外，作为独立的利益主体，地方政府可以与矿产资源开发利用企业

---

① 瞿燕丽：《对我国资源税费制度的基本分析和探讨》，甘肃国土资源网，http://www.gsdlr.gov.cn/content1.aspx?id=1715，2009年3月12日发布。

结合，特别是与那些对本地发展有重大影响的矿产资源开发利用企业及其集团"连为一体"，"共谋"发展大业。这种政府行为的企业化，在很大程度上替代企业家的功能，会使辖区资源开发具有较浓厚的（地方）政府行为导向色彩。

2. 资源开发中地方政府利益行为均衡困境

公共利益需要政府来维护几乎是一个不容置疑的命题。但在维护资源开发的公共利益过程中，受到公共利益内涵的界定，地方政府具体维护公共利益过程中的两难抉择，以及地方政府自身利益惯性扩张的影响，会导致地方政府维护矿产资源开发利用利益公正的困境。

（1）公共利益内涵的确定困境。虽然人们承认公共利益的客观存在，却普遍难以给出一个权威定义。一是根据纽曼的"不确定多数人理论"，[①]公共利益的概念是指利益效果所及的范围，即以受益人多寡决定，只要大多数的不确定数目的利益人存在，即属公益，强调在数量上的特征。二是按照边沁的观点，"公共利益"绝不是什么独立于个人利益的特殊利益。"共同体是个虚构体，由那些被认为可以说构成其成员的个人组成。共同体的利益是组成共同体的若干成员的利益的总和；不理解什么是个人利益，谈共同体的利益便毫无意义。"[②] 三是按照英国哈耶克的观点，公共利益只能定义为一种抽象的秩序——"自由社会的共同福利或公共利益的概念，决不可定义为所要达至的已知的特定结果的总和，而只能定义为一种抽象的秩序。作为一个整体，它不指向任何特定的具体目标，而是仅仅提供最佳渠道，使无论哪个成员都可以将自己的知识用于自己的目的。"[③] 四是按照安德森的观点，公共利益内涵难以确定："我敢断言，倘若问到公共政策应与公共利益还是私人利益保持一致，绝大多数读者将倾向于公共利益。然而，当问到什么是公共利益时，困难就随之产生了。它是大多数人的利益吗？倘若回答是肯定的，那么，怎样去确定大多数人在政策中真正希望的东西？它是消费者（顾客）这个庞大团体的利益吗？它是人们明确思

[①] 陈新民：《德国公法学基础理论》，山东人民出版社，2001，第185~186页。
[②] 〔英〕边沁：《道德与立法原理导论》，时殷弘译，商务印书馆，2000，第58页。
[③] 〔英〕哈耶克：《经济、科学与政治——哈耶克思想精粹》，冯克利译，江苏人民出版社，2000，第393页。

考和理智行动时希望得到的东西吗？"① 综上所述，公共利益内涵的确定困境会成为地方政府矿产资源开发利用利益行为选择的严重的天然障碍。

（2）资源开发中地方政府利益均衡的权衡困境。将抽象的"公共利益"具体化为矿产资源开发利用利益的具体可操作性，会使地方政府在权衡资源开发的公共利益中陷入困境。这是由于：一是资源开发的"多数利益"不能等价于"公共利益"。按照阿罗的不可能定理，多数人同意的表决机制不一定是有效的。多数原则所造成的直接后果就是多数人的利益被扩大为全民利益，而少数人的利益被缩小为零利益。所以，存在着资源开发的"集团利益"被放大为"辖区全民利益"的可能。二是资源开发中的"多数"难以确定。在利益表达机会缺失和实行成本的约束下，所有的利益相关主体的呼声并非都能听到，因而形成的"多数"显然不能完全代表辖区资源开发的公共利益。三是矿产资源开发利用中的"绝对多数"难以形成。按照萨托利的观点，民主产生许多少数派，而不是一个单一的少数，多个少数派联合起来的力量实际上大于一个多数派。② 鉴于利益表达的纷繁复杂性，如果政府简单地按照"较小多数"的矿产资源开发利用利益行事，会造成地方政府资源开发管理行为的利益均衡困境。

（3）资源开发中地方政府自身利益的惯性扩张困境。鉴于地方政府本身的自利性，及其利益最大化追逐，会导致在维护公共利益的价值取向中，反过来侵犯资源开发的公共利益。按照诺思的国家理论，作为公共利益代表，政府可能从社会长远利益出发进行制度创新，但又是由作为"经济人"的统治者来进行的，"又会为个人或团体的利益去行动，去寻求自己利益的最大化，为统治者自己谋利益"。③ 政府官员常常会为了自身利益而忘却社会利益，甚至牺牲社会利益而谋求个人或集团利益。按照公共选择学派的观点，政府内部的官僚集团拥有自己的利益，同样追求自身利益的最大化，④ 甚至会导致政府行为变异，如寻租与腐败等。因此，

---

① 〔美〕詹姆斯·安德森：《公共决策》，唐亮译，华夏出版社，1990，第22页。
② 〔美〕萨托利：《民主新论》，冯克利等译，东方出版社，1998，第27页。
③ 黄新华：《诺思的国家理论述评》，《理论学刊》2001年第2期。
④ 张康之：《行政改革中的理论误导——对在政府中引入市场竞争机制的质疑》，《天津社会科学》2001年第5期。

政府本性具有一种天然的扩张倾向，对利益的追求导致了"公共活动递增的瓦格纳定律"① 的政府及其权力的内在膨胀趋势。所以，地方政府的矿产资源开发利用利益惯性扩张偏好，极易侵犯公共利益——破坏生态环境、忽略利用效率、轻视发展可持续性等，导致自身利益惯性扩张的行为困境。

---

① 从长期来看，国家财政支出呈现不断上升趋势，这一现象由19世纪的德国著名的经济学家瓦格纳（A. Wagner）最先提出，被称为"瓦格纳定律"。

第四章
政府与矿产资源开发利用企业间的博弈关系特征

在资源开发中，政府与矿产资源开发利用企业是一种利益博弈关系，既有矛盾又有合作。作为资源开发中价值创造和实现主体的矿产资源开发利用企业追求自身利益的最大化，而政府则倡导资源开发的安全高效、持续稳定、和谐发展，两者因其所处地位及利益目标的不同必然会产生矛盾；另外，矿产资源开发利用企业将资源转化为可利用的资源性产品，并通过缴纳包括矿产等物质资源开发权价款在内的相关税费来实现国家的所有者权益，政府和矿产资源开发利用企业在矿产资源开发利用利益上又有某种程度的关联性与一致性。因此，在市场经济条件下，政府与矿产资源开发利用企业间的利益关系实际是利益博弈互动。对于这类互动博弈，内容安排如下：一是本章分析了政府与矿产资源开发利用企业间利益博弈的制度背景，包括：政府与矿产资源开发利用企业间利益关系的类型及演进；政府与矿产资源开发利用企业间利益博弈的管理制度背景，矿产资源开发利用企业管理涉及的政府机构及其关系；政府与矿产资源开发利用企业间利益博弈的运作机制背景，矿产资源开发利用企业的财税利益分配机制特征；矿产资源开发利用企业的绩效考核制度特征。笔者认为政府与矿产资源开发利用企业间的利益博弈是在政府与矿产资源开发利用企业间利益关系现状，矿产资源开发利用企业管理的体制约束，政府与矿产资源开发利用企业间利益博弈的运作机制背景（含财税和政绩考核）等基础上展开的。二是本章分析了政府与矿产资源开发利用企业间的利益博弈关系特征，包括：政府与矿产资源开发利用企业间利益关系的形成；政府与矿产资源开发利用企业间利益博弈的权益、税费和生态环保等内容。三是本章分析了矿产资源开发利用企业间利益博弈基本关系特征，包括：矿产资源开发利用企业间利益关系的竞争性机理特征；矿产资源开发利用企业间利益关系的合作性机理特征。本章关于政府与企业、企业与企业之间基本关系的分析，为进一步探讨其间的效应、原因和机理等奠定了基础。

一 政府与矿产资源开发利用企业间利益博弈的制度背景

政府与矿产资源开发利用企业间的利益博弈关系，在资源开发综合利用效率、生态环境污染与治理、税费征收与使用、矿产等物质资源开发权与资源性产品市场等领域是客观存在的；且受法律制度的完善和可持续发展理念的约束，在冲突中进行，但最后可能存在利益趋于一致的均衡结果。

（一）政府与矿产资源开发利用企业间利益关系的类型及演进

1. 政府与矿产资源开发利用企业间利益关系的类型

鉴于政府与企业间的关系类型在某种程度上决定了经济发展的自由度和活力。① 借鉴世界各国政府与企业关系的发展情况，中国的政府与矿产资源开发利用企业间的利益关系类型大致可分为三种。

（1）基于市场主导的政府与矿产资源开发利用企业间的利益关系型。即政府致力于维护正常的资源开发秩序，矿产资源开发利用企业在法律许可的范围内拥有资源开发的全权，政府不进行干涉。

（2）基于政府主导的政府与矿产资源开发利用企业间的利益关系型。其实质是资源开发及所需要素有相当一部分被政府垄断。政府在资源开发政策的制定、开发所依托要素的获得和配置等方面起着举足轻重的作用，

---

① 胡松、罗辉：《博弈论视角下我国政府与企业的关系》，《当代经济》2009年第1期。

导致矿产资源开发利用企业的政治情结很浓以及产生依附权贵心理，从而产生对政府的依赖、向政界靠拢。

（3）基于政企合一的政府与矿产资源开发利用企业间的利益关系型。这种关系意味着矿产资源开发利用企业没有独立的地位，完全成为政府的附属物。政府通过制订各项资源开发计划控制矿产资源开发利用企业的行为选择。

2. 政府与矿产资源开发利用企业间利益关系的演进

伴随着中国财政体制的改革，中国的政府与矿产资源开发利用企业间的利益关系演进主要分为以下阶段。

（1）政企合一的家长式的"父子"关系阶段（1953～1978年）。政府和矿产资源开发利用企业间的利益关系实际上是上下级行政隶属关系，矿产资源开发利用企业的所有人是政府，产权完全国有。矿产资源开发利用企业的一切资源开发收益都要上缴国家财政、一切支出均由国家投入。政府完全控制矿产资源开发利用企业的资源开发行为选择，既"掌舵"又"划桨"，约束矿产资源开发利用企业的积极性。

（2）逐步放权的父爱主义式的关系阶段（1979～1994年）。地方政府通过把资源开发的权力渐进性还给矿产资源开发利用企业，扩大矿产资源开发利用企业的经营管理自主权以增强活力；给地方政府行政性分权放权，调动各级地方政府增加资源开发税收的积极性，使得各级政府与矿产资源开发利用企业在矿产资源开发利用利益上紧密捆绑；但存在各地方政府对所属矿产资源开发利用企业的干预以及地方保护主义的强化倾向。

（3）现代企业制度逐步形成的裁判员与运动员式的关系阶段（1995年至今）。逐步构建"产权明晰、权责明确、政企分开、管理科学"的现代矿产资源开发利用企业制度；在建立中央和地方政府国有资产管理委员会的背景下，国有矿产资源开发利用企业公司化，具备条件的大中型矿产资源开发利用企业，根据情况组成有限责任公司和股份有限公司。尽管政府特别是地方政府与矿产资源开发利用企业之间仍有千丝万缕的联系，但逐渐向着监管和被监管的"裁判员与运动员"关系发展，在一定程度上削弱了地方政府干预资源开发的冲动。

3. 政府与矿产资源开发利用企业间利益关系的现状特征

（1）几种典型的政企关系模式在资源开发领域同时并存。政府与一些国有或集体矿产资源开发利用企业间，仍然保持着政企合一的关系。一些基层地方政府与所办的矿产资源开发利用企业间具有政府主导型的政企关系。政府与大部分民营、三资等矿产资源开发利用企业间的关系开始向市场主导型的政企关系发展。

（2）政府主导型关系在国有或集体矿产资源开发利用企业领域总体上仍是占统治地位的政企关系。鉴于地方发展经济的内在利益冲动，以及提升区域和国际竞争力的迫切需要，政府充分利用其行政权威和地位优势，导致其与国有（集体）矿产资源开发利用企业间一直贯穿一条"政企合一"的关系主线，政府既是"掌舵者"，又是"划桨人"，政府直接管理国有（集体）矿产资源开发利用企业，国有（集体）矿产资源开发利用企业事事依靠政府。许多本该由矿产资源开发利用企业自己处理的问题耗费了政府相当精力，国有（集体）矿产资源开发利用企业的领导仍没有摆脱由政府任命的有相应行政级别的"准官员"藩篱，"官本位"意识明显。

（3）政府对非国有矿产资源开发利用企业"不直接干预"。政府和非国有矿产资源开发利用企业（包括私有、三资等）的关系属于财政属性的分配关系；属于政府代表国家行使资源所有权而引起的行政和利益关系基础上的资源开发成果分配关系。对非国有矿产资源开发利用企业的资源开发活动，政府不直接干预、不投资。非国有矿产资源开发利用企业生产什么、生产多少、如何生产，完全取决于其对市场供求趋势的预测及决策。政府只能凭借自己代表国家行使资源所有权的权威向这些矿产资源开发利用企业强制征收流转税和所得税等，以参与矿产资源开发利用企业生产成果的分配。

（4）资源开发现实中的政企关系不断变动且更为错综复杂。政府对民营矿产资源开发利用企业虽然大体上接近市场主导型的政企关系，但政府职能部门受过去传统习惯的影响，在大多数政府官员的潜意识中，政府和矿产资源开发利用企业仍然是管理和被管理的关系，他们并未真正树立为矿产资源开发利用企业服务的意识，而总是试图对矿产资源开发利用企业进行超越自身权限的管辖，政府为矿产资源开发利用企业服务的观念和制度远未形成。而矿产资源开发利用企业为得到方便，获得最大的利益，也对政府官员进行公关和贿赂。①

（二）政府与矿产资源开发利用企业间利益博弈的管理制度背景

资源开发管理体制意味着与矿产资源开发利用保护相关的公共管理机构之间的权利和义务关系或者工作程序。资源开发管理体制的构建，可以明确资源开发保护管理相关部门的职责，保障资源开发保护管理机关有效行使职权，规范其管理活动，促进资源开发管理各机构的相互协调与配合。

1. 对矿产资源开发利用企业进行管理涉及的政府机构及其职责划分

（1）中国资源开发管理体制逐步改革完善。1982年地质部更名为地质矿产部，负责资源开发监督和地质勘查行业管理。1988年和1993年政府机构改革，进一步明确地质矿产部对资源开发的综合管理，对地质勘查工作的行业管理，对地质资源合理开发利用和保护的监督管理，以及对地质资源的监测、评价和监督管理四项基本职能。② 1996年1月，全国资源委员会成立，以加强中央对资源的统一管理，维护国家资源所有权益。1998年的政府机构改革，将原国家计委和煤炭、冶金等有关工业部门的资源管理职能转移到国土资源部，实现了全国资源的统一管理。全国的地（市）和县基本建立了地矿行政管理机构。

（2）矿产资源开发利用企业管理涉及的主要政府管理机构有：国家地矿管理部门、地方地矿管理部门、地方政府及其职能部门。国家地矿管理部门对于全国的资源事务拥有管理权，但其执行任务需要地方政府的配合。地方地矿部门是管理地方资源事务的公共机构，管理和监督矿产资源开发利用企业，接受其资源开发事务诉求。地方政府是管理地方事务的公共机构，综合影响地矿部门的重大决策（关停矿产资源开发利用企业的

---

① 胡松、罗辉：《博弈论视角下我国政府与企业的关系》，《当代经济》2009年第1期。
② 国务院新闻办公室：《中国的矿产资源政策》白皮书（全文），新华网。

决定），权衡经济发展和资源开发的关系，综合考虑各阶层、群体的利益得失，同时，也面临着地区间矿产资源开发利用利益竞争，接受上级政府的考核。

（3）矿产资源开发利用企业管理的政府部门职责划分。中国实行统一管理、分工负责的资源监督管理体制。在实践中，主管与协管结合，条块结合，逐步形成各级地质矿产主管部门、各级地方政府机构相结合的监督管理网络，① 明确了矿产资源开发利用企业管理的政府部门职责划分。

一是国务院地质矿产主管部门及其监督管理职责。该级主管部门主管全国的资源勘查、开采的监督管理。制定全国性的资源开发监督管理规章；监督检查法规的执行；建立资源合理开发利用的考核指标体系及定期报表制度等。

二是省（自治区、直辖市）地质矿产主管部门及其监督管理职责。该级主管部门主管辖区内资源勘查、开采的监督管理：监督管理和指导辖区矿产资源开发利用企业的矿产资源开发利用与保护。

三是市（地、州）、县地质矿产主管部门及其监督管理职责。根据有关法律法规，相关主管部门依法对辖区的矿产资源开发利用企业和个人进行监督管理，依法保护探矿权人、采矿权人的合法权益。

2. 对矿产资源开发利用企业进行管理的政府主管部门与其他相关部门间的关系特征

鉴于所有的资源开发保护与一定的地域及其资源禀赋有关，且涉及多元化、多层次的利益主体关系，因而，矿产资源开发利用企业的政府主管部门与其他相关部门间的关系具有如下特征。

（1）政府主管部门与其他相关部门间易存在职责模糊和职能重复交叉。对矿产资源开发利用企业进行管理的各级地质矿产主管部门之间的监督管理职责的界定不易明晰，易抽象简单化，常常导致相关部门对自己的管理监督职责感到模糊。而且，对矿产资源开发利用企业进行管理的各级地质矿产主管部门监督管理职能常常存在重复和交叉，导致多个部门都处

---

① 国务院发布《矿产资源监督管理暂行办法》，1987年4月29日，http://www.mlr.gov.cn/zwgk/flfg/kczyflfg/200804/t20080424_102040.htm。

理资源开发保护纠纷或者遇到棘手的纠纷相互推诿。

（2）各级地质矿产主管部门存在利益冲突。在立法和执法时，资源开发管理主管部门面对许多强大的相关管理部门常常处于孤立无援的地位。为谋取自身利益，众多的管理部门可把自己作为矿产资源开发利用企业的代理人和保护神，极力反对制定严厉追究矿产资源开发利用企业违法责任的条款；把开发保护约束看成对矿产资源开发利用企业利益的侵犯，导致管理部门之间的"搭便车"，以及基于"集体行动逻辑"的合成谬误；使得这种职责不清、职能交叉、利益冲突的结构状况不利于部门之间的相互协调，使得各地资源开发保护部门作为专业职能部门难以发挥对矿产资源开发利用企业违法行为的严密监控作用。

3. 对矿产资源开发利用企业进行管理的政府主管部门与地方政府间的关系特征

（1）对矿产资源开发利用企业进行管理的政府主管部门会受到地方政府资源开发策略偏好的约束。虽然各级地方政府的地质矿产主管部门是本级资源开发管理的主管机关，但事实上大部分实行地方政府和上级的双重领导，且常常以地方政府领导为主。因此，在对矿产资源开发利用企业相关的资源开发保护事务管理上，地质矿产主管部门是前台，具体执行资源开发管理事宜；地方政府是后台，综合考虑地方矿产资源开发利用利益，出台对辖区资源开发有利的重大决策，可能限制地质矿产主管部门的行为选择空间。因此，虽然相关制度规定各级地方地质矿产主管部门是所辖行政区域内的主管部门，但其权力空间是不完整的。不仅表现在其人事任免权掌握在地方党委的手中，也表现在对违规矿产资源开发利用企业的关停权掌握在地方政府手里；地方地质矿产主管部门还要承担发展地方资源开发事务的责任和义务。

（2）对矿产资源开发利用企业进行管理的政府主管部门的权威性和合作性受到影响。鉴于地方政府面临政绩考核、财政税收两种压力，两者都与辖区的矿产资源开发利用利益存在相关性；实施严格的资源开发保护标准，制约矿产资源开发利用企业的投资积极性，至少在短期会影响地区经济发展速度，损害地方政府的切身利益，因此，有些地方政府限制辖区地质矿产主管部门的行为空间，不仅影响地质矿产主管部门执法的权威性，使矿产资源开发利用企业意识到其执法行动的软弱性；也影响地质矿产主管部门与其他部门之间的合作关系。

4. 对矿产资源开发利用企业进行管理的政府管理体制特征

从上述的资源开发管理体制关系可看出，中国地方地质矿产主管部门既没有与地方政府相对独立，又不是由国家地质矿产主管部门垂直管理，在与其他强势部门（如工商局）的互动关系中存在着以下特征。

（1）资源开发地方管理"管而不主"的特点。首先，鉴于地方地矿管理部门常常是地方政府的下属机构，其资源开发管理行为需接受地方财政的拨款，因此，必须完成地方政府交办的其他事务，二者之间存在"一损俱损、一荣俱荣"的利益关系。没有地方的矿产资源开发利用利益获得，就没有财政的有效供给，地方地矿部门自是寸步难行。其次，地方人大、组织人事部门常常掌控着地矿管理部门干部的调配及升迁事宜，"不换思想就换人"，因此，为满足地方经济发展的需要，地矿管理部门必须对矿产资源开发利用企业大开绿灯，对其违规敷衍塞责，熟视无睹。即使地方地矿管理部门能够认识到辖区的资源开发问题，但其博弈地位过于低下，力量过于弱小，导致对非法矿产资源开发利用企业只能罚款和责令限期整顿，而令其停产必须由当地政府下"停产令"。所以，地矿管理部门在资源开发保护中的裁判角色履行，往往很难在维护资源开发公共权益与监控矿产资源开发利用企业中达到均衡，其结果常常是，既得罪了矿产资源开发利用企业，公众又不认可，处于两头不讨好的尴尬境地。另外，某些地方地矿管理部门为了自身利益，一面处理公众投诉、维护资源开发的公共利益，另一面对矿产资源开发利用企业的执法检查犹如"猫捉老鼠"，以达到自身在各种"纠结"中的利益平衡，导致资源开发执法难以有效展开。所以，在特定的资源开发管理体制约束条件下，地方地矿管理部门只能扮演"管而不主"的角色，名义上是地方资源开发事务的主管，实际上没有主导的权力。

（2）资源开发管理"区域分割"的趋势。为提高管理效率，实施分权或者分区的策略是常见的做法，中国的资源开发管理体制也按行政区域管理的办法实施。但鉴于资源开发具有外部效应，地方政府为了更多的矿产资源开发利用利益，减少自己的开发负效应压力，常常采取地方保护主义和过度开发等策略,形成资源开发管理的"区域分割"态势,采取诸如将生态污染源等外部效应设在自己行政区划的边界附近的措施,引起区域间的利益冲突。

(3) 资源开发管理利益分割不公的趋势。鉴于政府的内在利益追求,导致政府与矿产资源开发利用企业串谋的偏好,在现行资源开发管理体制背景下,地方政府可能一味迁就矿产资源开发利用企业的排污等违规行为,而公众的监督和制约作用缺失或弱化,导致矿产资源开发管理行政机关在执法时只看领导或上级的意图行事,或只顾忌强势利益主体(集团)的诉求,而不用顾及矿区、工人或公众的要求和愿望,最终形成矿产资源开发利用利益分割的不公趋势。

(三) 政府与矿产资源开发利用企业间利益博弈的运作机制背景

政府与矿产资源开发利用企业间利益博弈的运作机制背景在于矿产资源开发利用利益分配的基础条件,最核心的在于政府(资源的所有者)与矿产资源开发利用企业(资源的占有、开发、利用者)之间的利益分配关系。政府(国家)向矿产资源开发利用企业出让资源使用权,而矿产资源开发利用企业则向政府(国家)支付以资源占用金、资源税为核心的各种税费,构成政府与矿产资源开发利用企业间利益博弈行为导向的运作基础,并在此基础上形成政府(国家)与矿产资源开发利用企业间的政府绩效考核机制。

1. 政府与矿产资源开发利用企业间利益分配的财税机制特征

鉴于中国资源开发采用的是国家所有的一元化管理模式,而资源的禀赋存在和开发利用本身必然涉及矿产资源开发利用企业和政府的行为模式,并具有很强的地域依附特性,因此,政府在与矿产资源开发利用企业间利益博弈中必然要考虑利益分割问题,并构成财税运作机制背景。

(1) 政府与矿产资源开发利用企业间利益博弈中的税费类型。在资源开发中,关系涉及最多、利益冲突最为尖锐的便是政府对矿产资源开发利用企业相关税费的征收。《中华人民共和国矿产资源法》规定:"国家对资源实行有偿开采。开采资源，必须按照国家有关规定缴纳资源税和资源补偿费。"① 自1994年税制改革以后，政府对矿产资源开发利用企业的税费征收种类主要包括：资源补偿费、资源税、增值税、所得税、城建税、土地使用税、营业税、教育费附加、资源税外的销售税金以及其他税费。其中，资源补偿费、资源税、增值税、所得税等在税费总额中所占比例较大，对矿产资源开发利用企业的开发活动有着直接影响，会给矿产资源开发利用企业的生产经营带来巨大压力。

（2）政府与矿产资源开发利用企业间利益博弈中的税费行政层级划分。按照中国税法规定，矿产资源开发利用企业税收缴纳中，一是应归国税的税目及比例为：增值税的75%，中央矿产资源开发利用企业、中央与地方矿产企事业单位的联营矿产资源开发利用企业、股份制矿产资源开发利用企业等缴纳所得税的全部，其他矿产资源开发利用企业所得税的60%，海洋石油类矿产资源开发利用企业的所得税与资源税。二是应归地税的税目及比例为：增值税的25%，其他矿产资源开发利用企业所得税的40%，营业税、资源税、城市维护建设税。三是各级地方政府间的矿产资源开发利用利益税费划分，一般由上级地方政府主导，并进行逐级行政间的谈判和协商划分，确定由下级政府逐级执行的上解比例任务。

（3）政府与矿产资源开发利用企业间利益博弈中的税费征收环节。针对政府与矿产资源开发利用企业间利益博弈的税费政策中，其主要做法：一是在矿产等物质资源开发权取得环节，政府收取探矿权、采矿权价款。二是在矿产等物质资源开发权占有环节，政府收取探矿权、采矿权使用费。三是在资源开采、销售环节，主要收取资源税、资源补偿费和矿区使用费。其中，资源补偿费和资源税偏低，平均费率只有1.18%，大大低于国外平均2%~8%的标准。②

---

① 《中华人民共和国矿产资源法实施细则》，1994年3月26日国务院令第152号发布，http://www.mlr.gov.cn/zwgk/flfg/kczyflfg/200406/t20040625_293.htm。
② 王显政：《煤矿安全和煤炭工业的可持续发展》，《北京第九届科博会"2006中国能源战略高层论坛"》，2006年7月11日发布，http://www.china5e.com/show.php?contentid=42002。

2. 政府与矿产资源开发利用企业间利益导向的绩效考核制度特征

（1）矿产资源开发利用企业的发展决定政府的资源开发政绩。如果说财政税收是整个政治组织面临的共同压力的话，那么政绩考核是地方政府领导所面临的压力。鉴于财政分权已将地方政府推到资源开发和经济建设的前沿，迫使其尽最大努力促进矿产资源开发利用企业发展，使得矿产资源开发利用企业的发展已成为地方干部的内在利益诉求目标，不再需要外部激励。在此背景下资源开发政绩考核制度变得必要，不仅引导地方干部积极投身于资源开发管理，致力于充分利用其区域资源禀赋，发展矿产资源开发利用企业，而且成为对资源开发管理官员考核的约束性指标。通过目标激励和规则约束，上级政府部门衡量地方各项资源开发指标的进展，以及地方政府取得资源开发成绩所花费的代价，如资源消耗、生态环境破坏、工人和矿区社会合法权益侵犯等，从而构成基于矿产资源开发利用企业发展的绩效考核制度内容。

（2）基于矿产资源开发利用企业发展基础的政府资源开发政绩考核存在不足。当前的资源开发政绩考核标准仍然偏重于总量、偏重于经济利益、偏重于结果，没有对取得政绩的投入性指标进行成本角度的考核，没有对取得结果的资源开发过程的正当性进行考核。以经济指标为主的干部资源开发政绩考核机制，不仅不利于调动各级干部维护资源开发中弱势群体的权益和保护资源可持续发展的积极性，而且使得地区之间产生负外部效应的恶性竞争，难免造成地方干部在资源开发中，重开发规模，轻生态保护；重地方政府财税创收，轻相关利益主体的合法权益；重自身的仕途升迁，轻矿区社会的基本生计和持续发展。

另外，在资源开发政绩考核制度不够健全的条件下，鉴于政府促进资源开发既可以低成本地引进矿产资源开发利用企业，又可以给政府带来直接的财税收益，政府趋向于在权力范围内实现自身利益最大化，导致部门和地方的利益诉求分割和侵犯社会整体的利益和相关弱势利益主体的公共权利，导致有的政府部门杀鸡取卵，劳民伤财，甚至在资源开发的政绩数字上弄虚作假，瞒上欺下，忽视资源、生态环境的可持续利用，忽视矿产资源开发利用利益的协调发展，甚至加大社会成本和资源成本，给其后任政府和一方百姓留下沉重包袱。

二 政府与矿产资源开发利用企业间利益博弈关系的特征

（一）政府与矿产资源开发利用企业间利益关系的形成

1. 矿产资源开发利用企业对政府的价值所在

政府是代表国家意志的职能机构，具体由国家立法机关、行政机关和司法机关三大职能体系构成。恩格斯对国家的起源做了深刻地分析：国家是氏族和私有制发展到一定程度的产物，是从社会中产生但又自居于社会之上并且日益同社会脱离的力量，因而，国家是社会政治经济矛盾发展到一定阶段的产物。① 其中，政府是行使国家权力、履行国家职能的政治实体。鉴于矿产资源开发利用企业是在资源开发中发展起来并逐步完善，逐渐成为矿产资源开发利用利益相关主体，而政府权力在资源开发中具有存在的客观性和必要性，因此，每个具体的矿产资源开发利用企业组织从其产生之日起，就必然与代表国家行使资源开发管理权力的政府发生千丝万缕的联系。

（1）矿产资源开发利用企业是政府完成资源开发使命的主要基础。在政府与矿产资源开发利用企业间的关系上，矿产资源开发利用企业作为组织创造财富利益的重要基础平台，其税收缴纳成为政府财政收入的一个来源，其开发结构和规模体系的形成以及可持续发展成为国民经济正常运行的重要基础条件。在政府权力的制约下，矿产资源开发利用企业在符合社会经济协调发展需要的背景下，通过为社会提供物质和精神类的资源产品，成为政府得以履行国家资源开发职能和其他使命的载体，并使国家的资源开发得以发展；特别是在全球化的时代，矿产资源开发利用企业的国际竞争力已成为国家竞争力的一个重要指标。

（2）矿产资源开发利用企业协助政府达成既定的社会政治经济目标。政府是矿产资源开发利用企业不折不扣的利益相关者，一是在任何状态

---

① 〔德〕恩格斯：《家庭、私有制和国家的起源》，中共中央马克思恩格斯列宁斯大林著作编译局译，人民出版社，2003。

下，政府作为资源的所有者或国家利益代理者，都存在参与矿产资源开发利用利益分配的内在要求，如政府征收的资源开发权益税、凭借资源所有权享有的股权收益、对矿产资源开发利用企业利润征收所得税等。各项资源开发税收作为政府收入的源泉之一，成为维持政府这架机器运转的主要"燃料和动力"；如果矿产资源开发利用企业经营不善或偷税漏税都会减少政府的收入，影响政府运转。二是政府的目标之一是促进就业，而矿产资源开发利用企业作为吸纳就业人员的主体，其景气与否直接关系社会就业状况，从而与社会和政局稳定相关。三是政府庞大的资源开发领域购买清单和公共工程开支计划也需要矿产资源开发利用企业来满足或实现。

政府以双重身份与矿产资源开发利用企业发生关系。作为社会管理者，政府无偿参与矿产资源开发利用企业收益的分配，矿产资源开发利用企业必须按照国家税法规定缴纳各种税款；作为投资者，政府以资源的所有者身份参与矿产资源开发利用企业税后利润的分配。所以，矿产资源开发利用企业对政府的贡献，显性部分是各种税款、投资收益等；隐性部分包括维持社会秩序、稳定提供就业、提高社会道德水平等，并最终构成矿产资源开发利用企业对政府的价值所在。

2. 政府对矿产资源开发利用企业的价值所在

（1）政府是约束矿产资源开发利用企业运行的基础力量。一是作为一种社会组织，矿产资源开发利用企业要取得合法的社会地位，必须经过政府（国家）权力的确认。这具体表现为任何一个矿产资源开发利用企业都要经过合法的注册程序，满足政府权力机关设定的若干标准才能获得其合法性，其应有的权利才能受到相应保护。二是在政府履行国家职能，协调矿产资源开发利用中的社会政治经济利益时，政府将不断与矿产资源开发利用企业发生基于利益博弈的互动。政府主要在其资源开发管理职能范畴内与矿产资源开发利用企业发生联系。基于"看不见的手"的市场自动调节，政府作为"守夜者"，主要为矿产资源开发利用企业提供外部保障条件，主要通过税收、财政、货币、福利等各种宏观经济政策和立法、行政手段直接或间接地对矿产资源开发利用企业的经营活动施加影响或加以约束。

（2）政府是矿产资源开发利用企业治理发展的重要参与代表。政府往往是代表国家和公民利益参与矿产资源开发利用企业治理的重要代表，其主要方式有外部治理和内部治理，前者指政府一般通过制定法律、法规、政策、行政命令、计划指导等方式，以外部间接形式，影响矿产资源开发利用企业的重大决策、经营者选择和资源开发的价值创造与利益分配，规范矿产资源开发利用企业行为，维护公民利益。后者指政府可通过持有股份，并派出产权代表参与矿产资源开发利用企业内部治理，成为相关治理主体。甚至对于对国家和公民利益影响特别重大的矿产资源开发利用企业，政府还可通过国有化的方式直接控制。

（3）政府是矿产资源开发利用企业内部利益关系调节的支撑基础。矿产资源开发利用企业作为资源开发中各类社会利益关系的浓缩体，其本身是各利益对立统一的社会经济范畴的结合体，其内部的各种利益关系很可能会演变为矛盾和冲突，必须受到超越其地位的政府（国家）权力的调整。一是矿产资源开发利用企业作为资源开发所依托各类要素的结合者和平台，作为从事矿产资源开发利用利益创造的一种组织，其具体的开发生产过程需要利用各种具体的资源禀赋、技术装备、管理知识等要素。鉴于这些自然和社会的要素都是稀缺的，且会受到市场供求等条件的影响制约，矿产资源开发利用企业内部各类不同利益主体之间的利益冲突也就在所难免。同时，矿产资源开发利用企业作为资源开发价值创造的基本生产单位，如果不能保证企业整体的持续稳定发展，那么社会将失去资源开发财富创造的能力基础，影响政府存在的合法性基础。所以，需要在一个更高的平台、更广的范围内进行利益协调，必须依靠政府这种凌驾于矿产资源开发利用企业内部各微观利益主体之上的宏观强制力进行调节和支撑。

（4）矿产资源开发利用企业间的利益对立需要政府调节。矿产资源开发利用企业作为一定社会经济范畴的结合体，在其内部基于矿产资源开发利用利益关系形成特定权威和规范，并按照该权威和规范展开其生产经营活动。但在矿产资源开发利用企业间，不同的矿产资源开发利用利益结合体之间是平等的社会关系，完全依照市场的自然法则来调整，导致个体的有序和整体的无序间的矛盾。正如马克思所言，对于直接生产者大众来说，生产的社会性质是以实行严格管理的权威形式，并以劳动过程完全按等级安排的社会机构形式出现的；但在其间，占统治地位的却是极端无政府状态。① 因此，需要协调矿产资源开发利用企业间的利益对立，除了靠自发的集体行为规范外，还必须有一个超越其的强制力来协调可能出现的不可自发调和的矛盾。特别是，现代矿产资源开发利用企业日益表现出的资源开发的社会性和外部性，也需要政府公共权力来对其进行监督和管理，防范可能出现的矿产资源开发利用利益的自然垄断、社会经济霸权；控制矿产资源开发利用企业个体活动对其他个体的无意识侵害，化解矿产资源开发利用中的外部不经济问题；调整特定矿产资源开发利用企业间的利益关系；引导矿产资源开发利用企业的发展与政府的宏观发展政策相一致。

3. 政府利益与矿产资源开发利用企业利益间的动态一致

（1）政府是矿产资源开发利用企业竞争的"冲锋队"。在全球化、区域竞争激烈的背景下，矿产资源开发利用企业和政府同时面临着各种政治经济的竞争压力，两者间更易于达成某种政治经济利益共谋，形成矿产资源开发利用中的动态一致，使政府成为维护矿产资源开发利用企业利益的"冲锋队"，形成政府与矿产资源开发利用企业间良好的"利益共同体"关系。

（2）政府是矿产资源开发利用企业竞争的"防护屏"。政府可为矿产资源开发利用企业间的竞争搭起"防护屏"，为矿产资源开发利用利益的获得提供更大的发展空间，同时也为了取得矿产资源开发利用企业及其员工的政治支持，为政府自身获得更大的矿产资源开发利用利益份额，矿产资源开发利用企业间的竞争常常演变为政府间的利益战，导致政府地方保护政策的实施。

（3）政府利益与矿产资源开发利用企业利益根本一致的动态差异。矿产资源开发利用企业是社会生产关系的浓缩体，其中各个经济范畴的利益对立关系是由矿产资源开发利用利益互动所决定的；而政府作为社会的上层建筑，其社会利益取向也是由矿产资源开发利用中的利益互动决定的。从这个意义上说，矿产资源开发利用企业的利益取向与政府在根本上是一致的，矿产资源开发利用利益"蛋糕"的做大，意味着政府与矿产

---

① 《马克思恩格斯全集》第 25 卷，人民出版社，2001，第 996 页。

资源开发利用企业利益空间的同时扩展。

然而，矿产资源开发利用企业从本质上说属于社会经济组织，其资源开发活动总体上说是以经济利益为导向的；而政府作为上层建筑，需要统筹和协调矿产资源开发利用中的社会、政治、经济等各个方面的利益关系，其活动是以政治利益为导向的。因而，两者间的关系表现为矿产资源开发利用企业的经济范畴和政府的政治范畴间的利益对立。政府对矿产资源开发利用企业活动的干预从根本上说是出于政治利益的要求，而矿产资源开发利用企业服从、抵制或影响政府政策的制定，其最终目的在于经济利益诉求。

所以，政府与矿产资源开发利用企业间的利益博弈关系，具有本质上的一致性和动态瞬间的差异性，主要表现为政府以政治利益为导向对矿产资源开发利用企业进行规范，矿产资源开发利用企业为保障其经济利益而主动寻求政治参与。

（二）政府与矿产资源开发利用企业间利益博弈主要内容

政府与矿产资源开发利用企业间的利益博弈主要集中在矿产等物质资源开发权市场和资源性产品市场上，体现在资源开发税费征收与使用中，以及资源开发的生态环境污染与治理中。

1. 政府与矿产资源开发利用企业间关于矿产等物质资源开发权与资源性产品市场的利益博弈

自资源开发领域逐步市场化以来，虽然资源所有权与使用权（矿产等物质资源开发权）的分离有利于发挥矿产资源开发利用企业经营的自主积极性，但科学合理的监管评价体制正在逐步完善之中，政府与矿产资源开发利用企业围绕着矿产等物质资源开发权与资源性产品市场存在着激烈的利益博弈。

（1）政府与矿产资源开发利用企业在矿产等物质资源开发权市场上的利益博弈。1998年以前，矿产资源开发利用企业的矿产等物质资源开发权是通过政府的行政审批而无偿取得的，政府（国家）对资源所有权的体现不明显，同时又缺乏较为完善的监管体制，导致矿产资源开发利用企业的粗放经营、低开采利用率。由于矿产等物质资源开发权的审批与投资者的选择都由政府单方决定，配置透明度较低，政府垄断力量较强。矿产资源开发利用企业缺乏竞争活力，国家在矿产等物质资源开发权出让中也未得到收益，政府与矿产资源开发利用企业围绕矿产等物质资源开发权的利益博弈不明显。

《探矿权采矿权转让管理办法》的出台，从法律上确立了有偿竞争出让转让采矿权的制度。《中华人民共和国矿产资源法》① 第五条明确规定："国家实行探矿权、采矿权有偿取得的制度。"《资源开采登记管理办法》② 第九条也规定："国家实行采矿权有偿取得的制度。"资源的价值逐步得以真正体现，政府（国家）的所有权收益得以保障，投资主体的多元化与竞争的活力使得矿产等物质资源开发权市场得到极大发展，促进了政府与矿产资源开发利用企业围绕矿产等物质资源开发权的利益博弈。

同时，鉴于矿产等物质资源开发权市场处于市场经济转型背景下的"双轨"时期，政府对矿产等物质资源开发权的审批与转让仍然存在着较强的行政指令性，市场机制作用发挥不够充分，矿产资源开发利用企业的积极性与自主性受到限制；作为独立利益主体的矿产资源开发利用企业为弥补取得矿产等物质资源开发权的成本，追求经济效益的最大化，在开发活动中往往采富弃贫、采易弃难、回采率低，造成资源的极大浪费，危及国家的资源储备安全；另外，矿产等物质资源开发权市场主体的复杂化与多元化加大了政府监管难度，尤其是中小矿产资源开发利用企业的矿产等物质资源开发权的滥用、冒用等违规行为，极大地破坏了正常的矿产资源开发秩序，损害了国家利益。因而，政府与矿产资源开发利用企业围绕矿产等物质资源开发权的利益博弈明显存在并主要表现在矿产等物质资源开发权的获得方式、矿产等物质资源开发权的具体使用以及矿产等物质资源开发权的利用监管上。

（2）政府与矿产资源开发利用企业在资源性产品市场上的利益博弈。资源性产品的定价与配置是政府与矿产资源开发利用企业利益博弈的重要

---

① 中华人民共和国国土资源部：《中华人民共和国矿产资源法》，http：//www.mlr.gov.cn/zwgk/flfg/kczyflfg/200406/t20040625_292.htm。

② 中华人民共和国国务院令：《资源开采登记管理办法》，《人民日报》1998年2月23日，http：//www.people.com.cn/item/faguiku/gy/F34-1060.html。

矛盾所在。一是矿产资源开发利用企业从自身利益出发要求资源产品定价的提高，而政府从维护经济社会发展及人民生活的稳定出发，对资源性产品价格予以一定的限制。而且，即使在开放的市场经济条件下，资源性产品定价以市场为导向，由市场供需关系决定，但政府的干预控制力量依旧很强。二是由于政府与矿产资源开发利用企业代表的利益及利益要求不同，矿产资源开发利用企业的逐利性使其对于资源性产品的配置倾向于其利益偏好，且配置范围具有一定的局限性；而政府则从资源开发的经济社会稳定和谐发展的角度出发，运用行政、政策等手段引导资源性产品在区域内以及跨区域的流动。三是尽管中国资源产品的市场配置以市场需求为主，辅以政府的宏观调控，两者之间的利益博弈冲突似乎并不明显，但鉴于政府的调控措施会影响矿产资源开发利用企业的规模和资源性产品的开采量，尤其是实行矿产等物质资源开发权有偿使用之后，会影响矿产资源开发利用企业的经营成本及其补偿行为，从而会影响政府与矿产资源开发利用企业在资源性产品市场上的利益博弈，使得二者在国家资源战略、生态环境的污染治理、滥采乱挖的开发秩序、开采量超额的过度开发等方面产生利益博弈，并导致矿产资源开发利用企业将矿产等物质资源开发权、环境治理等成本内部化，以协调两者间的利益冲突。

2. 政府与矿产资源开发利用企业关于资源开发税费征收与使用的利益博弈

矿产资源开发利用企业的税费种类很多，对其生产经营活动有着直接影响，导致其与政府之间存在着关于税费的征收水平和使用范围的利益博弈。

（1）政府与矿产资源开发利用企业关于资源补偿费的博弈。在从价税的基础上考虑矿产资源开发利用企业（矿权人）对资源的利用效率予以征收，且中央与地方政府一般按五五或四六分成，主要用作地质勘查以及资源保护与管理的经费。它相当于多数市场经济国家的权利金，其实质是资源所有权的价值体现，是具有所有权性质的一种收费。由于中国资源价格长期被扭曲，处于较低水平，且起征费率较低，仅为资源价格的1%左右，[1] 因此，

---

[1] 汪生金：《资源开发活动中企业与政府的利益关系分析》，《集团经济研究》2007年第6期。

该类费用所占比重较低，无法真正反映国家对资源的财产收益权，其财税收入比重常常十分有限。

（2）政府与矿产资源开发利用企业关于资源税的博弈。资源税初始设置目的在于调节矿产资源开发利用中的级差收益，以保证矿产资源开发利用企业间的平等竞争。税制1994年改革以后，对资源自然丰度不同的矿产资源开发利用企业实行差别税率、采用从量法征收；对于所有矿产资源开发利用企业普遍征收而不管其是否赢利，在一定程度上会增加矿产资源开发利用企业的税负压力。此外，由于资源税的收益归地方财政支配，导致地方政府自行设置各种能增加财政收入的、附加性的资源税费，使得矿产资源开发利用企业不堪重负，加剧了政府与矿产资源开发利用企业间的利益冲突。比如，山西对于出省煤炭除征收煤炭加价款，还征能源基地建设基金、生产补贴款、专项维检费、水资源补偿费四项基金。①

（3）政府与矿产资源开发利用企业关于增值税的博弈。中国是少数对资源性产品征收增值税的国家之一，现行增值税税制对石油、天然气的税率为17%，固体矿产的税率为13%。② 在初级资源性产品价格水平较低、利润空间狭小的情况下，对资源性产品征收增值税不利于初级矿产资源开发利用企业的发展，同时导致资源加工型矿产资源开发利用企业盲目发展，影响产业结构协调。

（4）政府与矿产资源开发利用企业关于所得税的博弈。虽然所得税制的改革使得矿产资源开发利用企业可能得以减免部分所得税，但对于缓解其过重的税费负担没有太大帮助。1999年国家对外资能源矿产资源开发利用企业的所得税率降为15%，对在特定地区经营且经营期限符合规定的，实行五免五减半的政策，但总的来说减免范围有限，③ 尤其对于内资矿产资源开发利用企业来说更是如此。

---

① 汪生金：《资源开发活动中企业与政府的利益关系分析》，《集团经济研究》2007年第6期。
② 《中国矿产资源开发税费制度及其国际比较分析》，国际能源网，http://www.chinamr.net/news/01-02-10/2010020110230531629.html，2010年2月1日。
③ 汪生金：《资源开发活动中企业与政府的利益关系分析》，《集团经济研究》2007年第6期。

(5) 政府与矿产资源开发利用企业关于偷税漏税的博弈。矿产资源开发利用企业的偷税漏税行为是对政府收益的侵蚀，为了获取更多的利益，矿产资源开发利用企业常常采取各种手段合理避税，势必使得二者产生利益博弈选择。

3. 政府与矿产资源开发利用企业关于资源开发生态环境污染与治理的利益博弈

矿产资源开发利用是一把双刃剑，在获得开发价值的同时，由于社会成本的广泛存在，需要矿产资源开发利用企业和政府都非常关注矿产资源开发利用中的环境治理和生态补偿。政府与矿产资源开发利用企业作为两类不同的利益诉求行动者，尽管在以社会利益为目标的更高程度上具有很强的利益共容性，但两者的目标函数差异，具有不同利益倾向的政府与矿产资源开发利用企业在一定条件下又会产生生态环境利益冲突，导致博弈行为的发生。

（1）从环境政策的执行和环境管理上来看，政府作为管理者与作为被管理者的矿产资源开发利用企业间存在利益博弈冲突。以利润最大化为目标的矿产资源开发利用企业，为了扩大其自身的矿产资源开发利用利益，往往会忽视环境保护，产生环境污染等负外部性行为，不仅使社会资源无法得到最优化配置，而且常常以破坏环境和损害公共与社会利益为代价。从而需要代表公共利益的政府运用经济、行政或法律的手段对违规矿产资源开发利用企业的环境行为进行矫正、约束与管理，以缩小矿产资源开发利用企业私人成本与社会成本的差异。同时，政府在与矿产资源开发利用企业的利益互动中，为使自己的管理效用最大化，会对矿产资源开发利用企业违规排污的可能性进行评估，并采取相应的行动，以尽量减少投入（如监督管理成本），取得尽可能多的产出（矿产资源开发利用企业少违规排污，使资源环境处于良好状态）。而矿产资源开发利用企业也会对政府可能采取的行动进行估计，按自己的效用最大化做出决策，尽可能多地使用资源，以增加自己的收入和减少自己的成本，即多排污、少治理。

（2）政府的生态环境社会目标与矿产资源开发利用企业的利润最大化目标存在博弈冲突。向矿产资源开发利用企业收取排污费等是政府发挥环境管理职能的重要保障，而政府和矿产资源开发利用企业利益目标的差异将会导致双方在征收上的机会主义行为。同时，当矿产资源开发利用企业与辖区的经济发展、社会稳定及政府官员政绩高度正相关时，地方政府部门便会弱化对所属矿产资源开发利用企业的控制。而矿产资源开发利用企业作为资源开发活动的微观主体，随着体制不断转型，其对经营自主权的要求也在不断增加，从而形成了政府与矿产资源开发利用企业关于控制与自主的一种动态博弈。

（3）矿产资源开发利用中的政府与企业始终处于双方博弈交织状态。一是矿产资源开发利用企业的行为选择始终处于博弈交织状态。矿产资源开发利用企业由于对生态环境保护与治理增加其开发成本、减少其利润空间的担心，因而持有消极乃至抵制的态度。同时，从生产条件及生产安全角度考虑矿产资源开发利用企业又有相关的需求动机。比如政府的税费征收能将矿产资源开发利用企业的环境治理成本内部化，即可在不影响投资环境的条件下，从源头上解决矿产资源开发利用中的环保问题，以提高社会的整体收益。二是政府的行为选择始终处于博弈交织状态。政府作为全体公民的利益代表，有责任和义务对于矿产资源开发利用企业污染破坏生态环境的行为进行监督和处理；同时，政府在严格监管矿产资源开发利用企业的污染治理的同时，又害怕打击矿产资源开发利用企业开发的积极性。

三 矿产资源开发利用企业间的利益博弈基本关系

矿产资源开发利用企业间的基本利益博弈关系主要有两大类：竞争与合作博弈关系。

（一）矿产资源开发利用企业间的利益竞争博弈

矿产资源开发利用企业间的竞争是矿产资源开发利用中最普遍的现象，通过在不同时间、地点，选择运用自己认为合理的利益博弈策略，矿产资源开发利用企业可以获得竞争地位，获得利益竞争结果。根据微观经济学的一般规律，矿产资源开发利用企业间利益竞争博弈的主要特征包括以下几方面。

1. 矿产资源开发利用企业间的利益竞争博弈中的短期特征

从短期而言，矿产资源开发利用企业间的利益竞争博弈会显示出数量利益、价格利益等短期竞争特征。这是由于受到竞争对手威胁时，矿产资源开发利用企业短时间内最本能的反应是运用最简单的方法争取多的资源开发市场份额，占据有利竞争地位，而数量和价格是最容易被控制的变量。

（1）矿产资源开发利用企业间利益竞争博弈中的短期数量行为特征。以数量为手段的企业间竞争博弈，其基本思想主要源于古诺模型：以产品数量的选取作为竞争战略的企业，通过利益博弈最终能够达到纳什均衡。① 鉴于短时间内，数量竞争博弈是矿产资源开发利用企业最容易控制的竞争手段之一，它们可以通过增加要素投入、扩大开发规模等手段扩大资源开发市场份额，占据有利地位。因而，这种手段被矿产资源开发利用企业短期运用，以达到自身利益最大化。

（2）矿产资源开发利用企业间短期的价格利益竞争博弈。企业间以价格为手段的利益竞争博弈，其基本思想主要源于伯川德模型：以产品价格的选取作为竞争战略的企业，虽然在产品同质和边际成本相同的条件下存在着伯川德悖论，即只有两家企业的垄断也足以恢复到自由竞争，不存在超额利润，社会福利达到最优化。② 但实际中，将产品差异化、生产能力约束以及时间维度的多阶段竞争及对需求函数加以限定等多种方法的引入，可以解开伯川德悖论，使得相互竞争的企业间通过利益博弈最终能够达到均衡。另外，沙伦、奥斯特（SharonM、Oster）认为，在有网络关系的企业群中，低价格可以一开始就形成一个巨大而稳固的基础，从而减少新的进入者成功的概率。③ 此外，价格战略的适当运用会加快新企业或新产品进入市场的成功速度。王冰和李津燕等认为，价格竞争有利于提高生产效率，降低产品成本，获取更多的经济利益；以及生产方向和产品结构

---

① 《古诺模型》，智库百科，http：//wiki.mbalib.com/wiki/%E5%8F%A4%E8%AF%BA%E6%A8%A1%E5%9E%8B。
② 《古诺模型》，智库百科，http：//wiki.mbalib.com/wiki/%E4%BC%AF%E7%89%B9%E5%85%B0%E5%BE%B7%E6%A8%A1%E5%9E%8B。
③〔美〕沙伦·奥斯特：《现代竞争分析》（第三版），张志奇等译，中国人民大学出版社，2004。

的调整、生产联合重组,增强市场竞争能力和盈利能力。① 孙铁玉认为,在运用价格工具时不但要考虑竞争对手的反应,更要理解消费者的心理状态。② 由此可见,适时的价格竞争策略,在资源开发市场竞争中具有重要的地位,矿产资源开发利用企业短期内可运用价格手段战胜竞争博弈对手,达到自身利益最大化。

2. 矿产资源开发利用企业间利益竞争博弈中对差异性的依托特征

矿产资源开发利用企业间利益竞争博弈许多时候是靠差异化来实现的。差异大体上可以分为显形差异和隐形差异;而所依托的差异性手段和策略主要有:广告宣传、品牌塑造、服务。

(1) 矿产资源开发利用企业间利益竞争博弈所依托的差异性特征。关于差异竞争问题,最早由豪泰林(Hotelling)提出的空间选址模型来解释企业的定价差别问题。③ 事实上,这种差异大体上可分为两大类:一是隐形差异,主要指那些由于生产技术水平、标准及原材料,以及信息不对称等导致的短期内常常难以充分了解所引起的;二是显形差异,是指很容易通过消费者的感官所体会到的,包括产品广告、服务、品牌标识、企业形象等,可以在瞬间影响消费者偏好,从而将差异程度"植入"消费意识系统中。④ 从长期看这两类差异是趋同的,可是通过不断的使用或了解,隐形差异会逐渐显现。因此,矿产资源开发利用企业在利益竞争博弈中,可通过资源开发技术的升级和创新来形成新的隐形差异,在此过程中声誉和进入壁垒等非技术因素还会延长隐形差异的"寿命"。

(2) 矿产资源开发利用企业间利益竞争博弈中所依托的差异化广告宣传手段。鉴于广告是提供信息、介绍性能、诱导其行为选择的,矿产资源开发利用企业可通过广告的信息传递,影响决策,从而增加矿产资源开发利用企业利润。鉴于不同广告策略收益存在差别,因而矿产资源开发利

---

① 王冰、李津燕、黄岱:《试析价格竞争的作用与影响》,《江汉论坛》2005年2月25日。
② 孙铁玉:《市场营销中的价格竞争》,《合作经济与科技》2006年9月16日。
③ 孟丽莎、董铧:《基于豪泰林模型的品牌竞争力经济学分析》,《中国管理信息化》2009年第6期。
④ 《产品差异化》,互动百科,http://www.hudong.com/wiki/%E4%BA%A7%E5%93%81%E5%B7%AE%E5%BC%82%E5%8C%96。

用企业可通过广告宣传手段的差异取得利益竞争博弈中的优势地位，并将价格竞争扩展到广告上来。Benham 论证了广告在宣传告知的同时培育了价格竞争。① 同时，广告通过宣传品牌，深入人心地培育起一定的忠诚群体，增强进入壁垒。

（3）矿产资源开发利用企业间利益竞争博弈中所依托的差异化品牌塑造手段。品牌是相互区别的标识符号，通常包括商标、包装、价格等信息；由品牌的知名度、忠诚度、认知度、消费者联想和其他与品牌有关的一切资源组成。品牌具有市场区分功能、主题价值功能，具有效应的累积性。鉴于品牌竞争是全方位的，更多的非经济因素左右着竞争战略的选取和运用；而且，先进入的品牌可能对后来者构成很大的进入壁垒（Bain）；② 因此，可促使矿产资源开发利用企业通过品牌维护、深化、延伸来形成自己独有资产，依托品牌得到持续的回报；通过不断创建品牌的技术领先优势，培育优势的品牌文化，在与其他矿产资源开发利用企业间的利益竞争博弈中体现自身的综合实力，获得生存和发展空间，获得利益竞争博弈先机。

（4）矿产资源开发利用企业间利益竞争博弈中所依托差异化的服务手段。波特认为，竞争优势归根结底来源于创造了超过其成本的价值，包括成本优势和溢价优势，前者来源于低于对手的价格，是利用生产过程中产生的价值差异来强化竞争；后者产生在提供独特服务而需要补偿所形成的价格中，是通过产品、服务、人员等的专项投入来掠取较市场价格高出的那部分价值。③ 从短期来看这两项优势创立的条件相悖，不可能同时建立；但从维持忠诚的长远角度来看，相关企业可以同时获得成本优势与溢价优势。因此，矿产资源开发利用企业可以利用服务手段差异，在矿产资源开发利用利益竞争博弈中，通过服务竞争体现以"市场需求"为导向的经营理念和发展战略，体现在矿产资源开发利用中的"诚信"和市场经济伦理道德，体现自身盈利和服务市场、服务社会的双重目标；通过满

---

① 肯尼斯·W.克拉克森、罗杰·勒鲁瓦·米勒：《理论、产业组织：证据和公共政策》，杨龙、罗靖译，上海三联出版社，1989。
② Bain, J. S., *Barriers to New Competition.*, Harvard University Press, 1956.
③ 〔美〕波特：《竞争优势》，陈小悦译，华夏出版社，2005。

足自身利益目标的同时，满足矿区的利益、满足其他相关利益主体的利益诉求，提高利益竞争博弈能力。

3. 矿产资源开发利用企业间利益竞争博弈中的长期特征

矿产资源开发利用企业间的利益竞争博弈是长期的，不同时期战略大不相同：在短期内，由于在竞争中迅速占据优势地位的数量和价格竞争手段，很容易被对手模仿和利用，不具有排他性；获得长期竞争优势地位的利益竞争博弈手段和策略主要有以下几方面。

（1）矿产资源开发利用企业间利益竞争博弈中的长期技术创新。矿产资源开发利用企业可通过不断向市场推出新产品；改进、提高原有技术，提高生产效率和产品质量；增加功能、改善原有产品的款式、包装等形式，依托企业内部的创新激励并通过相互间的竞争推动企业内部和产业内部的创新，推动相互间的研发和专利竞赛。这种互相"攀比"被泰勒尔用一个简单的"无记忆"专利竞赛模型来描述；① 与此模型相关的研究还有 Dasgupta 和 Stiglitz、Lee 和 Wilde 和 Reinganum 等。② 因此，矿产资源开发利用企业可以利用技术创新，保持自己长期获得垄断利润；即使研发结果没有现实的利用价值，也可以作为一种"威慑"来阻止潜在进入者，保持在长期的利益竞争博弈中获得优势。

（2）矿产资源开发利用企业间利益竞争博弈中的长期信誉。良好的声誉是独特资源，能在各个方面提升矿产资源开发利用企业的利益竞争博弈能力。连锁店悖论及其破解作为一个有限次重复博弈的例子，证明了企业声誉的巨大作用。③ 尽管 Selten 认为完全信息条件下的有限次重复博弈无法实现参与人之间的合作行为，但连锁店悖论可以看作"囚徒困境"的多阶段重复，而信息不完全性的引入可作为破解该悖论的方法之一。Kreps、Milgrom、Roberts 和 Wilson 于 1982 年提出的 KMRW 声誉模型④（reputation

---

① 干春晖：《企业策略性行为研究》，经济管理出版社，2005。
② 高山行、江旭：《专利竞赛理论中的 ε - 先占权模型评述》，《管理工程学报》2003 年第 3 期。
③ 《连锁店悖论》，智库百科，http：//wiki.mbalib.com/wiki/%E8%BF%9E%E9%94%81%E5%BA%97%E6%82%96%E8%AE%BA。
④ 《KMRW 声誉模型》（KMRW Reputation Model），智库百科，http：//wiki.mbalib.com/wiki/KMRW%E5%A3%B0%E8%AA%89%E6%A8%A1%E5%9E%8B。

model）通过不完全信息的引入破解该悖论。KMRW 定理的直观解释是，尽管每个博弈参与者在选择合作时冒着被其他参与者"出卖"的风险（得到一个较低的支付效用），但如果他不选择合作就暴露出自己的缺点（这样的结果会使效用更低），从而失去长期合作的可能，未来收益的损失会更大。因此，博弈各参与方在一开始就有合作的动机，试图建立良好的外部形象，即使内部实力不理想，也要诱使对方相信自己，从而为以后获得长期收入做准备。因此，以上论述能很好地解释矿产资源开发利用企业为何如此重视声誉和形象，通过各种渠道和手段向对方展示自己的特点和合作的欲望。

另外，Fombrun 和 Rindova 认为，企业声誉是过去一切行为及结果的综合体现，反映了企业向各类利益相关者提供有价值的产出能力；可衡量企业与内部员工及与外部利益相关者的相对关系地位，以及企业的竞争环境和制度环境。① Gray 和 Ballmer 认为，企业声誉的良好相当于赢得了一种关键的有价值资源。② Gotsi 和 Wilson 认为，高级管理者也已认识到良好的企业声誉创造竞争性优势的必要性；有助于提高企业业绩，巩固与利益相关者之间的关系，吸引人才和培养员工忠诚，培育消费者的忠诚，留住投资者，减少经营风险和控制危机。③ 韩兴武认为，良好的企业声誉是独特资源，能在各个方面提升竞争力。④

因此，矿产资源开发利用企业通过向社会输出声誉，通过重视员工的合理发展、员工行为展现企业形象和声誉；通过提高并展示经营绩效，反映管理水平、经营能力，以及拥有更强大的履约能力和承担社会责任的能力，满足利益相关者的要求和期望；通过恰当的公关活动与广告宣传，维护和提升企业形象，从而保持矿产资源开发利用企业在长期的利益竞争博弈中获得优势。

（3）矿产资源开发利用企业间利益竞争博弈中的长期进入壁垒。进

---

① 李远勤：《上市公司声誉与自愿性信息披露》，《财会通讯》（学术版）2008 年第 2 期。
② 干勤：《国内外企业声誉管理研究报告》，《企业文明》2005 年第 5 期。
③ 麦影：《CSR 对企业竞争优势贡献的模型研究》，《中国市场》2009 年第 6 期。
④ 韩兴武：《企业声誉的提升与维护》，《经济论坛》2004 年第 11 期。

入壁垒虽然不是竞争的手段或者战略，但一旦形成就会限制或者扩大竞争参与者的战略空间，改变原来竞争的运行轨迹，因此，其在矿产资源开发利用企业间利益竞争博弈中的作用不能忽视。

最早贝恩认为，进入壁垒意味着在位者相对于潜在进入者所具有的优势，使潜在进入者处于不利的竞争地位，并使在位者能长期获得超过正常利润。① 之后，以施蒂格勒（Stigler）为代表的芝加哥学派，基于在位者和进入者之间的成本不对称基础，认为进入壁垒是指那些新进入者所负担，而在位者不需负担的成本；其中，特别强调政府管制这一人为壁垒的存在。② 但是，冯·维茨塞克（VonWeisacker）主要从社会福利效果的角度，认为对社会福利产生危害的进入限制才是壁垒。③ 波特则同样强调政府政策的倾向性限制常常成为壁垒。④ 另外，鲍莫尔（Baumol）、潘扎和魏利格（Panzar and Willig）等人提出的"可竞争性市场"理论认为，进入壁垒主要源于沉淀成本，是唯一的根本原因。⑤ 而沉淀成本的大小取决于资本专用性程度、在位者价格敏感程度以及对进入反应时滞的长短。

事实上，基于成因，进入壁垒可主要包括规模经济、绝对成本、必要资本量和产品差异等结构性进入壁垒以及行为性进入壁垒。大多数壁垒是由于先入者为阻止新进入者而主动采取的相应策略行为所形成，主要包括进入遏制、进入封锁和驱除竞争对手行为。此外，进入壁垒还包括政府政策法规等形成的制度性壁垒。比如在资源开发中，经营介入要获得批准，开发许可证等限制都可能影响矿产资源开发利用企业间的竞争博弈。

因此，矿产资源开发利用企业的协同竞争策略，可借助其他相关者的合作力量共同发展，逐步掌握竞争主动权，并伺机跨越在位者构筑的进入壁垒。而产品差别化策略，使新进入矿产资源开发利用企业可在品种、结

---

① J. S. Bain (1956): "Barriers to New Competition", Cambridge, MA: Harvard University Press.
② 施蒂格勒·G. J.：《产业组织和政府管制》，上海人民出版社，1996，第4页。
③ VonWeisacker (1980): *A Welfare Analysis of Barriers to Entry*, Bell Journal of Economics, 11.
④ 李世英：《市场进入壁垒问题研究综述》，《开发研究》2005年第4期。
⑤ 吴小丁：《现代竞争理论的发展与流派》，《吉林大学社会科学学报》2001年第3期。

构、性能等方面及时根据需求进行调节，占据在位矿产资源开发利用企业不宜进入或不愿进入的市场。通过引进战略，新进入企业在消化吸收核心技术的基础上，对产品进行进一步的改良和改造；通过启发战略，从率先技术创新者那里借鉴新思路、新观念进行自主性技术开发；或采取垂直约束策略，与具有投入产出关系的相关者之间以契约为纽带进行长期合作；或采取战略联盟策略，通过建立双方信任，实现优势互补，借助对方来加强各自的竞争实力，最终在相互间的长期利益竞争博弈中获得成功。

（二）矿产资源开发利用企业间的利益合作博弈

近年来，在资源开发领域内，竞争与合作交替进行，丰富了其间的利益博弈关系，改善业绩。在矿产资源开发利用企业间存在利益竞争博弈关系，这是由资源禀赋的稀缺性决定的，但在有竞争博弈关系的矿产资源开发利用企业间形成合作博弈联系则源于特定的合作形式选择，以顺应合作的内在动因，提高合作形成后各博弈方的利益和效用。

1. 矿产资源开发利用企业间利益合作博弈的模式特征

关于企业间合作的类型，已有许多学者进行过研究，例如，黄少安认为合作可以分为紧密型与松散型、正规契约型与非正规契约型、双边和多边、单一内容与多方位、个人之间的合作与组织之间等的合作。① 王雷根据企业合作引起的产业组织形态不同将其分为供应链合作、企业战略联盟以及产业集群网络。② 韦倩依照合作的调节机制，将其划分为外部和内部等合作：外部合作意味着以市场作为纽带和调节机制的合作，外部合作就是通常所说的交换。③ 邹文杰认为，根据合作的稳定程度以及时间持久性，合作大体上可以分为契约型、网络型及自由灵活型合作三种。④ 综合上述企业合作的模式分类和资源开发的特点，矿产资源开发利用企业间的利益合作博弈模式及其主要特征有以下几方面。

---

① 黄少安：《从"竞争"的经济学转向"合作"的经济学——对"经济学革命"的回顾和"合作经济学"的构想》，《经济研究》2000 年第 5 期。
② 王雷：《如何从企业物资供应中要效益》，《辽宁经济》2004 年第 1 期。
③ 韦倩：《合作经济学理论构建基础及其企业理论》，《中国制度经济学年会论文集》，山东大学博士论文，2006。
④ 邹文杰：《企业合作范式演进探析》，《贵州财经学院学报》2006 年第 11 期。

（1）契约型的合作模式。鉴于矿产资源开发利用企业内部和外部的契约关系，矿产资源开发利用企业间的利益合作博弈模式具有契约性的特征，具体分为股权和非股权两种基本途径。前者意味着以股权渗透、相互持股的方式进行；其出发点可能是分散资本风险，或出于业务需要在价值链上下游间进行竞争优势的挖掘。后者意味着通过签订正式或非正式契约进行，不产生股权关系，具有地位平等、信息互动、资源共享、形式多样、机动灵活、运作高效的基本特征，能获得规模经济和范围经济的双重效应；同时又没有资本量的限制、进入或退出成本低、约束相对较小。

（2）网络化的合作模式。鉴于矿产资源开发利用企业发展过程中的行业或区域集群效应，合作具有网络化特征。一般而言，合作应借助一定的组织形式来实现。从企业合作演变史来看，存在着通过市场的合作、企业间直接合作和企业网络型合作三种形式。其中，通过市场的合作是最早且最为基本的。由于技术限制和分工约束，参与资源开发的每个企业须根据自身需要去寻找一定的合作伙伴，否则无法生存，而市场则提供这种需要舞台，通过具有虚拟性、复杂性的市场形式为矿产资源开发利用企业合作提供契约构建和实现的平台。而企业间直接合作意味着合并为一个新的组织，组织明确、行为明显。但鉴于企业在选择合作的组织形式时，往往面临着两难困境：发挥市场机制需要付出交易成本，而将市场行为内部化，即通过企业组织合作则会带来组织管理费用。所以，企业网络型合作综合了市场和企业两种合作组织形式的优势，既可利用市场机制，又可避免采用组织合作带来的费用增加。所以，矿产资源开发利用企业间的合作模式，可以通过市场机制基础，也可以利用企业直接合作来实现，根据情况发挥各自的优势。同时，矿产资源开发利用企业间的利益合作博弈更可以通过网络化的合作模式来实现，在市场机制的基础上，发挥网络独特的组织优势，弥补单单依托市场、企业直接合作这两种方式的不足；形成矿产资源开发利用企业间市场契约合作基础上的网络化利益合作博弈模式。

（3）自由灵活型的合作模式。鉴于矿产资源开发利用企业通过交易行为与其他相关者不时地发生利益合作共赢关系，包括纵向和横向的全方位合作，因而，合作有时甚至是无意识的，合作对象的选择具有偶然性和随机性，合作主要依托市场机制自发完成。所以，矿产资源开发利用企业间的利益合作博弈具有自由灵活的特征。

2. 矿产资源开发利用企业间的利益合作博弈会受到交易成本和规模经济等影响

（1）矿产资源开发利用企业间的利益博弈会受到交易成本的影响。根据王砾对威廉姆森的交易费用决定因素进行研究的观点，在矿产资源开发利用企业间的利益博弈中，寻求交易关系的稳定和交易成本的降低是矿产资源开发利用企业从竞争走向合作的内在动因，通过合作关系的建立可以促使"组织学习"，减少因交易主体的"有限理性"而产生的交易费用，同时长期稳定的合作关系最大限度地控制了因机会主义行为而产生的交易费用；可充分利用合作组织的稳定性抵消外部市场环境中的不确定性，进而减少由不确定性引致的交易费用。① 而借鉴何苏华的观点，矿产资源开发利用企业之间通过建立长期的信任与合作关系，降低契约谈判费用，简化协调过程，增加关系性专用资产投资，最终达到降低总体交易成本的目的。② 同时，借鉴罗炜等的观点，合作协议使合作伙伴共同进行资源投入，形成了一种相互抵押的激励机制，迫使矿产资源开发利用企业合作按照事先商定的协议规范自己的行为，从而降低交易成本。③

（2）矿产资源开发利用企业间的利益博弈会受到规模经济等影响。借鉴何苏华的观点，④ 矿产资源开发利用企业间的合作有助于相关企业最大限度地使用其他矿产资源开发利用企业的经营资源，无须通过设施、组织和机构的扩张就能实现企业产品开发、生产、销售等功能的扩大，实现规模经济的扩张。而根据罗炜等的观点，在异质性资源基础上的合作产生新的核心能力是矿产资源开发利用企业参与合作创新的一个主要动机。⑤

---

① 周勇、姜晓婧：《国内企业间合作问题研究现状概述》，《商场现代化》2007年第7期。
② 何苏华：《企业合作网络的成因及其运行机制》，《佛山科学技术学院学报》（社会科学版）2003年第7期。
③ 罗炜、唐元虎：《合作创新的交易成本分析》，《科学学与科学技术管理》2001年第6期。
④ 何苏华：《企业合作网络的成因及其运行机制》，《佛山科学技术学院学报》（社会科学版）2003年第7期。
⑤ 罗炜、唐元虎：《合作创新的交易成本分析》，《科学学与科学技术管理》2001年第6期。

总之，矿产资源开发利用企业间在利益博弈中的合作寻求动因在于经济一体化和竞争日益激烈的资源开发市场环境；降低交易成本，共同分担经营风险；资源共享，优势互补；提升矿产资源开发利用企业实力，实现规模经济。

3. 矿产资源开发利用企业间利益合作博弈的多维动因

企业合作是阶段性产物，是生存竞争的基本特点和必然结果。有许多学者对其进行过研究，例如，孟昭勤等认为，鉴于人类的社会合作能力，可通过协同合作创造物质成就和精神财富。企业间的合作在巨大的竞争威胁和剧烈环境变化面前，有助于克服共同的困难。① 杜传忠认为，竞争、垄断与合作是企业所具有的三维行为特征，以企业内部的分工与专业化协作形式表现出来的包括劳动者之间、各职能部门之间的合作，提高运行效率。② 盛剑锋等认为，企业之间在网络环境下的合作目的在于共享资源、创造自身不可能独立做到的新机会以及适应更为激烈的竞争环境。③ Kougt 认为企业间合作的动机是获得对方所拥有的核心知识，进而确立自身的竞争优势。④ Tsang 将企业间合作的动机归纳为五类：创造租金、资源使用扩展（expansion）、资源使用多元化（diversification）、资源模仿（imitation）和资源处理（disposal）。⑤ 正如 Parkhe 所言，合作的内涵十分丰富，合作的动机和意图多种多样，一切以时间、地点以及参与者等因素为转移。⑥

因此，综合借鉴企业合作的研究成果，结合资源开发的特点，可将矿产资源开发利用企业间利益合作博弈的原因分为内因和外因两大类：其内因在于企业间的利益竞争博弈存在弊端，以及合作自身的系统强化作用。

---

① 孟昭勤、王一多：《论人类社会的竞争与合作》，《西南民族大学学报》（人文社会科学版）2004年第7期。
② 杜传忠：《产业组织演进中的企业合作——兼论新经济条件下的产业组织合作范式》，《中国工业经济》2004年第6期。
③ 盛剑锋、刘志炜：《网络环境下企业合作探析》，《财贸研究》2003年第10期。
④ 李海秋：《企业战略联盟关系建立动因研究——资源观视角与交易成本视角的融合》，《改革与战略》2007年第7期。
⑤ Tsang, E. (1998): "Motives for Strategic Alliance; A resource Based Perspective", *Scandinavian Journal of Management*, 14 (3): 207–221.
⑥ 石良平、胡继灵：《供应链的合作与冲突管理》，上海财经大学出版社，2007。

矿产资源开发利用企业竞争博弈可能引起竞争过度、地方保护主义，以及威胁生产安全、生态环保等不良后果，不利于整个资源开发的健康运行。合作可以依靠矿产资源开发利用企业间的市场契约加强作用、示范效用、声誉强化作用，以及利益分享机制来实现矿产资源开发利用利益的内部强化和稳定。

合作的外在原因在于信息技术和市场一体化的发展趋势。信息技术进步优化了内外结构、提升了竞争力，降低了交易成本，为矿产资源开发利用企业合作的实现提供了技术支持。而伴随着经济体制改革的市场一体化发展趋势，区域间的制度限制势必破解，为矿产资源开发利用企业发展空间的扩展提供了条件，加强了区域间信息和资源的交流，实现了真正意义上的要素互补。具体而言，矿产资源开发利用企业间利益合作博弈的主要动因在于以下几方面。

（1）合作博弈可作为规模经济追求过程中的变通替代方案。矿产资源开发利用企业在实现以获取利益为目的的规模扩张过程中，由于外部市场的协调成本越来越高，内部运行机制的协调难度也越来越大，再加上管理与指挥系统的复杂性和信息上传下达的速度减缓，这些会背离获得更多矿产资源开发利用利益的规模扩张初衷，产生规模不经济性，导致"X无效率"的出现；而矿产资源开发利用企业的利益合作博弈会突破这一限制，通过企业间的利益合作共赢，最大限度地使用他人占有的资源，无须通过设施、组织和机构的扩张而实现矿产资源开发利用利益的开发、销售等功能的扩张，从而有效地避免了"X无效率"，间接实现依托规模经济扩张要实现的利益目标。王雎通过跨组织资源概念认为，由每个企业基于合作网络关系的专用性投资，形成并嵌入合作网络中，具有关系型专用性；而跨组织的合作可化解资产专用性风险与一体化分解间的矛盾，并推动合作的实现。①

（2）合作博弈可实现资源开发资源共享的目标追求。随着知识经济时代的到来，资源开发技术的发展与更新速度大大加快；资源开发工艺的

---

① 王雎：《跨组织资源与企业合作：基于关系的视角》，《中国工业经济》2006年第4期。

复杂程度也大为提高,在客观上要求矿产资源开发利用企业提高开发档次,充分利用有限的资源,最大限度获取基于技术专业化的矿产资源开发利用利益。同时,经济发展需求的扩大和水平的提高,使得矿产资源开发利用周期不断缩短,新产品不断向高度化、复杂化方向发展,单个矿产资源开发利用企业的经营资源已不足以保证其在资源开发技术飞速发展要求和条件下的继续生存和发展,必须寻求合作,以分担或减少投资资本、灵活配置资源、获得资源开发的技术资源和使用许可的便利,以及减少投资风险等,有利于提高资源开发的效率和减少重复建设。此外,矿产资源开发利用企业由于投入产出关系而形成的网络体系,使得为了自身的资源开发目标利益最大化的矿产资源开发利用企业成为紧密联系在一起的集群。在此背景下,矿产资源开发利用企业的利益合作博弈不仅可以共享资源开发的网络性资源,而且可以利用其特有的价值整合功能,使基于合作的网络所提供和实现的价值大于各个矿产资源开发利用企业独立创造的价值之和,分享网络增值利益,从而在资源开发过程中,达到采选合一、共享资源。

(3) 合作博弈可实现风险规避的考量。矿产资源开发利用企业的合作共赢可实现综合扩张能力的提升和规模经济效益,既降低内部成本,提高经营弹性,分散经营风险;同时,高质量、高柔性的资源开发能力和完善发达的营销功能,均以雄厚的资金为后盾,还需要相关的高新技术相配合,单个矿产资源开发利用企业仅靠自身的有限资本显得力不从心,而且经营风险巨大。史建军认为,技术最新发展趋势之一的同质性导致的技术外溢降低了研发创新积极性,合作研发是适应技术发展趋势的必要。① 因此,随着资源开发高新工艺技术的发展,面对不得不处理的多个学科相互交织、多种技术相互融合问题,越来越多的矿产资源开发利用企业可从不同的知识源获得技术协同效应,利用上下游价值链之间或者不同产业间都存在技术融合潜在优势,化解技术和资金风险。因此,矿产资源开发利用企业间的利益合作博弈可降低研发风险,提高快速研发能力;规避经营风险,提供跨越式发展的实现可能。

---

① 史建军:《企业合作研发的组织模式研究》,武汉理工大学博士学位论文,2006。

(4) 合作博弈可驱动内部利益强化。合作不但可以削弱利益竞争博弈带来的不良后果，更重要的是可对矿产资源开发利用利益的内部共赢产生强化驱动作用，进而提高区域资源开发的竞争力。既然矿产资源开发利用企业间的利益互动网络产生于市场竞争过程，那么竞争形式和规模的变迁一定会对矿产资源开发利用企业的内部网络产生影响，并催生网络变革利益的固化。Hausken 认为，利益主体间的竞争有利于内部成员积极性的提高，其合作竞争情况也影响该利益主体内部的合作竞争程度。① 王询认为，组织内部都同时存在着正式和非正式关系，并成为解决信任和可靠性问题的两种方式；而合作正是通过影响相互间的各种关系来对其内部进行强化的。② 杨瑞龙等认为，网络是一种既不同于市场也不同于科层的组织形式，是一些经过筛选的、独立的、通过正式契约和隐含契约所构成的互相依赖、同担风险的长期合作的交易模式。③ 所以，矿产资源开发利用企业间的利益合作博弈源于面对不断变化的资源开发市场竞争，为了更好地生存和发展，相关企业通过与自己有共同利益取向的其他矿产资源开发利用企业加强合作，实现资源的互补和共享，从而构建内部利益强化的驱动潜力，以创造群体协作效应、整体优势，提高竞争力。

(5) 合作博弈可实现契约合作利益的诱导。在矿产资源开发利用企业间的利益互动关系中，契约是最常见的连接方式，其具有客观性、目的性、平等性、复杂性等特点；可以维护和满足各参与人的利益，使矿产资源开发利用企业间的开发行为能够有效地运转。当矿产资源开发利用企业间的合作博弈态势即将或正在发生时，整个资源开发群体内矿产资源开发利用企业主观选择的差异性和不确定性都要比其间只存在竞争时大得多，这是因为博弈主体的战略选择空间扩大，相应的策略使用惯性与偏好也不同。从而通过合作博弈可实现契约合作利益的诱导，通过契约在信息不对称条件下风险防范，保障主体利益行为选择。因此，矿产资源开发利用企业

---

① 孙利辉、徐寅峰、李纯青：《合作竞争博弈模型及其应用》，《系统工程学报》2002年第3期。
② 王询：《组织内的正式与非正式关系》，《东北财经大学学报》2000年第3期。
③ 杨瑞龙、冯健：《企业间网络的效率边界：经济组织逻辑的重新审视》，《中国工业经济》2003年第11期。

间的利益合作博弈，会通过加强原有契约，联合抵御外来竞争者对现有市场的侵占；或联合抗击优势竞争者对市场的垄断；协同契约双方的博弈策略步骤，保证合作利益博弈的实现。所以，合作博弈可实现契约合作利益的诱导，保证矿产资源开发利用企业在未来的利益最大化。

第五章
政府与矿产资源开发利用企业间的博弈效应

在市场经济条件下,政府与矿产资源开发利用企业间的利益关系实际在于利益博弈互动。本章分析了政府与矿产资源开发利用企业间利益博弈的效应,包括两大类别:第一类是政府与矿产资源开发利用企业两者之间利益博弈的效应,具体有:政府与矿产资源开发利用企业间的利益博弈具有合作效应、竞争效应、歧视效应以及宏观失衡效应。第二类是矿产资源开发利用企业间利益博弈的效应。具体有:矿产资源开发利用企业间利益博弈的正向效应、负向效应,以及行为主体影响效应。本章的研究表明了政府与企业、企业与企业之间利益博弈关系管理利用和矫正的必要性,为进一步探讨其间的原因和机理等奠定了基础。

一 政府与矿产资源开发利用企业间利益博弈的效应

(一) 政府与矿产资源开发利用企业间利益博弈合作效应

利益博弈并非仅指局中人间的相互竞争,在政府与矿产资源开发利用企业间的利益博弈关系上,二者的合作(竞合)为其重要方面,主要表现在政府扶持矿产资源开发利用企业和政府官员参与矿产资源开发利用企业两方面。

1. 政府对矿产资源开发利用企业的扶持合作

(1) 政府在推动市场经济发展的同时,为矿产资源开发利用企业创造良好的发展环境。政府对矿产资源开发利用企业发展的扶持合作作用表现在："制定和执行调控政策，搞好基础设施建设，创造良好的经济发展环境；同时，要培育市场体系、监督市场运行和维护公平竞争，调节社会分配和组织社会保障，控制人口增长，保护自然资源和生态环境，管理国有资产和监督国有资产经营，实现国家的经济和社会发展目标。"①

（2）政府为矿产资源开发利用企业提供公共政策服务。确定优先发展和重点扶持，或者限制发展、禁止进入的资源开发领域，明确市场准入资格，规划发展结构，协调发展中的利益关系等，为矿产资源开发利用企业提供服务。近年来，"优先发展和重点扶持"已成为一些地方政府为矿产资源开发利用企业创造"良好发展环境"而提供"特殊保护"的理由。甚至规定，未经政府特许，任何单位或团体，没有特殊原因，不能到重点保护的矿产资源开发利用企业检查。

（3）政府为矿产资源开发利用企业提供补贴。在依托市场基础调整资源开发价格不到位的时候，则由政府给矿产资源开发利用企业发放补贴，使得垄断矿产资源开发利用企业既享有行政垄断地位，又可以像市场中的其他企业利益主体那样实现完全追逐利润的目的。同时，矿产资源开发利用企业也必须接受政府对企业管理层的直接干预，对价格的控制等。这些因素总体导致垄断矿产资源开发利用企业从体制中得到的收益更大，使其盈利能力似乎强过任何纯粹市场化的矿产资源开发利用企业。

（4）政府为矿产资源开发利用企业提供政策信息服务。鉴于政府所提供的投资区域、领域和政策规定等信息对矿产资源开发利用企业的关键作用，矿产资源开发利用企业优先获得地方政府提供的相关政策信息，意味着其必将在与其他同行的竞争中获得优势地位。甚至一些地方政府在招商引资大赛中仍然在积极参与矿产资源开发利用企业的微观活动，通过当地政府优惠政策的红头文件，以出让巨额土地、资金、资源等方面为代价，为矿产资源开发利用企业提供政策信息服务。

（5）政府（主要是地方政府）对违反政策规定的矿产资源开发利用企业

---

① 《十五届三中全会精神》，人民网，http://cpc.people.com.cn/GB/67481/94156/135472/index.html。

存在不予追究的行为偏好。地方政府往往基于自身利益，大力鼓励当地私营矿产资源开发利用企业发展，通过正式或非正式的减免税，甚至包括对偷税漏税的默许等，实施地方保护。一些地方政府对本地矿产资源开发利用企业侵犯知识产权、非法用工等行为不予追究。同时，随着资源开发生态环境污染问题的累积效应越发明显，尽管环保法规定地方政府有责任对其管辖内的环境质量负责，然而一些地方政府出于种种考虑，对矿产资源开发利用企业的污染行为姑息纵容，导致企业以种种理由拖延环保处理设施的完善，并采取超标偷排的办法维持生产。

2. 政府官员对矿产资源开发利用企业的参与合作

（1）政府官员参与矿产资源开发利用企业的原因。鉴于矿产资源开发利用中的各相关利益主体在一般情况下会首先考虑自身或本群体的利益"理性"动机，为了达成自身利益最大化的目的，利益相关主体可能会利用各种手段，接近资源开发管理人员，寻找各种社会关系，利用各种政治背景，追求最大化的利益。对于矿产资源开发利用企业来说，获得来自政府部门的"保护伞"，无疑是最佳方案，而政府官员同时参与企业股权投资，或直接担任矿产资源开发利用企业的领导人，则既可以保证本级政府的部门利益，又可以获取政府行政人的个人特殊利益保护，达到政府与矿产资源开发利用企业各自利益最大化的"双赢"。这两方面的因素，可以解释为何中央多次严令禁止行政领导在矿产资源开发利用企业入股或兼职，但地方政府官员参与矿产资源开发利用企业的现象却一直未能得到彻底控制。

（2）政府官员参与矿产资源开发利用企业的主要表现。目前政府官员参与矿产资源开发利用企业的合作现象在资源开发领域的突出表现被国家安监总局局长李毅中总结为：一是公务人员或者国有矿产资源开发利用企业负责人以个人或他人名义入股办矿或获得"干股"，谋取非法利益；二是公务人员或国有矿产资源开发利用企业负责人自办矿产资源开发利用企业或违法违规支持其亲属办矿，非法牟取暴利；三是公务人员在为矿产资源开发利用企业办理采矿许可证、生产许可证、安全许可证等各种证照的过程中收受贿赂；四是公务人员在矿产资源开发利用企业违法生产经营中充当保护伞，获得私利；五是公务人员在事故调查处理过程中包庇、袒护、瞒报、逃避惩治处理等。① 因而，政府官员参与矿产资源开发利用企业的主要表现背后，其核心本质在于通过官商勾结、权钱交易，达到各自矿产资源开发利用利益的最大化，实现二者的"双赢"。

（二）政府与矿产资源开发利用企业间利益博弈的冲突效应

1. 政府通过政策与矿产资源开发利用企业"争利"

（1）政府在市场化的矿产资源开发利用利益配置中存在双重身份。政府一方面是作为资源开发公共政策制定者与矿产资源开发利用利益的相关主体，对资源开发所依托的要素配置进行管理与引导；另一方面作为资源开发市场商务活动的参与者，与矿产资源开发利用企业和其他相关利益主体共同进行资源开发活动。政府本不应单纯地以追求矿产资源开发利用利益为目的，参与资源开发要素配置仅仅是为体现和获得资源权力来影响配置活动、维持契约性开发秩序，应当说政府是一个不完全市场意义上的矿产资源开发利用利益主体。但在现实的资源开发过程中，尽管中央（上级）政府有针对性地制定了一系列资源开发政策文件，但在地方政府的利益诉求动机和政绩考核监管机制不完善的背景下，政府通过对公共政策制定和执行的异化，与矿产资源开发利用企业"争利"。

（2）政府对矿产资源开发利用企业监管的随意性。政府与矿产资源开发利用企业间的利益矛盾表面上看是资源的价税之争，其深层次的原因在于：计划经济的资源开发管理体制转型过程中，政府管理部门存在既执法，又经营，对矿产资源开发利用企业监管存在随意性、多头指挥和直接干涉问题；地方政府可依靠国家的公共政策权力获得稳定、丰厚的资源开发收益，使得保护矿产资源开发利用企业的利益创造也就保证了政府资源税费收益上交的基础。这种基于对矿产资源开发利用企业监管的政府随意性，使部分相关利益主体受益，形成特定的利益结构；甚至导致有些地方政府基于追求部门（集团）利益或个人利益的目标而损害或侵占矿产资源开发利用企业的合法利益。

---

① 李毅中：《矿难背后腐败核心是官商勾结权钱交易》，中国新闻网，http://www.sina.com.cn，2005年9月15日。

2. 矿产资源开发利用企业导致政府资源开发政策落空（或称偏差、阻滞等）

矿产资源开发利用企业通过各种途径与资源开发管理的政府主体展开利益博弈，导致资源开发政策落空（或称偏差、阻滞等）。

（1）矿产资源开发利用企业导致资源开发政策执行落空的内在原因。在政府与矿产资源开发利用企业间的利益博弈中，从企业的角度看，由于矿产资源开发利用企业存在的目的是追求自身利润最大化，为此，各矿产资源开发利用企业势必千方百计地利用自身优势，尽可能争夺一切自身需要的条件，以便在激烈的市场竞争中占据优势地位，这很可能导致矿产资源开发利用企业的目标追求与政府的社会目标政策要求不完全吻合甚至出现较大差异，势必导致资源开发垄断的产生和矿产资源开发利用利益的非均衡发展，以及政府资源开发政策的落空（或称偏差、阻滞等），影响社会矿产资源开发利用利益目标的顺利实现。

从政府监管的角度看，由于政府与矿产资源开发利用企业间的信息不对称，导致政府行为常常给矿产资源开发利用企业带来很多麻烦，阻碍矿产资源开发利用企业的发展。同时，矿产资源开发利用企业为了在资源开发市场竞争中求得生存和发展，面对政府不符合实际的监管行为，时常采取"上有政策，下有对策"的博弈行为作为应对，影响政府资源开发政策的实现。

（2）矿产资源开发利用企业导致资源开发政策执行落空的主要表现。一是在税收政策领域，始终存在偷税与反偷税的博弈，政府可以通过提高处罚率来对矿产资源开发利用企业进行制约，但一些企业为了自身利益却不会选择严格执行税收政策。二是在资源开发可持续发展领域，在市场需求强劲的条件下，鉴于政府对整个价格体系的调控引导政策有待继续加强，使得资源价格居高不下，即便是落后的小矿产资源开发利用企业，仍然有利可图；而且使得工艺落后的矿产资源开发利用企业为避免被淘汰，改头换面，或者改建或者扩建，蒙混过关。最终导致淘汰落后矿产资源开发利用企业的政策执行效果有待深化，淘汰落后资源开发产能的政策难以执行。三是在环境保护领域，政府和矿产资源开发利用企业的利益是对立的，政府设法控制矿产资源开发利用企业排污，而矿产资源开发利用企业设法瞒过政府排污,导致二者存在本质利益冲突和利益最大化的合作博弈。一些矿产资源开发利用企业缺乏保护环境的内在压力和动力,在环境保护上和政府玩起"猫捉老鼠"的游戏,甚至一些排污矿产资源开发利用企业和地方环保部门在博弈中形成可"协议"收费,致使排污费应有的政策功能完全丧失。

(三) 政府与矿产资源开发利用企业间利益博弈的歧视效应

尽管影响矿产资源开发利用企业发展的因素很多,有社会的、文化的以及矿产资源开发利用企业内部的运作机制等,但不可否认的是,在政府与矿产资源开发利用企业间的利益博弈中,政府行为在很大程度上制约或影响了矿产资源开发利用企业的发展壮大,产生了基于利益博弈的歧视效应。

1. 基于产权保护的政府对矿产资源开发利用企业的差异性歧视

(1) 政府对矿产资源开发利用企业产权保护的作用和进程。一是矿产资源开发利用企业产权保护是矿产资源开发利用、财富创造和效率提升的关键。鉴于任何矿产资源开发利用企业经济活动的目的无非是创造出更多的财富,如果企业资源开发活动缺少基于产权保护的支配自己所创造财富的自由,也就等于没有创造利益的自由。因此,要把矿产资源开发利用利益创造的自由激励落实在社会制度上,这必然表现为以产权为基石的财富保护。可见,政府对矿产资源开发利用企业等利益主体的财产权保护是资源开发得以运行的重要条件,也是经济繁荣和效率提升的关键。二是对矿产资源开发利用企业私有产权的认识提升以及合法地位的承认是在矿产资源开发利用利益博弈过程中制度变迁的结果。随着改革开放,在政府与矿产资源开发利用企业间的博弈进程中,通过民营企业家的创业活动,直接确立了政府对矿产资源开发利用企业私有产权的承认与保护;通过大量矿产资源开发利用企业转向制度性的非国有矿产资源开发利用企业;通过权力利益的获得导致矿产资源开发利用企业原始资本的形成,对于矿产资源开发利用企业私有产权的认识得以逐步提升,合法地位得到制度性承认。

(2) 政府对不同所有制矿产资源开发利用企业存在基于产权保护的

差异性歧视。民营矿产资源开发利用企业的私有产权制度建立并不是短期内清晰化、排他化的，而是通过基于产权保护的差异性歧视过程来实现的。一是私有产权包括社会资本（社会网络关系）、创业者的具有创新效力的人力资本和一般意义上的资本等多种资本形态，尽管非国有矿产资源开发利用企业诞生所实施的制度创新具有高于原有制度安排的效率，但在其发展初期，政府法律对资本的保护是不力的，私有产权是受到歧视和不平等待遇的。二是在产权并没有获得完整的排他性的条件下，非国有矿产资源开发利用企业常常挂靠在集体所有制的名下，以及与社会网络之间存在着大量的隐性契约，等等，因而，非国有矿产资源开发利用企业能够在计划体制外获得生存，本身所具有的效率改善特征，以及特殊的生命力显示，等等，表明是政府与矿产资源开发利用企业间利益博弈的结果，内含着对政府歧视的克服以及制度变迁的成效。三是如果矿产资源开发利用企业的产权安排缺少平等的法律保护，很容易招致对产权的争夺和瓜分，也促使矿产资源开发利用企业对政府制度供给的要求，导致二者间利益博弈的进一步深化，促进矿产资源开发利用利益的发展和制度创新，以及基于产权保护的差异性歧视的逐步化解。

2. 基于市场准入的政府对矿产资源开发利用企业的差异性排斥

（1）政府垄断形成的差异性排斥。在资源开发转型过程中，由于竞争机制的引入和多种相关利益主体的并存，使得矿产资源开发利用中的传统集权垄断走向多元化的地方、部门垄断和地方保护主义等行政垄断模式，这不仅意味着少数当事人或经济组织（极端而言可以只有一个经济主体）在资源开发和利益交易中，凭借自身的经济优势或超经济实力，对资源开发市场实行排他性控制（直至排他性独占），以谋取长期稳定的资源开发超常利润；而且在部门、地方、矿产资源开发利用企业都有一定的利益自主权的改革趋势背景下，垄断会对不同产权归属矿产资源开发利用企业实行差异性排斥，通过行业主管部门采取审批制等手段排斥系统外的矿产资源开发利用企业；通过指令性的方式授权垄断性矿产资源开发利用企业担任项目业主；通过对某些特殊的资源开发领域给予严格的准入限制，等等。

（2）政府垄断对矿产资源开发利用企业差异性排斥的影响。一是政府垄断对资源开发市场分割起很大的推动作用，并成为矿产资源开发利用企业体系发育的主要障碍。随着地方利益主体的形成，地方政府为保护自己的矿产资源开发利用利益，往往实行保护主义，封闭区域市场，影响资源开发，也阻碍非国有矿产资源开发利用企业的发展和市场准入。二是政府垄断阻碍了资源开发要素的自然流通，影响了资源优化配置。这不仅和公平的市场交易原则背道而驰，不利于矿产资源开发利用利益机制的形成和创新，使得资源开发成本和交易费用提高，开发效率下降，也抑制了矿产资源开发利用企业的发展。随着矿产资源开发利用企业知识、资本的积累和规模扩张，在行业利润率逐渐平均化且竞争激烈的驱使下，资本的趋利性必然导致矿产资源开发利用企业将重点放在利润率较高的领域；但这些领域通常同政府垄断存在千丝万缕的联系，形成政府垄断对矿产资源开发利用企业差异性排斥的基础。

3. 基于规制的政府对矿产资源开发利用企业的差异性设租寻租

（1）政府与矿产资源开发利用企业间的设租和寻租。矿产资源开发利用企业作为纳税人，为资源开发和经济发展做出了贡献，政府的职能就是创造公平的制度环境，为矿产资源开发利用企业提供良好的发展平台。但在资源开发转轨过程中，政府和矿产资源开发利用企业间的关系可能处在一种扭曲状态。一是鉴于在体制转型过程中，政府掌握着大量的资源开发条件，包括市场准入审批、政府采购行为等，政府官员处于资源开发活动的中心，具有优势博弈地位；因而，基于政府自身利益最大化的考虑，在监督机制不完善的条件下，存在设租的行为偏好。二是矿产资源开发利用企业如果不向政府有关部门进行灰色的地下非经济性活动，其资源开发经营活动就可能受到政府行为的制约。在此，矿产资源开发利用企业也愿意通过寻租来获得正规市场交易所得不到的利益和办不到的事，其寻租活动可归纳为：为得到现有市场及法规政策条件下原本不该属于自己的利益而向有关部门寻租（政治创租）；或者为了得到本该属于自己的利益而不得不用可能产生收益的一部分资金向政府有关部门寻租（抽租）。因此，矿产资源开发利用企业寻租现象或受外部环境的迫使，或受自身利益的驱动等，导致设租寻租严重干扰正常的资源开发秩序，官商勾结、腐败滋生。

（2）政府与矿产资源开发利用企业间的设租寻租博弈。一是基于矿产资源开发利用企业的利益最大化考虑，最好的选择就是与政府保持长期的而不是一次性的合作关系，不仅需要专门的管理机构进行管理，而且为巩固与政府的关系，需要矿产资源开发利用企业经常对政府相关部门进行投资，从而形成政府人员设租寻租行为的源头。二是在资源开发市场上，政府与矿产资源开发利用企业间的利益博弈主要体现在对矿产资源开发利用企业行为的授权上，因为这种授权在一定程度上意味着资源开发行为的低成本甚至零成本，所以获得授权是博弈中的现实目标。而且，读者可以发现，如果政府不寻租，那么矿产资源开发利用企业就不能以灰色手段来获得利益；如果政府寻租，那么矿产资源开发利用企业以灰色手段得到的利益一定比通过正常手段获得的利益大；同样，矿产资源开发利用企业以灰色手段带给政府的利益也比其以正常手段带来的利益多。可见在此博弈中，对于矿产资源开发利用企业而言，如果政府寻租，矿产资源开发利用企业的最优策略就是采取灰色手段；如果政府不寻租，最优策略就是以正常手段获得利益。三是根据白重恩等人的研究①，在政府与矿产资源开发利用企业间的设租寻租博弈中，鉴于地方政府有权任免国有矿产资源开发利用企业的主管人员，相对于其他类型矿产资源开发利用企业，地方政府有更多方法可以从国有矿产资源开发利用企业中捞取好处；比如，地方政府官员可以为其亲戚、朋友和支持者在国有矿产资源开发利用企业找到就业及升迁机会，甚至可以公开地把资本从国有矿产资源开发利用企业转移出去，或者挪用于其他项目，或者进入小金库，中饱私囊。所以，地方政府从国有矿产资源开发利用企业中获取的利益远远超过其他类型的矿产资源开发利用企业。

（四）政府与矿产资源开发利用企业间利益博弈的宏观失衡效应

随着分权化的发展，地方政府与矿产资源开发利用企业间的利益博弈

---

① 白重恩、刘俏、陆洲、宋敏、张俊喜：《中国上市公司治理的实证研究》，《经济研究》2005年第2期，第81~91页。

可充分调动和促进资源开发的积极性,但动力的发挥要符合法律规范,要合乎利益均衡发展和民间正义,否则会造成非理想的结果。

1. 基于地方政府过度依赖矿产资源开发利用企业的宏观利益失衡

(1) 地方政府过度依赖矿产资源开发利用企业,为矿产资源开发利用企业利益失衡埋下隐患。鉴于矿产资源开发利用企业在某些具有资源禀赋的地区经济中具有举足轻重的地位,不仅是地方财税利益直接的、重要的创造者,也是地方经济发展的能动力量。矿产资源开发利用企业又凝聚着资金、技术、劳动力、信息等要素,随着经济自由程度的提高,矿产资源开发利用企业的自主性、流动性增强,可以轻易谋求异地发展。而地方政府的命运是与所辖区域联系在一起的,不具有流动性,因而,从流动性角度而言,在双方的利益博弈关系中,矿产资源开发利用企业处于主动地位,可以选择适合自己发展的地域,而地方政府处于被动地位,只能依靠自己的能力提供尽可能优质的投资环境,这样就为矿产资源开发利用企业利益失衡埋下隐患。

(2) 对矿产资源开发利用企业的高度依赖与地方政府的内在利益需求和意识形成密切相关。在中国经济改革和市场实践中,随着分权化背景下地方政府自身利益的逐步显化,各级政府出台了一系列政策扶持鼓励矿产资源开发利用企业发展,强调矿产资源开发利用企业权益保护;而将其他相关利益主体的收入、福利水平等通常摆在次要地位或忽视,导致政府偏袒矿产资源开发利用企业,忽视工人、矿区居民的权益保护,甚至存在着歧视其他相关利益主体的政策倾向等;忽视矿产资源开发利用企业与其他相关利益主体同为矿产资源开发利用利益主体之间的内在联系,导致矿产资源开发利用利益相关主体的非均衡发展。

2. 政府与矿产资源开发利用企业间利益博弈宏观失衡效应的主要表现

(1) 基于区域 GDP 追求的宏观失衡。政府与矿产资源开发利用企业间的利益博弈会导致唯经济增长的资源开发。在政绩考核和财政压力的驱动下,经济增长已成为各地政府官员的第一要务。鉴于资源开发是增加 GDP、财政收入的有效方法之一,资源开发园区又可称为产业集聚的平台、招商引资的载体,因此,各地各级政府都期望通过资源开发构建各类园区来吸引矿产资源开发利用企业投资,增加当地政府的可支配收入,于是出现了基于区域GDP追求的、争先恐后给予矿产资源开发利用企业优惠的资源开发现象。但是，地方官员更多地关心资源开发价值总量，并没有关心矿产资源开发利用利益在相关主体间的实现机会是否平等，其合法权益是否受到侵犯。因而，很容易导致基于区域GDP追求的矿产资源开发利用利益的宏观失衡。

（2）基于政治周期需要的宏观失衡。中国的干部管理体制实施干部交流制度，或者调换同级岗位，或者升迁，因而，政府官员在任期之内做出的资源开发成绩直接影响其今后的仕途。但是，鉴于任期的时间与环境质量的改善所需的时间相比实在短暂，本届政府引进矿产资源开发利用企业所产生的污染等外部效应问题一般不会在当届政府任期内大爆发，所以，地方政府总是放心大胆地支持矿产资源开发利用企业的运作，理性的官员会主动追求短期的矿产资源开发利用利益而忽视长期的环境利益，寄希望于下届政府来承担和解决现在造成的资源开发环境等问题；且对往届政府遗留的资源开发问题，也没有主动承担和改善的欲望，因为责任的增加将意味着其他投入的减少。所以，基于政治周期需要的资源开发会导致生态环境等问题可能被搁置、掩盖，像滚雪球一样不断膨胀，矿产资源开发利用利益的宏观失衡。

（3）基于投资"饥渴"症的宏观失衡。矿产资源开发利用利益作为财政税收的重要来源，自然成为地方政府追求地区经济效益的主要目标，导致地方政府从战略的高度重视资源开发投资环境的改善，通过观念创新、政府高效动作、减负治乱、合力兴企等方式和途径，高度重视资本价值，产生投资饥渴症，通过招商引资，掀起投资高潮。而资源及其自然环境的价值等，没有货币表现，不能与财政收入挂钩，也就被地方政府所忽视，导致过度开发、不可持续发展的矿产资源开发利用利益的宏观失衡。

（4）基于公众参与权被排斥的宏观失衡。地方政府作为地方资源开发事务的公共管理机构，应协调矿产资源开发利用中的环境等利益诉求，使环境资源能够得到合理的、可持续的利用，各方利益均衡发展。但是，地方政府作为一个有自己利益取向的组织，为追求自己的特殊利益，可能将矿产资源开发利用中的公共资源视为实现自己目标的手段，排斥与资源开发环境等有共同权益的公众的参与权利。公众丧失了对共同矿产资源开发利用利益的直接参与权，也就失去了获得资源开发权益的公正分配权利。其结果必然导致相关利益主体之间占有资源开发权益的不均等和不合理，埋下冲突的种子。比如，矿产资源开发利用企业引入时的契约只是政府与矿产资源开发利用企业间的契约，没有第三者，而矿产资源开发利用企业的行为具有污染等外部负效应，那么带来经济总量增长和财政收入提高的同时，就会损害第三者的矿产资源开发利用利益。

（5）基于生态环境价值被忽视的宏观失衡。鉴于资源开发生态环境产品的公共性质，不仅表现在空间领域，也表现在时间领域。前者意味着资源开发环境质量和功能在地区之间的相互影响；后者意味着地方资源开发生态环境价值在时间上的外部性。因此，在环境考核制度不健全的情况下，对于地方政府来说，该制度的约束是软性的。各地为了取得竞争优势，展开的是一场"触底"（race to bottom）式的矿产资源开发利用利益博弈。最终的优胜者是最能"治理"辖区内部矿产资源开发利用的利益地位低下者和利益受损者，如工人和矿区所在地居民的反对，这类博弈主体。这种典型的矿产资源开发利用利益"逆向选择过程"，忽视生态环境质量，导致矿产资源开发利用利益的宏观失衡。

二　矿产资源开发利用企业间的利益博弈效应

（一）矿产资源开发利用企业间利益博弈的正效应

1. 诱导矿产资源开发利用企业行为的合理化

（1）优化矿产资源开发利用企业组织。矿产资源开发利用企业间的利益博弈会促进其组织合理化，向生产经营型转化。鉴于矿产资源开发利用企业必须按照市场的需求和变化来安排资源开发活动，不仅要精于生产，还要善于经营，才能求得生存和发展。因而，矿产资源开发利用企业间的利益博弈会促使其通过合作，向资金或技术密集型转化，加快科技成果扩散，增强对先进技术成果的吸收能力和消化能力，推动技术改造进步；促使其向开放型转化，通过跨地区联合，突破区域分割界限，扩大经营活动的范围和空间，根据生产经营发展的需要自主实行资金、设备、人员、科技等方面跨地区的联合。

（2）促进矿产资源开发利用企业行为协同机制的构建。鉴于不同规模矿产资源开发利用企业间的行为协同机制，本质上是利益协调机制，集团化的资源开发效应正是通过大、中、小矿产资源开发利用企业间的利益博弈达到关系有效协同的；因而，矿产资源开发利用企业间的利益博弈可通过资金、技术、信息上的利益博弈，依托利益博弈的均衡点，促进大、中、小企业间有效竞争与合作态势的塑造，有利于不同规模矿产资源开发利用企业间整体合力发挥，实现资源开发领域的合作共赢。

2. 优化资源开发要素流动配置行为

（1）促进资源开发要素的合理流动。矿产资源开发利用企业间的利益博弈可增加区域内各种资源开发要素间的相互作用，加速区域间的要素流动。从供给方面来看，要素流动有利于区域资源开发分工的专业化生产深化和要素有效投入；从需求来看，要素的流动有利于资源开发要素需求的合理化和扩大化。这是由于：矿产资源开发利用企业间的利益竞争博弈可通过要素的比较优势利益，吸引其他地区的流动性资源要素，带动本地区矿产资源开发利用企业的发展，促进本地区资源开发繁荣。通过矿产资源开发利用企业间的利益博弈，可以促进资源开发结构的调整与开发依托要素的流动和利用的利益适应性，达到区域资源开发的联动发展。通过矿产资源开发利用企业间的利益博弈，一些要素结构相同、处于对抗性竞争状态的矿产资源开发利用企业，在要素流动过程中可自主寻求合作伙伴，在求同存异的基础上寻求发展机会，完成相同价值链活动的同化作用，实现资源共享，以达到规模经济、降低成本，最终形成双赢局面，从而实现跨地区的资源开发要素转移、产品转移和利益合作共赢。

（2）促进矿产资源开发利用效率的提高。由于资源的质和量在空间范围内分布不均匀，总是相对集中于某些区域，因此，区域资源开发和经济发展多数依据本地区特有的资源禀赋来进行。矿产资源开发利用企业间的利益博弈使得要素和产品交换，生产协作和产品结构调整成为客观和必要，并带来矿产资源开发利用的合理化和高效化。同时，随着资源开发市场的成熟和科技的发展，矿产资源开发利用企业间的利益博弈使得竞争对手间的资源可以一起发挥优势，提高矿产资源开发利用率，让不同的资源优势变为经济优势，提高整体优势。因此，依靠不同禀赋优势的相关矿产资源开发利用企业间的利益博弈、优势互补合作，形成资源开发的利用链、价值链，根据市场行情共同发展，有利于促进矿产资源开发利用效率的提高。

（3）促进资源开发规模扩展和结构优化。具有社会化大生产特征的资源开发体系中，各矿产资源开发利用企业有其不同类型的专业化生产，要在矿产资源开发利用企业间科学地组织分工协作，使生产要素有机结合，实现联合劳动；甚至要根据资源开发的内在投入产出关系，在更广泛的范围内包括区域之间进行联系和联合。因此，矿产资源开发利用企业间的利益博弈可使作为内在利益联系体的区域资源开发价值总量大大超过原来单一行政区域的价值总量，扩大开发规模，增强对人才、资金、技术等各个生产要素的吸引力，通过规模效应直接带来生产要素的聚集效应，从而成为资源开发加快发展的推进器。不仅如此，矿产资源开发利用企业间的利益博弈可以绕过、减少和消除各种行政性障碍，带来区域结构的变化，创造资源开发快速增长的条件。

3. 协调资源开发的区域间利益关系

（1）促进区域间资源开发的优势互补。矿产资源开发利用企业间的利益博弈可冲破要素区际流动的种种障碍，促进要素向最优区位流动，增强区域之间的利益联系，形成复杂的区域矿产资源开发利用利益网络，提高区域资源开发的整体性和协调能力。矿产资源开发利用企业间的利益博弈过程，实际就是矿产资源开发利用企业寻找符合其发展特点，发挥其比较优势，做到优势互补，实现资源开发利润最大化的过程。鉴于矿产资源开发利用企业间，以及区域之间始终存在比较优势和差距，矿产资源开发利用企业间的利益博弈使得区域间生产要素流动转移行为合理化，雷同状况得到改善，区域间的本地优势得以充分发挥。依托矿产资源开发利用企业间的利益博弈导致的利益均衡机制，引导各个区域，根据自身的资源禀赋、生态环境承载能力和发展潜力，明确功能定位和发展模式，发展优势领域，防止低水平重复建设，形成分工合理、重点突出、比较优势得以发挥的区域资源开发结构。并且，依托矿产资源开发利用企业间的利益博弈导致的利益诱导机制，可以打破行政垄断和地区封锁，促进各种资源生产要素在区域范围内自由流动、优化配置，让商品和服务顺畅流通。

（2）促进区域间资源开发的隐性协调激励机制的形成。矿产资源开发利用企业间的利益博弈导致的跨区域要素流动是有风险的，是关乎资源开发安全和稳定的。矿产资源开发利用企业间的利益博弈是一种互动行为，互动是有条件的：不仅要有合作动力，还要有对非合作行为的约束。而通过矿产资源开发利用企业间的利益博弈行为可以提供这种约束条件：通过利益博弈，矿产资源开发利用企业通过各自的网络对积极推进和维护合作的节点相关者给予信用认可和优先选择权；对于破坏合作，利用合作获取短期效用的节点相关者，网络会缩小其生存空间，最终将其剔出整个资源开发网络。因此，为了防止机会主义行为，保障区域矿产资源开发利用企业合作关系的健康发展，矿产资源开发利用企业间的利益博弈会自然渐进地形成关于合作的公认行为惩戒条款，包括合作各方应遵守的规则、在违反合作条款后应承担的责任、对违反合作规则所造成的经济和其他方面损失应做的经济赔偿规定，从而演化成区域矿产资源开发利用企业间利益博弈机制。通过良好的信息沟通，相关企业间建立双边或多边协商机制，降低交易费用，促进区域间资源开发的隐性协调激励机制的良性运转。

4. 完善资源开发市场体系

（1）促进区域间资源开发市场的分割融合。矿产资源开发利用企业间的利益博弈能够促使资源开发管理体制尽快完善，统一建立市场。这是由于，矿产资源开发利用企业间利益博弈的最终结局必然导致微观利益主体的利益追求最大化均衡，从而触动条块分割、政企不分、忽视市场机制的作用等弊端，打破以往地区之间、部门之间封闭起来进行资源开发的沉闷局面；使矿产资源开发利用企业真正摆脱"条块"的不合理的行政干预，成为自主经营、自负盈亏的商品生产者和市场主体；从而可以统一市场准入，统一市场政策，统一市场监管，建立开放、统一、有序的区域间资源开发市场形态。

（2）促进区域间资源开发市场体系发育完善。矿产资源开发利用企业间的利益博弈能完善资源开发市场体系，培育建立统一市场、发展市体系和完善市场法律体系。矿产资源开发利用企业间的利益博弈，可促进市场体系发展；有利于获得资金支持，节约交易成本，实现规模经济；可以弱化过度竞争中的退出障碍，降低退出成本，有利于要素的自由流动。同时，鉴于矿产资源开发利用企业间的利益博弈是在一定的约束规则下进行的，市场法律的完善程度直接影响交易成本，交易成本是决定矿产资源开发利用企业利益边界的主要因素。所以，进一步完善市场法律体系是企业利益博弈的内在要求。

5. 培育矿产资源开发利用利益均衡的支撑点

参与主体、完善的产权、健全的进入退出机制等是矿产资源开发利用企业间利益博弈的关键环节，是利益博弈均衡的必要条件。

（1）促进国有、集体矿产资源开发利用企业的法人实体与市场竞争主体地位的确立。矿产资源开发利用企业间的利益博弈，可促进单个利益主体的利益诉求，共赢机会的利用，通过促进政府职能调整，政资分开，将政府宏观调控的职能与其国家资产管理的职能分开；通过促进对国有资产管理体制改革和国有矿产资源开发利用企业的规范公司制改造，确立出资者产权与法人产权的边界，实行有限责任制度；通过在矿产资源开发利用企业内部建立科学的治理结构，明确界定产权关系；从而为国有、集体矿产资源开发利用企业的法人实体与市场竞争主体地位的确立创造条件。

（2）促进资源开发产权市场的完善，增强产权的流动性，促进矿产资源开发利用企业的兼并机制建立和完善，从而促进矿产资源开发利用利益的整合。矿产资源开发利用企业间的利益博弈，通过促进产权主体的多元化，形成集体性质、基金性质、民营性质的不同产权主体的利益差别，来增强产权间的流动性；通过兼并，使资源开发的依托要素向高效领域、高效矿产资源开发利用企业流动。

（3）促进资源开发市场进入与退出机制规范。矿产资源开发利用企业间的利益博弈，通过结合资源开发结构的高级化来规范市场进入，使进入的矿产资源开发利用企业能达到一定的规模和档次；通过规范退出机制的构建来引导衰退矿产资源开发利用企业的低成本退出，防止过度竞争，促进兼并联合，严格按资源开发的目标要求审批新增进入项目。

（二）矿产资源开发利用企业间利益博弈的负效应

矿产资源开发利用企业间的利益博弈可以提高资源开发在不同区域间的利用效率和整体的社会福利，但博弈均衡的一个重要基础是纳什均衡，而纳什均衡常常不是帕累托最优的，同时还存在多重性，这些将影响矿产资源开发利用企业间利益博弈结果的优化。

1. 资源开发过度竞争

（1）矿产资源开发利用企业间利益博弈中的过度竞争。美国学者Bain（1959）最早认为，过度竞争主要发生在非制造业部门，而不是制造业部门，原子型的市场结构是过度竞争发生产业的典型特征。[1] 曹建海认为，过度竞争是由于竞争过程内生或外部因素的作用，主要发生于非集中型或较高固定成本的寡头垄断市场结构等退出壁垒较高的领域；竞争利益主体数目过多，过度供给和过剩生产能力现象严重，企业为维持生存不得不竭尽一切手段，将价格降低到接近或低于平均成本的水平，使潜在可流动要素陷于只能获得远低于社会平均水平的回报和工资的窘境，而不能顺利退出的非均衡状况。[2] 因此，从矿产资源开发利用企业间的利益博弈角度看，矿产资源开发利用中的"过度竞争"是由于其他价值链上的矿产资源开发利用企业想"嵌入"本领域的价值链中，引起的局部竞争加剧现象，最后扩散成为整个资源领域内的过度竞争。

（2）矿产资源开发利用企业间的利益博弈与过度竞争。矿产资源开发利用企业间的利益博弈均衡表明，由于参与人仅仅考虑自己的利益，往往形成两败俱伤的结果。过度竞争是该结果在现实矿产资源开发利用中的最好验证。矿产资源开发利用企业间的利益博弈导致的过度竞争，不仅会使资源开发的社会福利达不到最大，而且可能会引起资源开发效率损失，形成基于矿产资源开发利用企业间利益博弈的"公用地悲剧"竞争。这是由于矿产资源开发利用企业间过度竞争的主要特点是多维竞争，参与企

---

[1] 吴小丁、王晓彦：《对零售业过度竞争解释的理论缺陷》，《浙江大学学报》（人文社会科学版）2010年第1期。

[2] 曹建海：《关于"过度竞争"的经济学含义》，《首都经济贸易大学学报》1999年第12期。

业过多，整个资源开发领域长期低效益，竞争和低收益不能产生有效的淘汰作用。而且，大量的矿产资源开发利用企业只能在同等或相似的技术水平下竞争，没有竞争优势，差异程度不足，市场集中度不能迅速提高到合适的水平。需要在矿产资源开发利用企业竞争的基础上建立稳定有序的协同、合作博弈关系，利用同一资源开发市场内其他矿产企业已形成的优势资源，提高整合能力，进而延伸原有资源开发网络，达到区域间整体能级的提升，从而消除过度竞争。

2. 资源开发地方保护主义

矿产资源开发利用企业间的利益博弈还表现在地方政府间为了区域矿产资源开发利用利益而形成的竞争，导致地方保护主义。根据钟笑寒的区域竞争和地方保护主义之间相互影响及其社会经济后果的简单博弈模型①可以推知，基于地方利益诉求的矿产资源开发利用企业间的利益竞争博弈，会导致地方保护主义，而且资源开发效率很大程度上取决于生产技术是规模报酬递增的还是递减的。对于规模报酬递减的生产技术来说，相对于国家垄断而言，没有地方保护主义的地区竞争提高了资源开发效率，而具有地方保护主义的地区竞争实际上变成了各自独立的垄断者，降低了资源开发效率，其结果甚至可能比国家垄断更糟糕。对于规模报酬递增的生产技术来说，相对于国家垄断而言，没有地方保护主义的地区竞争可能提高也可能降低效率：要么过度投资，要么投资不足；而地方保护主义依然会使得情况变得更坏。

这是由于，地方政府权力的强制性与矿产资源开发利用利益的多重复杂性，决定了地方政府在区域所属矿产资源开发利用企业间的利益博弈中处于十分关键的、具有导向性的地位。为提高本地区资源开发的竞争力和利益最大化诉求，地方政府会积极扶持辖区矿产资源开发利用中的龙头企业，设立一定的障碍阻止外来进入者；在行政手段不能奏效后，地方政府会转而对辖区矿产资源开发利用企业施加压力，推动矿产资源开发利用企业基于区域利益展开资源开发博弈，形成典型的地方保护主义。其后果是

---

① 钟笑寒：《地区竞争与地方保护主义的产业组织经济学》，《中国工业经济》2005 年第 7 期。

本地矿产资源开发利用企业在政府保护下,不但在博弈中得不到有效提高,反而会出现大量的设租和寻租现象,扰乱正常的资源开发秩序和市场环境。这说明由于矿产资源开发利用企业间的利益博弈而引发的区域竞争会带来地方保护主义,而地方保护主义又阻碍了利益竞争博弈带来的效率提高。

3. 资源开发安全风险

孙瑞华等认为,产业安全就是一国国民对其重要产业拥有自主权、控制权和发展权,特别是在国际上具有竞争力,能够应对各种生存与发展威胁;并在国内市场上形成国民产业权益总量和其在国内份额的最佳组合,保证现有的或潜在的产业权益免受危害的状态和能力。[①] 因此,作为产业安全中的外延内容,区域资源开发安全意味着某一区域的资源开发对来自外部的不利因素具有足够的抵御和抗衡能力,能够保持其各环节均衡协调发展的能力。如果在本区域的资源开发竞争中,关键环节上的矿产资源开发利用企业被外来者代替,或者关键资源开发技术被外来者所掌控,则这种由于控制力所决定的资源开发安全就会大大降低。因此,矿产资源开发利用企业间的利益博弈会严重影响资源开发安全,从而影响区域矿产资源开发利用企业和整体资源开发的利益。

这是由于,矿产资源开发利用企业间的利益博弈是依托不同区域的企业网络平台进行的,博弈均衡结果可能使得本地区的资源开发受到其他区域矿产资源开发利用企业的牵制和影响。尽管矿产资源开发利用企业间竞争或合作博弈往往在资源开发价值链中某一个或几个环节上开始,同时以处于其他相关领域或是其他环节的利益相关者作为自己的供应商或用户,由此形成一个互动的竞争合作博弈体系,有利于参与博弈的矿产资源开发利用企业根据自己的实际情况,在众多的利益相关者中选择自己的上、下游利益合作博弈对象,建立自己周边的利益网络,但同时,这个动态过程加剧了整个资源开发领域和利益网络的不稳定与风险,只有那些实力雄厚、知名度与信誉度良好的矿产资源开发利用企业才能胜出,成为矿产资

---

① 孙瑞华、刘广生:《产业安全:概念评析、界定及模型解释》,《中国石油大学学报》(社会科学版)2006 年第 10 期。

源开发利用利益均衡网络中的关键节点，对整个资源开发网络具有一定的控制力。如果这些矿产资源开发利用企业是来自其他区域，那么围绕这些矿产资源开发利用企业建立起来的矿产资源开发利用利益网络相对于本区域就会存在不稳定的因素，影响资源开发安全。

4. 资源开发行为投机倾向

矿产资源开发利用企业间的利益合作博弈会导致基于利益的生态共生网络出现，也即会产生模仿自然生态系统建立起一种基于矿产资源开发利用利益的共生结构。由一系列通过利益追求连接起来的创造价值的矿产资源开发利用企业投入产出链形成。为了实现利益交换和信息交流，矿产资源开发利用企业会投资建立大量的专用性资产，如果矿产资源开发利用企业间的交易依赖程度增强，那么说明该交易关系中矿产资源开发利用企业的资产专用性也增强，进而资产转换的成本变得极其高昂，从而已安置的资产专用性对特殊的必须使用者而言，拥有在交易过程中的主动权，对特殊使用者会产生"可占用准租"，为投机行为的产生提供了可能。具体表现为，矿产资源开发利用企业间的利益博弈大多数是围绕核心矿产资源开发利用企业展开的，众多中小矿产资源开发利用企业依附于核心矿产资源开发利用企业，形成多家中小企业服务于一家核心企业的"多对一"局面，致使中小矿产资源开发利用企业处于被动地位，导致核心矿产资源开发利用企业产生投机行为的可能。因此，矿产资源开发利用企业间的利益博弈，依托各自在资源开发共生网络中固定资产的专用性增强，加大在交易合作过程中的机会主义行为倾向。而且在现实中，鉴于契约具有不完备性，制定和实施成本极高，需要依赖于法律的保护，所以，矿产资源开发利用企业间的利益博弈导致的行为投机倾向，不但常常存在，而且客观要求通过长期契约解决。

（三）矿产资源开发利用企业间利益博弈的微观主体行为效应

在资源开发中，市场体制下的竞争、风险、供求、价格等市场机制要素，调节和制约着矿产资源开发利用企业间的利益博弈活动；对众多具有独立利益的矿产资源开发利用企业行为具有约束作用，引导、约束和驱动着矿产资源开发利用企业间的利益博弈行为，使得矿产资源开发利用企业间的利益博弈活动必须在市场价格信号的调节背景下，考虑其行为选择空间，导致矿产资源开发利用企业微观主体产生一系列行为效应。

1. 国有矿产资源开发利用企业微观主体的行为效应

（1）矿产资源开发利用企业间的利益博弈活动会推进国有矿产资源开发利用企业的决策行为逐步市场化。随着市场经济体制的建立，劳动力、资本等要素配置的市场化程度不断提高，市场价格成为矿产资源开发利用企业决策的最基本因素，市场约束力增强；在此背景下，依托利益诉求的矿产资源开发利用企业间的利益博弈会促进国有矿产资源开发利用企业自主权的落实，弱化行政干预，导致矿产资源开发利用企业的决策行为趋向于市场化程度的逐步提升。

（2）矿产资源开发利用企业间的利益博弈活动推进了国有矿产资源开发利用企业预算约束逐步硬化刚化。由于市场化程度的提高及融资体制改革的深化，银行的放贷行为日趋市场化，矿产资源开发利用企业投资的预算约束趋于硬化，风险意识和盈利动机空前增强。在此背景下，矿产资源开发利用企业间的利益博弈必然导致国有矿产资源开发利用企业必须面对自负盈亏的预算限制，加强预算约束趋于硬化的程度。

（3）矿产资源开发利用企业间的利益博弈活动推进了国有矿产资源开发利用企业"经济人"行为的逐步理性化。改革开放前的国有矿产资源开发利用企业行为主体并不追求利益最大化，随着改革开放制度结构下矿产资源开发利用企业的最大利益追求，矿产资源开发利用企业间的利益博弈必然加速企业市场主体由理性非经济人角色向理性经济人转变。

（4）矿产资源开发利用企业间的利益博弈活动推进了企业的垄断汲取效应。尽管国有矿产资源开发利用企业的总体规模和市场份额可能越来越少，但仍能够通过国有垄断性金融机构获得金融资源配置的这种被称为对国民经济资源的"汲取"，① 在矿产资源开发利用企业间的利益博弈中，会加剧"汲取"效应的正负效果：促进资源开发和区域经济社会稳定发展；大大抑制市场机制的资源配置能力，可能降低资源开发效率，同时存

---

① 程晓农：《转型中的中国经济体制》，《战略与管理》2000 年第 6 期。

在使国有矿产资源开发利用企业负债、陷入濒临破产的境地的可能。

（5）矿产资源开发利用企业间的利益博弈活动促进了国有矿产资源开发利用企业的寻租行为。寻租行为是转轨期国有矿产资源开发利用企业的普遍行为之一。① 这种行为既不促进物质财富的产生，又要耗费资源和特殊的交易成本，使各种各样的租金流入团体和私人的腰包，致使官场市场化、市场官场化。应该说，在市场经济社会普遍存在寻租行为。但由于国有矿产资源开发利用企业的独特性质和经济转轨的复杂性，导致了国有经济范围内独特的寻租空间和条件。在此背景下，矿产资源开发利用企业间利益博弈会加剧国有矿产资源开发利用企业的寻租行为。

（6）矿产资源开发利用企业间的利益博弈活动促进了国有矿产资源开发利用企业的债务危机效应。国有矿产资源开发利用企业改革的内在逻辑是试图成为独立的经营者和法人，拥有自由选择交易的对象和方式的权利，并以市场价格机制和交易规则来约束其交换关系。但若产权制度变革不完善，会导致国有矿产资源开发利用企业难以形成明晰的产权界限和利益边界，不具备成为独立的契约主体的资格，造成国有矿产资源开发利用企业商业信用的普遍下降。在此背景下，矿产资源开发利用企业间的利益博弈会加大市场主体的交易成本，导致机会主义盛行，加剧国有矿产资源开发利用企业的债务危机效应。

2. 非国有矿产资源开发利用企业微观主体行为效应

（1）矿产资源开发利用企业间的利益博弈活动促进了非国有矿产资源开发利用企业的整体理性行为。非国有矿产资源开发利用企业行为的理性化过程，依托整个改革开放的社会理性所提供的物质积累、思想进步以及制度建设等资源，为整个资源开发并最终达到行为理性提供了不竭动力。一是提升了非国有矿产资源开发利用企业的市场制度推动者作用。非国有矿产资源开发利用企业代表的是挑战传统资源开发体制的新生力量，非国有矿产资源开发利用企业家及其企业的产生发展历程，本身就是一个同传统制度环境不断碰撞和实现突破的过程。因此，矿产资源开发利用企

---

① 魏振香：《体制转轨过程中"寻租"问题的危害与治理对策》，《商场现代化》2005年第7期。

业间的利益博弈会促进资源开发的制度创新。二是提升了非国有矿产资源开发利用企业的新兴力量代表者作用。"公平、公正、公开"的市场竞争机制，唤醒了中国的非国有矿产资源开发利用企业家的自主意识。因此，矿产资源开发利用企业间的利益博弈，通过新的就业机会创造、资源性产品提供、储蓄积累和国有矿产资源开发利用企业垄断地位终结等方面，强化着刚刚萌芽的资源开发市场的自由色彩。三是提升了非国有矿产资源开发利用企业追求个体利益最大化的体现者作用。非国有矿产资源开发利用企业等非公有制经济的合法地位，使得被否定了几十年的个体利益得到重视，并使个人财产合法化。正如白永秀（1996）所言，它是个人利益的载体，最能反映人性追求自我的一面，是社会发展的物质动力。① 在此背景下，矿产资源开发利用企业间的利益博弈必然促进非国有矿产资源开发利用企业追求个人利益最大化的体现者作用得以发挥。四是促进了非国有矿产资源开发利用企业提高公民个体权利的选择权作用。哈耶克认为，竞争性社会的好处在于选择的自由："如果一个人拒绝满足我们的希望，我们可以转向另一个人；但如果我们面对一个垄断者时，我们将唯他之命是听。"② 非国有矿产资源开发利用企业家打破常规、敢于冒险和创新的行为和精神促进了公民意识的增强，在此背景下，矿产资源开发利用企业间的利益博弈活动会进一步促使矿产资源开发利用企业认识到个体独立的重要性，并能进一步摆脱计划体制和观念的影响，形成符合矿产资源开发市场规律要求的价值观。

（2）矿产资源开发利用企业间的利益博弈活动加剧了非国有矿产资源开发利用企业的个体理性行为。一是加剧了非国有矿产资源开发利用企业的破坏性财富创造。非国有矿产资源开发利用企业是在资源开发体制转轨过程中发展起来的。其中，旧的制度和规则不断被新的制度和规则所替代或打碎，而每一次的制度更替都是一次矿产资源开发利用利益的重新调整和分配。因此，矿产资源开发利用企业间的利益博弈活动加剧了非国有

---

① 李纯：《制度变迁中的中国家族企业家行为研究》，《北京工商大学学报》（社会科学版）2006年第3期，第45~50页。
② 〔英〕弗里德里希·奥古斯特·冯·哈耶克：《通往奴役之路》，王明毅等译，中国社会科学出版社，1998。

矿产资源开发利用企业家的互动和创新，突破那些不正当的规则，进而倒逼推动政府制定改革措施，促进了政府在资源开发变革方面的制度供给。二是加剧了非国有矿产资源开发利用企业的转轨成本转嫁。制度变迁过程是制度从均衡到不均衡再到均衡的循环往复的过程。基于制度的供给与需求一致的"制度的均衡"，可以视为帕累托理想状态，任何改变这一状态的措施都会导致福利水平的下降。因此，矿产资源开发利用企业间的利益博弈活动会导致制度变迁，对资源开发的权利、利益重新界定，产生收入和再分配效应，从而导致转轨成本的转嫁。

（3）矿产资源开发利用企业间的利益博弈活动加剧了非国有矿产资源开发利用企业的极端理性行为。一是加剧了非国有矿产资源开发利用企业的极端功利主义行为偏好。在此功利主义意味着一味追求金钱利益的拜金主义；又称金钱拜物教，是指像宗教信仰崇拜偶像那样崇拜金钱，把金钱视为人生第一要义的思想和行为；疯狂追逐金钱，可以凭借一切手段。非国有矿产资源开发利用企业家身上的拜金主义主要表现在"金钱万能论"和"一切向钱看"。因此，矿产资源开发利用企业间的利益博弈会加剧非国有矿产资源开发利用企业昧着良心赚钱，如制造销售假冒伪劣产品、偷税漏税、暴力经营、损人利己、坑蒙拐骗；挥金如土、斗富显阔；政治关系商品化、金钱化等。二是加剧了非国有矿产资源开发利用企业的"官本位"价值取向。所谓"官本位"意味着以官为本、为尊、为贵，一切为了当官，把官的大小作为成就的基本价值尺度。在此背景下，矿产资源开发利用企业间的利益博弈必然会加剧"官本位"的价值取向，导致许多非国有矿产资源开发利用企业家在创业成功、积累起一定的财富后，想办法捞个一官半职或"虚官位"，以谋求更大的利益。三是加剧了非国有矿产资源开发利用企业谋利手段的非理性极端性。谋利手段的非理性极端性主要是商业欺诈，违反诚实信用原则，采用不正当竞争行为。因此，矿产资源开发利用企业间的利益博弈会加剧以谋取个人私欲和小团体利益为目的不正当、非理性矿产资源开发利用企业开发行为，破坏资源开发市场的正常秩序。四是加剧了机会主义。按照美国经济学家威廉姆森的观点，机会主义行为是指用虚假的或空洞的威胁或承诺来谋取个人利益的行为，属于"分配性努力"而非"生产性努力"，即行为的结果不是增加社会财富，而是对社会财富的重新分割。① 因此，矿产资源开发利用企业间的利益博弈活动会加剧机会主义，引导资源开发要素向非生产性收益活动转移；导致对生产者收益的侵占；使交易圈从广阔的"匿名社会"退缩到"熟人社会"，缩小市场的范围和规模。五是加剧了寻租现象。作为一种非生产性活动，寻租并不增加任何新产品、新财富、新价值，只不过是改变生产要素的产权关系，把更大部分的国民收入装进私人腰包，损害和削弱市场本应有的高效配置功能和公平竞争环境，使得有限资源不再按照效率原则，而按垄断市场的"权力网"来配置；不可避免地造成了资源开发要素的浪费。因此，矿产资源开发利用企业间的利益博弈会加剧基于个体利益最大化的不正当竞争行为，私人通过寻租手段的使用获得博弈中的胜出，获得更多的矿产资源开发利用利益。

---

① 周业安：《健康的经济来自好的治理机制——威廉姆森的思想精髓》，2009 年 11 月 4 日，http：//www.21cbh.com/HTML/2009 - 11 - 4/152340_ 2. html。

第六章
政府与矿产资源开发利用企业间利益博弈失衡动因

中国资源开发的现状以及利益分割问题的宏观表象，源于资源开发中存在的突出问题所涉及的深层动因。本章分析了政府与矿产资源开发利用企业间利益博弈失衡的原因，包括两大层面：第一层面是政府与矿产资源开发利用企业间利益博弈失衡的原因，具体有：政府与矿产资源开发利用企业间利益博弈的目标差异、权限差异、行为偏差、环境偏差。第二层面是矿产资源开发利用企业间的利益博弈失衡的原因，具体有：矿产资源开发利用企业间利益博弈的政府行为影响、政府竞争影响、所有制基础影响、外部基础环境影响。本章的研究表明了政府与企业、企业与企业之间利益博弈关系需要管理利用和矫正的深层动因，为进一步探讨其间的机理等奠定了基础。

一 政府与矿产资源开发利用企业间利益博弈失衡的原因

（一）政府与矿产资源开发利用企业间利益博弈的目标差异

在计划经济体制背景下的资源开发中，矿产资源开发利用企业作为政府的附庸，其利益目标与政府追求的目标是一致的，在某种意义上，矿产资源开发利用企业是政府实现自身利益目标的手段和工具，不存在矿产资源开发利用企业独立的目标要求。在市场经济体制背景下的资源开发中，矿产资源开发利用企业作为独立法人，具有相对独立的目标要求，其行为必然以自身效用最大化为准则；而政府作为生产公共产品的部门，需要以整个社会的矿产资源开发利用利益以及社会稳定和发展为目标，导致政府具有不同于矿产资源开发利用企业的行为准则。因此，政府目标与矿产资源开发利用企业目标虽然不存在全局的、根本的冲突，但个别、局部的矛盾冲突或差异显然是存在的，从而不仅导致二者间存在利益博弈，也存在利益博弈失衡的可能。

1. 政府与矿产资源开发利用企业间利益目标的差异

（1）政府的社会目标与矿产资源开发利用企业的利润最大化目标存在冲突。作为矿产资源开发利用中的监管方和被监管方，政府与矿产资源开发利用企业存在因其所处地位及利益目标的不同而必然产生的利益博弈。作为矿产资源开发利用利益创造的主要实现主体，矿产资源开发利用企业追求自身的利益最大化；政府则倡导矿产资源开发利用利益的均衡和持续稳定发展。尽管当地矿产资源开发利用企业的发展与政府官员的政绩高度正相关，使得地方政府源于自身矿产资源开发利用利益诉求，往往不愿放手对所属矿产资源开发利用企业的控制。而矿产资源开发利用企业作为资源开发活动的微观主体，随着中国经济体制的不断转型，其对经营自主权的要求不断增加，形成了政府与矿产资源开发利用企业控制与自主的一种目标动态博弈，导致双方在矿产资源开发利用中的机会主义行为，政府行为悖论发生，使得政府作为资源开发各方利益的集中代表，必须为维护利益均衡而对矿产资源开发利用企业做出一定规范，对矿产资源开发利用企业的某些行为进行干预和限制；同时，地方政府往往十分关注基于矿产资源开发利用利益的辖区经济发展水平，这通常与矿产资源开发利用企业所追求的目标不一致，于是两者之间就存在冲突。

（2）企业在矿产资源开发利用中的社会成本被政府承担的客观存在。作为政府与矿产资源开发利用企业间利益博弈的重要方面，矿产资源开发利用企业社会成本的形成总是与其不适当的行为选择有关。如果矿产资源开发利用企业的决策与行为是以自身的效用或股东的利益为出发点和判别标准，那么资源开发的社会责任问题就不会进入其管理视野，社会成本问题也就不可避免。因而，当矿产资源开发利用企业竭尽全力通过资本的有效利用为自身谋利时，却给社会造成了为数巨大的费用和损失。很多矿产资源开发利用企业把本应内化的成本予以外化转嫁给社会，并造成一系列资源开发社会问题，如生态环境污染、滥用优势垄断价格、排挤中小竞争者等，都给政府实现资源开发目标带来压力。

2. 政府与矿产资源开发利用企业间利益目标差异的典型表现

（1）政府与矿产资源开发利用企业间的道德目标体系冲突。政府与矿产资源开发利用企业间的利益目标差异体现在诸多方面，其中，政府与矿产资源开发利用企业间道德目标体系存在冲突。根据万建华等人的研究，矿产资源开发利用企业信仰个人主义道德观，而政府信仰集体主义道德观，两种道德体系存在着一定的冲突。① "正因为这两种道德体系间存在冲突，所以目前企业与政府的关系从本质上说也是对抗性的，而且正在日益恶化。"②

（2）政府与矿产资源开发利用企业间的环境利益目标冲突。作为两种不同类型的法人行动者，政府与矿产资源开发利用企业是矿产资源开发利用中的两类基本利益主体。尽管在更大程度上以社会利益为目标的政府与矿产资源开发利用企业具有很强的利益共容性，然而，由于两者具体目标函数的差异，具有不同矿产资源开发利用利益倾向的政府与矿产资源开发利用企业，在一定条件下又会产生环境利益冲突，并导致博弈行为的发生。上述现象不仅表现在环境政策的执行和环境管理上，基于利润最大化目标的矿产资源开发利用企业，往往忽视环境保护，产生环境行为的负外部性，导致环境污染；也使得代表资源开发公共利益的政府运用经济、行政或法律的手段对违规矿产资源开发利用企业进行环境行为矫正、约束与管理，以缩小矿产资源开发利用企业的私人成本与社会成本差异。

（3）政府与矿产资源开发利用企业间的就业利益目标差异。鉴于矿产资源开发利用企业的在职失业、富余人员不仅表现为对矿产资源开发利用企业产值的零贡献，而且在多层面上影响其生存和发展、日常管理、文化建设，导致矿产资源开发利用企业的生产经营无法高效化、制度化、严

---

① 万建华、戴志望、陈建编著《利益相关者管理》，海天出版社，1998。
② 万建华、戴志望、陈建编著《利益相关者管理》，海天出版社，1998，第112页。

格化。因此，矿产资源开发利用企业追求用工效用最大化是其重要目标之一，并尽可能完全按照资源开发市场利益主体的行为法则来安排劳动力就业。而政府基于社会稳定和矿产资源开发利用利益和谐发展的考虑，往往敦促矿产资源开发利用企业尽可能多地吸纳就业。因此，政府与矿产资源开发利用企业间的就业利益目标存在巨大差异。

3. 政府与矿产资源开发利用企业间利益目标的相似性与利益博弈格局

（1）政府与矿产资源开发利用企业间利益目标的相似性。政府与矿产资源开发利用企业分别是资源的所有者（或权益代表者）和开发利用投资经营者，矿产资源开发利用企业将资源转化为可利用的资源性产品，并通过缴纳包括矿产等物质资源开发权价款在内的相关税费来实现政府（国家）的所有者权益；从而政府和矿产资源开发利用企业在利益上有某种程度的关联性与一致性，两者在资源开发活动中的利益目标及行为选择具有一定的趋同性与相似性。所以，在市场经济条件下，政府与矿产资源开发利用企业间利益关系的协调一般以利益配置为调节方式、以市场为利益配置载体。

（2）政府与矿产资源开发利用企业间利益目标差异形成的博弈格局。公共选择理论认为，制度环境是一种把市场和政治混合在一起，相互交叉，相互冲突，关系极为复杂的网络环境。许多资源开发政策的出台和执行过程，往往是政府与矿产资源开发利用企业间利益博弈的结果，或者是二者间博弈的均衡过程。因此，基于政府与矿产资源开发利用企业间利益目标的相似性的差异性存在，使得处于转型期的资源开发，更是充满了矿产资源开发利用企业私人目标和政府社会目标的矛盾冲突，使得二者间的对抗冲突博弈过程，在瞬时均衡中失衡，在动态失衡中达到均衡的临界状态。

（二）政府与矿产资源开发利用企业间利益博弈的地位权限差异

1. 所有权不明确，所有权与经营权分离不完善

（1）所有权实行不明确。国有矿产资源开发利用企业，特别是大型国有矿产资源开发利用企业，所有权与经营权是由政府统管的。从表面上看，矿产资源开发利用企业的资产由政府所有，事实上，政府很难像所有者关心私有财产那样关心矿产资源开发利用企业的资产经营效果；同时，政府作为行政机构并不像身处资源开发现场中的矿产资源开发利用企业那样，敏感于生产经营的变化，做出错误的决定在所难免，从而影响利益均衡发展。

（2）所有权与经营权分离不完善。对国有矿产资源开发利用企业来讲，资产归国家所有，在所有权和经营权分开仍不完善的背景下，矿产资源开发利用企业行为的总目标是追求政府计划的完成，争取尽可能多的国家投资，不会去考虑盈利最大化和使用资源成本最小化的问题。政府依然可以干扰矿产资源开发利用企业的经营活动。因而，在经营活动受到市场一定程度影响的条件下，矿产资源开发利用企业必须在关注市场的同时，盯着政府（上级），只有按照政府或上级行政机关的指令经营生产，才能从政府那里得到实惠，影响利益均衡发展。

2. 政府对矿产资源开发利用企业管理权限的差异性

（1）政府对矿产资源开发利用企业管理权限的差异。在资源开发中，因所授予权限、上属管理机构的不同，不同性质的矿产资源开发利用企业在与政府的利益博弈关系格局中所处的地位也不同。中央直属、省属国有矿产资源开发利用企业，由于其行政层级较高，上属管理机构赋予其较大的自主开发权限及相关优惠政策，且资源性产品主要税费和矿产等物质资源开发权的收益均直接由中央或省政府相关机构进行征收分配，使得市县级基层地方政府执行资源开发政策的统一性、执行效果的有效性受到影响，遭受资源禀赋与税收的双重流失，影响利益均衡发展。

（2）政府对矿产资源开发利用企业管理权限差异的效应。在实际的资源开发活动中，为增加地方财政收入、加强当地资源开发管理的控制能力，地方政府尤其是市县级政府往往偏向于鼓励当地的集体、私营矿产资源开发利用企业加入特定的资源开发，而对中央直属、省属矿产资源开发利用企业在当地的开发经营活动则予以抵制或约束，导致政府与矿产资源开发利用企业间利益博弈的非均衡发展。

3. 政府与矿产资源开发利用企业博弈地位的差异性

（1）政府存在不能平等对待所有矿产资源开发利用企业的可能。平等意味着政府与矿产资源开发利用企业在法律地位上是一样的，双方不存在行政上的上下级关系和依附关系，矿产资源开发利用企业不是政府的附属物，但也不能脱离政府提供的宏观管理环境。矿产资源开发利用企业依法进行资源开发投资、生产经营、管理活动，政府部门按照科学发展观和国家政策的要求，实行统一的、规范的标准，不能有松有紧，搞双重标准。政府的政策行为和矿产资源开发利用企业的生产经营行为，通过相互配合、相互调适，形成利益互动。但鉴于政府对宏观经济运行和资源开发市场主体行为进行调控、监督和管理，导致政府与矿产资源开发利用企业的利益博弈地位存在差异，为政府利用地位强势不能平等地对待所有矿产资源开发利用企业埋下伏笔。

（2）政府可通过带有倾向性的政策来主导与矿产资源开发利用企业博弈的基本方向。政府所制定和执行的资源开发政策对矿产资源开发利用企业发展的影响是至关重要的。政府既可以执行诸如禁止其他矿产资源开发利用企业插足资源开发领域，甚至扩大政府向特定矿产资源开发利用企业的订货量等政策，以巩固和发展目标矿产资源开发利用企业的市场阵地；也可以通过执行减少对目标矿产资源开发利用企业经营运作所需要素供给的政策，使其发展受挫；政府既可以执行各种有利于目标矿产资源开发利用企业从社会获取资金的政策，也可以限制或阻止其从社会取得资金；政府既可以执行各种政策为矿产资源开发利用企业提高技术水平创造良好的条件，又可以弃之不顾；既可以通过执行减免税等政策改善矿产资源开发利用企业的财务状况，反之也可以恶化其财务状况。因此，通过执行不同的资源开发政策，政府对特定矿产资源开发利用企业的生存环境起到截然不同的作用，导致矿产资源开发利用利益的非均衡发展。

（三）政府与矿产资源开发利用企业间利益博弈的行为偏差

1. 政府行为企业化与矿产资源开发利用企业行为行政化

（1）基于地方政府行为企业化的博弈行为偏差。地方政府行为企业化意味着地方政府特别关注矿产资源开发利用企业的微观资源开发活动，特别是出现与矿产资源开发利用企业新的利益结合。地方政府按照企业性的目标来定义自己的矿产资源开发利用利益目标取向，安排其管理活动，行为选择趋利化；片面追求资源开发指标，甚至在政策上屈从矿产资源开发利用企业特别是大型矿产资源开发利用企业（集团）的资本利益指向，而忽视了地方政府本应承担的资源开发公共职能、政府（国家）的公共价值目标和资源开发目标，从而导致地方政府与矿产资源开发利用企业间利益博弈中的行为偏差：通过层层行政下达的资源开发指标，将矿产资源开发利用企业发展作为衡量政府官员政绩的基本标准；或政府机构直接从事资源开发营利性活动，以"创收"作为政府活动的出发点；通过"为企业办实事"的名义对资源开发项目和矿产资源开发利用企业活动直接介入；通过政府官员与矿产资源开发利用企业的私下结合，为其发展提供不正当的服务，并从中谋取个人利益。

（2）基于矿产资源开发利用企业行为行政化的博弈行为偏差。矿产资源开发利用企业行为行政化意味着矿产资源开发利用企业像行政机关一样，有过多的行政官僚式的机构和部门，有下级服从上级的习性，对资源开发的公平竞争很不适应；同时，矿产资源开发利用企业追求矿产资源开发利用利益客观上也受到压制，其行为选择缺少利益独立性，缺少进一步发展的动力和愿望，同时还充斥着官衙习气，从而导致矿产资源开发利用企业与地方政府利益博弈中的行为偏差：亦官亦商、官商不分的行政化的特殊身份，使得部分具有垄断优势的国有矿产资源开发利用企业，得以同时充任裁判员与运动员，通过向政府行政部门输送利益，以及在矿产资源开发利用中的上下游设立门槛等方式，破坏资源开发市场规则，并导致中小矿产资源开发利用企业的生存环境日益恶化。

2. 矿产资源开发利用企业和政府基于不同原因的行为短期化

（1）基于多元委托代理关系的矿产资源开发利用企业行为短期化。矿产资源开发利用企业行为短期化意味着在资源开发中经营者只顾眼前，不管长远的一种急功近利的做法，是为了达到短期矿产资源开发利用利益目的而采用的行为。作为现代企业制度的基本特征，所有权与经营权分离会产生多层次的委托代理关系，导致矿产资源开发利用企业的股东、债权人和经营者之间构成最重要的资源开发委托代理关系。股东委托经营者代表自己管理矿产资源开发利用企业，为实现自己的资源开发目标而努力，但股东和经营者的目标是不一致的。"股东财富最大化"目标与经营者目标包括报酬、增加闲暇时间和避免风险等最大合理效用追求背离，有可能导致在矿产资源开发利用中的道德风险和逆向选择发生，造成企业短期行为。

特别是，政府与矿产资源开发利用企业间存在关于资源禀赋利用的委托代理关系；矿产资源开发利用企业内部存在治理的委托代理关系；加上国有矿产资源开发利用企业产权主体容易缺位，形成内部人控制，因而会导致矿产资源开发利用企业的机会主义行为；矿产资源开发利用企业经营者利用其对企业的控制权，对经营不负责任、从中渔利、肆意挥霍企业资金，甚至侵吞国有资产，等等。同时，企业经营者利用政府与矿产资源开发利用企业、经营者与投资者之间严重的信息不对称，通过采取短期行为人为操纵资源开发信息，形成政府与矿产资源开发利用企业间的利益非均衡发展。

（2）基于非科学性决策的政府资源开发行为短期化。政府行为的短期化常常是由政府决策的非科学性造成的，如资源开发目标选择的盲目性，科学决策程序缺乏；政治因素的干扰，忽视经济发展自身规律，过多地把资源开发政策目标政治化；政策目标往往由长官意志决定等，导致政府片面追求资源开发对 GDP 和税收贡献等，政府未能真正履行其职能和承担其责任，造成资源开发市场竞争不规范、过度开发、资源浪费、环境破坏、就业困难等利益非均衡发展。

（四）政府与矿产资源开发利用企业间利益博弈的环境偏差

1. 竞争环境不平等，加剧政府与矿产资源开发利用企业间的摩擦

鉴于矿产资源开发利用企业存在按照不同的行政级别，享受不同的待遇，有些矿产资源开发利用企业可以得到优惠政策，有的则不行。政府的父爱主义并没有减少政府与矿产资源开发利用企业间的矛盾，相反，不仅导致矿产资源开发利用企业间的矛盾加剧，而且给政府与矿产资源开发利用企业带来新的摩擦，如没有得到优惠的矿产资源开发利用企业抱怨政府偏心眼，得到优惠的矿产资源开发利用企业则更加依赖政府，要求得到更多。这种政府对矿产资源开发利用企业创造不平等的竞争环境，竞争规则不一致，效率标准不一致，使矿产资源开发利用企业不注意挖掘内部潜力，而争着向政府要优惠，这也为矿产资源开发利用企业行为的不端和政府行为的腐败提供了机会。另外，竞争环境不平等使某些大中型矿

产资源开发利用企业利用自己的特殊地位实行垄断,利用价格的市场优势对通货膨胀推波助澜,也使政府的资源开发政策和公共利益受到削弱和侵蚀。

2. 政府对矿产资源开发利用企业税费计征条件的偏差

政府对矿产资源开发利用企业的税费计征没有体现生态环境成本。由政府(国家)控制的矿产资源开发利用企业税费计征措施,未形成完善合理的资源价格体系,既没有反映资源的供求和稀缺状况,也没有纳入矿产资源开发利用企业本应承担的社会生态环境成本,导致资源价格被严重扭曲。在资源供给日益紧张的同时,价格却十分低廉。比如新疆资源补偿费平均费率为1.18%,而国外性质基本相似的权利金费率一般为2% ~ 8%;即使在德国、法国这样的低税率国家,原油资源税也是新疆目前的34倍。[①] 大量矿产资源开发利用企业获得的资源开发禀赋长期处于"低价"甚至"无价"使用的状态,资源开发进入门槛低和开采成本低,导致私挖滥采严重,矿产资源开发利用效率很低。

二 矿产资源开发利用企业间的利益博弈失衡原因

(一) 矿产资源开发利用企业间利益博弈中的政府角色缺失

世界银行(1997)的世界发展报告指出,政府的核心使命包括五项基本的责任:建立法制基础、保持宏观经济稳定、提供社会和基础设施服务、保护弱势群体、保护环境和自然资源。[②] 因此,在矿产资源开发利用企业间的利益博弈中,政府既是二者博弈的监控者,又直接参与其间博弈利益的分割活动。通过法律机制、补贴政策、信贷活动以及提供公共服务等,政府行为会在很大程度上刺激或抑制矿产资源开发利用企业间的利益博弈及均衡结果,以及影响和控制整个资源开发领域的发展。同时,政府

---

① 刘建新、蒲春玲:《新疆在矿产资源开发利用中的利益补偿问题探讨》,《经济视角》(下半月) 2009 年第 2 期。

② 何修猛:《转型期政府形象危机的理性思考》,Journal of US - China Public Administration, ISSN 1548 - 6591, USA; Oct. 2005, Volume 2, No. 10 (Serial No. 11)。

作为资源开发的受益人,势必会参与到矿产资源开发利用企业间的利益博弈竞争与合作之中,这也一定会影响矿产资源开发利用企业的行为选择。这是由于,矿产资源开发利用企业间利益博弈均衡的前提条件就是其博弈必须能够进行。政府在此过程中的首要作用就是构建博弈能够顺利进行所需的相对稳定环境。不但包括物质、制度环境,还应该包括信心、期望等软环境。

1. 矿产资源开发利用企业间利益博弈中政府裁判者角色作用

(1) 矿产资源开发利用企业间利益博弈中的政府裁判者角色主要表现在:一是处理二者间利益博弈中所产生的内部纠纷。在符合法定程序的前提下,公正、公平、公开地处理纠纷,能够有效地减少其间的利益博弈成本而增进博弈收益。二是处理二者间利益博弈中所产生的外部纠纷,即二者利益博弈主体与受损害对象之间的纠纷,其间接影响二者间的博弈成本。例如,矿产资源开发利用企业行为的外部性与受害对象的分离在很大程度上降低了其行为选择的积极性,政府公正合理地处理,将会影响矿产资源开发利用企业间的利益博弈行为。

(2) 矿产资源开发利用企业间利益博弈外部环境的政府干预与协调。利益博弈的源头在于不同的利益冲突和摩擦,政府可发挥其解决、控制和协调冲突与摩擦的其他组织无法比拟的优势。随着资源开发分工的深化导致的生产社会化、专业化程度不断提高,矿产资源开发利用企业间的利益博弈关系互动制约的作用越来越强,客观上要求政府承担更多的协调职能,实现相互利益的帕累托改进。一方面,要求政府的干预必须适时适度地进行,按照资源开发的需要来建设规范市场,为矿产资源开发利用企业间利益博弈提供健康有序发展的外部条件;另一方面,要求政府的干预必须采取适当有效的方式,通过宏观的财政金融政策调整资源开发主体的行为选择。

2. 矿产资源开发利用企业间利益博弈中政府激励者角色作用

(1) 矿产资源开发利用企业间利益博弈中政府的激励者角色主要表现在:通过各种规制政策来改变矿产资源开发利用企业间利益博弈的行为成本,造成对资源性产品质量、生产率、投资等的规制效应,如构建环境技术市场,征收生态环境补偿费、资源税等。正如 Porter(1991)所言,规制可能带来技术创新的刺激等间接收益。① 另外，与控制型政策工具相比，基于市场的政策工具与命令在成本有效性上有一定优势。②

（2）通过利益激励诱导矿产资源开发利用企业的行为选择。对表现优秀的矿产资源开发利用企业给予税收、财政上的优惠补助，利用信贷、价格等杠杆来激励补偿，直接改变矿产资源开发利用企业间利益博弈的收益矩阵。比如，《关于企业所得税若干优惠政策的通知》（1994）③，《贯彻信贷政策与加强环境保护工作有关问题的通知》④ 等中国发布的各种法律法规，发挥政府在矿产资源开发利用企业间利益博弈中的激励者作用。

3. 矿产资源开发利用企业间利益博弈中政府游戏规则制定者角色作用

（1）政府在矿产资源开发利用企业间利益博弈中充当着游戏规则的制定者。矿产资源开发利用企业间利益博弈的进行与利益均衡的实现，需要相对稳定的游戏规则环境。良好的规则秩序是健康的资源开发环境不可或缺的一部分，合理全面的法律、法规、政策体系是形成理想资源开发环境的必要条件。政府是市场先天秩序条件的提供者和维护者，是全社会利益的代表；唯有政府才有可能站在全局的立场上，提供一套公正公平的秩序体系。⑤ 因此，政府在提供资源开发公共秩序方面与其他组织相比具有优势，可以提供保障矿产资源开发利用中企业间利益博弈竞合均衡的基本前提。

（2）政府在矿产资源开发利用企业间利益博弈中充当着规制规则激励的制定者角色。鉴于政府通常有能力影响并改变矿产资源开发利用企业等相关利益主体的行为选择，通过道德规劝、税收、补贴和商品劳务的公共分配等来影响和改变矿产资源开发利用企业的行为，还可以采用政府规

---

① 赵红：《环境规制对产业技术创新的影响——基于中国面板数据的实证分析》，《产业经济研究》2008 年第 3 期。
② 张其仔、郭朝先：《制度挤出与环境保护政策设计》，《中国工业经济》2007 年第 7 期。
③ 财政部、国家税务总局：《关于企业所得税若干优惠政策的通知》，中国百科网，http://www.chinabaike.com/law/zy/bw/gw/czb/1348030.html。
④ 《关于贯彻信贷政策与加强环境保护工作有关问题的通知》，中华环保频道，http://www.cctvep.com/tech/2007-7-5-1074.htm。
⑤ 方辉振：《政府角色及职能定位的理论基础》，《中共南京市委党校南京市行政学院学报》2003 年第 5 期。

制，依赖于法规和处罚作用，依托价格、产出限制、产品质量、安全标准、罚款、吊销营业执照、剥夺特许权或表决权等，甚至对违规者动用刑罚等来影响和改变矿产资源开发利用企业的行为模式，也即对某种行为具有法律效力的制约或限制。① 因而，政府在制定各种资源开发政策和合约规则时，可针对相关矿产资源开发利用企业的特征和偏好，将矿产资源开发利用企业间的利益关系协调一致，以保证资源开发的配置效率，也即通过政府的制度安排功能在很大程度上可保障矿产资源开发利用企业间利益博弈的实现和稳定，增加博弈参与者继续参与"游戏"的信息，实现对矿产资源开发利用企业行为进行必要的引导、约束和激励。此外，政府还可以利用政策规则具有的"路径依赖"（path dependence）特点，② 激励矿产资源开发利用企业间利益博弈竞合均衡过程的自我强化。

4. 矿产资源开发利用企业间利益博弈中政府信心引导者角色作用

矿产资源开发利用企业间利益博弈的发生过程有的是自主进行，有的则需要外界引导，即使是自愿进行的，其持续时间和均衡的选择也是需要有相应的协调过程。

（1）矿产资源开发利用企业间的利益博弈需要政府信心引导者角色作用的发挥。一是由于矿产资源开发利用企业间的利益博弈存在很大的不确定性和不稳定性，因而，没有良好的预期和信心前提企业是不会介入资源开发博弈的；即使介入也不会有足够的耐心和勇气继续下去，此时需要政府给予信心支撑。依托政府的存在和管理，矿产资源开发利用企业参与博弈的悲观情绪在某种程度上消除和促进公共信心的建立。二是在博弈常常存在多重均衡的情况下，政府更是有理由干预消除矿产资源开发利用利益发展的帕累托次优均衡，支持最理想均衡的采纳。

（2）矿产资源开发利用企业间利益博弈中的政府信心引导者角色发挥额外成本低廉、作用巨大。事实上，政府给予矿产资源开发利用企业间利益博弈的信心并一定要采取什么额外的措施或举动，因为根据不完全信息动态博弈研究可知，政府只需要使自己的承诺可信，就可以改变矿产资

---

① 胡税根：《论新时期我国政府规制的改革》，《政治学研究》2001年第12期。
② 李强：《政府规制、路径依赖与全流通时代我国上市公司股权结构的导向》，《湖北社会科学》2008年第4期。

源开发利用企业间的利益博弈在某些路径上的信念，从而实现矿产资源开发利用企业间利益博弈的政府信心引导者角色作用。政府通过一直以来的健康、亲和、负责任的形象参与资源开发活动，提升政府承诺可信度，体现政府长期经营的承诺可信。正如在 Diamond（1982）、Dybvig（1983）、Fudenberg（1989）以及 Obstfeld（1996）等许多事件或模型中体现①的政府通过承诺来化解危机的例子。

所以，矿产资源开发利用企业间利益博弈中的政府引导者角色，既可以通过基于政府主导的命令与控制方法，依托行政手段实现引导；也可基于市场机制，依托经济利益刺激手段。或是进一步调整和理顺政府、矿产资源开发利用企业和矿区在矿产资源开发利用中的作用和利益关系，实行信息公开化，实现公众监督，引导矿产资源开发利用企业间的利益博弈均衡。

5. 矿产资源开发利用企业间利益博弈中政府投入者角色作用

（1）公共产品是矿产资源开发利用企业间利益博弈的物质保障。矿产资源开发利用企业间的利益博弈需要公共产品作为其均衡发展的物质保障。鉴于公共产品是那些为社会大众所利用的不具备排他性的产品（如道路）或排他性不能为社会所接受的产品,② 需要依靠政府的力量以非经济的方式来安排；伴随着矿产资源开发利用企业间利益博弈中大量的信息、物资、人力资本等要素流动，任何私人部门都不可能提供充足的供给，需要政府的供给支持。因此，公共产品的提供是政府发动、促进矿产资源开发利用企业间利益博弈、支持资源开发进程的主要职责之一。

（2）矿产资源开发利用企业间利益博弈中政府投入者角色的表现。矿产资源开发利用企业间利益博弈需要一定的外部公共基础条件，政府的投入者角色对矿产资源开发利用企业间利益博弈的影响主要表现在：一是改善基础设施。通过良好基础设施有效降低矿产资源开发利用企业成本，吸引更多的投资；交通设施的完善，有利于下游矿产资源开发利用企业的

---

① 施建淮：《基于信息的双重危机模型及其在东亚危机中的应用》，《经济学》（季刊）2001 年第 10 期；朱波、范方志：《金融危机理论与模型综述》，《世界经济研究》2005 年第 6 期。

② 余斌、张钟之：《试析公共产品的本质属性》，《高校理论战线》2007 年第 1 期。

市场发现和开拓成本。二是信息技术提供。政府的特殊地位使其能拥有比单个矿产资源开发利用企业更为丰富的信息资源优势，大幅度地降低上下游矿产资源开发利用企业寻找合作伙伴的费用，并为新产品市场提供有力的开拓帮助，增强矿产资源开发利用企业通过利益博弈解决外部效应问题的信心，实现经济效益与环境效益的统一。三是完善公共产品供给的方式。这意味着政府将公共产品的直接和间接供给结合起来，以提高供给效率。政府可利用各种预算安排和制度安排引导私人参与公共产品生产，如对于那些具有规模效益的自然垄断性资源开发所需的公共产品，像矿区流域水污染生态控制等，可通过契约合同的政府安排方式由私人提供。①

6. 矿产资源开发利用企业间利益博弈中政府干预角色的扭曲

政府对矿产资源开发利用企业间利益博弈的干预在一定程度上可满足资源开发的需要，促进其开发秩序的正常运行。但遗憾的是，政府角色的缺失，或各类作用发挥得不理想，使得政府在处理矿产资源开发利用企业间的利益博弈纠纷时，往往不能持公正的态度，对其外部环境干预与协调，对其间的利益博弈过程规制，间接导致二者间利益博弈的失衡。具体表现在：一是政府对矿产资源开发利用企业间利益博弈的角色作用发挥不够。机构设置重叠，内耗较大；干预缺乏权威性、及时性、有效性，难以弥补矿产资源开发利用企业间利益博弈失衡带来的外部效应。二是政府对矿产资源开发利用企业间利益博弈的调控政策制定存在着滞后性。可能使资源开发政策的实行结果与预期目标相距甚远，导致基于矿产资源开发利用企业间利益博弈失衡的政府政策失灵。三是政府对矿产资源开发利用企业间利益博弈的调控机制与市场机制可能存在矛盾，导致矿产资源开发利用企业间利益博弈的配置效率下降；同时，政府的调控作用涉及资源开发全局，但微观个体和情况形形色色，企业个体千差万别；假如运用的是差别政策，调控的复杂程度就会很高，政策制定的工作量就会很大，成本耗费也势必很多，矿产资源开发利用企业间利益博弈的结果也许得不偿失甚至利益发展严重失衡。四是政府的角色时常发生错位。在资源开发市场上，许多政府机构和部门出于自身利益最大化考虑，不愿意扮演"裁判

---

① 胡乐明：《公共物品与政府的作用》，《财经研究》2001年第8期。

员"的角色，维护比赛秩序；而是热衷于"亲自参赛"，充当"运动员"；或是不愿意放弃对矿产资源开发利用企业的直接、微观管理和经营，通过以权换钱，形成"设租"和"寻租"交替的现象，形成基于与代理人直接勾结的委托人利益损害。鉴于以上政府角色作用发挥的种种弊端，政府对矿产资源开发利用企业间利益博弈的环境创造和维护，存在导致二者间利益博弈失衡的重大风险。

（二）矿产资源开发利用企业间利益博弈中的政府互动影响

1. 矿产资源开发利用企业间利益博弈中的政府竞争约束

（1）矿产资源开发中的政府间竞争。根据谢晓波的观点，政府间竞争意味着市场经济条件下各行政区政府围绕改善投资环境、吸引可流动生产要素而展开的竞争，培育要素在当地的"根系"（localroots）。① 而根据孙宛永的观点，政府间竞争的根本原因在于其辖区内的社会成员和生产力要素的载体，即企业拥有的"政府选择权"。② 因此，鉴于对资源开发所依托的要素流动有重要影响的制度环境供给，取决于地方政府的行为选择，地区间的竞争是各地矿产资源开发利用企业等之间的开发利益竞争，在很大程度上也可以看作辖区政府之间的竞争。当政府提供的具有"公共商品"特征的资源开发环境，能够满足其辖区矿产资源开发利用企业需要时，政府就具有强大的吸引力和凝聚力，不仅增强了对辖区内人才和其他生产力要素的有效控制，而且也吸引其他政府辖区内的人才和生产力要素向其所辖区域流动，进一步增强该政府的竞争力和公信力。

（2）政府竞争对矿产资源开发利用企业间利益博弈的影响方式。鉴于市场经济条件下的价值规律普遍作用，矿产资源开发利用中的所有资金、技术、人才、信息、资源都将流向最有利可图的、效率和效益最佳的地区，政府间竞争会以特定方式对矿产资源开发利用企业间的利益博弈产生影响。一是通过地方公共产品改善。鉴于地方公共产品是吸引资源开发

---

① 谢晓波：《地方政府竞争与区域经济协调发展》，浙江大学博士学位论文，2006年2月1日。
② 孙宛永：《论政府竞争与企业竞争的关系》，《新乡师范高等专科学校学报》2003年第7期。

要素流入的基础性环境条件，也是获取矿产资源开发利用利益相关主体支持或赞同的重要砝码，因此，地方政府间的竞争可通过地方公共产品供给数量的扩大和质量提高，吸引区外要素流入而改善基础设施建设、投资环境、社会治安，提高政府服务效率及一系列相关的制度创新等，改变矿产资源开发利用企业间利益博弈的环境条件。二是通过生产要素争夺。根据制度经济学观点，劳动力、资本、技术、土地是经济发展的四大要素，因而，各地政府会基于自身利益最大化的考虑，出台一系列优惠政策吸纳人才，制定税收及土地使用等系列优惠政策吸引争夺资金、技术，导致竞争日趋激烈，从而影响矿产资源开发利用企业间的利益博弈条件。三是通过对矿产资源开发利用企业的直接支持和鼓励。通过制定金融、财政优惠政策等，或者为矿产资源开发利用企业用工和人才吸引方面提供特殊政策和便利条件，提高本地矿产资源开发利用企业的竞争力，形成对矿产资源开发利用企业的直接支持和鼓励。四是通过市场封锁与保护。通过行政、经济手段限制外地资源性产品进入本地市场，运用政策倾斜，扩大管理范围，增加审批手续，强令当地矿产资源开发利用企业经营、收购或推销当地资源性产品；强化经济杠杆，迫使和诱使当地矿产资源开发利用企业实施封锁措施，直接改变矿产资源开发利用企业的行为方式。

（3）政府竞争与矿产资源开发利用企业间利益博弈的互动约束。鉴于强大的矿产资源开发利用企业竞争力是辖区资源开发竞争力的基础，政府所辖矿产资源开发利用企业竞争能力的强弱，在某种程度上反映和决定着政府的竞争能力。因此，政府间竞争实际上表现为矿产资源开发利用企业间的利益竞争博弈。当政府提供的资源开发环境符合矿产资源开发利用企业竞争需要时，就能吸引更多的矿产资源开发利用企业在其管辖内进行资源开发，进一步增强政府的竞争力，从而形成政府竞争对矿产资源开发利用企业间利益博弈的良性环境约束，使矿产资源开发利用企业竞争力和政府竞争力进入良性互动的轨道；反之，当政府提供的环境不能满足矿产资源开发利用企业利益博弈需要时，一般会发生矿产资源开发利用企业"用脚投票"，从而惩罚政府在竞争中的"失职"。另外，政府竞争对企业间的利益竞争博弈具有强烈的反作用。政府是辖区矿产资源开发利用企业间利益博弈规则的制定者和裁判者，通过行政的、经济的、法律的手段，政府可引导本辖区矿产资源开发利用企业进行公开、公正、公平和有序的利益博弈；同时，政府提供的公共产品的满足程度也会对矿产资源开发利用企业间利益博弈能力具有强大的积极或消极作用。

2. 矿产资源开发利用企业间利益博弈中的政府合作影响

（1）政府间的合作。意味着地方政府也面临着类似"囚徒困境"博弈的难题。① 通过协商和沟通，相关方可以有选择地摆脱基于竞争的困境状态，达致"双赢"的理想水平。根据世界经济合作发展组织（OECD）的归纳，地方政府间合作的原因在于：环境保护和经济持续发展等公共政策问题，亟须各地方政府间的协力处理；区域经济发展失衡，须地方政府间通力合作解决失业和贫穷等社会问题；全球化的冲击，须借由地方政府间进行提升地方竞争力的行动整合。② 所以，地方政府间的合作有利于提高整体竞争力；促进区域协调发展和市场化进程，走出地方政府间利益博弈的"囚徒困境"。而且，地方政府间的横向合作通过将中央（上级）与地方（下级）间"一对一"的博弈格局变成"一对多"的联合博弈局面，通过横向的跨区域的利益共同体，联合向中央（上级）政府"讨价还价"，争取到对本区域更加有利的公共政策安排。

（2）政府合作对矿产资源开发利用企业间利益博弈合作因子的影响。鉴于政府合作的目的，从根本上说，在于通过行政性力量，基于对市场规范的共识，扫除行政壁垒，促进区域内部要素的流动，实现资源的有效配置，最终形成一个统一的地域经济组织。因而，在市场经济深入发展和各地方政府利益独立化的制度背景之下，政府在矿产资源开发利用中的合作机制必须建立在分享共同利益的基础之上，从而可以影响矿产资源开发利用企业间利益博弈的合作因子。一是政府合作构建的统一协调的市场竞争规则影响了矿产资源开发利用企业间利益博弈的合作因子。经验表明，如果没有统一市场规则的支撑，就无法协调各地方政府的资源开发行为、限制各地区行政权力和垄断势力扭曲、实现区域资源开发要素的有效配置。

---

① 刘大志、蔡玉胜：《地方政府竞争行为与资本形成机制分析》，《学术研究》2005年第3期。
② 汪伟全、许源：《地方政府合作的现存问题及对策研究》，《社会科学战线》2005年第9期。

因此，政府合作可推进市场竞争规则一体化，通过实行统一的非歧视性原则、市场准入原则、透明度原则、公平贸易原则，促进资源开发市场的发育与完善，必然会增加矿产资源开发利用企业间利益博弈的合作因子。二是政府合作构建的跨行政区的制度性的组织协调机构影响了矿产资源开发利用企业间利益博弈的合作因子。没有统一的跨行政区域的资源开发协调管理，没有明确的协议或制度，就很难保证地方政府在追求地方利益的同时不会对共同的矿产资源开发利用利益产生消极影响。因此，建立在自愿合作基础之上的相关地区政府间的合作，会形成对各地具有明确作用的约束性机制，构成对各地方政府行为的有效约束，消除局部利益对区域共同矿产资源开发利用利益的侵蚀，并在保证共同利益的基础上形成具有约束力的共同政策和制度规范等博弈规则，实现资源开发体系内的超行政区的协调与管理。因而也必然会影响矿产资源开发利用企业间利益博弈的合作因子。三是政府合作实现的区域间的基础设施一体化影响了矿产资源开发利用企业间利益博弈的合作因子。基础设施的一体化是区域一体化的基本架构，否则，不仅会使现有的资源与设施空置与浪费，而且也会极大地影响地区间生产要素的自由流动，提高区域内的交易成本。因此，政府合作通过消除条块分割体制的影响，实现跨区域基础设施的无缝隙衔接，自然也会影响矿产资源开发利用企业间利益博弈的合作因子，以及资源开发效率。

（三）矿产资源开发利用企业间利益博弈中的所有制因素

基于所有制因素的矿产资源开发利用企业间的利益博弈的产生发展，总体上是一个自下而上的诱致性发展过程。在整个资源开发中，非国有矿产资源开发利用企业是在体制外产生和发展的，经历了歧视、限制发展到规范发展再到鼓励发展的曲折过程；同国有矿产资源开发利用企业形成相互促进，非国有与国有矿产资源开发利用企业在利益互动博弈中共同成长。非国有矿产资源开发利用企业具有产权清晰、机制灵活、利益直接，对资源开发市场适应性强的特点，使得其在利益博弈中占据先导和竞争优势，并对国有矿产资源开发利用企业的行为方式产生诱导；而国有矿产资源开发利用企业的雄厚发展基础为非国有矿产资源开发利用企业的萌发成长奠定了坚实的发展基础。

1. 国有与非国有矿产资源开发利用企业间博弈行为互动的影响

（1）国有矿产资源开发利用企业对非国有矿产资源开发利用企业博弈行为选择的影响。一是国有矿产资源开发利用企业在改革初期和过程中的体制漏洞，为非国有矿产资源开发利用企业的发展壮大提供了充分的机会空间，为其获得重要的初期发展所需的技术、管理等要素提供基础，增加二者间利益博弈的机会和条件基础。特别是，国有矿产资源开发利用企业在改革过程中的双轨制特点为非国有矿产资源开发利用企业的发展，提供了相对稳定的宏观环境，从而为二者间的利益博弈提供了外部成长机会和环境。二是国有矿产资源开发利用企业的破产改制为非国有矿产资源开发利用企业开辟了广泛的购并市场，增加了其借机扩大多元化经营的领域，从而增加了二者间利益博弈的市场空间。三是国有矿产资源开发利用企业的战略性调整为非国有矿产资源开发利用企业拓展了发展空间。随着国有矿产资源开发利用企业发展战线的适当收缩，包括退出一些领域，让出一些空间，甚至出让部分国有矿产资源开发利用企业，鼓励非国有矿产资源开发利用企业以独资、参股、控股等方式参与国有矿产资源开发利用企业的改制、改组和改造，实现由单一所有制向产权多元化的混合型转变，增加了二者间利益博弈的机会。

（2）非国有矿产资源开发利用企业对国有矿产资源开发利用企业博弈行为选择的影响。一是通过使国有矿产资源开发利用企业对大多数买方市场的适应促进，改变了二者间利益博弈的市场环境。随着国有矿产资源开发利用企业垄断地位的逐步丧失，其不得不成为竞争性市场价格的接受者，甚至同非国有矿产资源开发利用企业展开有限的市场份额竞争，迫使国有矿产资源开发利用企业面临竞争程度更高的外部市场环境，导致二者间利益博弈的市场环境改变。二是通过国有与非国有矿产资源开发利用企业间的交易大大增强，增加了二者间利益博弈的内容。通过使二者间的交易数量规模扩张、交易形式更趋复杂化，既加快了各类所有制矿产资源开发利用企业范围内"混合经济"发展步伐，同时也使各方在交易中维护自身资源开发权益问题的利益博弈空前突出，并促使各类所有制矿产资源开发利用企业主体的行为选择不断朝着更符合市场经济要求的方向转变。三是通过对国有矿产资源开发利用企业改革的进程促进，提高了二者间利益博弈的规范程度。非国有矿产资源开发利用企业的快速发展不仅减少了国有矿产资源开发利用企业的市场控制份额，影响其利润率和生产效率，而且通过对改革约束条件放松的"倒逼"，促进国有矿产资源开发利用企业产权改革的提速和相关领域改革的深化，并成为其提升资源开发效率的重要依托。非国有矿产资源开发利用企业通过自身的成长，改变了其在矿产资源开发利用中的地位，为国有矿产资源开发利用企业从"放权让利"式的外围性改革深入其内部的产权制度改革创造了条件，从而最终改变了国有矿产资源开发利用企业的行为方式，导致二者间利益博弈更加规范。四是通过对矿产资源开发利用利益分配格局的改变，国有与非国有矿产资源开发利用企业间利益博弈的方式改变了。非国有矿产资源开发利用企业的快速发展导致一部分企业家阶层先富起来，并形成了示范效应，不仅从一个角度促进了适应市场经济的个人收入分配制度，促进社会保障制度的结构、功能、效率和公平等方面的发展；同时也导致对个人价值和利益诉求的显化，改变了二者间利益博弈的方式。

（3）国有与非国有矿产资源开发利用企业间利益互动博弈行为的结果。一是促进了资源开发中利益博弈主体多元化的格局。国有与非国有矿产资源开发利用企业间的利益博弈，导致国有矿产资源开发利用企业单一的产权结构具有"开放性"和流动性的重要特征，从依附于国有、集体组织保护，处在改革边缘化的地位，已经发展成为独立的成分和组织，从根本上改变了国有产权结构不能流动、不能竞争的状态，最终形成政府单凭行政手段干涉矿产资源开发利用企业会遭受到其他产权利益主体抵制的结局；同时，非国有矿产资源开发利用企业封闭的产权结构也呈现开放性和社会性的特征，其通过同其他所有制类型利益主体的合资、合作、改制，不断地增强着自身的竞争能力，从而在资源开发领域也形成以公有制为主体、多种所有制成分共同发展，利益博弈主体多元化的所有制格局。二是促进利益博弈规则的形成。随着社会主义市场体系的发育和成长，市场调节的比重越来越大，政府调节的比重越来越小；随着要素市场培育和要素市场化进程的加快，资本市场、劳动力市场等要素市场发展趋势良好，综合市场化程度在70%以上；① 价格要素日益成为国有与非国有矿产资源开发利用企业间利益行为互动、利益博弈的重要参考和行为引导变量。从而改变了国有与非国有矿产资源开发利用企业间行为互动的信息引导方式、利益博弈的内容和方式。三是促进了资源开发市场经济管理框架的建立。通过国有与非国有矿产资源开发利用企业间的利益选择行为互动、利益博弈选择，促进了同市场经济相适应的资源开发管理框架的初步建立完善，提高了资源开发管理调控的质量和水平，为国民经济的持续、高速发展提供了资源供需基础。

2. 国有与非国有矿产资源开发利用企业间利益博弈的所有制基础不足

（1）国有与非国有矿产资源开发利用企业间利益博弈的地位不平等。国有矿产资源开发利用企业的改革尚未完成，政府干预矿产资源开发利用企业经营活动的现象普遍存在，不仅导致矿产资源开发利用企业作为利益主体不能根据源自自身利益最大化的动机标准自主选择与决策，制约了其与非国有矿产资源开发利用企业基于利益追求标准的利益博弈模式转换。此外，国有大型矿产资源开发利用企业鉴于其重要性及被过于重视强调，相对非国有矿产资源开发利用企业而言，后者是天然弱小的，不仅意味着二者间利益博弈地位的不平等，而且延缓了向对称性互惠共赢的利益博弈模式演进的速度。

（2）国有与非国有矿产资源开发利用企业间利益博弈的秩序不理想。中国的市场性垄断虽并不多见，但行政性垄断却普遍存在，导致国有与非国有矿产资源开发利用企业间的利益博弈缺乏竞争压力，使得具有行政性垄断特征的矿产资源开发利用企业运行效率低下，产品或服务价格高昂，资源开发的整体社会福利受损。此外，行政性进入壁垒的存在及其运行规则不完善，导致中小矿产资源开发利用企业过度密集而产生低水平过度竞争，导致国有与非国有矿产资源开发利用企业基于分工协作的有效利益博弈秩序不理想，竞争合作过程存在利益结果失衡。同时，资源开发领域的

---

① 曾学文：《中国经济市场化程度达73.8%》，人民网，http://finance.people.com.cn/GB/1045/3615148.html，2005年8月15日发布。

协会在国有与非国有矿产资源开发利用企业间利益博弈秩序方面的矫正、缓冲作用尚未得到充分发挥。

（3）国有与非国有矿产资源开发利用企业间利益博弈的内生机制不健全。国有与非国有矿产资源开发利用企业间利益博弈的连续性共赢模式作为一种理想追求，客观上要求各类矿产资源开发利用企业间形成股权、契约、信誉、文化等内生媒介，引导、约束和调整其资源开发行为选择方式，促进矿产资源开发利用企业间利益博弈均衡。但中国的矿产资源开发利用利益内生媒介形成通路不畅。不仅国有矿产资源开发利用企业产权的一元化特征明显，资产证券化发育不够，限制了资源开发要素的流动整合；而且，中小矿产资源开发利用企业与大型矿产资源开发利用企业的长期契约不多，一些集团化的矿产资源开发利用企业在政府"拉郎配"下有名无实，几乎成为谋取政府资源开发优惠资源和优惠政策的代名词；另外，有些矿产资源开发利用企业信誉不良，企业文化建设滞后，严重影响矿产资源开发利用企业间利益博弈均衡发展。

（四）矿产资源开发利用企业间利益博弈中的外部基础环境条件

1. 矿产资源开发利用企业间利益博弈的市场化基础不完善

（1）矿产资源开发利用企业间利益博弈中的市场化程度。市场化程度反映了一个地区或国家的市场运行状况，市场机制发挥作用的范围和力度。根据胡仁霞基于经济转轨角度的观点，即市场在资源配置中的作用程度，其实质是指在很大程度上经济决策权在市场主体中逐渐转交和分散的程度。① 根据柳建平的观点，则指经济"自由"的程度逐步增加和政府对管制程度的逐渐弱化过程。② 而崔世春（1999）的观点则意味着市场在宏观调控下对资源配置所起基础性作用的大小。从以上对市场化程度的研究来看，矿产资源开发利用企业间利益博弈中的市场化程度意味着政府和市场机制对资源开发的作用程度及其所占份额，以左右矿产资源开发利用企

---

① 胡仁霞：《中俄市场化程度的比较分析》，《东北亚论坛》2005年第1期。
② 柳建平：《市场化的内涵及其定量分析》，《甘肃省经济管理干部学院学报》2004年第3期。

业利益博弈和合作均衡的形成，实现矿产资源开发利用利益的稳定均衡发展。

（2）市场化基础影响矿产资源开发利用企业间利益博弈的主要内容。鉴于在影响资源开发市场化基础的众多因素中，除政府占有主导地位之外，市场发育程度、利益主体的自由度以及交易条件和相关法规的完善程度等都会产生影响，因此，市场化基础影响矿产资源开发利用企业间利益博弈的主要内容和机制如下：一是通过政府与市场间的关系影响矿产资源开发利用企业间的利益博弈。市场化基础条件的一个最重要内容在于政府与市场分配资源开发要素的作用和地位。主要看政府对资源开发要素的占有、分配与控制程度；以及政府干预的手段和方式是否符合资源开发市场的内在利益均衡发展要求。且政府的干预程度一般与市场化程度反相关。① 因此，在资源开发中，政府主要通过包括保护产权、提供公共物品、解决信息不对称所带来的低效率问题、救济处于危机中的利益主体等职能，通过解决外部性问题、约束利益主体的非理性行为、限制垄断、调节宏观态势和结构等，通过政府与市场间的关系影响矿产资源开发利用企业间的利益博弈。二是通过利益主体的自由程度影响矿产资源开发利用企业间的利益博弈。利益主体行为的自由程度是直接体现微观基础市场化程度的重要指标。尽管矿产资源开发利用企业在经营和资源配置方面仍受到较多的政府干预和非利润驱使，但在资源开发市场中的自由选择空间增大，市场化程度提高，使得矿产资源开发利用企业间的利益博弈朝着和谐共赢的方向发展。三是通过市场交易条件和法律制度环境影响矿产资源开发利用企业间的利益博弈。市场交易条件和法律制度环境发育对资源开发市场深入发展的适应和促进，法律制度环境日臻完备，法律执行力度不断加大，会促进市场化程度的提高，影响矿产资源开发利用企业间的利益博弈。

（3）市场化程度对矿产资源开发利用企业间利益博弈失衡的关键影响因子是垄断和区域封闭。在影响矿产资源开发利用企业间利益博弈的众

---

① 苏旭霞：《市场化过程中的政府管理体制改革》，《中国经济时报》2003年5月19日。

多因素中，市场化程度占据了重要地位，这是因为一切资源开发活动都是在市场中进行，市场机制和市场环境是矿产资源开发利用企业间活动的媒介，离开市场或市场过于封闭都会使矿产资源开发利用企业间的利益博弈发生偏离。因而，矿产资源开发利用企业间的利益博弈涉及不同区域市场之间的可容程度，此外，利益博弈均衡能否达到并得到维持也是由市场稳定程度所决定的。其中，垄断和区域封闭是影响矿产资源开发利用企业间利益博弈失衡的关键因子，如政府职能部门运用手中权力搞强制交易，要求矿产资源开发利用企业按照其审定的价格、指定的产品和服务进行交易等行政垄断；国有矿产资源开发利用企业或其他依法具有独立地位的资源开发经营者实施的强制交易或限制竞争的行为等行业垄断；矿产资源开发利用企业间搞限价、价格同盟，反竞争的购并等经济性垄断。上述因素会阻碍全国统一的资源开发要素自由流动市场的建立，使得矿产资源开发利用企业不能很好地参与公平的市场竞争，导致市场价格扭曲，矿产资源开发利用企业间利益博弈的失衡。

2. 矿产资源开发利用企业间利益博弈中的产业集群因素影响

矿产资源开发利用中的集群因素，如果没能很好地发挥，形成和谐发展的产业集群，会影响矿产资源开发利用企业间的利益博弈，导致矿产资源开发利用利益的非均衡发展。

（1）资源开发产业集群。这意味着矿产资源开发利用中的某些环节向特定的时间段、向特定区域集中的现象，矿产资源开发利用企业间的利益博弈互动是该领域产业集群形成的重要原因。根据马歇尔（A. Marshall）从外部经济（external economic）角度最早对产业集群的研究，产业集聚可以带来包括外部规模和外部范围的外部经济。① 根据最早提出集聚经济概念的德国经济学家韦伯（A. Weber）的工业区位理论，区位因素分区域因素和集聚因素，而产业集聚源于集聚利益与因迁移而追加的运输和劳动成本的比较决策结果。② 克鲁格曼（B. Krugman）以规模报酬递增、不完全竞争的市场结构为假设前提，在 Dixit‐Stiglitz 垄断竞争模型的

---

① 方晓畅：《产业集群升级理论研究》，《金融经济》（理论版）2008 年第 4 期。
② 郑健壮：《产业集群理论综述及其发展路径研究》，《中国流通经济》2006 年第 2 期。

基础上，引入地理区位等因素，认为产业集聚是由企业的规模报酬递增、运输成本和生产要素移动通过市场传导的相互作用而产生的。① 波特认为，产业集聚是在特定领域中，一群在地理上邻近、有交互联系的企业和相关法人机构，以彼此的共通性和互补性相连接。② 借鉴这些研究成果可知，矿产资源开发利用中的产业集聚依托其富含的大量具有相互联系的矿产资源开发利用企业或集团利益主体的、基于内在利益最大化的行为选择，矿产资源开发利用企业间利益博弈的发生发展和均衡提供了丰富的交流和了解机会，并以此形成信任机制，通过影响矿产资源开发利用企业的竞争力来影响其间的竞争与合作，进而通过企业网络来改变对矿产资源开发利用企业间利益博弈均衡结果的选择。

（2）产业集群对矿产资源开发利用企业间利益博弈影响的合作元素。借鉴波特（2003）的观点，资源开发产业集群以三种形式影响竞争，不仅增加内部矿产资源开发利用企业或整个集群的资源开发能力，而且提升矿产资源开发利用企业或集群整体的创新能力，进而导致资源开发能力的提高；还刺激新的矿产资源开发利用企业的成长，并以此反过来援助促进创新并扩大资源开发产业集群。③ 因此，资源开发产业集群包含的网络结构孕育并协调了矿产资源开发利用企业间利益博弈中的合作关系。

鉴于矿产资源开发利用企业间的利益博弈关系在资源开发产业集群内部形成，主要表现在同一价值链上相互对资源和市场的争夺，以及与上下游利益相关者之间的讨价还价上；④ 矿产资源开发利用企业间的利益博弈中，由于集群内部有大量的同一类型的利益相关者，相互之间很难确定自己的竞争对手，因此，其间的利益博弈战略选择会由攻击性的竞争战略（如依托价格手段）演变为非价格战略，主要表现在尽量节约成本，质量和差异化提高，同时加强与上下游利益相关者间的长期合作，希望得到支

---

① 王忠文：《保罗·克鲁格曼获奖和空间经济学的发端》，《消费导刊》2009年第2期。
② 穆延奎：《产业集聚促进区域经济隆起》，《中国改革报》2007年12月21日。
③ 华兴顺：《集群经济对中西部地区经济发展的意义》，《求索》2004年第8期。
④ 胡淑女、余浩、戴燕：《基于创新促进的产业集群内竞合研究》，《北方经济》2006年第11期。

持和帮助,以便在利益博弈中胜出。对于上下游利益相关者间的讨价还价利益博弈,由于上下游各自都有大量的同类,并且上下之间存在很多交易途径,因此,来自上下游的矿产资源开发利用企业间的讨价还价的压力并不大。所以,上下游矿产资源开发利用企业间的讨价还价交易关系更趋于一种交易的"讨好",并可能会发展为"利益 + 朋友"的关系,通过友情、诚信、服务、技术和信息交流加强与上下游间的交易关系,巩固和扩大各自的资源开发市场和发展空间。

(3)产业集群对矿产资源开发利用企业间利益博弈影响的自我强化元素。产业集群是一个具有协作效应、制度效应和创新效应等的系统性运作的整体,其内部具有自我强化机制,导致矿产资源开发利用企业间利益博弈加剧。这是由于:一是集群内矿产资源开发利用企业的利益博弈参与竞争和协作的规模,会随着集聚程度的提高而增大,在协作效应的作用下,集群内专业化分工程度提高,利益博弈加剧,交易联系会更加密切,大大增加交易频率的自我强化。二是区域资源开发规模扩大,相关矿产资源开发利用企业增多,为开拓市场、增强竞争力,基于矿产资源开发利用企业间的利益博弈,相互间的技术交流和合作必然增加,能够大大降低区域内矿产资源开发利用企业间的交易费用和开展业务合作的不确定性。三是随着集群规模的扩大,专业技术和专业知识人员的增加,基于矿产资源开发利用企业间利益博弈的加剧,共同的职业背景和频繁的交易往来和技术合作进一步密切了相互间的社会关系,有利于社会资本的形成和积累与博弈规则的惯性构建。四是集群发展到一定规模,高度集中以后,相关的主要技术创新元素也会相应地转移,有利于提高创新能力,有效地降低创业风险,提高创新回报,使创新系统更有效。

3. 矿产资源开发利用企业间利益博弈中的信任因素

(1)矿产资源开发利用企业间利益博弈中的信任。根据伯兰兹威斯克和凯勒兰克斯(Bialaszewski and GiallourakiS, 1985)的观点,信任是一个人依赖于另一个人达到自身目的时表现出来的一种态度;[①] 斯克尔和欧

[①] 许淑君、马士华:《供应链企业间的信任机制研究》,《工业工程与管理》2000年第6期。

赞（SChurr and OZanne，1985）认为，信任是一种信仰，交易伙伴的承诺是可依赖的，会完成其交易义务。福山则从宏观上认为，信任是一种建立在宗教、传统、历史、习惯等文化机制上的一个国家的社会资本，不同的国家有不同的社会信任度。① 综合各种观点，矿产资源开发利用企业间利益博弈中的信任不仅包括以个体间的信息、情感等为基础的基于个人身份的信任，还包括以契约、合同、规则、法律等为基础的基于制度的信任。信任是矿产资源开发利用企业间利益博弈达到合作共赢的基础。博弈各方信任程度的增加能够大幅度地降低博弈共生达成的条件，实现矿产资源开发利用企业间利益博弈中的共赢。

（2）信任机制是矿产资源开发利用企业间利益博弈的基础条件。矿产资源开发利用企业间的信任对利益博弈的双方是非常重要的。因为它可以决定博弈是否发生、发生的频率和均衡结果选择，这在不完全信息动态博弈中尤为明显。由于矿产资源开发利用企业间的利益博弈均衡形式在很多情况下具有不确定性（如合同执行），会造成其间的利益分割、利益前景不能有很好的预测，因而难以在其间非常明确仔细地规定双方的责任与义务；这种在动态多边复杂条件下的合同协议缺失、协议内容模糊不完善，造成矿产资源开发利用企业间利益博弈中的新问题解决在很大程度上要依赖于双方的信任。同时，矿产资源开发利用企业间的利益博弈在很多时候需要在前期投入大量资金，如厂址选择、新技术采用、设备更换等，必然要求一个较长时间才能得到弥补和回报，因此，博弈双方必须有一定程度的信任，相信对方不会随时中断或选择新的利益博弈合作对象。最后，信任意味着不必重新选择新的合作伙伴，如果矿产资源开发利用企业间是相互信任的，就意味着对彼此的合作比较满意，也就减少了重新选择合作伙伴而产生的成本。

因此，信任为矿产资源开发利用企业间的利益博弈关系提供了一种行动准则。在一个信任占主导地位的资源开发环境中，出于友好动机和追求相同利益，不同矿产资源开发利用企业间尽管存在着竞争，但其间的利益

---

① 〔美〕弗朗西斯·福山：《信任——社会美德与创造经济繁荣》，彭志华译，海南出版社，2001。

博弈是一种建立在竞争基础上的合作，不必为缓解内部矛盾或建立某种博弈规则进行投资；在非信任的其他场合，为了达到稳定秩序所需的包括制度设计在内的投资可能会比较大，从而将削弱矿产资源开发利用企业个体的投资潜力，并延长交易时间，易导致利益博弈失衡。

第七章
政府与矿产资源开发利用企业间利益博弈的内在机理

在资源开发中，在市场经济条件下，政府与矿产资源开发利用企业间的利益关系实际是利益博弈互动，其间既有矛盾又有合作。二者间的博弈会导致生产安全、生态环保、开发秩序等领域的利益非均衡发展。本章运用博弈论模型阐释了政府与矿产资源开发利用企业间利益博弈的内在机理；综述了政府与矿产资源开发利用企业间利益博弈的政策启示。主要有：一是政府与矿产资源开发利用企业间利益博弈失衡的基本特征机理，具体包括：政府与矿产资源开发利用企业间的开发利益分配博弈、税收行为优化博弈、利益博弈行为悖论、串谋利益博弈。二是政府与矿产资源开发利用企业间的开发秩序利益博弈。三是政府与矿产资源开发利用企业间的生态环保利益博弈。四是政府与矿产资源开发利用企业间的寻租利益博弈。五是政府与矿产资源开发利用企业间利益博弈的政策启示。

一 政府与矿产资源开发利用企业间利益博弈失衡的基本特征机理

（一）政府与矿产资源开发利用企业间的开发利益分配博弈

1. 引言与假设

政府与矿产资源开发利用企业间的利益分配存在利益博弈，在资源开发总收入一定的条件下，减去政府所得的差额就是矿产资源开发利用企的实际收入。由于政府与矿产资源开发利用企业间存在信息不对称、不对等,这就造成了收入分配的矿产资源开发利用企业主权。同时,矿产资源开发利用企业的分配主权是在政府完全监督的条件下实现的,矿产资源开发利用企业必须时常在政府的监督下实现其收益的分配。因此,可假定矿产资源开发利用企业的收益分配只有"按矿产资源开发利用企业意愿分配"和"按政府意愿分配"两种选择。令 A 为矿产资源开发利用企业的总收益,由自身所得收入和上缴税收共同决定。Q 为按政府意愿分配的政府收益;因而,$A-Q$ 为矿产资源开发利用企业实际所得;C 为政府为得到其理想收益的监督成本;D 为政府不关注其收益时的实际所得。在不考虑政府对矿产资源开发利用企业的监督罚款时,可构建如下博弈矩阵(见表 7-1),可以发现存在混合纳什均衡。

表 7-1 地方政府与矿产资源开发利用企业间的利益分配博弈

地方政府与矿产资源开发利用企业之间的利益分配		地方政府	
		监督 p	不监督 $(1-p)$
资源开发利用企业	按矿产资源开发利用企业意愿 (y)	$A-Q$, $Q-C$	$A-D$, D
	按政府意愿 ($1-y$)	$A-Q$, $Q-C$	$A-Q$, Q

2. 博弈模型的构建分析

令,按矿产资源开发利用企业意愿分配资源开发收益的概率为 y,则按政府意愿分配的概率为 $(1-y)$;

对矿产资源开发利用企业而言:

按其意愿进行资源开发收益分配的收入期望值:$E_1 = p(A-Q) + (1-p)(A-D)$;

按政府意愿进行资源开发收益分配的收入期望值:$E_2 = p(A-Q) + (1-p)(A-Q)$。

若使矿产资源开发利用企业的收益期望值最大,则:$E = E_1 = E_2$,得 $p \to 1$;也即,矿产资源开发利用企业达到收益期望值最大的过程中,始终存在着政府的监督。

同理,对政府而言:

按政府监督意愿进行资源开发收益分配的收益期望值:$G_1 = y(Q - $

C) + (1 - y)($Q - C$);

按政府不监督意愿进行资源开发收益分配的收益期望值：$G_2 = yD + (1 - y)Q$；

若使政府的资源开发收益期望值最大，则：$G = G_1 = G_2$，得：$y = C/(Q - D)$。

可以看出，矿产资源开发利用企业按自己意愿进行资源开发收益分配的可能性（概率 y）与监督成本 C 成正比。C 越大，则矿产资源开发利用企业更有可能按自己意愿进行收益分配。这种情况基本符合政府的行为实际，因为 C 意味着政府的监督代价，代价越大，则矿产资源开发利用企业更有机会隐瞒实际收入，而按自己意愿进行收益分配。监督成本实质上就是制度费用，欲减少矿产资源开发利用企业的隐性收入，就必须降低监督成本，进行制度创新。

（二）政府与矿产资源开发利用企业间的税收行为优化博弈

1. 引言

税收作为政府取得资源开发收益，满足其资源开发支出需要的财政来源，政府必须通过一定的形式和方法来取得。同时，纳税对于矿产资源开发利用企业来说既是既得利益的减少，直接降低当前的收入水平，使其税后所得下降，同时也会使其经营"成本"增加。鉴于追求自身利益最大化是矿产资源开发利用企业的出发点和归属，因而，作为纳税人的矿产资源开发利用企业存在税收行为优化的内在利益动机，总想尽可能地少纳税，以减少自身既得利益的"损失"或资源开发行为的"成本"。因此，在政府在法律规定的范围内尽可能多地征税的背景下，必然形成政府与矿产资源开发利用企业间的税收征纳利益博弈。

2. 假设

矿产资源开发利用企业税收行为优化过程，实际上是对税收政策的差别进行选择的过程，是其根据已有信息进行判断选择的过程。对矿产资源开发利用企业而言，其虽然充分了解自己的税收行为意图、经营状况和财务状况，熟悉和掌握国家的各种税收法规和政策，但环境的变化对矿产资源开发利用企业来说是信息不对称的，它无法准确预测和掌握环境的变化时间、方向和方式等。因此，矿产资源开发利用企业的纳税行为过程，在作为税法立法者的政府（国家）修改、完善税制中，存在不能及时适应调整的损失。同时，企业与税务行政基层执法机关间存在基于观念与行为障碍的冲突，如无法预期税务机关对税收细节的界定和行政执法人员的素质。因此，矿产资源开发利用企业与代表政府的国家税务机关成为博弈的双方。

因而，矿产资源开发利用企业在与政府间的税收利益博弈过程中的主要成本包括：直接成本、机会成本和风险成本。直接成本意味着为取得税收筹划收益而发生的直接费用，是一种显性成本；机会成本意味着由于采用拟定的税收行为方案而放弃潜在的利益；风险成本意味着因税收方案设计失误而造成的利益目标落空和税收选用方式不妥而承担的法律责任等有形或无形的耗费。

现假定矿产资源开发利用企业处在稳定的政治经济环境中，政府（税务机关）与矿产资源开发利用企业作为博弈双方。当矿产资源开发利用企业选择税收行为优化时，税务机关有两个选择，即进行检查或不进行检查。

3. 博弈模型的构建分析

令，矿产资源开发利用企业税收行为的直接成本为 C_1，机会成本为 C_2，风险成本中，外部环境变化的风险成本为 C_{31}，税收行为优化被税务机关定性为避税的罚款额为 C_{32}；由于进行税收行为优化而获得的节税利益为 T。因此，对矿产资源开发利用企业而言，一是当矿产资源开发利用企业所处的外部环境稳定时，矿产资源开发利用企业基于税收行为优化的净收益：$T - C_1 - C_2$；二是当矿产资源开发利用企业所处的外部环境动荡不安时，矿产资源开发利用企业基于税收行为优化的净收益：$T - C_1 - C_2 - C_{31}$。

在考虑政府税务机关的行为影响时，一是当政府税务机关不进行检查时，矿产资源开发利用企业的净收益函数：$T - C_1 - C_2 - C_{31}$；二是若认为矿产资源开发利用企业的税收行为优化合法，政府没有罚款，则矿产资源开发利用企业的净收益同为：$T - C_1 - C_2 - C_{31}$。令，政府税务机关进行检查时的成本为 C。可构建如下动态博弈模型。

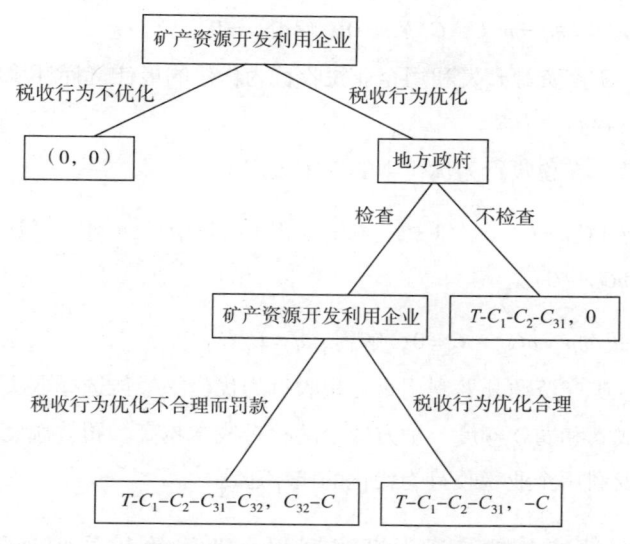

图 7-1 政府与矿产资源开发利用企业间的税收利益博弈

4. 博弈求解分析

设矿产资源开发利用企业认为政府税务机关检查的概率为 p，则不进行检查的概率为 $1-p$。政府认为矿产资源开发利用企业税收行为优化合理的概率为 $1-q$，则不合理的概率为 $1-q$。根据模型可得出政府税务机关与矿产资源开发利用企业间的博弈得益矩阵（见表 7-2）。

表 7-2 地方政府与矿产资源开发利用企业间税收利益博弈的得益矩阵

地方政府与矿产资源开发利用企业之间的税收利益博弈		地方政府	
		检查（p）	不检查（$1-p$）
矿产资源开发利用企业	税收行为优化不合理（$1-q$）	$T-C_1-C_2-C_{31}-C_{32}$，$C_{32}-C$	$T-C_1-C_2-C_{31}$，0
	税收行为优化合理（q）	$T-C_1-C_2-C_{31}$，$-C$	$T-C_1-C_2-C_{31}$，0

矿产资源开发利用企业税收行为优化的期望效用：

$$E_企 = q\left[p\left(T-C_1-C_2-C_{31}-C_{32}\right) + (1-p)\left(T-C_1-C_2-C_{31}\right)\right]$$
$$+ (1-q)\left[p\left(T-C_1-C_2-C_{31}\right) + (1-p)\left(T-C_1-C_2-C_{31}\right)\right]$$
$$= qp\left(-C_{32}\right) + T - C_1 - C_2 - C_{31}$$

由，$\partial E_\text{企}/\partial q = p(-C_{32}) = 0$，解得 $p = 0$。

所以，矿产资源开发利用企业税收行为优化的最佳选择环境就是地方政府不进行检查。

地方政府在税收行为优化中的期望效用。

$E_\text{政} = p[q(C_{32} - C) + (1-q)(-C)] + (1-p)[q \times 0 + (1-q) \times 0]$
$= p(qC_{32} - C)$

由 $\partial E_\text{政}/\partial p = qC_{32} - C = 0$，解得，$q = C/C_{32}$

所以，矿产资源开发利用企业税收行为优化的最佳选择取决于地方政府的检查成本和罚款额度。地方政府的检查成本越高、罚款额度越低，矿产资源开发利用企业税收行为优化的概率越高。

（三）政府与矿产资源开发利用企业间的利益博弈行为悖论

按照《宪法》，地方政府被赋予对辖区进行行政、经济、环境等方面的管理职能，如制定市场个体遵守的政策法规、强制征税、对地方生态环境监管和治理等，因此，资源开发管理作为地方政府的职能领域，矿产资源开发利用企业的监管主体是政府。然而，地方政府作为一种特殊的利益集团，除受上级政府委托管理本地区的资源开发、经济社会和环境保护等事务外，还有代表其自身利益的一面，也即，作为独立的利益主体，地方政府既是辖区资源开发中包括外部效应的利益监管者，又是独立的利益追求者；而且还是矿产资源开发利用利益获取规则的制定者，于是造成了矿产资源开发利用企业和地方政府间复杂的利益博弈关系，可能形成政府与矿产资源开发利用企业间的利益博弈行为悖论。

1. 地方政府承担纯粹监管者角色背景下与矿产资源开发利用企业间的利益博弈

为简便起见，假定辖区内的矿产资源开发利用企业为一个整体，即只有一家矿产资源开发利用企业；存在地方政府约束，且地方政府对矿产资源开发利用企业的生产和环保效应等成本、效益、标准执行等有着清楚了解，即二者间在信息上是对称的。

首先，建立模型。假定矿产资源开发利用企业治理所导致的外部效应的全部成本为 C；如果矿产资源开发利用企业不投资治理其外部效应，并被地方政府发现后的处罚罚金为 F；如果矿产资源开发利用企业治理其投资的外部效应，没有破坏地方发展环境，地方政府获取的生态环境收益为 a，地方政府监管需要支付监管费用为 K。

表7-3　政府纯粹履行监管职责时与矿产资源开发利用企业间的利益博弈得益矩阵

地方政府纯粹监管时与矿产资源开发利用企业之间的利益博弈		政府执法部门	
		监管	不监管
矿产资源开发利用企业	治理外部效应	$-C, a-K$	$-C, a$
	不治理外部效应	$-F, F-K$	$0, 0$

其次，求解纯策略均衡模型。该模型不存在纯策略纳什均衡。因为对矿产资源开发利用企业来说，如果知道地方政府一定会采取监管行为，矿产资源开发利用企业的最优战略是投资治理其产生的外部效应（假设罚款 F 一般大于治理成本 C）；而对地方政府来说，如果知道矿产资源开发利用企业会治理其导致的外部效应，那么地方政府的最优战略是不监管，从而免除监管成本支出。另外，对矿产资源开发利用企业来说，如果知道地方政府不进行监管，那么不进行外部效应治理投资是其最优战略；而如果地方政府知道矿产资源开发利用企业不进行治理投资，则地方政府的最优战略是监管，并对破坏环境且没有进行治理的矿产资源开发利用企业进行处罚。

再次，求解混合策略均衡模型。这是一个典型的混合纳什均衡战略，地方政府进行监管的最优战略取决于对矿产资源开发利用企业进行环保投资治理的概率判断；而矿产资源开发利用企业进行投资治理的最优战略取决于对地方政府进行监管的概率判断。令，p（$0<p<1$）代表地方政府监管的概率；θ（$0<\theta<1$）代表矿产资源开发利用企业对外部效应投资治理的概率，可构建地方政府纯粹监管时对矿产资源开发利用企业环保投资治理博弈矩阵。

表 7-4　政府纯粹履行监管职责时与矿产资源开发
利用企业间利益博弈混合策略矩阵

地方政府纯粹监管时		政府执法部门	
与矿产资源开发利用企业间的利益博弈		监管（p）	不监管（$1-p$）
矿产资源开发利用企业	治理外部效应（θ）	$-C, a-K$	$-C, a$
	不治理外部效应（$1-\theta$）	$-F, F-K$	$0, 0$

地方政府选择监管（$p=1$）和不监管（$p=0$）的期望收益分别为：

$$\pi_{政}(1, \theta) = \theta(a-K) + (1-\theta)(F-K) = F - K - F\theta + a\theta;$$

$$\pi_{政}(0, \theta) = \theta \times a + (1-\theta) \times 0 = a\theta;$$

解，$\pi_{政}(1, \theta) = \pi_{政}(0, \theta)$，得：$\theta^* = (F-K)/F$，即

如果矿产资源开发利用企业进行投资治理外部效应的概率小于θ^*，那么地方政府的最优选择是进行监管；如果矿产资源开发利用企业投资治理的概率大于θ^*，那么地方政府的最优选择是不进行监管；如果矿产资源开发利用企业投资治理的概率等于θ^*，那么地方政府随机地选择监管或不监管，因为这时监管的期望收益无差异。

给定p，矿产资源开发利用企业选择投资治理（$\theta=1$）和不投资治理（$\theta=0$）外部效应的期望收益分别为：

$$\pi_{企}(p, 1) = p(-C) + (1-p)(-C) = -C$$

$$\pi_{企}(p, 0) = p(-F) + (1-p) \times 0 = -pF$$

解，$\pi_{企}(p, 1) = \pi_{企}(p, 0)$，得：$p^* = C/F$，即

如果地方政府监管的概率小于p^*，则矿产资源开发利用企业的最优选择是对其导致的外部效应不投资治理；如果地方政府监管的概率大于p^*，则矿产资源开发利用企业的最优选择是对其导致的外部效应投资治理；如果地方政府监管的概率等于p^*，则矿产资源开发利用企业随机地选择进行投资治理或不投资治理，因为这时矿产资源开发利用企业投资与否的期望收益无差异。

因此，该博弈的混合战略纳什均衡是：$p^* = C/F$，$\theta^* = (F-K)/F$，即，地方政府以C/F的概率检查，矿产资源开发利用企业以$(F-K)/F$的概率选择对其导致的外部效应投资治理。

最后,分析模型结论。根据 $p^* = C/F$,$\theta^* = (F-K)/F$,该博弈纳什均衡解与矿产资源开发利用企业的外部效应投资治理成本 C,处罚金 F,地方政府的监管成本 K 有关。对矿产资源开发利用企业来说,对外部效应的惩罚越重,矿产资源开发利用企业投资治理的概率就越大;地方政府监管的成本越大,矿产资源开发利用企业投资治理的概率就越小。对于地方政府来说,如果罚款金额越大,地方政府监管的概率就越小;如果矿产资源开发利用企业投资治理的成本支出越大,地方政府监管的概率就越大。

该分析表明,加大对外部效应的惩罚力度,提高地方政府环境监管的效率,降低监管成本,可加强矿产资源开发利用企业投资治理的力度;对矿产资源开发利用企业来说,提高外部效应的投资治理的资金利用效率,降低投资治理支出的成本负担有助于提高其积极性。

2. 地方政府作为利益相关者角色背景下与矿产资源开发利用企业间的利益博弈

假定地方政府不仅扮演监管者的角色,而且是与矿产资源开发利用企业利益相关的独立的行为主体。因而,须将地方政府的利益所得视为与矿产资源开发利用企业间利益博弈中的变量之一,构建模型并进行分析。

首先,建立模型。鉴于地方政府作为利益相关者角色背景,假设矿产资源开发利用企业对外部效应的治理投入可使政府获得相应利益。令,矿产资源开发利用企业的外部效应治理投资成本为 C_1;若不投资治理,被处罚的成本为 C_2;若不投资治理,可获利益的增量为 R;ζ 为从事外部效应投资治理的概率。令,地方政府监管成本为 K_1;对外部效应放任获取矿产资源开发利用利益(税收增加)为 T;不监管存在的政治风险成本为 K_2;φ 为从事监管的概率。

表7–5 地方政府作为利益相关者角色背景下与矿产资源开发利用企业间的利益博弈得益矩阵

地方政府作为利益相关者角色背景下与矿产资源开发利用企业间的利益博弈		政府执法部门	
		监管(φ)	不监管($1-\varphi$)
矿产资源开发利用企业	治理外部效应(ζ)	$-C_1$,C_1-K_1	$-C_1$,C_1
	不治理外部效应($1-\zeta$)	$-C_2+R-T$,C_2-K_1	$R-T$,$T-K_2$

其次，求解模型。给定ζ：地方政府选择监管（$\varphi=1$）和不监管（$\varphi=0$）的期望收益分别为：

π政$(\zeta, \varphi=1) = \zeta(C_1-K_1) + (1-\zeta)(C_2-K_1) = \zeta C_1 + (1-\zeta)C_2 - K_1$

π政$(\zeta, \varphi=0) = \zeta C_1 + (1-\zeta)(T-K_2)$

令：π政$(\varphi=1, \zeta) = \pi$政$(\varphi=0, \zeta)$，可得，$\zeta = 1 - K_1/[C_2-(T-K_2)]$。

给定φ，矿产资源开发利用企业选择投资治理（$\zeta=1$）和不投资治理（$\zeta=0$）的期望收益分别为：

π企$(\zeta=1, \varphi) = \varphi(-C_1) + (1-\varphi)(-C_1) = C_1$

π企$(\zeta=0, \varphi) = \varphi(-C_2+R-T) + (1-\varphi)(R-T) = \varphi(-C_2) + R - T$

令：π企$(\varphi, \zeta=1) = \pi$企$(\varphi, \zeta=0)$，可得，$\varphi = (C_1+R-T)/(C_2)$。

再次，分析模型。根据$\zeta = 1 - K_1/[C_2-(T-K_2)]$，由$0 < \zeta < 1$，得$C_2-(T-K_2) > K_1$，亦即促使矿产资源开发利用企业对其外部效应投资治理的前提条件是地方政府的得益要大于所需的监管成本。当$K_1 \to 0$时，$\zeta \to 1$，这意味着政府监管越容易，矿产资源开发利用企业越不得不投资治理其产生的外部效应。对于$\zeta > 0$，必定有$C_2 > K_1$和$K_2 \geq T$，或有$C_2 \geq K_1$和$K_2 > T$，此时政府有监管动力。

对于矿产资源开发利用企业治理外部效应的临界点ζ，若$C_2-(T-K_2) = K_1$，或当$T = K_2$和$C_2 = K_1$时，有$\zeta = 0$，这意味着政府作为矿产资源开发利用企业开发利益的相关主体，其利益所得保持盈亏平衡，亦即其政治风险成本被税收的增加所抵消，因而缺乏监管动力，可能导致矿产资源开发利用企业不投资治理其外部效应。

根据$\varphi = (C_1+R-T)/(C_2)$，由$0 < \varphi < 1$，可得$C+R-T > 0$和$C_2 \geq C_1+R-T$。

对政府监管的临界点，若$-C_1 = R-T$，则有$\varphi = 0$，这意味着当矿产资源开发利用企业获得的利益增量被其对所产生的外部效应投资治理成本所抵消时，即无利可图，企业无治理外部效应的动力；此时地方政府也没有监管动力。当$C_2 = C_1+R-T$时，有$\varphi = 1$，这意味着当政府罚金数额达到治理外部效应所需成本与矿产资源开发利用企业获得利益增量的净所得之和时，政府势必监管。

同样，在制度不完善的情况下，矿产资源开发利用企业能够预期到地方政府对矿产资源开发利用利益的偏好会强于对政治风险的规避。给定地方政府采取不监管策略，矿产资源开发利用企业的最优策略是放任外部效应，故选择（不监管，不治理）可以让地方政府和矿产资源开发利用企业获取最大的利益，从而二者间的利益博弈纳什均衡成为"集体行动的逻辑"。

3. 结论

政府与矿产资源开发利用企业间存在利益博弈的行为悖论。上述模型说明，地方政府"代理"中央（上级）政府对矿产资源开发利用企业进行监管的同时，又是矿产资源开发利用企业发展的真实利益相关者，其多重角色的身份定位，决定了地方政府在保护矿产资源开发利用企业发展与监管其外部效应治理上的两难选择。作为矿产资源开发利用企业的利益相关者，地方政府在监管其外部效应治理中必然会权衡自身的相关利益得失，并且以利益最大化作为行为标准和最终目的，因而，政府的博弈行为选择必然存在两难悖论。特别是，当制度不能抑制地方政府的机会主义倾向时，追求 GDP 增长的地方政府对矿产资源开发利用利益的偏好一般强于对政治风险的规避，其结果就是放松对矿产资源开发利用企业的外部效应监管而追求本地的资源开发，导致基于行为悖论的"政府失灵"。

（四）政府与矿产资源开发利用企业间部门间的串谋利益博弈

1. 引言与假设

尽管政府执法机构与矿产资源开发利用企业间的利益博弈关系中，基于自身利益最大化的诉求，二者间存在非合作的倾向；但事实上，二者间也存在串谋的偏好，"官矿勾结"现象已成为几乎默认的事实。[①] 这都与

---

① 《郴州官矿勾结专题》，中国安全天地网，http：//www.aqtd.cn/czgkgj/list/list_327.html。

政府机构及其执法人员执法不力,官矿勾结串谋联系紧密。为此需从博弈角度分析其间存在串谋的事实。

为分析方便,假设博弈的一方是地方政府执法机构,其负责管理采矿许可证、工商执照、矿长证等的颁发;其策略选择为"串谋"与"不串谋";另一方是矿产资源开发利用企业,其博弈策略选择为"正常经营"与"非正常经营"。

2. 政府与矿产资源开发利用企业间的串谋行为未被发现时的利益博弈

首先,政府与矿产资源开发利用企业间的串谋行为存在利益基础。鉴于地方政府执法部门在资源开发管理过程中,一方面选择清正廉洁的行为方式,即"不串谋"的秉公执法,对通过贿赂等不正当手段进行非法开采的矿产资源开发利用企业进行惩罚;另一方面,却挡不住矿产资源开发利用企业利益的诱惑,把资源开发作为地方财政一个不可或缺的支撑;同时,还能解决一部分地方就业;从而使得地方政府很容易与矿产资源开发利用企业串谋,并被非正常合规经营的矿产资源开发利用企业"俘虏",充当非法矿产资源开发利用企业的"保护伞"。

其次,博弈收益矩阵构建。令,R 代表矿产资源开发利用企业正常合规经营时的收益;ΔR 代表矿产资源开发利用企业非正常合规经营时的收益增量;G 代表政府不与矿产资源开发利用企业串谋正常执法时的得益;ΔG 代表政府与矿产资源开发利用企业串谋进行非正常执法时的得益增量;ΔS 代表政府与矿产资源开发利用企业串谋时的政治利益损失;ΔF 代表矿产资源开发利用企业非正常合规经营时被捕串谋的政府执行罚款惩罚的损失。因此,该得益矩阵各策略组合的含义分别为:

Ⅰ表示:当矿产资源开发利用企业选择非正常合规经营时,地方政府考虑到非法经营带来的好处(包括上缴利税、解决部分就业甚至贿赂等),此时,政府容易与非正常合规经营的矿产资源开发利用企业串谋勾结;这样矿产资源开发利用企业便能顺利通过资格审查开发经营资源。此时,矿产资源开发利用企业因非正常合规经营而获得正常收益和暴利增量$(R+\Delta R)$,政府因与矿产资源开发利用企业串谋获得正常执法的收益和串谋利益增量$(G+\Delta G)$。

Ⅱ表示:当矿产资源开发利用企业选择非正常合规经营时,而地方政府清正廉洁、秉公执法、铁面无私，不与非正常合规经营的矿产资源开发利用企业合作，则政府利益就只有正常执法的收益 G；而矿产资源开发利用企业阴谋不能得逞，还有可能遭受罚款或犯罪 ΔF，故其得益为 $(R + \Delta R - \Delta F)$。

表 7-6 政府与矿产资源开发利用企业间的串谋行为
未被发现时的利益博弈得益矩阵

政府与矿产资源开发利用企业间的串谋行为未被发现时的利益博弈		地方政府	
		串谋	不串谋
矿产资源开发利用企业	非正常合规经营	Ⅰ $(R + \Delta R, G + \Delta G)$	Ⅱ $(R + \Delta R - \Delta F, G)$
	正常合规经营	Ⅲ $(R, G - \Delta S)$	Ⅳ (R, G)

Ⅲ表示：当矿产资源开发利用企业也遵纪守法，选择正常合规经营时，其正常收益为 R；而地方政府即使想与矿产资源开发利用企业串谋以获得不当利润，但由于矿产资源开发利用企业选择正常合规经营而没有串谋的机会，而地方政府还有可能要付出道德上的代价，故其得益 $(G - \Delta S)$，小于正常执法收益 G。

Ⅳ表示：当矿产资源开发利用企业选择正常合规经营时，地方政府部门也很公正廉洁，不与矿产资源开发利用企业合谋，故矿产资源开发利用企业为正常得益 R，地方政府部门也是正常收益 G。

再次，博弈模型分析。用画线法可知，矿产资源开发利用企业与地方政府间的串谋利益博弈，有点类似于著名的"猎人博弈"，其特点在于存在两个纳什均衡。经分析可得到两个纳什均衡：一个是矿产资源开发利用企业选择非正常合规经营、地方政府选择串谋策略时的均衡：$(R + \Delta R, G + \Delta G)$；另一个是矿产资源开发利用企业选择正常合规经营，地方政府选择不串谋策略时的均衡：(R, G)。

通过比较，鉴于战略组合 $(R + \Delta R, G + \Delta G)$ 意味着政府与矿产资源开发利用企业均可获得更多的利益，与战略组合 (R, G) 相比，前者是一种更优的"双赢"的纳什均衡，即两方串谋的赢利比双方不串谋的赢利要大得多。

事实上，根据长期合作研究的两位博弈论大师美国的哈萨尼教授和德国的泽尔腾对"猎人博弈"的研究得出的结论推断①，政府与矿产资源开发利用企业间双方选择战略合作时的纳什均衡（$R + \Delta R, G + \Delta G$），比双方选择战略合作时的纳什均衡（$R, G$）更具有帕累托递进优势。故该博弈的最终结局可能是：矿产资源开发利用企业选择非正常合规经营，地方政府选择串谋行为而得到均衡：（$R + \Delta R, G + \Delta G$）。

最后，由上述分析可知，非正常合规经营的矿产资源开发利用企业总是屡禁不绝的深层次原因，便是矿产资源开发利用企业与地方政府间有着相互勾结的动力与诱惑性，"官商勾结，官矿勾结"才是导致矿产资源开发利用企业非正常合规经营的根源，才是导致每次事故发生的最初的罪人直至最后的敌人。② 所以，即使下达整改文件，责令非正常合规的矿产资源开发利用企业停产整顿，但由于矿产资源开发利用企业与地方政府间的合谋所带来的强大的保护势力，使得矿产资源开发利用企业可以完全不顾责令状而继续开采，终究酿成事故。所以，在巨大的利益诱惑面前，矿产资源开发利用企业与地方政府都很容易共同走向"串谋"的道路，尽管这条道路充满荆棘、险壑与危险，但它们仍可能经不住诱惑而甘愿冒险。

3. 政府与矿产资源开发利用企业间的串谋行为遭到处罚时的利益博弈

在串谋行为遭到处罚时，须对政府与矿产资源开发利用企业间的串谋行为利益博弈模型稍做修正。假设国家或省级资源监督管理部门彻底严查地方政府与矿产资源开发利用企业间的"串谋"现象，一旦查出严惩不贷。因此，在战略组合（矿产资源开发利用企业非正常合规经营，地方政府串谋）中，地方政府部门与非正常合规经营的矿产资源开发利用企业串谋勾结会受到上级部门的严厉惩处 ΔP，其得益降为（$G + \Delta G - \Delta P$）；并假定其他得益状态不变，则得到如下博弈矩阵。

---

① 王则柯：《博弈论平话》，中国经济出版社，2004。
② 贾俊祥：《"官煤勾结"不休矿难难止》，http://blog.sina.com.cn/s/blog_46c82afd0100096n.html。

表 7-7 政府与矿产资源开发利用企业间的串谋行为被
发现处罚时的利益博弈得益矩阵

政府与矿产资源开发利用企业间的串谋行为被发现处罚时的利益博弈		地方政府	
		串谋	不串谋
矿产资源开发利用企业	非正常合规经营	Ⅰ $(R+\Delta R,\ G+\Delta G-\Delta P)$	Ⅱ $(R+\Delta R-\Delta F,\ G+0)$
	正常合规经营	Ⅲ $(R,\ G-\Delta S)$	Ⅳ $(R+0=3,\ G+0=8)$

其次,博弈模型分析。利用画线法便可求出该博弈模型的均衡解为(矿产资源开发利用企业正常合规经营,与地方政府不串谋)组合,而得益为 (R, G)。这是由于:在上级政府对地方政府与矿产资源开发利用企业间的串谋行为发现处罚的条件下,处罚 ΔP 的存在会导致地方政府选择不串谋;而对矿产资源开发利用企业的非正常合规经营进行罚款 ΔF,可能会导致 $(R+\Delta R-\Delta F) < R$ 情形的出现,从而矿产资源开发利用企业选择正常合规经营,最后出现矿产资源开发利用企业正常合规经营,地方政府不串谋的均衡状态。这也是一种稳定的均衡状态。同时也是人们最希望看到的一种理想均衡状态,因为此时矿产资源开发利用企业自愿选择正常合规经营,地方政府秉公执法,不再与矿产资源开发利用企业串谋以谋取不当得利。

所以,在上级政府的严厉查处等外部力量的制约下,选择串谋成为地方政府的一种严格劣势策略,选择不串谋才是二者全面严格的优势策略。

4. 政府与矿产资源开发利用企业间串谋问题的博弈结论

从上述地方政府参与串谋行为被发现并遭到处罚与否两类博弈模型的分析可以看出:由博弈均衡(非正常合规经营,串谋)转向均衡(正常合规经营,不串谋)的一个关键性因素便是,上级部门应严厉打击与非法问题矿产资源开发利用企业相互勾结的地方政府官员,使得地方政府部门官员承担巨大的损失与风险成本,降低其期望得益;同时对各种违法现象要严惩不贷,绝不能心慈手软。

二 政府与矿产资源开发利用企业间的开发秩序利益博弈

(一) 政府与矿产资源开发利用企业间的开发秩序监管利益博弈

1. 政府与矿产资源开发利用企业间的开发秩序监管关系

中国资源开发的保护监管机构主要是国土资源部及其下属的各省（自治区、直辖市）的资源开发监管部门；根据国家的资源开发与保护法，其具有各项资源勘探、开发、保护等职能，是资源开发秩序的政府执法者，与作为矿产资源开发利用利益创造组织平台的矿产资源开发利用企业间是一种博弈关系。二者不同的目标和利益追求，必然导致博弈双方出现利益冲突及行为不一致，使其间具有典型的博弈特征。一是资源开发的政府执法部门，从公共利益和国家所有者权益出发，监督执行资源法规政策，对违规的开发单位或个人进行处罚，以迫使其守法，目的是调动矿产资源开发利用企业积极性，实现合理开发，有效保护并达到资源的全局优化配置，促进国民经济发展。二是矿产资源开发利用企业，在其非合作的个体行为理性支配下，为了自身利益最大化，会设法逃避管理部门的检查，存在少交甚至不交规定的税费，实行采富弃贫的回采方式，浪费国家大量宝贵资源，造成生态严重破坏等行为偏好。三是政府执法部门为保证资源开发法规政策的有效执行，加强监督检查，对违规者加大惩处力度，提高承诺性行动的可信性，一经发现矿产资源开发利用企业违规将严厉惩罚，让其付出惨重代价，从而降低其违规概率。四是矿产资源开发利用企业的经营情况和政策需求是政府管理部门资源开发政策制定的基础和检验标准，若技术标准苛刻，税费负担过重，可能导致矿产资源开发利用企业效益显著下降，从而被迫降低产量甚至破产，不利于政府最终利益目标的实现，需要调整管理政策。

2. 博弈模型假设和构建

一是在博弈双方均是理性"经济人"的背景下，政府执法部门对开发秩序的监管有两种策略：监管和不监管；矿产资源开发利用企业有两种策略：合法开采与非法开采。二是假设二者不会通过"串通"来谋取双方利益最大化。在开发秩序治理问题上，政府与矿产资源开发利用企业间的不合作是基本的、主流的；尽管现实当中存在矿产资源开发利用企业贿赂政府执法人员而出现双方串通的现象，但这些都只是暂时的、有条件的，并不影响总体上的非合作关系主流。三是政府执法者不存在"偷懒"动机和道德风险问题。作为理性的"经济人"，政府执法者始终作为公众利益的代表，在开发秩序治理过程中，完全始终站在社会和公众利益角度，全力以赴。令，

C——政府执法部门在开发秩序治理中耗费的监督成本（包括耗费的时间以及金钱）；R——矿产资源开发利用企业选择非法经营比在同等条件下选择合法经营时的额外收益，这里特别考虑到了非法经营时的成本比合法经营时相对低廉的因素；F——非法矿产在被查处时所损失的罚款；假设罚款较大，即 $F>2C$；X——政府执法部门在监管打击非法矿产资源开发利用企业时所获得的社会效应（包括无形和有形的好处）；P——政府执法部门不监管时受到的上级惩罚。可建立博弈模型。

表 7-8 政府执法部门与矿产资源开发利用企业间的开发秩序监管利益博弈得益矩阵

政府执法部门与矿产资源开发利用企业间的开发秩序监管利益博弈		政府执法部门	
		监管	不监管
矿产资源开发利用企业	合法经营	Ⅰ $(0, -C)$	Ⅱ $(0, C)$
	非法经营	Ⅲ $(-R-F, F+X-C)$	Ⅳ $(R, -P-X+C)$

在该收益支付矩阵中组合的含义：

Ⅰ表示：矿产资源开发利用企业选择合法开采、政府选择监督的情况下，政府将会损失一定的监督成本 C（包括执法部门所耗费的时间及费用）；而矿产资源开发利用企业不会有什么额外的得益，故支付为 0。

Ⅱ表示：矿产资源开发利用企业选择合法开采、政府执法部门选择不监管的情况下，矿产资源开发利用企业没有额外的得益，故支付为 0；而政府执法部门将能节省监督执法成本，故其收益为 C。

Ⅲ表示：矿产资源开发利用企业选择非法开采、政府执法部门选择严

格监管的情况下,矿产资源开发利用企业将会受到执法部门的处罚 F;同时还将因整顿、停产、关闭遭受损失 R,此时矿产资源开发利用企业得益 $(-R-F)$;而政府执法部门因打击非法矿产资源开发利用企业的行为得力,获得良好的社会效应 X(包括赢得公众好评、声誉以及上级奖赏),所以,政府执法部门的收益为 $(F+X-C)$。

Ⅳ表示:矿产资源开发利用企业选择非法开采、政府执法部门选择不监管的情况下,非法矿产资源开发利用企业获得收益 R;而政府执法部门将受到上级的惩罚 P,以及可能引起负的社会效应 X(对其治理开发秩序不满而导致其名声不好,还有上级罚款),同时,节省了监督成本,故其得益为:$(-P-X+C)$,其中,设 $X+P>C$,即 $C-X-P<0$,意味着不监管得不偿失。

3. 博弈均衡求解

首先,该博弈是一个一环套一环的因果循环,永远不可能停止,不可能存在一个让双方都能接受的纳什均衡的纯策略组合,博弈双方的利益始终都不能达到稳定的最优状态,即没有纯策略纳什均衡。

其次,利用混合战略纳什均衡方法求解。令,t——政府执法部门监管的概率;$1-t$——不监管的概率。r——矿产资源开发利用企业选择非法开采的概率;$1-r$——合法开采的概率。

表7-9 政府执法部门与矿产资源开发利用企业间的
开发秩序监管混合利益博弈得益矩阵

政府执法部门与矿产资源开发利用企业间的开发秩序监管混合利益博弈		政府执法部门	
		监管(t)	不监管($1-t$)
矿产资源开发利用企业	合法开采($1-r$)	$0, -C$	$0, C$
	非法开采(r)	$-R-F, F+X-C$	$R, -P-X+C$

给定 t,矿产资源开发利用企业选择合法开采($r=0$)或非法开采($r=1$)时的期望收益分别为:

$$U_矿(r=0, t) = 0 \times t + 0 \times (1-t) = 0$$

$$U_矿(r=1, t) = (-R-F)t + R(1-t) = R - (F+2R)t$$

令,$U_矿(0, t) = U_矿(1, t)$,得:$R - (F+2R)t = 0$,

解得：$t^* = R/(F+2R)$。

这表示政府执法部门以最优的概率 t^* 监督并获得最大的期望效用。

若政府执法部门监管的概率 $t > t^*$，矿产资源开发利用企业的最优选择是合法开采；若政府执法部门监管的概率 $t < t^*$，那么矿产资源开发利用企业的最优选择是非法开采；若执法部门以 $t = t^*$ 的概率监管，那么矿产资源开发利用企业的最优选择是随机地选择合法开采或非法开采。

同样，给定 r，政府执法部门选择监管（$t=1$）或不监管（$t=0$）的期望收益分别为：

$$U政(r, 1) = (-C)(1-r) + (F+X-C)r = (F+X)r - C$$
$$U政(r, 0) = C(1-r) + (-X-P+C)r = C - (X+P)r$$

令，$U政(r, 1) = U政(r, 0)$，得：$(F+X)r - C = C - (X+P)r$，

解得：$r^* = 2C/(F+2X+P)$。

这表示矿产资源开发利用企业以最优的概率 r^* 选择非法开采并获得最大的期望效用。

若矿产资源开发利用企业选择非法开采的概率 $r > r^*$，则政府执法部门的最优选择为监管；若矿产资源开发利用企业选择非法开采的概率 $r < r^*$，则政府执法部门的最优选择为不监管；若矿产资源开发利用企业选择非法开采的概率 $r = r^*$，则政府执法部门的最优选择是随机地选择监管或不监管。

最后，博弈均衡解的含义。该博弈的混合策略纳什均衡解为 $[2C/(F+2X+P), R/(F+2R)]$，即矿产资源开发利用企业以 $2C/(F+2X+P)$ 的概率选择非法开采，而政府执法部门则以 $R/(F+2R)$ 的概率对矿产资源开发利用企业监管。另外，从概率论角度看，该均衡的另一个比较合理的解释是：在众多矿产资源开发利用企业中，将会有 $2C/(F+2X+P)$ 比例的矿产资源开发利用企业选择非法开采，有 $1-2C/(F+2X+P)$ 比例的矿产资源开发利用企业会遵守国家规定选择合法开采；政府执法部门将对 $R/(F+2R)$ 比例的非法矿产资源开发利用企业监管。

4. 对博弈均衡解的进一步分析

从上述均衡结果来看，矿产资源开发利用企业选择非法开采，以及政

府执法部门选择监管的概率,均受到多方面因素的影响。

首先,矿产资源开发利用企业行为因素的影响。由矿产资源开发利用企业选择非法经营时的均衡概率 $r^* = 2C/(F+2X+P)$,可得:其主要受到监督成本 C、对非法矿产资源开发利用企业的惩罚 F、政府采取监管行为所获得的社会效益 X,以及因执法部门执法不力而受到上级部门惩罚 P 四个因素的影响。

一是在政府监督成本很高的情况下,矿产资源开发利用企业便有提高其非法经营的可能性。由 r^* 对 C 求偏导:$2/(F+2X+P) > 0$,所以,r^* 与 C 成正向变化关系。C 越大,r^* 也越大。所以降低政府执法部门的监督成本,便可降低矿产资源开发利用企业选择非法经营的概率。

二是加大对矿产资源开发利用企业非法开采行为的处罚亦能有效地降低其选择非法开采的概率。由 r^* 对 F 求偏导:$-2C/(F+2X+P)^2 < 0$,所以 r^* 与 F 成反向变化关系。当矿产资源开发利用企业非法经营所受的惩处罚金 F 增大时,其选择非法经营的概率就会大大降低。

三是政府监管部门执法行为所产生的社会效益与矿产资源开发利用企业选择非法开采成反方向变化关系。求 r^* 对 X 的偏导数有:$-4C/(F+2X+P)^2 < 0$。也即,政府执法部门的执法效果,与社会对其呼声密切联系,如果社会对开发秩序的呼声越高,对其执法行为的促进也就越大,有利于执法。因此,应善于调动群众、媒体等多方力量来进行联合治理开发秩序。

四是加大对执法部门的惩处力度也是一种有效抑制非法矿产资源开发利用企业存在的措施。通过求 r^* 对 P 的偏导数:$-2C/(F+2X+P)^2 < 0$。可见,r^* 与 P 是成反向变化关系,也即,加大对政府执法部门执法不力的惩罚,会使其认真监管,不敢懈怠,间接降低矿产资源开发利用企业选择非法开采的概率。

其次,政府执法部门行为的影响因素。由政府执法部门监管时的均衡概率 $t^* = R/(F+2R)$,可知道政府选择监管与否的影响因素主要如下。

一是在同等条件下,矿产资源开发利用企业选择非法开采比选择合法开采时所得的额外收益 R 越高,政府监管的概率就越大。通过对 R 求偏导数得:$F/(F+2R)^2 > 0$,故 t^* 与 R 成正向相关。这意味着,经营规模相同的矿产资源开发利用企业选择非法开采的方式，比选择合法开采的方式成本要低得多，从而其产品价格也比合法经营低得多，市场竞争力也要强得多，可以轻易占据大部分的市场交易份额。

二是矿产资源开发利用企业选择非法开采与其所受的处罚成反向相关关系。通过 t^* 对 F 求偏导数得：$F/(F+2R)^2<0$，可得政府执法部门对矿产资源开发利用企业的处罚越高，其选择违法开采的概率就越低，从而可放松政府监管。

（二）政府与矿产资源开发利用企业间的开发秩序整合利益博弈

开发秩序整合，对解决中国资源开发市场供大于求的状态和合理配置有着积极的促进作用。可运用博弈论对资源整合中政府与矿产资源开发利用企业间的博弈行为策略进行分析，提出参考性的对策。

1. 引言

在政府与矿产资源开发利用企业间的资源开发秩序整合中，参与博弈的一方是开发秩序整合的政府执法者，另一方是开发秩序整合的主要相关利益主体矿产资源开发利用企业。在整个资源性产品市场上，价格主要由整个市场中的矿产资源开发利用企业生产者共同决定，产量的稳定有利于保持价格稳定。正常情况下，由于供求规律的作用，总产量的下降会带来销售价格的上涨，从而改变供大于求和价格过低的现状。现在由于部分矿产资源开发利用企业生产效率差、资源浪费严重、安全事故频发，因此，可通过关闭这些矿产资源开发利用企业的方式，减少供给总量，达到资源性产品供求平衡的目的。

但是，矿产资源开发利用中的每一个矿产资源开发利用企业都能意识到在其他矿产资源开发利用企业关闭的情况下，自己不关闭，或反过来继续增加产量会给自己带来的巨大好处；在自己关闭而其他矿产资源开发利用企业不关闭其将会受到初期投资沉没成本的巨大损失。所以，政府执法者要保障资源开发秩序整合政策的贯彻实施，以获得基于开发秩序的整体资源开发秩序整合利益。而矿产资源开发利用企业则考虑不关闭从中得到的收益和被查出不关闭可能受到的惩罚。从而二者间构成了基于关闭与否的开发秩序整合博弈。

2. 博弈模型构建

政府执法者在开发秩序整合中的策略选择是：检查和不检查，矿产资源开发利用企业的策略选择是：关闭和不关闭。令，

Q——政府执法者强制矿产资源开发利用企业执行关闭的费用；C——政府执法者对矿产资源开发利用企业的检查成本；F——政府执法者检查开发秩序整合时，对矿产资源开发利用企业不关闭，或不完全关闭时的罚金，它与关闭情况有关；其中假设 $C < Q + F$，以保证政府行为得益的"理性"。θ——政府执法者检查的概率；γ——矿产资源开发利用企业不关闭的概率。

表7-10 政府执法者与矿产资源开发利用企业间的开发秩序整合利益博弈得益矩阵

政府执法者与矿产资源开发利用企业间的开发秩序整合利益博弈		矿产资源开发利用企业	
		不关闭（γ）	关闭（$1-\gamma$）
政府	检查（θ）	($Q-C+F$, $-Q-F$)	($Q-C$, $-Q$)
	不检查（$1-\theta$）	(0, 0)	(Q, $-Q$)

其中，（检查，不关闭）组合表示政府执法者检查时，检查成本为 C，发现矿产资源开发利用企业不关闭时，罚款为 F，强制矿产资源开发利用企业关闭时的费用为 Q，所以，政府的开发秩序整合得益（$Q-C+F$），矿产资源开发利用企业得益（$-Q-F$）。（检查，关闭）组合表示政府执法者检查时，检查成本为 C，强制矿产资源开发利用企业执行关闭时的费用为 Q，所以，政府的开发秩序整合得益（$Q-C$），矿产资源开发利用企业得益为 $-Q$。（不检查，不关闭）组合表示政府执法者不检查时，检查成本为 0，矿产资源开发利用企业不执行关闭时的费用为 0。（不检查，关闭）组合表示政府执法者不检查时，检查成本为 0，矿产资源开发利用企业执行关闭时的费用为 $-Q$。

3. 博弈均衡求解

首先，给定 γ，政府执法者选择检查（$\theta=1$）与不检查（$\theta=0$）的期望收益分别为：

$$E政(1, \gamma) = (Q-C+F)\gamma + (Q-C)(1-\gamma) = \gamma F + Q - C,$$

$$E_政(0, \gamma) = 0 \times \gamma + Q(1-\gamma) = Q(1-\gamma),$$

令，$E_政(1, \gamma) = E_政(0, \gamma)$，解得：$\gamma^* = C/(Q+F)$。

即，如果矿产资源开发利用企业不关闭的概率小于 γ^*，那么政府执法者的最优选择是不检查；如果矿产资源开发利用企业不关闭的概率大于 γ^*，那么政府执法者的最优选择是检查；如果矿产资源开发利用企业不关闭的概率等于 γ^*，那么政府执法者的最优选择是随机地选择检查或不检查。

其次，给定 θ，矿产资源开发利用企业不关闭（$\gamma=1$）与关闭（$\gamma=0$）的期望收益分别为：

$$E_矿(\theta, 1) = -(Q+F)\theta + 0 \times (1-\theta) = -(Q+F)\theta,$$
$$E_矿(\theta, 0) = -Q \times \theta + (-Q)(1-\theta) = -Q,$$

令，$E_矿(\theta, 1) = E_矿(\theta, 0)$，解得：$\theta^* = Q/(Q+F)$。

即，如果政府执法者检查的概率小于 θ^*，那么矿产资源开发利用企业的最优选择是不关闭；如果政府执法者检查的概率大于 θ^*，那么矿产资源开发利用企业的最优选择是关闭；如果政府执法者检查的概率等于 θ^*，那么矿产资源开发利用企业的最优选择是随机不关闭或关闭。

再次，博弈均衡解的含义。该混合战略纳什均衡是：$(\theta^*, \gamma^*) = [Q/(Q+F), C/(Q+F)]$，即，政府执法者以 $Q/(Q+F)$ 的概率检查矿产资源开发利用企业关闭整合执行情况，矿产资源开发利用企业则以 $C/(Q+F)$ 的概率选择不关闭。在现实中，有 $C/(Q+F)$ 比例的矿产资源开发利用企业选择不关闭，而有 $1-C/(Q+F)$ 比例的矿产资源开发利用企业选择关闭。

最后，博弈均衡的影响因素。该博弈的纳什均衡与政府执法者强制矿产资源开发利用企业关闭整合的执行费用 Q、矿产资源开发利用企业不关闭的罚金 F 以及政府检查成本 C 有关。对不关闭矿产资源开发利用企业的惩罚越重，矿产资源开发利用企业被强制关闭整合的执行费用越高，不关闭的概率就越小；政府的检查成本越高，矿产资源开发利用企业不关闭的概率越大。

4. 博弈方的演变扩展

对于政府执法者与矿产资源开发利用企业间的开发秩序整合利益博

弈，鉴于现实中的政府执法者有若干层级，不同层级的政府执法者对资源开发秩序整合政策的执行效果是不同的，为此，可将博弈方扩充为国家和省一级的政府资源开发管理执法者、地方政府直接执法者和矿产资源开发利用企业等三方，并构成两组博弈。

第一组博弈是地方直接执法者和矿产资源开发利用企业间的开发秩序整合利益博弈。矿产资源开发利用企业选择的策略为关闭与不关闭；地方政府直接执法者选择的策略为执法与消极执法或不执法。如果地方政府执法者选择认真执法，矿产资源开发利用企业关闭的概率就大。

第二组博弈是国家和省一级的资源开发管理执法者与矿产资源开发利用企业间的开发秩序整合利益博弈。在地方政府直接执法者的策略依然为执法与消极执法或不执法的前提下，鉴于国家和省一级的矿产资源开发管理执法者不可能面面俱到，检查到每一个应该关闭的矿产资源开发利用企业，所以，不妨认为其选择的策略为持续地大面积检查与重点抽查；如果地方政府执法者选择的策略是消极执法或不执法，就会使矿产资源开发利用企业不关闭的概率增大。因此，对资源开发秩序整合政策落实的关键在于地方政府执法者的执法态度。如果地方政府执法者与矿产资源开发利用企业间的利益关联在一起，那么，地方政府执法者的态度肯定是消极执法或不执法，使得矿产资源开发利用企业继续生产或明关暗产，从而，整个博弈将演变为以地方政府执法者和矿产资源开发利用企业合为一方，国家和省一级的资源开发管理执法者为另一方的博弈问题。

所以，尽管矿产资源开发利用企业的无序开采，对资源开发造成了过量开发、严重破坏和浪费；开发秩序整合政策旨在控制资源供给总量，保护资源开发秩序；但如果地方政府与矿产资源开发利用企业存在共同的利益，使二者相互勾结，演变成利益共同体，那么对国家的资源开发秩序整合政策采取不同的行为策略，整合效果难以完全实现。

5. 资源开发秩序整合政策保证实施的策略

通过政府与矿产资源开发利用企业间的开发秩序整合利益博弈分析可知，要达到控制总量的目的，保证开发秩序整合政策的实施，应做好以下几方面的工作。

一是保持资源开发秩序整合政策的持续性压力。在政策实施过程中，各级政府管理部门，必须认真落实政策要求，不给矿产资源开发利用企业留下投机空间；所有各级政府执法者形成合力，共同保持资源开发秩序整合政策的持续性压力。

二是依法根除地方保护主义。地方政府执法者基于局部利益的考虑，存在与矿产资源开发利用企业相互串通勾结，共同不执行或假执行资源开发秩序整合政策的地方保护偏好，必定会削弱资源开发秩序整合措施的强制性约束力。因此，应依法对地方保护主义的有关责任人给予惩治，才能保证政策的有效性。

三是加大对不关闭的矿产资源开发利用企业的惩罚力度。政府执法者应依法加大对不执行资源开发秩序整合政策的矿产资源开发利用企业惩罚力度，增加不关闭的罚金，增加强制执行的费用。消除矿产资源开发利用企业的侥幸心理，保证政策完全彻底落实。

三 政府与矿产资源开发利用企业间的生态环保利益博弈

（一）政府与矿产资源开发利用企业间的生态环保立法利益博弈

1. 引言与假设

生态环保立法是政府与矿产资源开发利用企业间的一场博弈。理性的矿产资源开发利用企业追求利润最大化，在立法标准较低时选择污染环境以降低成本；在立法标准较高时其会衡量违法成本和环保成本，违法成本大于环保成本则选择环保，反之亦然。政府规定立法标准以保护环境衡量的是资源开发的总体社会经济利益与环境污染忍受程度，若偏爱前者的高得益则不会维持立法标准，后者损害大则提升立法环保标准。

在政府与矿产资源开发利用企业间的生态环保立法利益博弈中，环保立法标准是政府与矿产资源开发利用企业间博弈的结果，鉴于任何政府都是资源开发整体理性的代表，社会整体的损益就是政府的得失。受到开发利益驱使，面对环保双刃剑，政府面对生态环保标准有两种选择：提高立法标准和维持立法标准。矿产资源开发利用企业的理性是实现利润最大化,实现成本最小化,为此其往往不择手段,在立法标准低、行为约束受限小的情况下,矿产资源开发利用企业会尽量任意污染,无节制地选择零成本地开发资源和低成本废物抛弃;反之,在高的污染立法标准条件下,矿产资源开发利用企业会基于利益最大化的考虑,在污染和治理之间达到得益最大化。所以,矿产资源开发利用企业在资源开发中有任意污染和适度污染两种选择。

2. 模型建立

对矿产资源开发利用企业而言,令,Q——矿产资源开发利用企业不考虑生态环保立法标准制约正常经营的收益;Z——矿产资源开发利用企业在立法标准提升、适度污染环境、经过治理时需增加成本投入;F——矿产资源开发利用企业在立法标准提升、继续任意污染环境时,需增加的司法成本投入。

对政府而言,令,H_1——政府提升环保立法标准可得收益;S_1——政府提升环保立法标准的管理成本;H_2——矿产资源开发利用企业任意污染为政府带来的实际社会整体得益;S_2——矿产资源开发利用企业任意污染而造成的生态环境整体破坏损失。

假设政府提升立法标准的概率为 g,则维持立法标准的概率为 $1-g$;矿产资源开发利用企业任意污染的概率为 q,则适度污染的概率为 $1-q$,可得如下博弈矩阵(见表 7-11)。

表 7-11 政府与矿产资源开发利用企业间生态环保立法标准的利益博弈得益矩阵

政府与矿产资源开发利用企业间生态环保立法标准的利益博弈		地方政府	
		提升立法标准(g)	维持立法标准($1-g$)
矿产资源开发利用企业	适度污染($1-q$)	Ⅰ $(Q-Z, 0-S_1)$	Ⅱ $(Q-Z, 0)$
	任意污染(q)	Ⅲ $(Q-F, H_1+H_2-S_1-S_2)$	Ⅳ (Q, H_2-S_2)

其中,博弈策略组合含义如下:

组合Ⅰ(适度污染,提升立法标准)表示:矿产资源开发利用企业通过治理后适度污染,政府提高立法标准时,矿产资源开发利用企业得益为 $(Q-Z)$;政府得益为 $(0-S_1)$。

组合Ⅱ(适度污染,维持立法标准)表示:矿产资源开发利用企业通过治理后适度污染，政府维持立法标准时，矿产资源开发利用企业得益（$Q-Z$）；政府得益 0。

组合Ⅲ（任意污染，提升立法标准）表示：矿产资源开发利用企业不经过治理而任意污染，政府提高立法标准时，矿产资源开发利用企业得益（$Q-F$）；政府社会得益（$H_1+H_2-S_1-S_2$）。

组合Ⅳ（任意污染，维持立法标准）表示：矿产资源开发利用企业不经过治理而任意污染，政府维持立法标准时，矿产资源开发利用企业得益 Q；政府社会得益（H_2-S_2）。

3. 博弈均衡求解

一是政府提升立法标准的均衡期望得益。

$$E_{政}=g\left[q(H_1+H_2-S_1-S_2)+(1-q)(0-S1)\right]+(1-g)\left[q(H_2-S_2)+(1-q)\times 0\right]$$

由 $\dfrac{\partial E_{政}}{\partial g}=0$ 得，$H_1 q - S_1 = 0$，$q = S_1/H_1$

二是矿产资源开发利用企业在提升立法标准背景下的均衡期望得益。

$$E_{企}=q\left[g(Q-F)+(1-g)Q\right]+(1-q)\left[g(Q-Z)+(1-g)(Q-Z)\right]$$

由 $\dfrac{\partial E_{企}}{\partial q}=0$ 得，$-Qg+Z=0$，$g=Z/Q$

4. 博弈均衡分析

将最大化效用 g、q 代入得：$E_{政}=(S_1/H_1)(H_2-S_2)$，可得如下结论。

一是当矿产资源开发利用企业任意污染造成政府社会整体得益 $H2$ 小于任意污染导致的生态环境损失 $S2$ 时，政府的社会整体得益为负值，这意味着政府应当提升立法标准进行干预。当矿产资源开发利用企业任意污染造成的政府社会整体得益 $H2$ 大于任意污染导致的生态环境损失 $S2$ 时，政府社会的整体得益为正，政府会维持现有立法标准放任污染。

二是鉴于政府与矿产资源开发利用企业间的生态环保立法标准利益博弈中，政府的抉择一般在先，因此可将其视作一个完全信息的动态博弈。如果政府不提升立法标准，那么矿产资源开发利用企业势必选择不进行适当治理的低成本的污染；如果政府选择提升立法标准，那么矿产资源开发利用企业将权衡其经过治理、适度污染环境时需增加成本投入 Z，与不考虑生态环保立法标准制约正常经营的收益 Q，孰轻孰重，一旦 Q 高于 Z，矿产资源开发利用企业将选择无视生态环保标准变化继续污染行为，宁可违法污染也要换取更高的矿产资源开发利用利益；反之，矿产资源开发利用企业会选择适当治理、适度污染。因此，在矿产资源开发利用中的生态环保立法标准存在过低的违法成本会导致法律形同虚设。

（二）政府与矿产资源开发利用企业间的生态环保隐患治理利益博弈

1. 引言与假设

对于生态环保隐患这样兼具市场特征与社会特征的事物，鉴于其外部性和交易成本的存在，对其进行完全的行政管理或市场管理都是不可能的，不可能在矿产资源开发利用企业内部和矿产资源开发利用企业间解决，而应是"看不见的手"与"看得见的手"的有机结合，将政府的规制作用、市场的竞争作用有机结合起来，通过政府来干预调控矿产资源开发利用企业的行为，才能真正实现生态隐患的消除。

假设政府与矿产资源开发利用企业都理性地追求自身效用的最大化，矿产资源开发利用企业追求最佳收益目标，政府追求矿产资源开发利用企业造成的外部不经济最小目标。政府通过检查监督，对不尽力消除生态环保隐患的矿产资源开发利用企业实行罚款，对尽力消除生态环保隐患的企业实行税收优惠和财政补贴，以此来引导矿产资源开发利用企业的行为。所以，政府的行为选择：检查、不检查；矿产资源开发利用企业的行为选择：消除、不消除。

2. 模型建立

令，r ——矿产资源开发利用企业不从事生态环保隐患型生产的效用；R ——矿产资源开发利用企业从事生态环保隐患型生产的短期效用；f ——矿产资源开发利用企业从事生态环保隐患型生产，并且被政府查出时需缴纳的罚款；c ——政府检查生态环保隐患的成本。假设政府和矿产资源开发利用企业分别为理性博弈参与人，在只考虑经济效用的情况下，可建立博弈矩阵。

表 7-12 地方政府与矿产资源开发利用企业间的生态环保隐患治理利益博弈得益矩阵

地方政府与矿产资源开发利用企业间的生态环保隐患治理利益博弈		地方政府	
		检查	不检查
矿产资源开发利用企业	消除生态环保隐患型生产	Ⅰ (r, $-c$)	Ⅱ (r, 0)
	不消除生态环保隐患型生产	Ⅲ ($R-f$, $f-c$)	Ⅳ (R, 0)

其中，各博弈组合含义：Ⅰ（环保，检查）表示：矿产资源开发利用企业采取消除生态环保隐患型生产行为，得益为 r；地方政府采取检查行为，需付出成本为 c。Ⅱ（环保，不检查）表示：矿产资源开发利用企业采取Ⅱ行为，得益为 r；地方政府采取不检查行为，付出成本为 0。Ⅲ（不环保，检查）表示：矿产资源开发利用企业不采取消除生态环保隐患型生产行为，得益 R，但会面临政府检查罚款 f；同时，地方政府需付出成本 c，同时会得到罚款 f。Ⅳ（不环保，不检查）表示：矿产资源开发利用企业不采取消除生态环保隐患型生产行为，得益 R；地方政府采取不检查行为，付出成本为 0。

3. 模型求解分析

假设政府检查的概率为 p，则不检查的概率为 $1-p$；矿产资源开发利用企业采取消除生态环保隐患型生产的概率为 q，则不采取消除生态环保隐患型生产的概率为 $1-q$。

表 7-13 地方政府与矿产资源开发利用企业间的生态环保隐患治理混合策略利益博弈得益矩阵

地方政府与矿产资源开发利用企业间的生态环保隐患治理混合策略利益博弈		地方政府	
		检查（p）	不检查（$1-p$）
矿产资源开发利用企业	消除生态环保隐患型生产（q）	Ⅰ (r, $-c$)	Ⅱ (r, 0)
	不消除生态环保隐患型生产（$1-q$）	Ⅲ ($R-f$, $f-c$)	Ⅳ (R, 0)

首先，政府检查生态环保隐患的期望效用及行为概率。

$$E_政(p) = p[q(-c)+(1-q)(f-c)] + (1-p)[0 \times q + 0 \times (1-q)]$$
$$= p(f-fq-c)$$

由 $\partial E_政/\partial p = 0$ 得，$f - fq - c = 0$，解得：$q^* = (f-c)/f$

其次，矿产资源开发利用企业采取消除生态环保隐患型生产的期望效用及行为概率。

$$E_企(q) = q[pr + (1-p)r] + (1-q)[p(R-f) + (1-p)R]$$
$$= q(r - R + pf) + (R - pf)$$

由 $\partial E_企/\partial q = 0$ 得，$r - R + pf = 0$，解得：$p^* = (R-r)/f$

因此，该博弈混合战略均衡为：(p^*, q^*)，也即，$[(R-r)/f, (f-c)/f]$。

其中，p^* 和 q^* 的意义是，在长期的均衡下，政府将以 p^* 的概率选择对矿产资源开发利用企业进行生态环保隐患型检查，矿产资源开发利月企业将以 q^* 的概率选择从事消除生态环保隐患型生产的行为。

根据 $p^* = (R-r)/f$，可以看出：惩罚 f 越严厉，则政府须对矿产资源开发利用企业进行生态环保隐患检查的概率 p 越小；矿产资源开发利用企业从事生态环保隐患型生产的收益越大，则政府须对矿产资源开发利用企业进行生态环保隐患型检查的概率 p 越小。

根据 $q^* = (f-c)/f = 1 - c/f$ 可看出：惩罚 f 越严厉，则矿产资源开发利用企业从事消除生态环保隐患型生产的概率 q 越大；政府的检查付出成本越大，则矿产资源开发利用企业从事消除生态环保隐患型生产的概率 q 越小。

4. 公众对政府行为约束条件的引入对政府行为悖论的消除

需要注意的是，根据政府的期望效用 $E_政(p) = p(f - fq - c)$，随着惩罚 f 逐渐严厉，矿产资源开发利用企业从事生态环保型生产的概率 q 增大，政府的期望效用会变小，也即，从政府自身利益来讲，政府似乎并不希望矿产资源开发利用企业从事消除生态环保隐患型生产的概率提升；出于政府自身效用最大化的追求，政府应想办法阻止 q 的增加，甚至会让 q 减少，也就是让矿产资源开发利用企业不从事消除生态环保隐患型生产的概率增加。这看似有悖于常识，这是政府的矿产资源开发利用利益公共目标与私利行为取向的悖论。一个可能的解释是，此处应引入解释政府矿产资源开发利用利益目标行为取向的社会效益考虑。

假设公众对政府行为存在约束，令，m——公众对政府行为的满意度评价，也即，如果政府不检查、矿产资源开发利用企业不采取环保型生产，那么政府将蒙受源自公众满意度负面评价的损失（$-m$）。于是地方政府与矿产资源开发利用企业间的生态环保隐患治理混合策略利益博弈得益矩阵变为表7-14所显示的结果。

表7-14 公众对政府行为存在约束条件下地方政府与矿产资源开发利用企业间的生态环保隐患治理博弈得益矩阵

地方政府与矿产资源开发利用企业间的生态环保隐患治理利益博弈		地方政府	
		检查（p）	不检查（$1-p$）
矿产资源开发利用企业	消除生态环保隐患型生产（q）	Ⅰ（r, $-c$）	Ⅱ（r, 0）
	不消除生态环保隐患型生产（$1-q$）	Ⅲ（$R-f$, $f-c$）	Ⅳ（R, $-m$）

这时，政府检查生态环保隐患的期望效用及行为概率变为：

$$E政（p）=p\left[q(-c)+(1-q)(f-c)\right]+(1-p)\left[0\times q+(-m)(1-q)\right]$$
$$=p(f-fq-c-mq+m)+mq-m$$

根据 $\partial E政/\partial p=0$，可以得到 $-q(f+m)(f+m-c)=0$，解得 $q=(f+m-c)/(f+m)$。

所以，由于 q 在分子和分母部分各增加了 m，从而使 q 值变大了。这说明：如果政府考虑自己在公众心目中的形象，可能会使矿产资源开发利用企业以更大的概率从事消除生态环保隐患型生产行为；因为在完全信息假设条件下博弈参与人都知道其他博弈对手的行为特征，如果政府考虑了资源开发的生态环保社会效益，那么矿产资源开发利用企业也应该知道政府在考虑这些问题，于是也就认为政府可能会因此对矿产资源开发利用企业不消除生态环保隐患型生产进行更严格的执法，从而改变其行为选择。

5. 补贴的引入对地方政府与矿产资源开发利用企业间生态环保隐患治理博弈的影响

政府在激励矿产资源开发利用企业采取消除生态环保隐患型生产措施时，除了惩罚手段外，也可以给予矿产资源开发利用企业一定的补贴。由于政府不知道哪些矿产资源开发利用企业从事消除生态环保隐患型生产行为，因而补贴只能发生在政府检查发生时；同时，通过补贴也可对矿产资源开发利用企业消除生态环保隐患型生产行为进行鉴别。假设政府对矿产资源开发利用企业采取消除生态环保隐患型生产行为给予补贴 b，并且这笔补贴被纳入政府支出，则地方政府与矿产资源开发利用企业间的生态环保隐患治理混合策略利益博弈得益矩阵变为：

表7-15 补贴引入约束条件下地方政府与矿产资源开发利用企业间的生态环保隐患治理博弈得益矩阵

地方政府与矿产资源开发利用企业间的生态环保隐患治理利益博弈		地方政府	
		检查（p）	不检查（$1-p$）
矿产资源开发利用企业	消除生态环保隐患型生产（q）	Ⅰ（$r+b, -c-b$）	Ⅱ（$r, 0$）
	不消除生态环保隐患型生产（$1-q$）	Ⅲ（$R-f, f-c$）	Ⅳ（$R, 0$）

这时，政府检查生态环保隐患的期望效用及行为概率变为：

$$E_政(p) = p[q(-c-b)+(1-q)(f-c)] + (1-p)[0 \times q + 0 \times (1-q)]$$
$$= p(f-fq-c-qb)$$

由，$\partial E_政/\partial p = 0$，可得 $f-fq-c-qb=0$，解得，$q=(f-c)/(f+b)$。

矿产资源开发利用企业采取消除生态环保隐患型生产的期望效用及行为概率变为：

$$E_企(q) = q[p(r+b)+(1-p)r] + (1-q)[p(R-f)+(1-p)R]$$
$$= q(r+pb-R+pf) + (R-pf)$$

由 $\partial E_企/\partial q = 0$，可得 $r+pb-R+pf$，解得，$p=(R-r)/(f+b)$。

因此，从结果来看，政府补贴 b 越多，则矿产资源开发利用企业从事消除生态环保隐患型生产行为的概率 q 反而越小，这可能是因为：对于政府而言，补贴的存在和加大意味着政府在检查到矿产资源开发利用企业从事环保生产行为时，政府的收益会变小，因此政府会倾向于少检查；那么矿产资源开发利用企业就倾向于少从事消除生态环保隐患型生产的行为，如此看来，补贴似乎会产生负面影响。但长期而言，如果政府的补贴能影响矿产资源开发利用企业的长期行为选择，使其创造更大的长期收益，则

政府当期补贴 b 的存在，尽管会使政府的短期收益减少，会在未来以更多的税收利益来弥补。

四　政府与矿产资源开发利用企业间的生产安全利益博弈

（一）政府与矿产资源开发利用企业间的生产安全隐患消除利益博弈

1. 引言与假设

矿产资源开发利用中的生产安全事故，会给矿产资源开发利用企业造成巨大经济损失，对行业形象带来严重的负面影响。事实上，矿产资源开发利用中的生产安全事故绝大多数是责任事故，其直接原因是矿产资源开发利用企业没有及时消除安全生产隐患。其中不仅仅是技术问题，更隐含着政府与矿产资源开发利用企业间及监管部门间的、出于利益本能的博弈心理，即侥幸的利益动机和风险规避意识。为此需从博弈论的角度，分析政府与矿产资源开发利用企业间的生产安全隐患消除利益博弈，为从根本上杜绝矿产资源开发利用中的安全生产隐患提供参考。

假设矿产资源开发利用中的生产安全利益博弈中，制造生产安全隐患的矿产资源开发利用企业和负责查处安全隐患的监管部门，其行动策略选择分别为（消除，不消除）组合和（查处，不查处）组合，且信息完全，则博弈参与方对彼此的行动选择相互有准确的了解。

2. 模型建立说明

令，Q——矿产资源开发利用企业在监管部门没有查处情况下的投入，以消除生产安全隐患，确保正常生产；无额外收益，不会发生事故导致损失，也不会被处罚、停业等；

f——若不消除生产安全隐患，可能发生事故和损失的概率（风险系数）；

L——生产安全隐患发生的利益损失；

F_1——矿产资源开发利用企业在监管部门查处时，在消除生产安全隐患的同时，会受到的行政处罚；

F_2——矿产资源开发利用企业在监管部门查处时,若不消除生产安全隐患时的处罚;

C——监管部门在采取查处策略时,尽自己的本职责任,其收益为零;但在矿产资源开发利用企业消除生产安全隐患而采取不查处策略时,节省的成本收益为C;

D——在矿产资源开发利用企业采取不消除生产安全隐患策略,而监管部门采取不查处策略时,监管部门将会受到上级的处罚为D。

表7-16 矿产资源开发利用企业与地方政府间的生产安全隐患纯策略利益博弈得益矩阵

矿产资源开发利用企业与地方政府间的生产安全隐患纯策略利益博弈		地方政府	
		查处	不查处
矿产资源开发利用企业	消除	Ⅰ $(-Q-F_1, 0)$	Ⅱ $(-Q, C)$
	不消除	Ⅲ $(-F_2-fL, 0)$	Ⅳ $(-fL, -D)$

该模型各策略组合的含义:

组合Ⅰ(消除,查处)表示:矿产资源开发利用企业消除生产安全隐患需要投资Q,地方政府在查处时会罚款F_1;由于地方政府执行了分内职责,故收益为0。所以,二者间的得益组合为$(-Q-F_1, 0)$。

组合Ⅱ(消除,不查处)表示:矿产资源开发利用企业消除生产安全隐患需要投资Q,地方政府在不查处的条件下,由于生产安全隐患的消除,地方政府节省了成本C,因而,二者间的得益组合为$(-Q, C)$。

组合Ⅲ(不消除,查处)表示:矿产资源开发利用企业不消除生产安全隐患,地方政府在查处时给予罚款F_2;由于矿产资源开发利用企业不消除生产安全隐患,可能存在损失fL;另外,鉴于地方政府执行了查处等分内职责,所以,二者间的得益组合为$(-F_2-fL, 0)$。

组合Ⅳ(不消除,不查处)表示:矿产资源开发利用企业不消除生产安全隐患,地方政府不查处。因而矿产资源开发利用企业的生产安全隐患不消除可能造成损失fL;另外,鉴于地方政府不查处,会得到上级罚款损失D,所以,二者间的得益组合为$(-fL, -D)$。

3. 矿产资源开发利用企业与地方政府间的生产安全隐患利益博弈纯策略纳什均衡解

按照纯策略纳什均衡的定义，若条件：$fL>Q$，且 $F_2+fL>Q+F_1$ 成立，则有纯策略纳什均衡解（消除，不查处），即监管部门不用查处，矿产资源开发利用企业主动消除生产安全隐患。所以，该模型的最优均衡为 $(-Q, C)$。

但是，对于条件 $fL>Q$ 中的风险系数 f $(0 \leqslant f \leqslant 1)$ 而言，鉴于矿产资源开发利用企业自身的技术经济条件直接影响着生产安全隐患引发事故的概率，在资源开发禀赋条件较好的情况下，即使矿产资源开发利用企业采用低水平的生产安全防范，也可以照样保障安全生产，这种情况下的矿产资源开发利用企业，其 f 值就接近或等于 0。而对于资源开发禀赋条件极差的矿产资源开发利用企业而言，其发生事故的概率可能很高，这时，其 f 值接近或等于 1。但对于大多数矿产资源开发利用企业而言，f 值应在 0～1 之间。因此，对于条件 $fL>Q$ 而言，对于不存在生产安全隐患（$f=0$）的矿产资源开发利用企业，该式不可能成立，即该模型没有纯策略纳什均衡解。

对于条件 $F_2+fL>Q+F1$ 而言，一般来讲，如果矿产资源开发利用企业不消除生产安全隐患，就会受到监管部门的处罚；如果不消除生产安全隐患时的处罚 F_2 小于矿产资源开发利用企业消除隐患时的处罚 F_1，那么矿产资源开发利用企业消除安全隐患的积极性就很低，起不到教育与惩罚相结合的作用，不能迫使和引导矿产资源开发利用企业对生产安全隐患自查自纠，主动消除、精益求精。所以，监管部门通常只能选择 $F_2>F_1$，即加大对不消除生产安全隐患的矿产资源开发利用企业的处罚力度，对已经消除的，提示一下，警钟长鸣，精益求精。

4. 矿产资源开发利用企业与地方政府间的生产安全隐患利益博弈混合策略纳什均衡解

在没有纯策略均衡时，可求解分析混合策略纳什均衡。令，r——矿产资源开发利用企业选择消除生产安全隐患的概率，则选择不消除的概率为 $(1-r)$；t——政府监管部门选择查处的概率，则选择不查处的概率为 $(1-t)$。

表7-17 矿产资源开发利用企业与地方政府间的生产
安全隐患混合策略利益博弈得益矩阵

矿产资源开发利用企业与地方政府间的生产安全隐患混合策略利益博弈		地方政府	
		查处（t）	不查处（$1-t$）
矿产资源开发利用企业	消除（r）	$-Q-F_1, 0$	$-Q, C$
	不消除（$1-r$）	$-F_2-fL, 0$	$-fL, -D$

首先，矿产资源开发利用企业的期望效用和概率。

$$UQ = r[t(-Q-F_1) + (1-t)(-Q)] + (1-r)[t(-F_2-fL) + (1-t)(-fL)]$$
$$= rt(F_2-F_1) - r(Q-fL) - (tF_2+fL)$$

对该式求r的偏导数并令其为零，得最优的一阶条件：$t(-F_1+F_2) - Q+fL = 0$，

因此，$t^* = (Q-fL)/(F_2-F_1)$，$(F_2 \neq F_1)$

其次，监管部门的期望效用和概率：

$$UG = t[r^*0 + (1-r) \times 0] + (1-t)[r^*C + (1-r)(-D)]$$
$$= -tr(C+D) + tD + rC + rD - D$$

对该式求t的偏导数并令其为0，得监管部门最优的一阶条件：$-r(C+D) + D = 0$，

所以，$r^* = D/(C+D)$

所以，该混合策略纳什均衡为：$[D/(C+D), (Q-fL)/(F_2-F_1)]$。其内涵如下。

矿产资源开发利用企业以最优的概率$D/(C+D)$消除生产安全隐患并获得最优的期望效用。如果矿产资源开发利用企业以大于均衡的概率消除安全隐患，则监管部门的最优选择是不查处（矿产资源开发利用企业）；如果矿产资源开发利用企业以小于均衡的概率消除安全隐患，则监管部门的最优选择是查处；如果矿产资源开发利用企业以等于均衡的概率消除安全隐患，则监管部门的最优选择是随机地选择查处或不查处。

监管部门将选择以最优概率$(Q-fL)/(F_2-F_1)$进行查处并使期望效用最大。如果监管部门以大于均衡的概率查处矿产资源开发利用企业，则矿产资源开发利用企业的最优选择是消除安全隐患；如果监管部门

以小于均衡的概率查处矿产资源开发利用企业，则矿产资源开发利用企业的最优选择是不消除安全隐患；如果监管部门以等于均衡的概率查处，则矿产资源开发利用企业的最优选择是随机地选择消除或不消除安全隐患。

5. 矿产资源开发利用企业与地方政府间的生产安全隐患利益博弈的影响因素

根据矿产资源开发利用企业的最优行为选择概率 $r^* = D/(C+D)$ 可知：

r^* 取决于 C 和 D，且 r^* 与查处成本 C 反方向变化，与监管部门受到的处罚 D 同方向变化。因此，要有效地增加矿产资源开发利用企业消除安全隐患的概率，就必须从降低监管部门的查处成本付出 C，加大对监管部门失职行为的处罚力度 D 两方面来考虑，也即政府的行为选择取向是关键。

根据监管部门的最优行为选择概率 $t^* = (Q - fL)/(F_2 - F_1)$ 可知：要有效地增加对矿产资源开发利用企业的生产安全隐患查处效果，监管部门就必须区别对待矿产资源开发利用企业消除和不消除的行为，必须加大对矿产资源开发利用企业不消除生产安全隐患行为的处罚力度 F_2，迫使矿产资源开发利用企业增加消除安全隐患的投入 Q。

（二）政府与矿产资源开发利用企业间的生产安全隐患消除利益博弈对实际的逼近性描述分析

1. 政府与矿产资源开发利用企业间的生产安全隐患消除利益博弈中需要考虑的实际情况

首先，监管部门在生产安全隐患查处中的两难处境和行为悖论。尽管监管部门采取查处策略，是尽自己本职义务假设综合得益支付为零；但在现实生活中，行政效率的低下，监管部门可以通过处罚留成、工作积极受到奖励等形式从查处中获得收益；采取不查处策略时，监管部门会失去从矿产资源开发利用企业那里获得的收益，两者共同影响着监管部门的效用函数和行为选择。如果监管部门查处的期望收益大于查处的机会成本（采取不查处策略时从矿产资源开发利用企业获得的收益），则其行为选择倾向于选择查处；如果监管部门查处的期望收益小于查处的机会成本，则其更愿意采取不查处的行为策略。因此，监管部门采取查处策略时获得的综合收益是影响其行为选择的关键。

其次，监管部门自身利益额外获得的行为效应。对于矿产资源开发利用企业未消除安全生产隐患，而监管部门未查处时，仅假设上级会对监管部门的失职行为处罚为 $-D$，忽略了监管部门通过放纵矿产资源开发利用企业的生产安全隐患行为，而从中获得的额外收益，即监管部门通过管理费甚至收受贿赂等合法或不合法的形式从矿产资源开发利用企业获得收益（设为 D_1）。这时，地方政府的不查处综合得益就由 $-D$ 变为（$-D+D_1$）。

表 7-18 矿产资源开发利用企业与地方政府间的生产安全隐患利益博弈的扩展

矿产资源开发利用企业与地方政府间的生产安全隐患利益博弈		地方政府	
		查处（t）	不查处（$1-t$）
矿产资源开发利用企业	消除（r）	$-Q-F_1$, 0	$-Q$, C
	不消除（$1-r$）	$-F_2-fL$, 0	$-fL$, $-D+D_1$

由该模型可知：一是如果 $-D+D_1<0$，则意味着地方监管部门的上级罚款与自身的额外收益相互抵消，因而，地方政府对于不查处的行为选择内在利益动机不大。二是如果 $-D+D_1>0$，则意味着地方监管部门因不检查的失职行为所受的处罚 D，将会从不受检查的矿产资源开发利用企业那里获得完全的收益补偿，因此，监管部门总是选择不查处，从而导致矿产资源开发利用企业安全生产隐患的行为取向逐步得以完全实现，不消除的概率则为 1，最终表现为地区性的矿产资源开发利用企业生产安全隐患多，事故不断，监管部门却不管不问、放任自流。

再次，处罚加大的行为效应。如果对矿产资源开发利用企业的处罚力度 F_2 被无限加大，则矿产资源开发利用企业不仅被罚款，还被强迫关井；导致企业对生产安全隐患造成的后果惧怕。如果对监管部门的处罚力度 D 被无限加大，则监管部门及其人员会受到各种严厉处罚，导致其加倍谨慎进行查处的同时，也会产生惧怕管理安全生产隐患的心理。当然，这有利于博弈双方选择（消除，查处）的均衡解。但一旦出现安全生产事故等不利情况，矿产资源开发利用企业就会想办法隐瞒；基层监管部门就会想办法减少负面影响，以减少政治影响和逃避处罚。

2. 政府与矿产资源开发利用企业间的生产安全隐患消除利益博弈启示

一是强化生产安全隐患防范意识。要使矿产资源开发利用企业和监管部门真正意识到生产安全隐患不消除带来的后果，必须将事前处罚同事后的失职核查，以及将监管部门的职责落实到位，即事前，矿产资源开发利用企业如不主动消除安全生产隐患则必须对其立即处罚；在事后，要根据失职行为和程度，分清责任，适度处罚。

二是突出监管部门对生产安全隐患的查处重点。在全面了解生产安全隐患现实的基础上，重点查处生产安全隐患概率高的矿产资源开发利用企业。确定重点隐患，限期整改、狠抓落实，即在最后期限强制安全隐患消除的同时，对矿产资源开发利用企业责任人提前给予处罚，以示告诫和警示。

三是加强对生产安全隐患监管层级的上下协同。鉴于同级监管部门对大型矿产资源开发利用企业的生产安全隐患往往没有约束力；而矿产资源开发利用企业与地方政府又有千丝万缕的利益关系。因此，上级政府一定要加强对下级监管部门和地方政府的垂直监管。

四是尝试设立矿产资源开发利用企业生产安全隐患消除基金。鉴于资金软约束常常是造成生产安全隐患的重要原因，因此，监管部门要督促矿产资源开发利用企业按净收入的一定比例投入安全基金；不足部分则应由政府补足。

五是完善矿产资源开发利用企业的生产安全隐患民主管理。工人是生产安全隐患信息的直接感受者。鉴于矿产资源开发利用企业中的民主管理制度缺乏意味着基层生产安全隐患信息往往得不到领导重视。因此，要建立矿产资源开发利用企业安全报告制度，不仅保证工人的民主权益，更有利于保障矿产资源开发利用企业的生产安全利益。

五　政府与矿产资源开发利用企业间的寻租利益博弈

（一）政府与矿产资源开发利用企业间的寻租利益机理

1. 引言与假设

一般而言，地方政府的资源开发管理行为路径与其管辖内的矿产资开发利用企业发展状况有直接的关系，地方政府需要对所谓的资源开发"市场失灵"进行补救，人们往往倾向于将"失灵的市场"与"理想的政府"相匹配，即经常把地方政府设想为没有偏差、没有自己特殊利益的社会机构，认为其有足够的能力掌握充分的资源开发信息，不存在信息不对称的情况。事实上，地方政府在处理与矿产资源开发利用企业间的相关事项时，会由于其自身缺陷而出现偏差；而且，地方政府往往涉及不同利益集团，其决策不可能完全大公无私，在执行中央资源开发政策时地方政府往往会从自身利益出发，与辖区的矿产资源开发利用企业有更多的特殊关系。为充分了解地方政府与矿产资源开发利用企业间的这种既密切又微妙的利益关系，需从博弈角度出发对二者的寻租利益博弈行为进行分析，以有利于探究矿产资源开发利用利益博弈失衡的内在原因。

假定地方政府与矿产资源开发利用企业间的寻租利益博弈中，地方政府对矿产资源开发利用企业的利益寻租行为管理有两种选择：进行监督或者不进行监督。矿产资源开发利用企业的寻租行为自身又存在两种选择：对地方政府进行寻租以期继续留在此资源开发领域中并获得有利的发展机会及收益，或者选择不进行寻租而承担其应当的市场公平竞争责任以及生产安全、生态环保等治理投入费用和罚款义务等。

2. 模型建立

矿产资源开发利用企业进行寻租会发生成本，地方政府对矿产资源开发利用企业进行寻租行为监督也需要成本。令，

Q_1——矿产资源开发利用企业不进行寻租行为、在正常公平生产情况下的得益；

Q_2——矿产资源开发利用企业的寻租收益，如果矿产资源开发利用企业对地方政府寻租，则无论地方政府采取哪种策略，矿产资源开发利用企业均不会有此项支出，即为其得益；

c——地方政府对矿产资源开发利用企业的寻租行为进行监督而发生的成本；

F——矿产资源开发利用企业对地方政府进行寻租而发生的成本；

f——地方政府选择监督策略时，矿产资源开发利用企业的寻租行为所受到的象征性处罚。这是由于，当矿产资源开发利用企业选择寻租策略

时,即使地方政府出于自身利益考虑与之存在合谋的偏好,但迫于中央(上级)政府的压力,地方政府仍会选择监督策略,对矿产资源开发利用企业进行处罚(处罚金额 f),但此时对于矿产资源开发利用企业的寻租行为而言还会有 Q_2 的得益。

G ——由矿产资源开发利用企业的寻租行为造成的地方政府不监督需承担的社会成本;其中包括中央对其的惩罚、自身政绩减少以及资源开发的其他利益损失等方面。

假设 $Q_2 > f + F$,即 Q_2 会大于 f 与 F 之和,否则矿产资源开发利用企业不会选择对地方政府的寻租行为。

表 7-19 政府与矿产资源开发利用企业间的寻租利益博弈报酬矩阵

政府与矿产资源开发利用企业间的寻租利益		地方政府	
		监督	不监督
矿产资源开发利用企业	寻租	Ⅰ ($Q_1 + Q_2 - F - f$, $F + f - c$)	Ⅱ ($Q_1 + Q_2 - F$, $F - G$)
	不寻租	Ⅲ (Q_1, $-c$)	Ⅳ ($Q_1 + Q_2$, $-G$)

其中,博弈策略组合的含义如下。

Ⅰ (寻租,监督)表示:矿产资源开发利用企业选择寻租行为,政府选择监督时,矿产资源开发利用企业可以获得正常收益 Q_1 ,寻租收益 Q_2 ;但同时要付出寻租成本 F ,以及地方政府的象征性处罚 f ;地方政府获得监督收益(对矿产资源开发利用企业是寻租成本) F ,象征性处罚收益 f ,付出对矿产资源开发利用企业的寻租进行监督所发生的成本 c 。

Ⅱ (寻租,不监督)表示:矿产资源开发利用企业选择寻租,政府选择不监督时,矿产资源开发利用企业可以获得正常收益 Q_1 ,寻租收益 Q_2 ,但同时要付出寻租成本 F ;地方政府获得不监督收益(寻租成本) F ,代表社会承担寻租成本(矿产资源开发利用企业的寻租收益) G 。

Ⅲ (不寻租,监督)表示:矿产资源开发利用企业选择不寻租,政府选择监督时,矿产资源开发利用企业可以获得正常收益 Q_1 ;这时地方政府对矿产资源开发利用企业的寻租行为付出监督的成本 c 。

Ⅳ (不寻租,不监督)表示:矿产资源开发利用企业选择不寻租,政府选择不监督时,矿产资源开发利用企业可以获得正常收益 Q_1 ,不用

寻租的收益 Q_2；这时地方政府代表社会承担寻租成本（矿产资源开发利用企业的寻租收益）G。

3. 模型求解

鉴于在 $Q_2 > f + F$ 的条件下，不存在纯策略的纳什均衡。需对该博弈的混合战略纳什均衡进行分析。

令，地方政府对于矿产资源开发利用企业的寻租进行监督的概率为 p，则不进行监督的概率为 $(1-p)$；矿产资源开发利用企业对地方政府进行寻租的概率为 q，则不进行寻租的概率为 $(1-q)$。

表 7-20　政府与矿产资源开发利用企业间的寻租利益混合战略博弈报酬矩阵

政府与矿产资源开发利用企业 之间的寻租利益		地方政府	
		监督（p）	不监督（$1-p$）
矿产资源开 发利用企业	寻租（q）	Ⅰ $(Q_1+Q_2-F-f,$ $F+f-c)$	Ⅱ $(Q_1+Q_2-F, F-G)$
	不寻租（$1-q$）	Ⅲ $(Q_1, -c)$	Ⅳ $(Q_1+Q_2, -G)$

首先，矿产资源开发利用企业寻租行为的不同选择的期望收益。若给定 p 值，矿产资源开发利用企业对地方政府进行寻租（$q=1$）时的期望收益：

$$E_{企}(p,1) = p(Q_1+Q_2-F-f) + (1-p)(Q_1+Q_2-F) = Q_1+Q_2-F-fp$$

矿产资源开发利用企业对地方政府不进行寻租（$q=0$）时的期望收益：

$$E_{企}(p,0) = pQ_1 + (1-p)(Q_1+Q_2) = Q_1+Q_2-pQ_2$$

由 $E_{企}(p,1) = E_{企}(p,0)$，可得，$p^* = F/(Q_2-f)$，这意味着：如果地方政府对矿产资源开发利用企业的寻租行为进行监督的概率大于 $F/(Q_2-f)$，则矿产资源开发利用企业的最优选择是进行寻租；如果地方政府监督的概率小于 $F/(Q_2-f)$，则矿产资源开发利用企业的最优选择是不进行寻租；如果地方政府监督的概率等于 $F/(Q_2-f)$，则矿产资源开发利用企业可随机地选择进行寻租或者不寻租。

其次，政府对矿产资源开发利用企业的寻租行为所做的不同选择的期

望收益。若给定 q 值,地方政府选择对矿产资源开发利用企业的寻租行为进行监督($p=1$)时的期望收益:

$$E_政(1,q) = q(F+f-c) + (1-q)(-c) = Fq+fq-c$$

地方政府选择对矿产资源开发利用企业的寻租行为不进行监督($p=0$)时的期望收益:

$$E_政(0,q) = q(F-G) + (1-q)(-G) = Fq-G$$

由 $E_政(1,q) = E_政(0,q)$,可得,$q^* = (c-G)/f$,这意味着:

如果矿产资源开发利用企业寻租的概率小于 $(c-G)/f$,那么地方政府的最优选择是对矿产资源开发利用企业的寻租行为不监督;如果矿产资源开发利用企业寻租的概率大于 $(c-G)/f$,那么地方政府的最优选择是对矿产资源开发利用企业的寻租行为监督;如果矿产资源开发利用企业寻租的概率等于 $(c-G)/f$,则地方政府可随机地选择对矿产资源开发利用企业的寻租行为监督或不监督。

所以,该混合战略博弈的纳什均衡:$p^* = F/(Q_2-f)$,$q^* = (c-G)/f$,即地方政府以 $F/(Q_2-f)$ 的概率选择监督,而矿产资源开发利用企业以 $(c-G)/f$ 的概率选择进行寻租。

4. 博弈结论分析

首先,根据 $p^* = F/(Q_2-f)$ 可知,地方政府的行为选择与矿产资源开发利用企业的寻租成本 F、地方政府对矿产资源开发利用企业寻租的处罚金额 f,以及矿产资源开发利用企业获得的寻租收益 Q_2 有直接的关系:一是在 (Q_2-f) 一定的条件下,如果 p^* 越大,F 就会越大;这意味着地方政府监督力度的增大,会加大政府监督的概率,反之亦然;如果地方政府监督的概率增大,则意味着其监督力度增大;而随着监督力度的增大,矿产资源开发利用企业为了获得更高的寻租利益而必然加大其对政府的寻租投入。二是如果 F 值与 Q_2 值给定,f 会随着 p^* 的增大而减小,即地方政府的监督力度增强,会使得其对矿产资源开发利用企业的罚金增加,从而监管概率降低。

其次,根据 $q^* = (c-G)/f$,矿产资源开发利用企业在博弈中的寻租行为选择与地方政府的监督成本 c、地方政府对矿产资源开发利用企业的处罚金额 f，以及政府承担的寻租损失额 G 有直接的关系：一是在（$c-G$）一定的条件下，q^* 的值会随着 f 值的增大而减小，即地方政府对矿产资源开发利用企业寻租的处罚金额与其寻租行为发生的概率是成反方向变化的。二是如果给定 f 值和 G 值，则 q^* 与 c 的变化方向相同，这是因为地方政府对矿产资源开发利用企业的监督投入越大，监督力度一般也越大；矿产资源开发利用企业为了得到相对较多的寻租收益就会更多选择对地方政府进行寻租。反之，如果地方政府对矿产资源开发利用企业的监督投入成本较小，监督力度减小，矿产资源开发利用企业对地方政府进行寻租的概率就不会很高。

另外，鉴于地方政府与矿产资源开发利用企业之间利益关系复杂，加之现行财税政策影响，导致地方财政收入直接与矿产资源开发利用企业开发利益息息相关，所以，地方政府与矿产资源开发利用企业间的利益一体化倾向十分严重，导致矿产资源开发利用企业的寻租率远高于均衡值 q^*；相应的是，地方政府对矿产资源开发利用企业有效监督的概率小于原始均衡概率 p^*，最终导致基于矿产资源开发利用企业寻租行为的外部效应发生概率较高。

（二）政府与矿产资源开发利用企业间的贿赂过程利益博弈

1. 引言与假定

矿产资源开发利用企业的负外部性导致其本身利益损失的可能，损害了资源开发的整体利益，阻碍了资源开发的可持续发展以及政府对其外部性行为的约束和强迫治理。为了节约矿产资源开发利用企业的外部效应治理成本，矿产资源开发利用企业有贿赂政府检查的动机，而逃避治理职责。而作为利益追求最大化的"理性"主体，政府及其官员也存在寻租的行为动机，从而会形成政府与矿产资源开发利用企业间的贿赂过程利益博弈。为此，假定：

一是地方政府的收入信息和奖惩是公开的。二是博弈的各参与方都是理性经济人，其选择都是为了使自身利益最大化。如果矿产资源开发利用企业没有产生外部效应的话，就不会向地方政府进行贿赂；如果矿产资源开发利用企业产生外部效应的话，就会向地方政府进行贿赂。三是矿产资源开发利用企业的战略空间为不治理，治理；政府部门的战略选择空间为检查，不检查。四是如果地方政府不接受贿赂，会将贿赂上缴；如果地方政府接受贿赂，那么贿赂金就视为其收益。五是只要地方政府进行检查，就能检查出矿产资源开发利用企业所导致的外部效应。六是如果地方政府有受贿行为，那么上级政府部门只要检查，就能发现问题。令，

C——地方政府官员对矿产资源开发利用企业进行检查的成本付出。

Q——矿产资源开发利用企业治理其外部效应的成本付出。

F——地方政府对矿产资源开发利用企业检查后的罚款所得，并将罚款上缴，同时矿产资源开发利用企业还需进行外部效应的治理。

αQ——矿产资源开发利用企业如果没有进行外部效应治理，有可能对地方政府官员进行贿赂的金额大小。其中，α 的取值范围为 $0 < \alpha < 1$；而 Q 为矿产资源开发利用企业治理其外部效应的成本付出。

β——上级部门对上缴罚款和贿赂金的地方政府进行奖励的程度，也即按照总金额的 β 倍进行奖励；β 的取值范围为 $0 < \beta < 1$。

W——不管地方政府是否检查都会获得国家的工资报酬及福利待遇。

η——上级机构监督成功的概率。

2. 在不考虑上级政府部门监督的条件下，政府与矿产资源开发利用企业间的动态利益博弈过程分析和博弈树构建

政府与矿产资源开发利用企业间的动态利益博弈过程如下。

首先，矿产资源开发利用企业的战略空间选择为治理，不治理；政府部门的战略空间选择为检查，不检查；矿产资源开发利用企业对自己的战略选择是清楚的，而政府部门对矿产资源开发利用企业的生产情况也是清楚的。

其次，如果地方政府部门对矿产资源开发利用企业不检查，博弈结束；如果检查，矿产资源开发利用企业治理，博弈也结束。如果检查，但矿产资源开发利用企业没有进行治理，矿产资源开发利用企业有可能进行贿赂或者不进行贿赂。若不贿赂，则博弈结束；若贿赂的话，博弈会继续，政府对贿赂可以接受或是拒绝，最后二者间的博弈结束。

鉴于政府与矿产资源开发利用企业间的上述动态利益博弈过程特征，

该模型的博弈树如下（见图7-2），根据假定条件，以及博弈树的过程结构，可以确定各个节点的博弈参与人的收益。

```
                        矿产资源开发利用企业
                       /                    \
                    治理                    不治理
                    /                          \
              地方政府                       地方政府
              /      \                       /      \
          检查       不检查              检查        不检查
          /            \                  /             \
      W-C, -Q        W, -Q      矿产资源开发利用企业    W, 0
                                  /            \
                              行贿            不行贿
                              /                  \
                          地方政府          W+βF-C, -Q-F
                          /      \
                      接受       不接受
                       /            \
                W+αQ-C, -αQ    W+β(αQ+F)-C, -Q-αQ-F
```

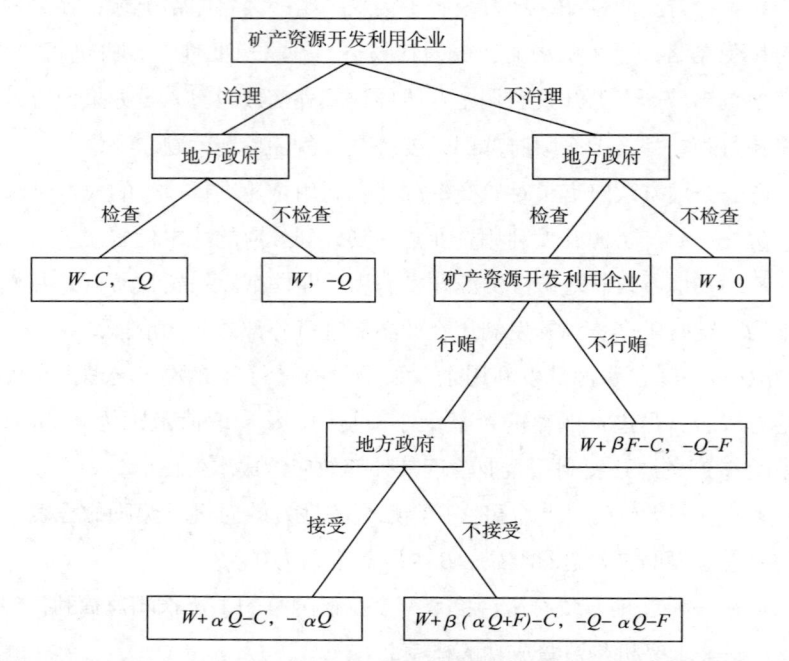

图7-2　不考虑上级政府监督条件下矿产资源开发利用企业与地方政府间的动态利益博弈树

3. 在不考虑上级政府部门监督的条件下，政府与矿产资源开发利用企业间的动态利益博弈树分析解释

一是如果矿产资源开发利用企业的战略选择为治理，地方政府部门的战略选择为检查，则双方间的博弈结束；鉴于地方政府的检查成本付出C，得到的工资报酬及福利待遇W，故其综合得益为$W-C$；矿产资源开发利用企业付出治理外部效应的成本为Q，其综合得益为$-Q$。故该节点的得益组合为$(W-C, -Q)$。

二是如果矿产资源开发利用企业的战略选择为治理，地方政府部门的战略选择为不检查，则双方间的博弈结束；鉴于地方政府没有付出检查成本，但仍可得到工资报酬及福利W，故其综合得益为W；矿产资源开发利用企业付出治理外部效应的成本为Q，故其综合得益为$-Q$。故该节点的

得益组合为 (W, $-Q$)。

三是如果矿产资源开发利用企业的战略选择为不治理,地方政府部门的战略选择为检查;进一步,矿产资源开发利用企业的战略选择为贿赂,在地方政府的行为选择为接受时,博弈结束。鉴于地方政府须首先付出检查成本 C,并始终仍可得到工资报酬及福利 W;而且还可以得到并接受矿产资源开发利用企业的贿赂金额 αQ,故地方政府的综合得益 $W+\alpha Q-C$;鉴于矿产资源开发利用企业要承担向地方政府的贿赂 αQ,而不必付出外部效应治理成本,故矿产资源开发利用企业的综合得益为 $-\alpha Q$;故该节点的得益组合为 ($W+\alpha Q-C$, $-\alpha Q$)。

四是如果矿产资源开发利用企业的战略选择为不治理,地方政府部门的战略选择为检查;进一步,如果矿产资源开发利用企业的战略选择为贿赂,地方政府的行为选择为不接受(上缴收入)时,博弈结束。鉴于地方政府首先须付出检查成本 C,并始终仍可得到工资报酬及福利 W;而且,即使不接受矿产资源开发利用企业的贿赂,地方政府还是可以得到对矿产资源开发利用企业检查后的罚款 F,以及得到矿产资源开发利用企业的贿赂金额 αQ。鉴于地方政府在上交罚款和贿赂金后,本级政府可以获得倍数为 β 的奖励,故地方政府的综合得益为 [$W+\beta(\alpha Q+F)-C$]。鉴于在地方政府部门的战略选择为检查的条件下,即使不接受矿产资源开发利用企业的贿赂,上交罚款和贿赂金,矿产资源开发利用企业也需付出治理外部效应的成本 Q,承担地方政府对其检查后的罚款 F,以及没有实际效果的向地方政府的贿赂成本 αQ,故矿产资源开发利用企业的综合得益为 ($-Q-\alpha Q-F$)。故该节点的得益组合为 [$W+\beta(\alpha Q+F)-C$, $-Q-\alpha Q-F$]。

五是如果矿产资源开发利用企业的战略选择为不治理,地方政府部门的战略选择为检查;进一步,如果矿产资源开发利用企业的战略选择为不贿赂,博弈结束。鉴于地方政府须首先付出检查成本 C,并始终仍可得到工资报酬及福利待遇 W,而且还可以得到对矿产资源开发利用企业检查后的罚款 F;鉴于地方政府上交罚款收入后,可以得到上级政府 β 倍的奖励,故地方政府的综合得益为 ($W+\beta F-C$)。鉴于矿产资源开发利用企业始终需付出治理外部效应的成本 Q,承担地方政府对其不治理行为检查后的罚款 F,故矿产资源开发利用企业的综合得益为 ($-Q-F$);故该节

点的得益组合为 ($W+\beta F-C$, $-Q-F$)。

六是如果矿产资源开发利用企业的战略选择为不治理，地方政府部门的战略选择为不检查时，双方博弈结束。鉴于地方政府没有付出检查成本，但仍可得到工资报酬及福利 W，故其综合得益为 W。鉴于矿产资源开发利用企业不需付出治理外部效应的成本，也没行贿，故其综合得益为 0。故该节点的得益组合为 (W, 0)。

4. 在不考虑上级政府部门监督的条件下，政府与矿产资源开发利用企业间的博弈模型求解

对于动态利益博弈，可采用逆向归纳法求解均衡。首先，从底层开始，就政府与矿产资源开发利用企业间的行贿与受贿选择进行博弈分析，并换成博弈得益矩阵表达式。

表7–21　地方政府与矿产资源开发利用企业间的贿赂利益博弈得益矩阵

地方政府与矿产资源开发利用企业之间的贿赂利益		地方政府	
		接受	不接受
矿产资源开发利用企业	行贿	$-\alpha Q$, $W+\alpha Q-C$	$-Q-\alpha Q-F$, $W+\beta(\alpha Q+F)-C$
	不行贿	$-F-Q$, $W+\beta F-C$	$-F-Q$, $W+\beta F-C$

其次，从该博弈矩阵可以得出：当 $W+\alpha Q-C < W+\beta(\alpha Q+F)-C$ 时，意味着地方政府对矿产资源开发利用企业的贿赂行为，不接受的行为选择得益大于接受的行为选择；则地方政府最优选择为接受贿赂，因而，二者间的博弈均衡为不行贿，不接受行贿。所以，该动态博弈可变成：

表7–22　在贿赂不存在时地方政府与矿产资源开发利用企业间的利益博弈得益矩阵

地方政府与资源开发利用企业之间的贿赂利益		地方政府	
		检查	不检查
矿产资源开发利用企业	治理	$-Q$, $W-C$	$-Q$, W
	不治理	$-F-Q$, $W+\beta F-C$	0, W

当 $W+\beta F-C < W$ 时，意味着地方政府对矿产资源开发利用企业的外部效应行为治理与否，采取不检查为最优选择，因而，矿产资源开发利用企业的最优行为选择为不治理，所以，该博弈均衡为：（不治理，不检

查);当 $W+\beta F-C>W$ 时,该博弈均衡为没有确定的纯策略纳什均衡。

再次,当 $W+\alpha Q-C>W+\beta(\alpha Q+F)-C$ 时,意味着地方政府对矿产资源开发利用企业的贿赂行为,接受的行为选择得益大于不接受;同时,鉴于前述自身利益最大化的考虑,在地方政府乐意接受矿产资源开发利用企业行贿时,一般会有行贿的前提条件存在,因而,矿产资源开发利用企业的最优行为选择为行贿;所以,二者间的博弈均衡为(行贿,接受行贿),则该动态博弈变成:

表 7-23 在贿赂存在时地方政府与矿产资源开发利用企业间的外部效应处理利益博弈

地方政府与矿产资源开发利用企业之间的贿赂利益		地方政府	
		检查	不检查
矿产资源开发利用企业	治理	$-Q, W-C$	$-Q, W$
	不治理	$-\alpha Q, W+\alpha Q-C$	$0, W$

当 $W+\alpha Q-C<W$ 时,意味着地方政府对矿产资源开发利用企业的外部效应行为治理与否,选择检查时的得益小于不检查,所以,该博弈均衡为(不治理,不检查);当 $W+\alpha Q-C>W$ 时,该博弈均衡为没有确定的纯策略纳什均衡。

最后,从上文的分析可以看出,在没有上级政府监督的情况下,如果矿产资源开发利用企业治理外部效应的成本非常大,只要矿产资源开发利用企业的贿赂金额 αQ,大于地方政府得到的上级政府的奖励金额 $\beta(\alpha Q+F)$;也即条件 $\alpha Q>\beta(\alpha Q+F)$ 存在,因而有:$W+\alpha Q-C<W+\beta(\alpha Q+F)-C$ 成立;那么就会有矿产资源开发利用企业行贿寻租与地方政府受贿设租,从而相互勾结的利益博弈均衡,即(行贿,接受行贿)。

由于矿产资源开发利用企业治理外部效应的成本付出 Q 值常常是非常巨大的,因而在没有上级政府监督的情况下,条件 $\alpha Q>\beta(\alpha Q+F)$ 也是很容易达到的,所以矿产资源开发利用企业会有很大的利益动机去行贿,地方政府也有其内在的利益激励去受贿,从而将会大量出现官企勾结的情况。因此,贿赂发生的可能性极大。

5. 上级政府监督的介入导致矿产资源开发利用企业与地方政府间博弈局势改变及其博弈树分析解释

在上级政府介入监督矿产资源开发利用企业与地方政府间的贿赂利益博弈条件下，假设上级政府部门的行为特征如下：一是上级政府部门会对下级地方政府部门和矿产资源开发利用企业进行检查，如发现有行贿受贿问题，则会追究矿产资源开发利用企业和地方政府的责任；将会没收矿产资源开发利用企业对地方政府的行贿金 aQ；同时，对矿产资源开发利用企业而言，地方政府除了进行的原有罚款 F 外，还会对其进行追加罚款 M；并且还得进行治理。对地方政府而言，上级会对受贿的地方政府及其官员进行罚款 N，同时，如果监督成功，在地方政府及其官员有受贿情形的条件下，会附加取消其部分工作机会及福利待遇 W；在地方政府及其官员仅仅不尽职责（如不检查）的条件下，不会另外取消其部分工作机会及福利待遇 W。二是上级政府机构监督成功的概率为 η，则上述动态博弈树的节点期望收益变为：

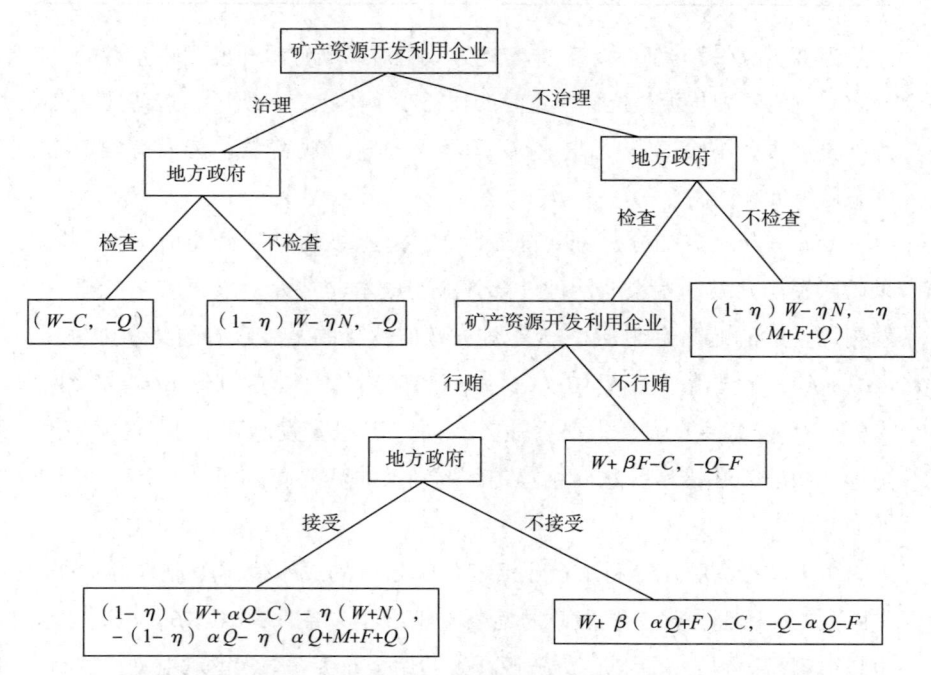

```
                    矿产资源开发利用企业
                   /                    \
                治理                    不治理
                /                          \
           地方政府                        地方政府
          /       \                       /         \
       检查    不检查                  检查         不检查
        |        |                      |             |
     (W−C,−Q) (1−η)W−ηN,−Q    矿产资源开发利用企业  (1−η)W−ηN,−η(M+F+Q)
                                  /        \
                               行贿       不行贿
                                /            \
                           地方政府       W+βF−C,−Q−F
                          /       \
                       接受      不接受
                        |          |
      (1−η)(W+αQ−C)−η(W+N),    W+β(αQ+F)−C,−Q−αQ−F
      −(1−η)αQ−η(αQ+M+F+Q)
```

图 7 − 3 　上级政府介入监督条件下矿产资源开发利用企业与地方政府间的
动态利益博弈树

一是当矿产资源开发利用企业的战略选择为治理、地方政府部门的战略选择为检查时,双方间的博弈结束。鉴于地方政府的检查成本付出 C,得到的工资报酬及福利待遇 W,故其综合得益为 $(W-C)$;矿产资源开发利用企业付出治理外部效应的成本 Q,其综合得益为 $(-Q)$。故该节点的得益组合为 $(W-C, -Q)$。

二是如果矿产资源开发利用企业的战略选择为治理、地方政府部门的战略选择为不检查时,双方间的博弈结束。虽然地方政府没有付出检查成本,但上级政府会对其进行罚款 N;同时,可能会减少地方政府及其官员可得到的工资报酬及福利 W。鉴于存在被上级政府监督成功发现的概率 η,则监督没有成功发现的概率为 $(1-\eta)$。由于仅仅是不尽职检查,故地方政府的综合得益为 $[(1-\eta)W-\eta N]$。与此同时,鉴于矿产资源开发利用企业需付出治理外部效应的成本为 Q,故其综合得益为 $-Q$。故该节点的得益组合为 $[(1-\eta)W-\eta N, -Q]$。

三是如果矿产资源开发利用企业的战略选择为不治理、地方政府部门的战略选择为检查;进一步,若矿产资源开发利用企业的战略选择为行贿、在地方政府的行为选择为接受时,博弈结束。鉴于地方政府须首先付出检查成本 C,并始终仍可得到一定的工资报酬及福利 W;而且还可以得到并接受矿产资源开发利用企业的贿赂金额为 αQ。但是,在上级政府介入监督的条件下,地方政府可能会被罚款 N,以及会受到附加减少工资报酬及福利 W 的处罚。另外,鉴于存在被上级政府监督成功发现的概率为 η,则监督没有成功发现的概率为 $(1-\eta)$。故地方政府的综合得益为 $[(1-\eta)(W+\alpha Q-C)-\eta(W+N)]$。尽管最初矿产资源开发利用企业不必付出外部效应的治理成本,仅需承担向地方政府的贿赂 αQ 以及地方政府的罚款 F,但在地方政府检查后仍需治理外部效应并付出成本 Q;在上级政府介入监督时还有可能被追加罚款 M,故在上级政府监督成功发现的概率为 η,则监督没有成功发现的概率为 $(1-\eta)$ 的条件下,矿产资源开发利用企业的综合得益为 $[-(1-\eta)\alpha Q-\eta(\alpha Q+M+F+Q)]$;故该节点的得益组合为 $[(1-\eta)(W+\alpha Q-C)-\eta(W+N), -(1-\eta)\alpha Q-\eta(\alpha Q+M+F+Q)]$。

四是如果矿产资源开发利用企业的战略选择为不治理、地方政府部门的战略选择为检查;进一步,如果矿产资源开发利用企业的战略选择为贿赂、地方政府的行为选择为不接受(上缴收入)时,博弈结束。鉴于地方政府首先须付出检查成本 C,并始终仍可得到工资报酬及福利 W;而且,即使不接受矿产资源开发利用企业的贿赂,地方政府还是可以得到对矿产资源开发利用企业检查后的罚款 F,以及得到矿产资源开发利用企业的贿赂金额 αQ。鉴于地方政府在上缴罚款和贿赂金后,本级政府可以获得倍数为 β 的奖励,故地方政府的综合得益为 $[W+\beta(\alpha Q+F)-C]$。鉴于在地方政府部门的战略选择为检查的条件下,即使其不接受矿产资源开发利用企业的贿赂,上缴罚款和贿赂金,矿产资源开发利用企业也仍需付出治理外部效应的成本 Q,承担地方政府对其检查后的罚款 F,以及没有实际效果的向地方政府的贿赂成本 αQ,故矿产资源开发利用企业的综合得益为 $(-Q-\alpha Q-F)$。故该节点的得益组合为 $[W+\beta(\alpha Q+F)-C, -Q-\alpha Q-F]$。

五是如果矿产资源开发利用企业的战略选择为不治理、地方政府部门的战略选择为检查;进一步,如果矿产资源开发利用企业的战略选择为不贿赂,博弈结束。鉴于地方政府须首先付出检查成本 C,并仍可得到工资报酬及福利待遇 W,而且还可以得到对矿产资源开发利用企业检查后的罚款 F;鉴于地方政府上交罚款收入后,可以得到上级政府 β 倍的奖励,故地方政府的综合得益为:$(W+\beta F-C)$。鉴于矿产资源开发利用企业始终需付出治理外部效应的成本 Q,承担地方政府对其不治理行为检查后的罚款 F,故矿产资源开发利用企业的综合得益为 $(-Q-F)$;故该节点的得益组合为 $(W+\beta F-C, -Q-F)$。

六是如果矿产资源开发利用企业的战略选择为不治理、地方政府部门的战略选择为不检查时,双方博弈结束。鉴于地方政府没有付出检查成本,但仍可得到工资报酬及福利 W;但在上级政府介入监督的条件下,地方政府可能被罚款 N;另外,鉴于存在被上级政府监督成功发现的概率为 η,则监督没有成功发现的概率为 $(1-\eta)$。并且地方政府属于不尽职责的情形,故其综合得益为 $[(1-\eta)W-\eta N]$。鉴于矿产资源开发利用企业采用不治理的战略,不需付出治理外部效应的成本,也没行贿,但矿产资源开发利用企业会被地方政府罚款并须支付仍需完成的外部效应治理成

本 Q，在上级政府介入监督的条件下，企业还会被追加罚款 M。另外，鉴于存在被上级政府监督成功发现的概率为 η，则监督没有成功发现的概率为 $(1-\eta)$。故矿产资源开发利用企业的综合得益为 $[-\eta(M+F+Q)]$。故该节点的得益组合为 $[(1-\eta)W-\eta N, -\eta(M+F+Q)]$。

6. 上级政府监督的介入导致矿产资源开发利用企业与地方政府间博弈均衡条件改变的分析

采用逆向归纳法求此动态博弈均衡解。首先，从底层开始，就矿产资源开发利用企业与地方政府间的行贿与受贿进行博弈分析，换成博弈得益矩阵表达式。

表 7-24 上级政府介入监督时地方政府与矿产资源开发利用企业间的贿赂利益博弈矩阵

地方政府与矿产资源开发利用企业间的贿赂利益		地方政府	
		接受	不接受
矿产资源开发利用企业	行贿	$-(1-\eta)\alpha Q-\eta(\alpha Q+M+F+Q)$, $(1-\eta)(W+\alpha Q-C)-\eta(W+N)$	$-Q-\alpha Q-F$, $W+\beta(\alpha Q+F)-C$
	不行贿	$-F-Q$, $W+\beta F-C$	$-F-Q$, $W+\beta F-C$

其次，从该博弈矩阵可以得出：当 $[(1-\eta)(W+\alpha Q-C)-\eta(W+N)] < [W+\beta(\alpha Q+F)-C]$ 时，意味着地方政府对矿产资源开发利用企业的贿赂行为，不接受的行为选择得益大于接受；这时，该博弈均衡为（不行贿，不接受贿赂）。所以，该动态博弈可变成：

表 7-25 上级政府介入监督但贿赂不存在时，地方政府与矿产资源开发利用企业间的外部效应处理利益博弈得益矩阵

地方政府与矿产资源开发利用企业间的贿赂利益		地方政府	
		检查	不检查
矿产资源开发利用企业	治理	$-Q, W-C$	$-Q, (1-\eta)W-\eta N$
	不治理	$-F-Q, W+\beta F-C$	$-\eta(M+F+Q), (1-\eta)W-\eta N$

从该博弈可以看出，当 $W + \beta F - C < (1 - \eta) W - \eta N$ 时，意味着地方政府对矿产资源开发利用企业的外部效应行为治理与否，采取不检查为最优选择，因而，基于利益最大化的考虑，矿产资源开发利用企业的最优行为选择一般应为不治理，所以，该博弈均衡为（不治理，不检查）；当 $W + \beta F - C > (1 - \eta) W - \eta N$ 时，该博弈均衡为无确定的纯策略纳什均衡。

再次，当 $[(1 - \eta)(W + \alpha Q - C) - \eta(W + N)] > [W + \beta(\alpha Q + F) - C]$ 时，意味着地方政府对矿产资源开发利用企业的贿赂行为，接受的行为选择得益大于不接受；同时，鉴于前述自身利益最大化的考虑，在地方政府乐意接受矿产资源开发利用企业行贿时，一般会有行贿的前提条件存在，因而，矿产资源开发利用企业的最优行为选择为行贿；所以，二者间的博弈均衡为（行贿，接受行贿），则该动态博弈变成：

表7-26　上级政府介入监督但贿赂存在时地方政府与矿产资源开发利用企业间的外部效应处理利益博弈得益矩阵

地方政府与矿产资源开发利用企业间的贿赂利益		地方政府	
		检查	不检查
矿产资源开发利用企业	治理	$-Q$, $W - C$	$-Q$, $(1 - \eta) W - \eta N$
	不治理	$-(1 - \eta)\alpha Q - \eta(\alpha Q + M + F + Q)$, $(1 - \eta)(W + \alpha Q - C) - \eta(W + N)$	$-\eta(M + F + Q)$, $(1 - \eta) W - \eta N$

从该博弈可以看出，当 $(1 - \eta)(W + \alpha Q - C) - \eta(W + N) < (1 - \eta) W - \eta N$ 时，意味着地方政府对矿产资源开发利用企业的外部效应行为治理与否，选择检查时的得益小于不检查，所以，该博弈纳什均衡为（不治理，不检查）；当 $(1 - \eta)(W + \alpha Q - C) - \eta(W + N) > (1 - \eta) W - \eta N$ 时，该博弈均衡为无确定的纯策略纳什均衡。

7. 减少矿产资源开发利用企业与地方政府间贿赂利益博弈的条件取向

要使地方政府积极检查，矿产资源开发利用企业积极处理外部效应，减少贿赂，应满足如下条件。

首先，要杜绝矿产资源开发利用企业采取贿赂手段，地方政府接受贿赂的行为偏好，也即要求：

$[(1-\eta)(W+\alpha Q-C)-\eta(W+N)] < [W+\beta(\alpha Q+F)-C]$，整理得：
$-2\eta W+(1-\eta-\beta)\alpha Q-\eta N+\eta C-\beta F<0$

因此，要使该式成立，就要提高 η、β、W、N、F 的值，降低 C 的值。

其次，要使得地方政府采取检查策略，矿产资源开发利用企业采取治理策略，具体需要：

$$W-C > (1-\eta)W-\eta N，也即，C-\eta W-\eta N<0$$

且 $W+\beta F-C > (1-\eta)W-\eta N$，也即，$C-\eta W-\eta N-\beta F<0$

因此，要使该式成立，就要提高 η、β、W、N、F 的值，降低 C 的值。

所以，一是提高上级政府对地方政府的监督水平，提高发现违规的成功概率 η 的值，要对矿产资源开发利用企业的外部效应高度重视，经常性地对地方政府和矿产资源开发利用企业进行检查，减少地方政府与矿产资源开发利用企业间的贿赂行为发生。

二是加大对矿产资源开发利用企业外部效应不治理的惩罚力度，提高地方政府对矿产资源开发利用企业的罚款力度 F 的值，使其贿赂的得益和行为动机明显降低。

三是加大上级政府对地方政府的监督力度，提高上级政府对地方政府罚款 N 的值，使其受贿的得益明显降低。

四是提升地方政府及其官员的工资和福利待遇与加大检查成绩奖励力度，提高 W、β 的值，提高其工作积极性，提高其受贿的机会成本，最终降低其受贿的动机，促进其恪尽职守，积极工作。

五是地方政府的行政效率，减少其检查的成本付出 C 值，减少贿赂发生的内在条件。

六　政府与矿产资源开发利用企业间利益博弈的政策启示

综上所述，从政府与矿产资源开发利用企业间利益博弈的分析可知，最优化的政府和矿产资源开发利用企业关系就是实现合作博弈，也就是说政府和矿产资源开发利用企业在制定策略时，多从对方的角度出发，换位思考，在合作中达到利益均衡。因此，政府与矿产资源开发利用企业间的利益博弈关系应以合理合法为基础，在政府宏观调控下进行利益合作，和谐共赢发展。

（一）通过加强法制推进，引导矿产资源开发利用中的政企分开

要科学、彻底地解决政企不分及由此引发的诸多问题，保障政府与矿产资源开发利用企业间利益博弈的均衡发展，需要法治环境的稳定、权威和高效运作做最基本的保障。应通过立法形式转变政府职能部门对矿产资源开发利用企业人、财、物的直接干涉权，通过法律手段维护政企分开。

对于矿产资源开发利用企业的资源开发行为而言，在国家层面上，尽管资源本质上属于代表全民利益的国家所有，国务院代表国家统一行使所有权。但在现实中，各个政府部门都分别行使一部分所有者权利，并与行政管理职能混杂在一起，易于形成政府直接干预矿产资源开发利用企业经营、政企职责不分的局面。在矿产资源开发利用企业层面上，矿产资源开发利用企业内部如果没有个体的、人格化的所有者代表，凡需所有者做决策的事，矿产资源开发利用企业或找政府（国有部分），或自己代所有者来决策。这种格局的最终结果是矿产资源开发利用企业的低效率运作甚至财富流失。应通过构建新型的资源开发机制来实现政府的微观退出，通过制度变革创造新的政府与矿产资源开发利用企业关系，要建立一套符合市场机制要求的国有资产管理、监督和运作体制，引导矿产资源开发利用中的政企分开。

（二）改革产权制度，对矿产资源开发利用企业实行产权法人化

企业产权制度改革的核心是实行产权法人化，让法人财产权真正体现，实现出资人所有权与法人财产权的分离，为引导资源开发的市场化提供必要的前提，按照国家统一所有、政府分级管理、矿产资源开发利用企

业自主经营的基本方向理顺资源开发产权关系，为政企分开提供产权制度保障。

从政府与矿产资源开发利用企业间的关系而言，矿产资源开发利用企业在资源开发中的地位是完全独立的。因而，要理顺矿产资源开发利用企业的产权关系，重点就是完善以公司法人制度为主要形式的现代矿产资源开发利用企业制度。通过产权关系清晰，出资者的所有权与矿产资源开发利用企业法人财产权有效地实现分离；通过责权利分明，实现矿产资源开发利用企业独立的法人实体地位，完全自负盈亏。彻底改变政府与矿产资源开发利用企业间各种形式的隶属关系，使矿产资源开发利用企业通过股东会、董事会、执行部门和监事会等公司管理机构的设置和运作，形成调节所有者、法人代表、经营者和职工集体之间的关系来制衡和约束。

（三）平衡政府与矿产资源开发利用企业间的税费利益制度关系

调整资源开发的税费标准是政府与矿产资源开发利用企业间利益博弈关系的基础。在市场经济体制下，资源税费利益制度关系调节的是国家与资源开发直接受益者，即资源所有者和开发投资经营者间的利益关系，目的在于补偿国家和政府等利益相关主体为资源开发所提供的公共设施和公共服务成本，调节矿产资源开发利用利益分配矛盾。应规范矿产资源开发经济管理者与矿权人间的利益关系。国家和政府作为矿产资源开发行政管理者及矿产资源开发公共服务提供者，与资源勘探开发其他参与者之间利益关系，应通过矿管部门向矿产资源勘探开发者、地质信息利用者、矿产资源开发利用者等，收取特定性质的税收和行政规费来调节。要通过税费改革把本应该由国家收益并通过财政手段返还到社会的矿产资源开发利用利益，收回到国家。要着力克服矿产资源开发利用企业基于垄断地位的"利益最大化"追求。鉴于资源性产品价格具有长周期大幅波动的特征，在资源性产品较长期处于高价位期间，资源开发获得基于权力垄断带来的非正常高收益，会加剧收入分配的矛盾，因此，应对非正常高收益征收暴利税或特别收益金。

（四）转变政府资源开发管理职能

政府的资源开发职能应尽快向规范化的间接管理转变，政府应当扮演好资源开发"守夜人"的角色，为矿产资源开发利用企业的自主经营提供宽松安定的外部环境，应根据政企分开的原则，转变政府职能，使政府的资源开发管理职能真正转移到制定和执行宏观调控政策，创造良好的企业发展环境上来，使不应由政府行使的职能逐步转交给矿产资源开发利用企业、市场和社会中介组织。政府的资源开发职能转变首先要改变政府的管理权限，由"无限政府"向"有限政府"转变。政府应将经营权还给矿产资源开发利用企业，实行所有权和经营权的分离，让矿产资源开发利用企业自主经营，在资源开发竞争中求得生存和发展。改变政府的资源开发管理方式，变过去单一的行政管理为经济、法律和行政等多种手段相结合的综合管理，变直接管理为主为间接管理为主；变微观控制为主为宏观调节为主。

第八章
政府与矿产资源开发利用企业间多元利益博弈的内在机理

政府与矿产资源开发利用企业间既有矛盾又有合作的利益关系实际是利益博弈互动。本章运用博弈论模型阐释了政府与多元矿产资源开发利用企业间利益博弈的均衡发展内在机理；综述了政府与多元矿产资源开发利用企业间利益博弈均衡发展的政策启示。主要包括两大层面的内容：第一个层面是矿产资源开发利用企业间利益博弈的基本特征机理。具体包括，矿产资源开发利用企业间利益博弈的基本状态，涵盖矿产资源开发利用企业间利益博弈的囚徒困境、猎鹿困境、智猪博弈、斗鸡博弈、僵局博弈等；矿产资源开发利用企业间利益博弈的竞争机理；合作机理以及政策启示。第二个层面是政府对多元矿产资源开发利用企业间利益博弈局势的改变机理及政策取向。具体包括：没有政府参与背景下矿产资源开发利用企业间利益博弈的基本态势分析；政府参与背景下矿产资源开发利用企业间利益博弈局势的改变；以及政府改变矿产资源开发利用企业间利益博弈局势的结论及政策取向，凸显了政府在与多元企业博弈中的极端重要性。

一 矿产资源开发利用企业间利益博弈的内在机理

（一）矿产资源开发利用企业间利益博弈的基本状态

1. 矿产资源开发利用企业间利益博弈的囚徒困境

（1）囚徒困境特例

假定有两矿产资源开发利用企业 A 和 B，在资源开发中，对外部效应的处理都有两种理性的选择：治理和不治理。假定总治理成本为 10 个单位，如有效治理，则各自都能获得 8 个单位的收益。

表 8-1　矿产资源开发利用企业间利益博弈的囚徒困境特例得益矩阵

矿产资源开发利用企业间利益博弈的囚徒困境特例		矿产资源开发利用企业 B	
		治理	不治理
矿产资源开发利用企业 A	治理	Ⅰ (3=8-5, 3=8-5)	Ⅱ (-2=8-10, 8)
	不治理	Ⅲ (8, -2=8-10)	Ⅳ (0, 0)

Ⅰ表示，若两矿产资源开发利用企业均按要求治理，均摊治理成本，则各自投入 5，净收益为 3；Ⅱ和Ⅲ表示，若一方信守规则，进行治理，而另一方逃避治理，则诚信方的净收益为 -2；而违规方的净收益为 8；Ⅳ表示，若两矿产资源开发利用企业均不治理，无均摊治理成本，则净收益均为 0。

所以，在诚信方策略空间给定的情况下，另一方使自身利益最大化的最佳选择是违规不治理。该博弈模型中只有 1 个纳什均衡，即 (不治理，不治理)，其收益为 (0, 0)。

该均衡 (不治理，不治理) 存在的原因在于：所谓纳什均衡意味着一种"僵局"，给定别人战略不变的情况下，没有任何人可以通过选择其他战略获得更多，从而没有任何人有积极性打破这种均衡。而其他策略组合 (不治理，治理) 与 (治理，不治理)，都是典型的"搭便车"选择，即一方有让另一方治理而自身坐享其治理成果的内在利益激励。

因此，尽管 (治理，治理) 的策略组合比 (不治理，不治理) 要好，但该帕累托改进之所以难以实现，是因为它不满足个体理性 (张维迎，1996)。因而对博弈者个体最理性的选择，对整体来说是最不理性的选择；而对全体最不理性的选择，事实上对博弈者个体来说是好的选择。这就是矿产资源开发利用企业在外部效应治理问题上的"囚徒困境"。

(2) 囚徒困境一般

设有 A、B 两矿产资源开发利用企业，对外部效应都有治理和不治理两种选择，如果都不治理，则各自收益为 R_1 和 R_2；当均治理时，各自收益均为 N_1 和 N_2。鉴于不治理时，矿产资源开发利用企业会得到更多的长期性的个体利益，所以有，$R_1 > N_1$，$R_2 > N_2$。

表8-2 矿产资源开发利用企业间利益博弈的囚徒困境一般得益矩阵

矿产资源开发利用企业间利益博弈的囚徒困境一般		矿产资源开发利用企业 B	
		治理	不治理
矿产资源开发利用企业 A	治理	Ⅰ (N_1, N_2)	Ⅱ (N_1, R_2)
	不治理	Ⅲ (R_1, N_2)	Ⅳ (R_1, R_2)

很明显，无论矿产资源开发利用企业 A 选择哪种决策，矿产资源开发利用企业 B 的最优决策均为不治理（$R_2 > N_2$）。

反之，无论矿产资源开发利用企业 B 采取治理还是不治理，矿产资源开发利用企业 A 的占优战略同样是不治理（$R_1 > N_1$）；所以，该纳什均衡为（不治理，不治理），也即达到了"囚徒困境"。

2. 矿产资源开发利用企业间利益博弈的猎鹿困境

（1）猎鹿困境及其模型。猎鹿困境反映的是在矿产资源开发利用企业间利益博弈中，虽然类似于"囚徒困境"的报偿结构，但共同合作是一个纳什均衡。矿产资源开发利用企业偏向于共同合作的结果（CC）而不是单边背叛的结果（DC）。也就是说，双方都愿意选择合作，但对单个矿产资源开发利用企业的行为选择而言，由于任一单方不合作，均可能获得更大利益，双方仍然都有通过背叛来保护自己利益的动机。

表8-3 矿产资源开发利用企业间利益博弈的猎鹿困境得益矩阵

矿产资源开发利用企业间利益博弈的猎鹿困境		矿产资源开发利用企业 B	
		合作（C）	不合作（D）
矿产资源开发利用企业 A	合作（C）	Ⅰ (1=5-4, 1=5-4)	Ⅱ (-3=5-8, 5)
	不合作（D）	Ⅲ (5, -3=5-8)	Ⅳ (0, 0)

Ⅰ表示，若两个矿产资源开发利用企业均按要求治理，均摊治理成本，则各自投入4，净收益为1；Ⅱ和Ⅲ表示，若一方信守规则，进行治理，而另一方逃避治理，则诚信方的净收益为-3；而违规方的净收益为5；Ⅳ表示，若两矿产资源开发利用企业均不治理，无均摊治理成本，则净收益均为0。

这是由于，对单个矿产资源开发利用企业的行为取向而言，存在 $CC > DC > DD > CD$ 报偿结构选择，也即在充分的理性和完全信息状态下，各矿产资源开发利用企业都将不可避免地选择合作，从而导致相互合作的利益博弈均衡。因为双方都会发现该结果无论是对它们个体，还是对集体而言都是最优的结果。而且，由于对单个矿产资源开发利用企业而言存在 $CC > DC$ 的行为偏好，这意味着双方都没有单边背叛的动机。因而，该类博弈组合的实现相对比较容易，而且合作也相对稳定。

（2）矿产资源开发利用企业间利益博弈的猎鹿困境特征。当然，即使如此，该类博弈组合仍然属于非合作性的，因为，该博弈中还存在非合作的纳什均衡解，正如卢梭的形象比喻，虽然从合作中所获得的收益相对于其他所有结果而言，缓解了背叛的强度，但由于获得兔子总比没有鹿好，只有当每个猎户都相信所有其他猎户合作的情况下，合作才可能有保证。① 因此，猎鹿困境博弈是一种信任和害怕的博弈，在资源开发过程中，当矿产资源开发利用企业签订契约时，其间的互动关系就类似于猎鹿困境博弈。

在资源开发中，单个矿产资源开发利用企业对于资源的供求干扰是非常脆弱的。这意味着单个矿产资源开发利用企业在资源供求的讨价还价中往往处于劣势地位；在资源的供应或需求关系中，矿产资源开发利用企业常常处于一种共同利益的地位，在与资源供给或需求方关于协议的讨价还价中，矿产资源开发利用企业 A 和企业 B 的基本偏好是：不管各自自身的决策如何，都希望对方与其进行合作，共同参与资源供给或需求的谈判，并以协调一致的立场来应对供方或需方提出的各种条件，并最终实现有利于自身的条件来达成供应协议。从实际来看，矿产资源开发利用企业 A 和 B 凭自身的单边力量与资源的供方或需方之间进行讨价还价的目标是难以实现的。这就意味着，双方合作得到的报偿结果要比单边背叛得到的报偿结果更好，即存在 $CC > DC$。因此，双方都愿意双边合作而不是单边背叛，这样，两家矿产资源开发利用企业的偏好就是 CC 而不是 DC；但

---

① 肯·宾默尔：《博弈论与社会契约—公平博弈》（第 1 卷），王小卫、钱勇译，上海财经大学出版社，2003。

在与资源供应企业的具体谈判过程中,矿产资源开发利用企业 A 和 B 都担心被对方背叛。

3. 矿产资源开发利用企业间利益博弈的智猪博弈

假定有两个矿产资源开发利用企业 A 和企业 B,其中,企业 A 规模大,企业 B 则较小。当发生外部效应时,规模较大的矿产资源开发利用企业 A 有能力付大额的治理投资,并可以在短期内获得较好的收益;规模较小的矿产资源开发利用企业 B 一般很难支付较大的治理投资,即使投资治理,反而会使自己的收益大为减少。

表 8-4 矿产资源开发利用企业间利益博弈的智猪博弈得益矩阵

矿产资源开发利用企业间利益博弈的智猪博弈		矿产资源开发利用企业 B	
		治理	不治理
矿产资源开发利用企业 A	治理	Ⅰ ($3=3\times2-3$,$-1=1\times2-3$)	Ⅱ ($3=3\times2-3$,$2=1\times2$)
	不治理	Ⅲ ($6=3\times2$,$-1=1\times2-3$)	Ⅳ (-3,-2)

假设:一是较大的矿产资源开发利用企业 A 资产规模为 3 个单位,而小规模的矿产资源开发利用企业 B 只拥有 1 个单位的资产规模;两者按资产规模承担外部效应的收益或损失。二是 1 个单位的资产收益或损失均为 2。三是无论谁来治理外部效应,都将付出一定的资源成本,因而收益上减少 3 个单位;而且另一博弈参与方可以"搭便车",则矿产资源开发利用企业间的智猪博弈组合含义如下。

Ⅰ 表示,如果两矿产资源开发利用企业同时进行治理,则企业 A 的净收益为 $3\times2-3=3$ 个单位,企业 B 的净收益为 $1\times2-3=-1$ 个单位;Ⅱ 表示,如果矿产资源开发利用企业 A 进行治理,企业 B "搭便车",则企业 A 的净收益为 $3=3\times2-3$;企业 B 的净收益为 $2=1\times2$。Ⅲ 表示,如果矿产资源开发利用企业 B 进行治理,企业 A "搭便车",则企业 A 的净收益为 $6=3\times2$;企业 B 的净收益为 $-1=1\times2-3$。Ⅳ 表示,如果两者都不提供治理,则由于企业 A 实施私人成本转移的行为导致外部效应,两者按资产规模承担外部效应的损失,即企业 A 的收益为 -3,企业 B 承担的损失为 -2。

在该自愿提供治理的公共品的博弈中,纳什均衡只有一个,即(治理，不治理），资产规模较大的矿产资源开发利用企业 A 自愿治理，而资产规模较小的企业 B 搭便车，会导致矿产资源开发利用企业间的机会主义行为。

矿产资源开发利用企业间在外部效应治理问题上的智猪博弈表明：规模较大的矿产资源开发利用企业 A 愿意主动提供对外部效应的治理投入，是因为其提供投资治理的外部性较少；为了自己利益和生存的法则，会选择自愿提供治理策略。

4. 矿产资源开发利用企业间利益博弈的斗鸡博弈

假设有两个实力雄厚且相当的矿产资源开发利用企业 A 和企业 B，共同产生外部效应；企业 A 和企业 B 都有能力单独治理，但谁也不愿先动。若同时治理，均得益 6；若均不治理，均得益 2；若不同时选择治理，治理方得益 5，小于不治理一方的得益 10。很明显，该博弈中有两个纳什均衡，即（企业 A 治理，企业 B 不治理）（企业 A 不治理，企业 B 治理）。

表 8-5　矿产资源开发利用企业间利益博弈的斗鸡博弈得益矩阵

矿产资源开发利用企业间利益博弈的斗鸡博弈		矿产资源开发利用企业 B	
		治理 C	不治理 D
矿产资源开发利用企业 A	治理 C	Ⅰ (6, 6)	Ⅱ (5, 10)
	不治理 D	Ⅲ (10, 5)	Ⅳ (2, 2)

只是由于提供治理是需要投入成本的，而外部效应的公共特征在监督难以有效进行或不足的条件下，又会导致治理的效用被对方按资产规模分享。因此，矿产资源开发利用企业 A 的治理收益状况反而不如不提供治理策略的矿产资源开发利用企业 B。这就形成了所谓的"斗鸡博弈"。

当然，在重复博弈中，存在着两大矿产资源开发利用企业 A 和企业 B 可能联合起来共同提供治理的可能，但实际上这是非常困难的，也是难以持久的。矿产资源开发利用企业间"搭便车"的机会主义行为所具有的内在利益动机驱使，双方降低自己的得益共同协商治理外部效应的可能性不是最大，使得自愿治理外部效应的矿产资源开发利用企业数量小于帕累托最优下的理想数量，纳什均衡时的治理总供给与帕累托最优总供给之间的差距始终存在。

5. 矿产资源开发利用企业间利益博弈的僵局博弈

僵局博弈实际上源于囚徒困境博弈的发展，如把囚徒困境报偿结构矩阵中的左上角和右下角的报偿相互交换就得到了僵局博弈的报偿结构。在该类博弈中，无论对方的战略选择如何，博弈参与方的最佳战略都是背叛；在最好的情况下可以获得 DC 的结果；而次一等的情况下也可以获得 DD 的结果；共同合作不仅不会给双方带来任何收益，反而使彼此共同蒙受损失；当然，双方仍然极力避免的是被对方背叛的结果，即 CD。由于背叛是双方的主导战略，作为理性的行为主体，两个矿产资源开发利用企业间选择的最终结果无疑将是共同背叛，因此，共同背叛（DD）就是僵局博弈的非合作纳什稳定均衡。

表8-6 矿产资源开发利用企业间利益博弈的囚徒困境博弈得益矩阵

矿产资源开发利用企业间利益博弈的囚徒困境		矿产资源开发利用企业 B	
		合作（C）	不合作（D）
矿产资源开发利用企业 A	合作（C）	Ⅰ（3, 3）	Ⅱ（-2, 8）
	不合作（D）	Ⅲ（8, -2）	Ⅳ（0, 0）

表8-7 矿产资源开发利用企业间利益博弈的僵局博弈得益矩阵

矿产资源开发利用企业间利益博弈的僵局博弈		矿产资源开发利用企业 B	
		合作（C）	不合作（D）
矿产资源开发利用企业 A	合作（C）	Ⅳ（0, 0）	Ⅱ（-2, 8）
	不合作（D）	Ⅲ（8, -2）	Ⅰ（3, 3）

这是由于：在僵局博弈中，各矿产资源开发利用企业通过放弃与对方的合作得益，比与对方合作获得的收益更大。比如，在矿产资源开发利用企业遭受禁运而面临着供应短缺危机的背景下，遭受禁运的各矿产资源开发利用企业间的利益博弈就属于这种类型。

假设矿产资源开发利用企业 A 和企业 B 没有满足某些特殊利益要求，于是，就遭到禁运，试图迫使该两个矿产资源开发利用企业做出让步；如果矿产资源开发利用企业 A 和企业 B 联合起来拒绝让步，那么，面临的结果就是都遭到禁运而不能够得到资源原料供应；也就是说，双方合作导致它们不仅不能够共同获得资源原料，反而是共同失去稳定供给。作为理性的行为主体，两个矿产资源开发利用企业的根本目标是维护资源供给安全，因而，两家矿产资源开发利用企业都将不可避免地向资源供应源企业做出让步，以换取禁运取消、保证稳定供给。这样，通过共同背叛，共同获得的结果是在一定程度上恢复了它们的资源供应。这意味着，共同背叛的结果要比共同合作的结果更好，即 $DD > CC$。于是，共同背叛就成为两家矿产资源开发利用企业的主导战略，成为一种非常稳定的纳什均衡结果。

当然，无论对矿产资源开发利用企业 A 还是企业 B 来说，如果通过自身的单边背叛做出让步，就会首先解除对先背叛一方的资源禁运，从而得到它的最高报偿 DC。所以，在应对共同面临的资源禁运中，矿产资源开发利用企业选择的最佳偏好是单边背叛（DC）来获得好感，而可能得到更多的供应；次优的结果是，两家矿产资源开发利用企业都做出让步（DD），从而共同获得一定程度上的资源供应恢复；双方都不愿意因自己不做出让步（CC）而遭到资源禁运，从而使自己不得不承受资源供应减少甚至中断的后果。当然，双方都力图避免的是，自己未让步而遭到禁运，而对方矿产资源开发利用企业则通过做出让步而获得资源供应，也就是 CD 结果。

（二）矿产资源开发利用企业间利益博弈的竞争机理

1. 矿产资源开发利用企业间利益博弈的非法介入机理

（1）引言。尽管从本质上讲，没有固定不变的合法与非法矿产资源开发利用企业之分，作为利润最大化、成本最小化的理性"经济人"，矿产资源开发利用企业追求的无疑是高盈利目的，而不是本身的合法性问题；合法性仅仅只能作为矿产资源开发利用企业获利的手段之一。按国家正规手续进行资源开发的成本常常高昂，不仅造成许多矿产资源开发利用企业绕过国家法制轨道，通过各种手段进行非法性的发财致富，而且这种机会主义心理的始终存在，也导致非法与合法矿产资源开发利用企业的混合存在，形成动态的非法与合法矿产资源开发利用企业间的利益博弈问题。

（2）非法与合法矿产资源开发利用企业间的利益博弈的基本假定。一是存在合法矿产资源开发利用企业 A 与潜在非法进入者企业 B，前者严格按照国家相关程序办理手续；后者为正准备投资但可能出现生产安全等不正规现象的潜在非法进入者。二是风险爱好存在差异。假定潜在非法矿产资源开发利用企业 B 是风险爱好者，为获取高额利润，其随时瞅准时机，只要有机会，就会不惜一切手段打通各部门关节进入市场；选择非法违规开发，侥幸心理偏强。三是战略选择。合法矿产资源开发利用企业 A 的战略选择为（斗争，沉默）；潜在进入者的策略为（合法开采，非法开采）。四是信息条件。假定矿产资源开发利用企业 A 严格合法正常开发，但由于信息不对称，不能准确分辨进入资源开发领域的潜在矿产资源开发利用企业 B 的行为选择，是善意竞争（合法开采），还是恶意竞争（非法开采）；因而，二者间的利益博弈具有不完全信息的动态博弈特征。

（3）非法与合法矿产资源开发利用企业间的利益博弈的模型构建。令，RA——合法矿产资源开发利用企业 A 在潜在非法矿产资源开发利用企业 B 没有进入，且不考虑打假成本时的正常利润。RB——潜在非法矿产资源开发利用企业 B 按照法律规定程序合法生产所获得的正常利润。R——潜在非法矿产资源开发利用企业 B 选择非法开发策略时所能获得的超额暴利。

CA——合法矿产资源开发利用企业 A 选择与非法矿产资源开发利用企业 B 斗争时所发生的成本。CB——潜在非法矿产资源开发利用企业 B 选择非法生产时，所承担的风险成本（包括可能遭受的处罚与损失）。

g——潜在非法矿产资源开发利用企业 B 选择非法生产，而合法矿产资源开发利用企业 A 选择沉默时，非法企业 B 对合法企业 A 收益的影响系数。k——潜在非法矿产资源开发利用企业 B 选择非法开发，而合法矿产资源开发利用企业 A 选择与之斗争时，非法企业 B 对合法企业 A 受益的综合影响系数。显然 $g < k$，也即，合法企业 A 选择斗争时，非法企业 B 对其收益的综合影响更大些。

所以，合法矿产资源开发利用企业 A 与潜在非法进入者——矿产资源开发利用企业 B 之间属于不完全信息动态博弈模型。

```
                    合法矿产资源开
                    发利用企业A
                    ○
          斗争(r)  /    \  默许(1-r)
                /        \
   潜在非法矿产资              潜在非法矿产资
   源开发利用企业B            源开发利用企业B
        ○                        ○
  非法开发(t)/ \合法开发(1-t)   非法开发(t)/ \合法开发(1-t)
          /   \                        /   \
(kRA-CA, -CB) (RA-CA, RB)   (gRA, RB-CB+R) (RA, RB)
```

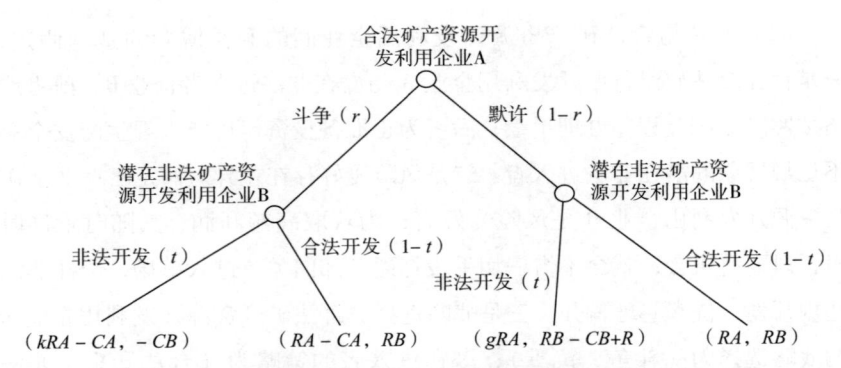

图 8-1　不完全信息条件下，合法矿产资源开发利用企业 A 与潜在非法矿产资源开发利用企业 B 间的动态博弈模型树

（4）博弈模型说明。一是在合法矿产资源开发利用企业 A 采取默许策略的情况下，若潜在非法矿产资源开发利用企业 B 采取合法生产，则合法矿产资源开发利用企业 A 与潜在非法矿产资源开发利用企业 B 得到的收益分别为（RA，RB）。

二是在合法矿产资源开发利用企业 A 采取默许策略的情况下，若潜在非法矿产资源开发利用企业 B 采取非法生产，则合法矿产资源开发利用企业 A 与潜在非法矿产资源开发利用企业 B 得到的收益组合为（gRA，$RB-CB+R$）。

三是在合法矿产资源开发利用企业 A 采取斗争策略的情况下，若潜在非法矿产资源开发利用企业 B 采取合法生产，则合法矿产资源开发利用企业 A 与潜在非法矿产资源开发利用企业 B 得到的收益分别为（$RA-CA$，RB）。

四是在合法矿产资源开发利用企业 A 采取斗争策略的情况下，若潜在非法矿产资源开发利用企业 B 采取非法生产，则合法矿产资源开发利用企业 A 与潜在非法矿产资源开发利用企业 B 得到的收益分别为 $kRA-CA$，$-CB$。

（5）博弈过程。第一阶段。合法矿产资源开发利用企业 A 根据自身对潜在非法矿产资源开发利用企业 B 要进入市场的占有率、非法矿产资源开发利用企业 B 的规模以及品行、信誉等方面的判断，以决定是选择策略（沉默，斗争）；而潜在非法矿产资源开发利用企业 B 则会衡量预期的收益和成本（包括投资成本和各种风险），以决定选择策略（合法生产，非法生产）。

第二阶段。合法矿产资源开发利用企业 A 在观察到第一阶段潜在非法矿产资源开发利用企业 B 的行为选择信息（规模、市场占有率等情况）后，重新调整其选择与非法矿产资源开发利用企业 B 斗争的概率 r；而潜在非法矿产资源开发利用企业 B 在观察到合法矿产资源开发利用企业 A 在第一阶段的行为选择后，也会根据其预期的利润和风险，重新调整其选择非法生产的概率 t。

以后阶段，均如此循环，直至合法矿产资源开发利用企业 A 将其行为选择的概率 r，潜在非法矿产资源开发利用企业 B 将选择非法生产的概率 t，均控制在各自可以接受的范围内。

（6）博弈模型均衡求解。令，r——合法矿产资源开发利用企业 A 选择斗争的概率；则其选择沉默的概率（$1-r$）。t——为潜在非法矿产资源开发利用企业 B 选择非法生产的概率；则其选择合法生产的概率为（$1-t$）。下面用反应函数法来求解博弈均衡。

首先，潜在非法矿产资源开发利用企业 B 的期望效用函数如下。

$EB = t[(1-r)(RB-CB+R) + r(-CB)] + (1-t)[(1-r)RB + r*RB]]$
$= t(RB - r^*RB - CB + R - R^*r - RB) + RB$

所以，根据 $RB - r^*RB - CB + R - R^*r - RB$ 等于 0、大于 0、小于 0 可知：

当 $r < (R-CB)/(R+RB)$ 时，$t=1$；当 $r = (R-CB)/(R+RB)$ 时，$t=[0,1]$；当 $r > (R-CB)/(R+RB)$ 时，$t=0$。

其次，合法矿产资源开发利用企业 A 的期望效用函数如下。

$EA = r[t(kRA-CA) + (1-t)(RA-CA)] + (1-r)[tgRA + (1-t) \times RA)]$
$= r[tRA(k-g) - CA] + tgRA + (1-t) \times RA$

所以，根据 $tRA(k-g) - CA$ 等于 0、大于 0、小于 0 可知：

当 $t < CA/RA(k-g)$ 时，$r=1$；当 $t = CA/RA(k-g)$ 时，$r=[0,1]$；当 $t > CA/RA(k-g)$ 时，$r=0$。

因此，$[CA/RA(k-g), (R-CB)/(R+RB)]$ 是本博弈的均衡解。

（7）博弈均衡解表明的意义。首先，当合法矿产资源开发利用企业 A

的期望效用最大时，潜在非法矿产资源开发利用企业 B 欲选择非法生产的概率为：$t^* = CA/RA(k-g)$，从而：一是当潜在非法矿产资源开发利用企业 B 选择非法生产的概率 $t > t^*$ 时，$r=1$，即表示合法矿产资源开发利用企业 A 的最优选择便是与潜在非法进入者——矿产资源开发利用企业 B 斗争。二是当潜在非法矿产资源开发利用企业 B 选择非法生产的概率 $t < t^*$ 时，$r=0$，即合法矿产资源开发利用企业 A 的最优选择便是对潜在非法进入者矿产资源开发利用企业 B 沉默。三是当潜在非法矿产资源开发利用企业 B 选择非法生产的概率 $t = t^*$ 时，$0 \leq r \leq 1$，意味着合法矿产资源开发利用企业 A 随机选择斗争与沉默两种策略。

其次，当潜在非法矿产资源开发利用企业 B 选择非法经营的期望效用最大时，合法矿产资源开发利用企业 A 选择斗争的概率为：$r^* = (R-CB)/(R+RB)$，从而：一是当合法矿产资源开发利用企业 A 选择斗争的概率 $r > r^*$ 时，$t=0$，即潜在资源生产企业 B 的最优选择是合法经营，放弃非法生产念头。二是当合法矿产资源开发利用企业 A 选择斗争的概率 $r < r^*$ 时，$t=1$，即潜在非法矿产资源开发利用企业 B 的最优选择便是非法经营。三是当合法矿产资源开发利用企业 A 选择斗争的概率 $r = r^*$ 时，$0 \leq t \leq 2$，即潜在非法矿产资源开发利用企业 B 随机选择合法经营或非法经营。

所以，通俗解释为：在众多潜在非法进入者矿产资源开发利用企业 B 中，将会有 $CA/RA(k-g)$ 比例的矿产资源开发利用企业 B 选择非法生产；而有 $[1-CA/RA(k-g)]$ 比例的矿产资源开发利用企业 B 遵守法律规定选择合法经营。同时，合法矿产资源开发利用企业 A 也会出于自身利益考虑，将会有 $(R-CB)/(R+RB)$ 比例的矿产资源开发利用企业 A 选择与潜在进入者非法矿产资源开发利用企业 B 进行斗争。

(8) 对潜在非法矿产资源开发利用企业 B 行为的分析。由潜在非法矿产资源开发利用企业 B 选择非法生产的均衡概率 $t^* = CA/RA(k-g)$，可知影响其行为选择的因素有：

一是合法矿产资源开发利用企业 A 与非法矿产资源开发利用企业 B 斗争时需支付的成本（CA）越高，潜在非法矿产资源开发利用企业 B 选择非法生产的概率也越高。显然，t^* 与 CA 是成正比的；当合法矿产资开发利用企业 A 的斗争成本 CA 越高，其负担越重，困难越大；则潜在非法矿产资源开发利用企业 B 则有了更大的可乘之机。可见，合法矿产资源开发利用企业 A 的预期耗费越大，潜在非法矿产资源开发利用企业 B 选择非法生产行为可能性就越大。

二是潜在非法矿产资源开发利用企业 B 对合法矿产资源开发利用企业 A 受益的影响程度（$k-g$），会根据合法矿产资源开发利用企业 A 的不同策略选择而发生变化，即（$k-g$）的值越大，说明合法矿产资源开发利用企业 A 对潜在非法矿产资源开发利用企业 B 进行斗争收到良好效果，斗争能对其正常利润进行保护。因此，当潜在非法矿产资源开发利用企业 B 预计其违法经营会受到合法矿产资源开发利用企业 A 强有力的斗争时，其就不容易选择非法生产。

(9) 对合法矿产资源开发利用企业 A 行为的分析。由合法矿产资源开发利用企业 A 选择斗争的博弈均衡概率 $r^* = (R-CB)/(R+RB)$，可知：

一是合法矿产资源开发利用企业 A 选择斗争的概率（r^*）与潜在非法矿产资源开发利用企业 B 选择非法生产时所承担的风险成本估计（CB）成反向相关。当潜在非法矿产资源开发利用企业 B 认为采取非法生产所承担的风险成本太大，就有可能趋利避害，降低非法生产的概率。所以，加大对非法矿产资源开发利用企业 B 的危险性和法律法规教育，同时加大对惩罚力度，以提高风险成本（CB），可以降低其违法概率，从而给合法矿产资源开发利用企业 A 创造良好有利的竞争环境，不必担心非法矿产资源开发利用企业的进入而与之斗争，影响自身合法生产经营的效率。

二是合法矿产资源开发利用企业 A 选择斗争的概率（r^*）与潜在非法矿产资源开发利用企业 B 选择合法经营时的正常利润 RB 成反比。显然，当潜在非法矿产资源开发利用企业 B 最终选择合法经营的利润越高，合法矿产资源开发利用企业 A 选择斗争的概率也就越低，此时合法矿产资源开发利用企业 A 更多地会思考通过公平竞争、合作双赢，最终实现博弈均衡。

三是合法矿产资源开发利用企业 A 选择斗争的概率（r^*）与潜在非法矿产资源开发利用企业 B 选择非法生产时的超额利润 R 成正向相关。

通过 r^* 对 R 求偏导得：$(R+RB-R+CB)/(R+RB)^2 = (RB+CB)/(R+RB)^2 > 0$。可得 r^* 与 R 成正向相关。也就是说，合法矿产资源开发利用企业 A 选择斗争的概率与非法矿产资源开发利用企业 B 的非法超额所得 R 成正比。显然，非法矿产资源开发利用企业 B 的利润越高，不仅意味着非法矿产资源开发利用企业 B 的违法动机越强烈，也意味着对合法矿产资源开发利用企业 A 整个市场利润的瓜分。所以，合法矿产资源开发利用企业 A 出于自利和社会正义，会提高与非法矿产资源开发利用企业 B 斗争的概率。

2. 矿产资源开发利用企业间利益博弈的投资扩张机理

（1）基本假设。一是矿产等物质资源属于代表全体人民的国家所有，由政府在规划开发的区域对矿产资源开发利用企业进行招投标。二是在资源开发中，矿产资源开发利用企业间利益博弈的参与双方作为寻求矿产资源开发利用利益最大化的独立行为主体，都有着两种不同的投资扩张行为选择，即投标或不投标。三是在具体的资源开发投资扩张中，具体行动的采取完全是由矿产资源开发利用企业各自根据本身的资产价值 R（$R>0$）来判断的。四是任何一方如果要想在二者间的利益博弈中取得投资扩张成功，即获得资源开发资产，都必须付出一定的成本 c（$c>0$）。五是矿产资源开发利用企业投资扩张获胜方的价值判断标准是尽量获得利益最大化。各矿产资源开发利用企业的收益是 $(R-c)$，只有博弈双方在预测其投资扩张收益 $R-c>0$，即通过付出投资成本代价购买到的资源开发资产的价值必须大于成本价值，$R>c>0$，这样，企业才会考虑投标。六是在实际的利益博弈中，由于双方都面临着来自对方的竞争压力，为获得资源开发资产，双方通常不得不额外提供各种形式的附加成本 c'（$c'>0$），那么，无论任何一方在竞标中获胜，其所得到的最终实际收益应该是 $R-(c+c')$。

（2）模型建立。在前述假设情况下，博弈双方在寻求资源投资扩张中的行动策略组合有以下四种：（投标，不投标）；（投标，投标，合作）；（投标，投标，竞争）；（不投标，不投标）。从而，矿产资源开发利用企业间利益博弈双方关于某一具体的资源开发资产竞争就可以看成一个两阶段的完全信息动态博弈，如图 8-2 所示。

```
                        矿产资源开发利用企业A
                    不投标            投标
            矿产资源开发利用企业B    矿产资源开发利用企业B
        不投标      投标           投标        不投标
        (0, 0)    (0, R-c)                          (R-c, 0)
                            矿产资源开发利用企业A
                            合作           竞争
                    [(R-c/2)/2, (R-c/2)/2]    [R-(c+c'), 0]
```

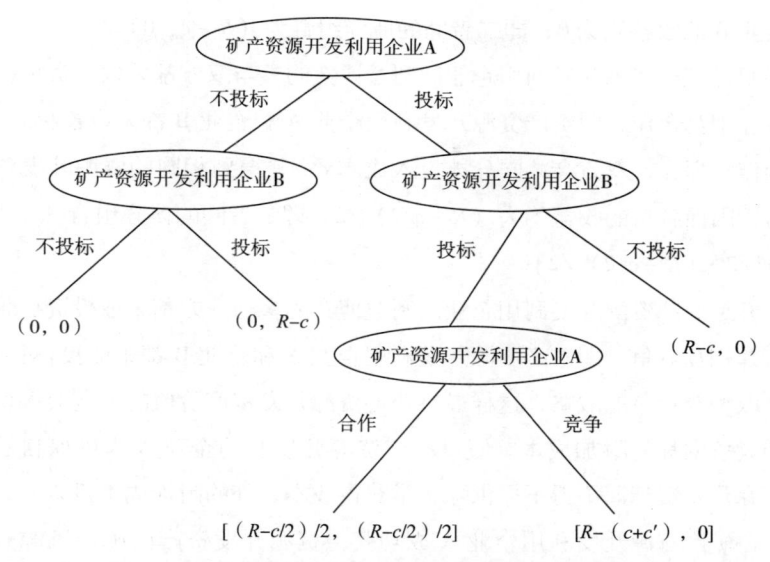

图 8-2　矿产资源开发利用企业间的投资扩张博弈树

在具体的利益博弈过程中，基于矿产资源开发利用企业双方不同的行为选择会出现以下几种情况。

一是矿产资源开发利用企业博弈双方都不采取任何投资扩张行动，即矿产资源开发利用企业 A 和企业 B 均不投标，这样，矿产资源开发利用企业博弈双方都不会得到资源开发资产，双方的收益都为 0，即二者间的博弈组合 (0, 0)。

二是矿产资源开发利用企业 A 不进行投资扩张行动，而矿产资源开发利用企业 B 采取行动，即矿产资源开发利用企业 A 不投标，而矿产资源开发利用企业 B 投标；这样，由于矿产资源开发利用企业 B 没有遇到任何来自博弈对手的竞争压力，就可以顺利地以正常的支付 c 来获得资源开发资产价值 R，从而可得到的收益是 $(R-c)$，而矿产资源开发利用企业 A 的收益为 0；即二者间的博弈组合 $(0, R-c)$。

三是矿产资源开发利用企业 A 进行投资扩张行动，而矿产资源开发利用企业 B 不行动，即矿产资源开发利用企业 A 投标，矿产资源开发利用企业 B 不投标，这样，矿产资源开发利用企业 A 就不会面临博弈对手矿产资源开发利用企业 B 的竞争压力，可以顺利地以正常的支付 c 来获得资源开发资产价值 R，从而可得到的收益是 $(R-c)$，而矿产资源开发利用企业 B 的收益则为 0；即二者间的博弈组合为 $(R-c, 0)$。

四是矿产资源开发利用企业间利益博弈的参与双方都采取投资扩张行动，并相互合作，即矿产资源开发利用企业 A 和企业 B 都采取投标行动，并合作；那么，双方会共同分摊投入成本 c，并得到相同的资源开发资产价值，因而各自的收益均为 $(R-c/2)/2$，即二者间的博弈组合 $[(R-c/2)/2, (R-c/2)/2]$。

五是矿产资源开发利用企业间利益博弈的参与双方都采取投资扩张行动，并相互竞争，即矿产资源开发利用企业 A 和企业 B 都采取投标行动，但采取相互竞争的战略，这样最终获得资源开发资产价值的一方会多付出源于竞争内耗的附加成本。假设矿产资源开发利用企业 A 为确保自己获得资源开发资产而不得不提供除正常获得成本之外的附加成本投入 c'，于是，在矿产资源开发利用企业 A 成功获得资源开发资产而矿产资源开发利用企业 B 失利的情况下，矿产资源开发利用企业 A 的收益是 $R-(c+c')$，而矿产资源开发利用企业 B 的收益则为 0，即二者间的博弈组合为 $[R-(c+c'), 0]$。

(3) 博弈均衡分析。根据完全信息动态博弈的逆向求解均衡法 (Backward Induction)，矿产资源开发利用企业间的利益博弈纳什均衡在很大程度上取决于资源的价值 R 和双方付出的成本 c 以及附加成本 c' 之间的大小关系。其实质受制于矿产资源开发利用企业在资源开发资产的投资扩张、竞标参与过程中，相互间利益博弈中的竞争与合作关系。

首先，作为自我利益最大化的理性行为主体，矿产资源开发利用企业 A 和企业 B，如果要投标某一区域资源开发资产，扩张投资，至少要有基本利益选择条件成立：$R-c>0$，也即竞标投资扩张获得的资源开发资产价值必然会大于为此支付的成本。

其次，鉴于矿产资源开发利用企业间的利益博弈中竞争态势可能存在，以及矿产资源开发利用利益的诱人前景，① 为确保在资源开发资产获得的博弈竞争中胜出，双方可能都愿意付出附加成本 c'（$c'>0$）；因而，

---

① 新华网：《"官煤勾结"多是掌握管理资源权力的官员》，法制网，http：//news.xinhuanet.com/lianzheng/2005-11/22/content_ 3815369.htm, 2005 年 11 月 22 日发布。

双方竞争博弈条件下单个矿产资源开发利用企业所能达到的收益为 $R-(c+c')$。

再次,就单个资源开发项目投资而言,鉴于双方合作博弈条件下单个矿产资源开发利用企业所能达到的收益为 $(R-c/2)/2$,因而,双方共同合作情况下获得的共同收益为 $R-c/2$;必然大于双方竞争博弈条件下单个资源开发项目所能达到的收益 $R-(c+c')$。于是,在合作情况下,双方各自实际得到的收益占总项目投资收益的一半。

最后,在这样的情况下,矿产资源开发利用企业间的利益博弈就可能有两种情形出现:

情形一:如果 $(R-c/2)/2>R-(c+c')$,那么,作为利益最大化追求者,矿产资源开发利用企业 A 在博弈的最后一个阶段中必然会选择合作来获得 $(R-c/2)/2$;然后,就返回到了博弈的倒数第二阶段,轮到矿产资源开发利用企业 B 做出选择,由于 $R-c>0$,所以,$(R-c/2)/2>0$,作为理性的行为主体,矿产资源开发利用企业 B 必然会选择 $(R-c/2)/2$ 而不是选择 0,也就是说,矿产资源开发利用企业 B 必然会选择投标。最后,博弈返回到了初始节点,由于 $(R-c/2)/2>0$,矿产资源开发利用企业 A 也将选择投标。这样,矿产资源开发利用企业间的竞标投资扩张资源开发资产博弈的子博弈完美纳什均衡是(投标,投标,合作),而这一均衡的最终结果就是矿产资源开发利用企业在利益博弈中,通过合作来共同投资获得资源开发资产。

情形二:如果 $(R-c/2)/2<R-(c+c')$,那么,在博弈的最后选择阶段,矿产资源开发利用企业 A 将选择竞争而不是合作来获得 $R-(c+c')$;在返回到博弈的倒数第二阶段时,由于 $R-c>0$,所以,矿产资源开发利用企业 B 必然选择投标,然后,又返回到了初始结点,由于 $R-(c+c')>0$,作为理性行为主体的矿产资源开发利用企业 A 也将选择投标,于是,在这种情况下得到的子博弈完美纳什均衡就是(投标,投标,竞争),均衡的结果就是一方获得资源开发资产而另一方的收益为零。在大多数情况下,通过竞争博弈,矿产资源开发利用企业 A 完整获得资源开发资产而矿产资源开发利用企业 B 的收益则为零。

(4)博弈结论。通过逆向归纳法求解矿产资源开发利用企业在寻求资源开发资产投资扩张中的利益博弈可看出：矿产资源开发利用企业间利益博弈的共同合作和相互竞争行为取向都是其在寻求资源开发资产投资扩张博弈中的子博弈完美纳什均衡结果。这就意味着，一是矿产资源开发利用企业间利益博弈的参与方在资源开发资产投资扩张中的竞争与合作是不可避免的，是由双方各自利益最大化的理性行为选择结果。二是矿产资源开发利用企业间的利益博弈参与者之间既有共同利益，也有利益冲突，从而可能导致共同受益或共同受害的策略组合。三是矿产资源开发利用企业间利益博弈双方对合作或竞争方式的选择，一方面取决于双方对各自成本与收益的计算，另一方面取决于二者在资源开发资产投资扩张中的配套战略在双方博弈中所发挥的影响作用。

3. 矿产资源开发利用企业间利益博弈的市场份额争夺机理

（1）基本假设。在资源开发中，矿产资源开发利用企业间会为获得最大化的资源市场份额而进行博弈。鉴于在一定时间内、一定条件下可开发的资源储量是相对固定、有限的，因此，可假设：一是矿产资源开发利用企业在利益博弈中所能追求的矿产资产总量为 $M = [0, 1]$；二是博弈参与双方均追求市场份额最大化的获得；三是假设矿产资源开发利用企业 B 获得份额 m，那么，矿产资源开发利用企业 A 获得的份额就是 $1-m$；四是博弈双方在市场机制完全发挥作用的背景下，令市场价格为 p；五是在矿产资源开发利用企业间的利益博弈中，存在着严重的"搭便车"现象和不合作条件下的"内耗"问题：选择不合作的一方，不仅可以不付出资源开发成本获得市场份额，而且可以额外获得相当于成本的收益 c；选择合作的一方，则需要承担相当于成本翻倍的付出 $2c$。同时，若博弈双方均采取不合作的策略，则均需付出成本 c。

（2）模型建立及说明。矿产资源开发利用企业间寻求资源开发市场份额的利益互动是如图 8-3 所反映出来的博弈。

首先，对于资源开发市场份额，如果有一方对此不感兴趣，即假设：矿产资源开发利用企业 A 不采取任何行动，即不参与到获得资源开发市场份额的活动中，而矿产资源开发利用企业 B 积极行动，那么，矿产资源开发利用企业 A 没有任何市场份额收益，而矿产资源开发利用企业 B 获

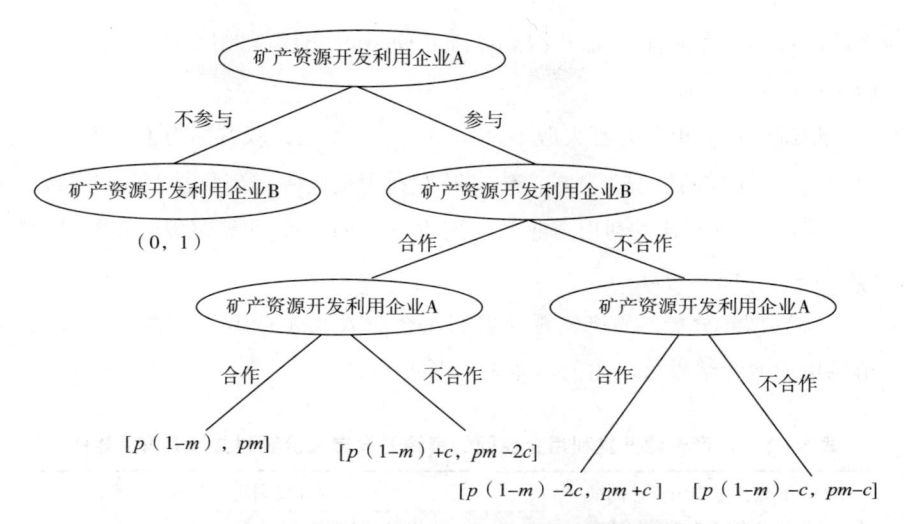

图 8 – 3　矿产资源开发利用企业间的市场份额博弈树

得了该资源对象的所有份额，即收益结果是 (0, 1)。

其次，如果矿产资源开发利用企业博弈双方都采取获得资源开发市场份额的行动，在此情况下，双方都可以有两种不同的策略：合作与不合作。在其间具体的利益博弈中，又可能出现四种不同的情况：

情况一：如果矿产资源开发利用企业 A 和企业 B 博弈双方都选择合作，那么，矿产资源开发利用企业 A 获得的收益是：$p(1-m)$，而矿产资源开发利用企业 B 获得的收益是：pm，即策略组合收益结果 $[p(1-m), pm]$。

情况二：如果矿产资源开发利用企业 A 选择不合作，而矿产资源开发利用企业 B 选择合作，在这样的情况下，矿产资源开发利用企业 B 要获得资源开发市场份额，就不得不付出双倍的成本 c（$c>0$），而矿产资源开发利用企业 A 可以 "搭便车"；于是，矿产资源开发利用企业 A 得到的收益是 $p(1-m)+c$，而矿产资源开发利用企业 B 得到的收益是 $pm-2c$，即策略组合收益结果 $[p(1-m)+c, pm-2c]$。

情况三：如果矿产资源开发利用企业 A 合作，矿产资源开发利用企业 B 不合作，在这样的情况下，如果矿产资源开发利用企业 A 要获得资源，就不得不付出双倍的成本 c（$c>0$），而矿产资源开发利用企业 B 可以 "搭便车"；于是，矿产资源开发利用企业 A 得到收益：$p(1-m)-2c$，而矿产资源开发利用企业 B 得到收益：$pm+c$，即策略组合收益结果 $[p(1-m)-2c, pm+c]$。

情况四：如果双方都采取不合作的策略，那么，双方都将不得不支付成本 c，在这样的情况下，矿产资源开发利用企业 A 得到收益：$p(1-m)-c$，而矿产资源开发利用企业 B 得到收益：$pm-c$，即策略组合收益结果 $[p(1-m)-c, pm-c]$。

（3）博弈分析。矿产资源开发利用企业 A 与企业 B 之间的资源开发市场份额博弈结果可表述为得益矩阵形式。

表8-8　矿产资源开发利用企业间的资源开发市场份额利益博弈得益矩阵

矿产资源开发利用企业间的资源开发市场份额利益博弈		矿产资源开发利用企业 B	
		合作	不合作
矿产资源开发利用企业 A	合作	Ⅰ $[p(1-m), pm]$	Ⅱ $[p(1-m)-2c, pm+c]$
	不合作	Ⅲ $[p(1-m)+c, pm-2c]$	Ⅳ $[p(1-m)-c, pm-c]$

首先，矿产资源开发利用企业行为选择顺序偏好。由于矿产资源开发利用企业都是追求资源开发市场份额利益最大化的理性行为主体，因此，矿产资源开发利用企业 A 的行为选择偏好顺序是：自身单方不合作Ⅲ＞双方均合作Ⅰ＞双方均不合作Ⅳ＞自身单方合作Ⅱ；矿产资源开发利用企业 B 的行为选择偏好顺序则是：自身单方不合作Ⅱ＞双方均合作Ⅰ＞双方均不合作Ⅳ＞自身单方合作Ⅲ。

其次，矿产资源开发利用企业间的行为选择偏好顺序是典型的囚徒困境博弈结局。鉴于矿产资源开发利用企业间利益博弈的参与双方通过合作得到的结果Ⅰ，要明显地优于双边共同不合作的结果Ⅳ；但是次于单边不合作的结果，即对矿产资源开发利用企业 A 是Ⅲ，对矿产资源开发利用企业 B 是Ⅱ，这意味着，在没有任何外部压力的情况下，双方都将倾向于谋求单边不合作的结果，力图选择使自己的利益最大化。于是，在只有一个回合博弈的条件下，作为理性的行为主体双方，最终可能的利益博弈结果是（不合作，不合作）。这就表明，矿产资源开发利用企业间寻求资源开发市场份额提升的利益博弈属于"囚徒困境"。

最后，矿产资源开发利用企业间利益博弈的合作均衡可能条件。由于矿产资源开发利用企业在可预见的未来都将长期依赖资源的开发市场机会而存在，因此，双方间的资源开发市场份额博弈具有重复性特征。同时，在资源开发市场上的价格 p 相对而言是一个常数的假设背景下，矿产资源开发利用企业间的利益博弈采取竞争还是合作策略组合，在很大程度上取决于双方是否重视通过合作得到的未来收益，也即取决于双方所持贴现率 δ（$0<\delta<1$）的大小。如果有一方矿产资源开发利用企业主动提出一个进行合作的条件，那么，在互惠共赢的长期预期条件下，在重复的囚徒困境博弈中，作为利益最大化的理性行为主体，矿产资源开发利用企业间利益博弈的参与双方是可以实现合作均衡结果的。

（4）矿产资源开发利用企业间利益博弈的"触发战略"与合作的实现可能。鉴于矿产资源开发利用企业在资源开发市场份额的利益博弈中存在"触发战略"（the grim trigger），即在未来的博弈中用不合作来对付对方的不合作最终可能促使双方进行合作，因此，假设矿产资源开发利用企业 A 对企业 B 实施的就是一种"触发战略"，那么，必须满足以下条件：$[(pm+c)-(pm-c)]\delta > [(pm+c)-pm]$，在这样的条件下，"触发战略"本身就是一个纳什均衡。

另外，在上述关于 δ 的不等式成立的条件下，存在命题：在寻求资源开发市场份额的过程中，如果矿产资源开发利用企业 B 通过与企业 A 合作获得的未来收益的贴现率 δ 是一个常量，那么，δ 的大小将直接影响矿产资源开发利用企业 B 与企业 A 获得资源开发市场份额合作的意愿，并且，这种意愿不受矿产资源开发利用企业 B 可能获得的资源开发市场份额 m 大小的影响。该结论可证明如下：

首先有：$1+\delta+\delta^2+\delta^3+\cdots=1/(1-\delta)$ 成立。

对于矿产资源开发利用企业 B 来说，在资源开发市场份额的利益博弈中，一直与矿产资源开发利用企业 A 进行合作可能获得的预期收益是：$[1/(1-\delta)]pm$；

如果矿产资源开发利用企业 B 与企业 A 在资源开发市场份额的利益博弈中存在竞争，即矿产资源开发利用企业 A 首先实施合作策略，然后会采取不合作战略,矿产资源开发利用企业 B 得到的预期收益是:$(pm + c) + [\delta/(1-\delta)](pm-c)$。

为了求得 δ 的临界值,令上述两种情形下的得益相等:

$$[1/(1-\delta)]pm = (pm+c) + [\delta/(1-\delta)](pm-c)$$

经计算可得:$\delta = 1/2$。

因此,矿产资源开发利用企业 A 与企业 B 在寻求资源开发市场份额而展开的重复互动利益博弈过程中,二者进行合作得到的未来获益的贴现率是一个常数。

这就意味着,如果矿产资源开发利用企业 A 采取"触发战略",那么,作为理性行为主体的矿产资源开发利用企业 B 是有可能或有希望与矿产资源开发利用企业 A 进行资源开发市场份额的利益博弈合作。换句话说,基于矿产资源开发利用企业 B 对未来资源开发市场份额收益的贴现率 $\delta = 1/2$,无论矿产资源开发利用企业 B 可能获得的资源开发市场份额 m 的大小,矿产资源开发利用企业 A 与企业 B 之间实现资源合作都是具有可能性的。

(三) 矿产资源开发利用企业间利益博弈的合作机理

1. 矿产资源开发利用企业间利益博弈的自主合作机理

鉴于部分矿产资源开发利用企业规模庞大,影响甚远,政府权威对其利益追求施加的限制作用甚微,因此,这些矿产资源开发利用企业间会通过源于利益诉求的自主合作博弈来实现其共同目标。

(1) 基本假设。一是鉴于矿产资源开发利用企业的理性人特征,合作只能基于自身对矿产资源开发利用利益最大化的计算和考虑。如果合作能使自身效用最大化,矿产资源开发利用企业间就选择合作,相反则选择竞争。二是矿产资源开发利用企业的选择以博弈对手的选择为条件:对对方选择策略的认知概率是影响实现博弈合作的一个重要因素,两个参与方都必须努力预测对方的行动概率,选择自身的行为。三是矿产资源开发利用企业间的自主合作利益博弈是完全信息博弈。

(2) 模型构建。令,d——矿产资源开发利用企业 B 选择与企业 A 竞争的概率（估计结果）（0≤d≤1）；则 1-d 表示矿产资源开发利用企业 B 选择与企业 A 合作的概率；其中，d=0 表示矿产资源开发利用企业 B 决定选择合作；d=1 表示矿产资源开发利用企业 B 决定选择竞争。

c 表示两个矿产资源开发利用企业进行竞争所付出的成本，其中，$0<c<1/2$。

p 表示矿产资源开发利用企业 B 在矿产资源开发利用利益竞争中获胜的概率，其中 $0≤p≤1$；则 1-p——矿产资源开发利用企业 A 在矿产资源开发利用利益竞争中获胜的概率。

q 表示矿产资源开发利用企业 A 进行合作的条件，其中 $0≤q≤1$；则矿产资源开发利用企业 A 得到的效用是 (1-q)，UA (q=0) =1，UA (q=1) =0。矿产资源开发利用企业 B 得到的效用是 q。

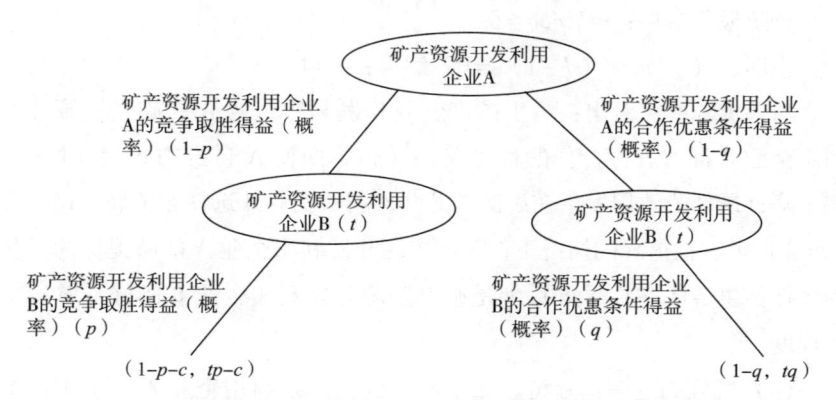

图 8-4　矿产资源开发利用企业间的自主合作博弈示意

（3）博弈模型分析。令，t 表示矿产资源开发利用企业 A 从类型空间 [0, 1] 中随机选择的矿产资源开发利用企业 B 的所属类型，其中，$0≤t≤1$；其中，t=0，表示属于矿产资源开发利用企业 B 偏好合作类型，t=1 表示矿产资源开发利用企业 B 属于偏好竞争类型。由于两个矿产资源开发利用企业都是追求矿产资源开发利用利益的效用最大化者，因此，二者的利益最大化目标分别为：

首先，矿产资源开发利用企业 B 追求的利益目标：$UB = d\ [\ (t·p) -c] + [\ (1-d)\ (t·q)\ ]$

一阶最优条件：$\partial UB/\partial d = 0$

也即，$\partial UB/\partial d = t(p-q) - c = 0$，解得：$q = p - c/t$

如果 $q < p - c/t$，意味着矿产资源开发利用企业 A 提出的合作优惠条件（q）小于某一临界值（$p - c/t$）；那么，如果矿产资源开发利用企业 B 选择竞争，其自身效用将增加。

如果要促使矿产资源开发利用企业 B 接受矿产资源开发利用企业 A 提出的选择合作的优惠条件，也就是矿产资源开发利用企业 B 决定选择合作（$d = 0$），那么，就必须有 $q \geq p - c/t$；否则，矿产资源开发利用企业 B 将选择竞争，即 $d = 1$；而不接受矿产资源开发利用企业 A 提出的选择合作的优惠条件。

其次，矿产资源开发利用企业 A 追求的利益目标：$UA = [d(1 - p - c)] + [(1 - d)(1 - q)]$，

一阶最优条件：$\partial UA/\partial q = 0$

也即，$\partial UA/\partial q = (d - 1) = 0$，解得：$d = 1$

从该等式中可看出：由于矿产资源开发利用企业 A 向矿产资源开发利用企业 B 提出进行合作的优惠条件（q），而使 A 自身的效用（$1 - q$）在下降；最低的效用发生在矿产资源开发利用企业 B 选择竞争战略这一点（$d = 1$）上。在这样的情况下，矿产资源开发利用企业 A 能够提供的最优的合作优惠条件（临界点）就是矿产资源开发利用企业 B 刚好能够接受的程度。

（4）博弈的进一步分析。如果矿产资源开发利用企业 A 知道矿产资源开发利用企业 B 的类型（t）到底是合作型还是竞争型，那么，企业 A 就将提出进行合作的具体条件。这要求企业 A 与企业 B 具有完全信息，即两个矿产资源开发利用企业进行的是完全信息的博弈，因此，其在完全信息条件下，对于矿产资源开发利用企业 A 就可以计算出其 q 值。

由于向矿产资源开发利用企业 B 提供了 q，企业 A 的效用 UA 就下降；因此，企业 A 偏向于条件：$q = p - c/t$，而不是 $q > p - c/t$。并且有条件：$1 - q = 1 - p + c/t$ 成立，表示矿产资源开发利用企业 A 在进行合作而不是竞争的条件下得到的报偿。

这是符合矿产资源开发利用企业 A 的选择意愿的。无论矿产资源开发利用企业 B 的所属类型，矿产资源开发利用企业 A 不愿意选择的是

$1-p-c$（表示矿产资源开发利用企业 A 进行竞争所获得的报偿）。由于矿产资源开发利用企业 A 完全知道矿产资源开发利用企业 B 的类型，也即知道矿产资源开发利用企业 B 的效用函数；而且由于 q 是外生性的，在矿产资源开发利用企业 A 提出的合作优惠条件中自然会包括决定相关利益的，诸如能力、决心、成本和其他一些因素，因此，该合作优惠条件不会导致矿产资源开发利用企业 B 的竞争选择倾向。因此，均衡的结果就是在所有的情况下，矿产资源开发利用企业 A 提出的合作优惠条件：$q=p-c/t$。

同时，基于矿产资源开发利用企业 B 也是理性的追求利益最大化的效用者假设，其也会接受这一优惠条件而进行合作，也即 $d=0$。

由此可看出，矿产资源开发利用企业间实现合作的关键在于，必须有一个矿产资源开发利用企业愿意首先发起行动，也即愿意承担合作的发起者角色，并提出进行合作的优惠条件。

（5）博弈结论。综上所述，矿产资源开发利用利益企业的自主合作博弈具有的基本特征：一是要有一个矿产资源开发利用企业愿意承担合作的发起者角色，并提出进行合作的优惠条件。二是矿产资源开发利用企业博弈双方都会单独理性地决定，在与矿产资源开发利用企业博弈对手达成竞争或合作关系的过程中，解决利益最大化问题。三是当且仅当通过合作得到的预期当前获益的价值超过从不合作的竞争中所获得收益时，矿产资源开发利用企业间博弈的参与方才有可能进行合作。四是矿产资源开发利用企业间的自主合作利益博弈均衡的实现依靠矿产资源开发利用企业的利益诉求主权和自助原则。由于没有第三方的介入，矿产资源开发利用企业间博弈的参与双方依靠自身的价值判断，来评估行为选择损失或实施惩罚措施，因此，如果一方竞争或不合作，那么，另一方就将自动采取某种战略加以应对。

（6）博弈启示。矿产资源开发利用企业间的自主合作利益博弈意味着：如果要实现矿产资源开发利用企业间的博弈合作，就需要其中的一个矿产资源开发利用企业承担发起者的角色。但在实际的资源开发中，矿产资源开发利用企业间对彼此的意图或者类型并不具有完全信息，因而，作为一个理性的矿产资源开发利用企业要首先发起合作的意向，就可能承担遭到对方背叛或不合作的巨大风险，从而导致参与博弈的一方可能并不愿意向对方主动提出进行合作的优惠条件。所以，从现实的角度来看，可以通过一些办法来减少矿产资源开发利用企业间合作的障碍。

一是利用边际支付（side payment）或利诱（inducement）战略。如果矿产资源开发利用企业 A 试图充分地增加矿产资源开发利用企业 B 从双边合作中获得的报偿，这样，就使得企业 B 愿意选择合作而不是竞争，从而使得双边合作成为均衡战略。从根本上说，边际支付涉及把一部分收益（q）从企业 A 转移到企业 B，通过这样的方式，企业 A 得到了所偏好的双边合作的结果；不过，实现这一结果的重要前提条件就是付出一定的代价。

二是利用重复博弈。鉴于在仅有一次回合的博弈中，不管一方矿产资源开发利用企业的行为选择如何，另一方的最佳战略常常是背叛或不合作，这样，双方基于理性选择的均衡结果必然就是共同背叛不合作。然而，如果博弈是重复进行的，就意味着，每个行为主体都有机会回报或惩罚对方的先前行为，这样，就有条件建立起一种自我执行的合作行为模式。如果单个矿产资源开发利用企业预期到自己当前的背叛行为所获得的收益要小，或要承担由于当前的背叛而引起对手的未来报复行动所蒙受的损失，在这种情况下，合作对于每个矿产资源开发利用企业来说就是理性的，从而自主的合作模式就能够真正得到实践。换句话说，如果要实现矿产资源开发利用企业间的自主合作利益博弈均衡，"未来的阴影"利益要足够重要，使得一个理性的但机会主义倾向严重的企业行为主体，在考虑背叛时，不得不考虑背叛的可能后果和其潜在的影响。

三是协议。为实现矿产资源开发利用企业间的利益合作，可通过实施协议战略，既可以提高矿产资源开发利用企业间不合作将付出的代价，而且也可以减少彼此对不合作可能造成的结果担忧。因为，合作的动机在于，预期到合作能带来共同回报，而不合作将带来惩罚①。为实现这种自我执行的协议，矿产资源开发利用企业间关系的长期性成为关键要素，即如果二者间的利益互动关系具有持久性，那么，试图违背协议的矿产资源开发利用企业

---

① 席恒:《合作收益与社会动员：和谐社会的制度基础——2007 年中国管理科学学会公共管理专业委员会年会暨合作收益、公共管理与和谐社会学术论坛论文选》，中国管理科学学会，http://www.mss.org.cn/html/guanlihuicui/guanliluntan/2009/1013/150.html。

将可能面临着失去协议的未来的潜在利益,于是,就可能计算从当前背叛行为中所获得的收益是否必然将超过未来付出的代价。

四是威胁。运用威胁手段使得矿产资源开发利用企业从竞争或背叛中得到的收益减少,并且,收益减少的程度最终迫使其不得不主动放弃背叛而选择进行双边合作。当然,对于矿产资源开发利用企业来说,如果要将威胁付诸实践将会付出高昂的代价。另外,威胁手段虽然更具有挑战性和具有更大的风险,但它可能比边际支付手段更为廉价。具体来说,如果矿产资源开发利用企业 B 拒绝合作而使得矿产资源开发利用企业 A 不得不实践它自己所提出的威胁,威胁的实践就将使双方的利益都受到损失,而共同处于不利的境地。尽管如此,矿产资源开发利用企业 A 仍然愿意使用威胁联系战略,因为,如果这种联系战略一旦成功,在现实中并不一定真正需要矿产资源开发利用企业 A 对企业 B 实践威胁,这样,威胁战略就可以成为迫使矿产资源开发利用企业 B 进行合作的更为廉价的手段。

2. 矿产资源开发利用企业间利益博弈的"信誉"合作机理

(1) 基本假设和模型建立。基本假设:一是矿产资源开发利用企业 A 和企业 B 是两个基于"信誉"参与利益博弈的利益主体,二者间从未有过交易,并且其未来是否会再合作也是不确定的。二是双方是地位平等的法人,在市场经济下自由地进行矿产资源开发利用利益的交易。三是二者的策略组合选择均为(讲信誉、欺诈),则矿产资源开发利用企业 A、企业 B 二者间基于讲信誉策略的利益博弈关系如表 8-9 所示。

表 8-9 矿产资源开发利用企业间基于讲信誉的利益博弈得益矩阵

矿产资源开发利用企业间基于讲信誉的利益博弈关系		矿产资源开发利用企业 B	
		讲信誉	欺诈
矿产资源开发利用企业 A	讲信誉	(a, a)	$(-b, c)$
	欺诈	$(c, -b)$	$(0, 0)$

模型建立说明:一是如果矿产资源开发利用企业 A、企业 B 双方都采用讲信誉的策略进行交易,则双方的收益均为 (a, a);该结果对于双方均有利,是一个有效的市场结果。二是如果双方均选择欺诈的策略进行交易,则二者均无收益 $(0, 0)$,交易中断。三是如果矿产资源开发利用企

业A选择讲信誉，而矿产资源开发利用企业B采取欺诈策略，则讲信誉的企业A会受到损失，收益为（$-b$）；而企业B会得利，收益为c，即二者的收益组合（$-b,c$）；其中存在条件：（$c>a>b$），表明矿产资源开发利用企业是自身利益最大化的行为选择主体，存在交易欺诈的内在动机。四是如果企业A选择欺诈，而企业B采取信誉策略，则讲信誉的企业B会受到损失，收益为（$-b$）；而企业A会得利，收益为c，则二者的收益组合为（$c,-b$）。

（2）在一次博弈过程中，均选择欺诈是参与主体的最优战略选择。受到自身利益最大化的驱使，在这里，矿产资源开发利用企业A、企业B博弈双方均期待对方讲信誉，而自己采取欺诈的策略，这样欺诈的一方会获取多于双方均讲信誉时的收益（$c-a$）。于是，基于矿产资源开发利用企业A、企业B双方的理性激励，双方均会选择欺诈行为，收益组合为（0，0）。也就是说，此时有唯一的纳什均衡。因此，这个博弈过程的特点在于，虽然矿产资源开发利用企业A、企业B单方面的欺诈选择会获取更多的收益c，而单方面的讲信誉损失最大$-b$。为避免损失最大或得到最大收益，在一次博弈中，（欺诈，欺诈）是双方的最优选择。

（3）如果双方有长期合作机会不断地博弈，信誉机制将改变博弈结果。在重复博弈过程中，矿产资源开发利用企业作为行为选择主体，为获取未来长远的矿产资源开发利用利益，存在自动选择讲信誉战略的可能。因为，不讲信誉会导致矿产资源开发利用企业双方均得到（欺诈，欺诈）的得益组合。在这里，信誉机制的核心是，为了长远利益而讲求信誉、采取合作，愿意抵挡欺骗带来的一次性眼前利益的诱惑。二者间关于讲信誉的、基于信息不对称的利益博弈关系如图8-5所示。

（4）基于讲信誉的实际利益博弈存在着不可能的概率。但现实中鉴于信息的不对称，矿产资源开发利用企业A与企业B之间不是平等选择的利益博弈关系，拥有信息的一方在利益博弈过程中处于优势，因此，基于讲信誉的实际博弈不可能。假设矿产资源开发利用企业B相对于企业A来说在博弈过程中处于劣势，这可能源于双方的资源供求不平衡，导致矿产资源开发利用企业B即使知道企业A可能存在不讲信誉行为，如拖欠货款行为。

首先，即使矿产资源开发利用企业B知道企业A可能存在不讲信誉

```
            矿产资源开发利用
                 企业A
          不相信         相信
    矿产资源开发利用            矿产资源开发利用
        企业B                    企业B
       （0，0）
                      讲信誉（p）    不讲信誉（1-p）

                        (a, a)          (c, -b)
```

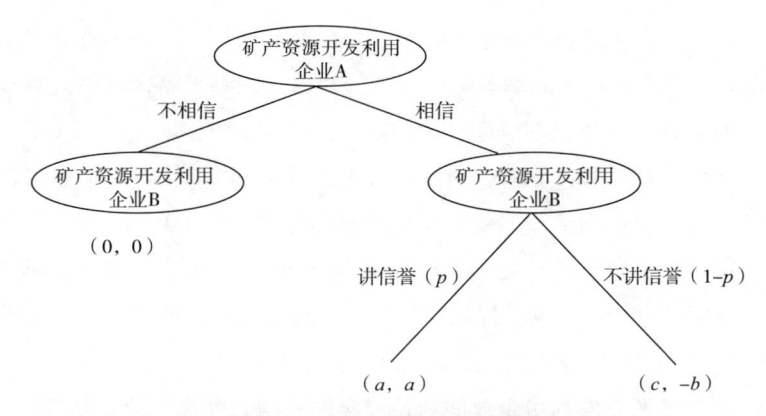

图 8-5　矿产资源开发利用企业间的信誉博弈树（1）

行为，但迫于处于机遇博弈地位劣势的无奈，起初，仍然会选择讲信誉的行为。这是由于：在这种博弈地位不平等的背景下，由于不讲信誉会得到更多的利益回报（$c>a$），所以，矿产资源开发利用企业 A 会不断地选择不讲信誉。而对于矿产资源开发利用企业 B 来说，如果不讲信誉的话，收益为 0，讲信誉的话收益可能是 a，也可能是 $-b$。这种博弈导致如下结果。一是矿产资源开发利用企业 A 讲信誉，矿产资源开发利用企业 B 也会选择讲信誉，得益组合为（a, a）；二是矿产资源开发利用企业 A 讲信誉，矿产资源开发利用企业 B 基于博弈地位的劣势，不存在选择欺诈的内在动机和条件，得益组合不存在。三是矿产资源开发利用企业 A 不讲信誉，矿产资源开发利用企业 B 也可能会选择讲信誉，得益组合（$c, -b$）；四是矿产资源开发利用企业 A 不讲信誉，矿产资源开发利用企业 B 也可能会选择不讲信誉，得益组合（0，0）。

表 8-10　在信息不对称条件下矿产资源开发利用企业间基于讲信誉的利益博弈得益矩阵

在信息不对称条件下矿产资源开发生产企业之间基于讲信誉的利益博弈		矿产资源开发利用企业 B	
		讲信誉	欺诈
矿产资源开发利用企业 A	讲信誉（p）	(a, a)	不存在
	欺诈（$1-p$）	($c, -b$)	(0, 0)

其次，鉴于存在信息不对称，矿产资源开发利用企业 B 一般会预期企业 A 选择讲信誉的概率（p）大于不讲信誉的概率（$1-p$），即 $p>1-p$，

因此，矿产资源开发利用企业 B 在很长一段时间来说，其行为选择是讲信誉。但是，交易若持续的话，鉴于二者交易地位的不平等，最终会导致企业 B 认为企业 A 讲信誉的概率（p）小于不讲信誉的概率（$1-p$），即 $p < 1-p$；或者更为严重的是矿产资源开发利用企业 B 认为企业 A 讲信誉的概率极小（$p=0$）的话，那么博弈双方的最终结果是（0，0）。

因此，在矿产资源开发利用企业 B 与企业 A 之间不具备市场经济体制下的博弈平等地位、没有建成完善的信用监控体系的前提下，双方间的利益博弈无论在短期还是长期，都很难达成最优均衡。

3. 矿产资源开发利用企业间利益博弈的"信息共享"合作机理

矿产资源开发利用企业在矿产资源开发利用中的信息共享，主要是指矿产资源开发利用企业对于共同需要的市场供求、人才和技术工艺等生产要素信息，通常要经过考察、收集信息，调查人才是否有过不好的记录，确定拥有的人力资本和技术工艺等因素的利用价值和行为决策。而矿产资源开发利用企业间的信息交换和共享可以减少交易成本。一般而言，拥有信息优势一方的矿产资源开发利用企业的得益大小取决于两个因素：一是市场供求、人力和技术等资源开发要素市场的透明度；二是矿产资源开发利用企业在整个社会的知名度和信誉度等。在其他条件既定的情况下，信息的透明度越高，越容易获得，并做出信息共享过程的选择，因而，信息透明度越高，拥有信息优势一方的矿产资源开发利用企业的得益常常更大；反之，则效益更小。同时，拥有信息优势一方的矿产资源开发利用企业在整个社会的知名度越高，信誉度越高，其行为选择（如对泄露共享信息的矿产资源开发利用企业的惩罚）不仅有效，而且有可能增加自己的信息共享业务，把非守约者挤出资源开发信息共享市场，使其在市场上无立足之地，因而，常常所得益也较多。

（1）基本假设和模型建立。一是有两个矿产资源开发利用企业甲和乙参与利益博弈。二是博弈分为三个阶段：阶段一是矿产资源开发利用企业甲的行为策略在信息共享的"隐瞒"和"共享"之间进行选择；阶段二是矿产资源开发利用企业乙在信息共享的"守约"和"违约"之间进行选择；阶段三是矿产资源开发利用企业甲在"惩罚"（公布于众，使矿产资源开发利用企业乙的信誉扫地）和"不惩罚"之间进行选择。矿产资源开发利用企业乙一旦选择"违约"就有可能离开信息共享市场。由此则可以构建矿产资源开发利用企业甲与乙之间关于信息共享的利益博弈模型，其含义如下：

首先，矿产资源开发利用企业甲可以选择不共享信息，令其此时的得益为 Rs；而矿产资源开发利用企业乙基于信息共享的收益为 0，则得益组合为 $(Rs, 0)$。

其次，矿产资源开发利用企业甲也可以选择共享信息，在矿产资源开发利用企业乙选择信息共享合作的情况下，令矿产资源开发利用企业甲此时的得益为 Rp。一是如果矿产资源开发利用企业乙选择一直合作并遵守约定，在存续期内，令其得益为 R_1，则得益组合 (Rp, R_1)。二是如果矿产资源开发利用企业乙违约一次，而矿产资源开发利用企业甲选择惩罚的情况下，其期望得益为 R_2c，则得益组合 (Rpc, R_2c)。三是如果矿产资源开发利用企业乙只违约了一次，而矿产资源开发利用企业甲选择不惩罚的情况下，其期望得益为 R_{2f}，则得益组合为 (Rp_f, R_{2f})。

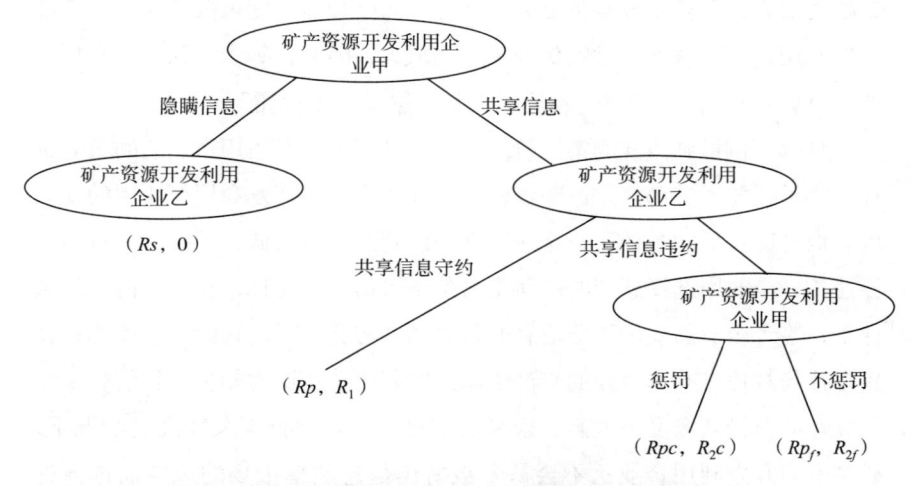

图 8-6 矿产资源开发利用企业间的信誉博弈树（2）

（2）博弈过程分析。采用逆推法分析：首先，博弈的第三阶段分析：若矿产资源开发利用企业甲选择"惩罚"违约的矿产资源开发利用企业乙时的得益（Rpc）大于其选择"不惩罚"时的得益（Rp_f），即存在条件 $Rpc > Rp_f$，则理性的矿产资源开发利用企业甲将选择"惩罚"；若 $Rpc <$

Rp_f，则矿产资源开发利用企业甲将选择"不惩罚"。

鉴于在其他条件既定的情况下，要素的透明度越高，矿产资源开发利用企业甲越容易惩罚矿产资源开发利用企业乙；因而，透明度越高，矿产资源开发利用企业甲的得益（Rpc）就越大。同时，矿产资源开发利用企业甲在整个社会的知名度越高，信誉度越高，对于矿产资源开发利用企业乙的惩罚不仅有效，而且有可能增加自己的信息共享业务，把企业乙挤出资源开发信息共享市场，因而，企业甲的得益（Rpc）就越高。所以，可得结论：一是如果市场机制完备，要素信息透明度越高的背景下，企业甲惩罚信息共享违约的竞争性企业乙所付出的成本越少，相应的收益就越高，当超过"不惩罚"时的收益，即 $Rpc > Rp_f$ 存在时，企业甲将选择"惩罚"。但是要素的透明度越低，惩罚信息共享违约所付出的成本越大，相应的收益就越小，当收益比"不惩罚"时还低，即 $Rpc < Rp_f$ 存在时，矿产资源开发利用企业甲将选择"不惩罚"。二是在其他条件既定的情况下，矿产资源开发利用企业甲的知名度和信誉度很高，因此其选择惩罚的影响力很大，所获得收益也更大；而且知名度和信誉度也很高的矿产资源开发利用企业乙被惩罚时的信誉损失也很大，因而，矿产资源开发利用企业甲就更容易选择"惩罚"；反之，就会选择"不惩罚"。

其次，倒推到博弈的第二阶段分析矿产资源开发利用企业乙的策略选择。鉴于在要素市场信息透明度较低，且矿产资源开发利用企业甲的知名度和信誉度较低的条件下，企业甲选择惩罚的得益较低，因而，一旦企业乙违约，企业甲选择惩罚的威胁常常是不可信的。而且，在重复博弈的条件下，鉴于企业乙处于需要信息的信息共享劣势，因此其会选择守约；特别是在与其信息共享合作的矿产资源开发利用企业甲的知名度和信誉度都很高，而自身知名度不太高，未来的信息共享收益预期又较高的情况下，矿产资源开发利用企业乙不会冒着被挤出信息共享市场的风险而选择违约。所以，可得结论：如果矿产资源开发利用企业乙关于信息共享的未来收益预期较高，其选择违约的机会就较少，它不会在乎短期的一次性收益；而如果其信息共享的未来收益预期较低，而短期的一次性收益较高，那么其就会冒着受惩罚的风险去违约。

最后，回到博弈的第一阶段分析矿产资源开发利用企业甲的策略选择。一是如果矿产资源开发利用企业甲的知名度和信誉度较高的话，要素市场信息的透明度又较低，而与其信息共享合作的矿产资源开发利用企业乙的信息优势都比不上自己的情况下，企业甲会选择共享信息，使其收益最大化；即使矿产资源开发利用企业乙违约，矿产资源开发利用企业甲也可以通过惩罚使自己的收益最大化。但如果矿产资源开发利用企业甲的知名度和信誉度都较低，而要素市场的透明度较高的情况下，企业甲就会选择隐瞒信息共享，自己收集信息，使自己的收益最大化。所以，可得结论：矿产资源开发利用企业甲与企业乙在市场、人才和技术信息上选择共享取决于其知名度。如果低于一定的知名度，信息共享所获得的收益不足以弥补所付出的成本，而惩罚的作用又不大，就不会选择信息共享。

（3）信息共享策略选择影响因素分析。信息共享策略选择所付出的成本受到未来预期收入、市场供求、人力和技术要素市场的透明度、矿产资源开发利用企业自身知名度和信誉度约束，当这四个因素中有一个或几个同时发生变化时，成本将发生变化，从而影响信息共享策略选择。

一是假设其他条件不变，矿产资源开发利用企业乙的未来收入预期减少，则其未来选择信息共享的发展空间就变小；其选择遵守信息共享约定的未来收益也相应减少，其就越可能选择违约；从而矿产资源开发利用企业甲选择信息共享合作所承担的风险和付出的成本就增加。这时，只有当矿产资源开发利用企业甲的知名度很高的时候，才会选择信息共享合作。

二是在其他条件不变的情况下，市场供求、人力和技术市场的信息透明度增加，矿产资源开发利用企业收集信息的成本越低，各矿产资源开发利用企业就越容易自己收集信息，只有当矿产资源开发利用企业甲的知名度、信誉度很高，规模很大、拥有绝对的信息共享优势时，才会选择信息共享合作。

三是在其他条件不变的情况下，随着矿产资源开发利用企业乙的知名度和信誉度增加，其遵守信息共享约定的可能性也加大；而矿产资源开发利用企业甲选择信息共享合作所付出的成本就会减少，于是，矿产资源开发利用企业甲的知名度即使不高也会选择信息共享合作。

（4）结论。矿产资源开发利用企业甲在与企业乙共享市场供求、人才和技术信息的过程中面临着两难选择：一是共享信息可以降低企业收集市场供求、人才和技术信息的成本，从而提高效益。但当与之信息共享合作的矿产资源开发利用企业违约（可能提供一些虚假信息，或者隐瞒一些信息）时，其就会蒙受损失。二是信息共享的好处随着知名度和信誉度的提高而增加，而且在要素市场信息透明度较低，收集信息的成本较高的情况下更能显现信息共享的好处。三是如果与之信息共享合作的矿产资源开发利用企业的知名度不高，但信息共享的未来收益预期较好的话，信息共享合作是可执行的、可置信的。所以，尽管信息共享与自己收集信息相比能使自身的收益增加，但只有当矿产资源开发利用企业的知名度和信誉度达到一定水平，信息的透明度较低时，信息共享才会发生。

（四）矿产资源开发利用企业间利益博弈的政策启示

综上所述，从矿产资源开发利用企业间利益博弈的分析中可知，最优化的矿产资源开发利用企业间的关系就是实现合作博弈，也就是说，首先，矿产资源开发利用企业合作是在竞争态势下完成对参与各方都有利的合作，因此，竞争是合作的前提保证，在参与合作之前必须具有一定的竞争优势。没有有效的组织资源与核心竞争力作为矿产资源开发利用企业存在的强力支撑，博弈中任何一方想获得优势只能是幻想，强化竞争优势是参与合作的前提。其次，合作战略虽然强调竞争与合作并存，但是更强调的是考虑自己利益的合作，其最终目标仍然是使矿产资源开发利用企业自身能够在资源开发中获益。合作战略的核心思想正是努力改变游戏规则，向有利于自己的方向发展。

1. 促成矿产资源开发利用企业间利益博弈的合作关系

矿产资源开发利用企业间利益博弈合作过程，实际是寻找符合各自的比较优势特点，发挥比较优势，实现优势互补的过程。

首先，形成合作共识，扫除观念上的障碍，形成"共赢"和"协同"两大思维体系。明确政府是矿产资源开发利用企业间利益博弈合作的重要推动力量。政府用行政手段和非行政手段来调控和促进要素的自由流动，促进矿产资源开发利用企业间利益博弈合作的形成。

其次，建构多元合作主体、多中心治理的合作格局。针对矿产资源开发利用企业间利益博弈合作组织形式的选择以及动力机制的依赖等一系列重大问题，相关利益主体需转换思路，创新思维，形成包括地方政府、企业、非政府组织、公民等多元主体共同参与的混合体，形成多中心的治理模式。在合作组织形式的选择上，既可以选择项目合作形式，也可选择市场机制运作形式，还可选择非政府组织合作形式；在合作方式与手段的运用上，既可以选择行政干预的方式与手段，也可选择完全市场化的方式与手段，还可以采取行政与市场相结合的方式与手段。对于合作体制的动力机制依赖，既可依赖政府推动，也可依赖市场推动，还可依赖这二者的结合。

最后，注重矿产资源开发利用企业间利益博弈合作的整体效应。提高生态和社会效益是矿产资源开发利用企业间利益博弈合作的标准之一。要强调社会系统、环境系统和经济系统之间及整体系统与子系统间彼此均衡协调。应在良好的矿产资源开发利用企业间利益博弈合作中实现价值链的对接，这是合作的关键。

2. 理顺矿产资源开发利用企业间利益博弈合作中的政府行为

从根本上说，矿产资源开发利用企业间利益博弈合作的目的，就是通过行政性力量基于对市场规范的共识，扫除行政壁垒，促进要素的流动，实现资源开发要素的有效配置，最终形成利益均衡。在市场经济深入发展和各地方政府利益独立化的制度背景之下，矿产资源开发利用企业间利益博弈合作行为是一种利益驱动下的战略选择，合作框架必须是基于各地的共同利益，并且使区域内的地方政府意识到只有选择促进矿产资源开发利用企业间利益博弈合作的策略才能增进和分享共同的矿产资源开发利用利益。

首先，构建统一协调的市场竞争规则。矿产资源开发利用企业间利益博弈合作的关键是市场竞争规则的一体化。如果没有统一协调的市场竞争规则支撑，就无法协调各地方的矿产资源开发利用企业开发行为，无法限制地方政府主导盲目重复开发资源的冲动，无法使区域内的矿产资源开发利用企业主体进行充分、有效和公平的市场竞争，无法防止矿产资源开发利用企业的行为选择被各地区行政权力和垄断势力扭曲，无法实现区域范围内的资源开发要素有效配置。因此，各政府应实行统一的非歧视性原则、市场准入原则、透明度原则、公平贸易原则，清理各类法规文件，逐步取消一切妨碍区域市场一体化的制度与政策规定。

其次，建立跨行政区的制度性的组织协调机构。由于矿产资源开发利用企业间的利益博弈合作可能是建立在跨行政区基础之上的，为了消除局部利益对共同利益的侵蚀，必须在分立的行政区基础上形成共同的内在机制，并在保证共同利益的基础上制定具有约束力的共同政策和制度规范，实现组织体系内的超行政区的协调与管理。这样一种框架性制度结构必须建立在相关地区自愿合作的基础之上，而且是一种对各地具有明确的约束性机制。这种机构应该有明确的职能和权限，并且所做出的决策可以以立法等形式，对各级地方政府的行为构成有效约束。

二 政府对多元矿产资源开发利用企业间利益博弈局势的改变机理及政策取向

矿产资源开发利用企业间的基本利益博弈关系主要有竞争与合作两大类。即使没有政府对矿产资源开发利用企业引导约束，矿产资源开发利用企业间信任程度的增加，也会增大其间合作的可能性。在政府参与到矿产资源开发利用企业间利益博弈的情况下，政府通过政策对矿产资源开发利用企业利益结构的改变，矫正了矿产资源开发利用企业的行为取向；加大了矿产资源开发利用企业间采取合作的策略区间，可以避免污染和资源浪费问题。应规范政府行为，推进政企分开，落实矿产资源开发利用企业产权法人化的制度，监督、规范和引导矿产资源开发利用企业间的利益博弈态势向着利益和谐的方向推进。

（一）没有政府参与背景下矿产资源开发利用企业间利益博弈的基本态势分析

1. 假设与模型构建

（1）假设。矿产资源开发利用企业 A 的资源开发副产品，可作为矿产资源开发利用企业 B 的生产原料，因而矿产资源开发利用企业 A 和企业 B 之间存在交易的可能性。

矿产资源开发利用企业 B 可通过合作获得原料，价格为 p_1；或直接通过市场购买该原料，价格为 p_2，且有 $p_2 > p_1$（否则没有合作的动力）。

为使副产品达到原料要求，矿产资源开发利用企业 A 必须付出单位

处理成本 m。若矿产资源开发利用企业 A 和企业 B 愿意交易，副产品的单位处理成本 m 可按双方意愿共同承担，系数分别为 a_1，a_2，$a_1 + a_2 = 1$。当 $a_1 = 1$ 时，矿产资源开发利用企业 A 单独承担将副产品加工成原料的处理成本。

假如矿产资源开发利用企业 A 与企业 B 进行合作交易，矿产资源开发利用企业 A 可获得原料的单位出售收益 p_1；矿产资源开发利用企业 B 需付出原料的单位购买代价 $-p_1$。

假如企业 A 与企业 B 不进行合作交易，矿产资源开发利用企业 A 需单独进行副产品的无公害处理，单位处理成本为 f；而矿产资源开发利用企业 B 需从其他渠道购买原料，需付出单位原料的购买代价 p_2。

若矿产资源开发利用企业 A 想合作，但矿产资源开发利用企业 B 不合作；或者矿产资源开发利用企业 B 想合作，而矿产资源开发利用企业 A 不合作，对于具有合作意向的矿产资源开发利用企业 A 或企业 B 来讲，由于计划合作，需要购买专用性处理设备，或采取紧急避险行为去寻找其他潜在合作伙伴，需要发生额外费用，设其额外费用大小与其在合作时承担的副产品单位处理成本成正比，比例系数为 ξ（$\xi > 0$）。并且假定新的合作伙伴的交易价格、原料渠道是无差异的。

（2）模型构建。根据以上假设，可构造出矿产资源开发利用企业 A 和企业 B 的博弈收益矩阵。

表 8 – 11　没有政府参与背景下矿产资源开发利用企业间的利益博弈矩阵

没有政府参与背景下矿产资源开发利用企业之间的利益博弈		矿产资源开发利用企业 B	
		合作	不合作
矿产资源开发利用企业 A	合作	$(p_1 - ma_1,\ -p_1 - ma_2)$	$[p_1 - ma_1(1+\xi),\ -p_2]$
	不合作（直接处理）	$[-f,\ -p_1 - ma_2(1+\xi)]$	$(-f,\ -p_2)$

2. 矿产资源开发利用企业间利益博弈模型的纯策略分析

由没有政府参与背景下矿产资源开发利用企业间的利益博弈矩阵可知（见表 8 – 11）：

（1）当 $-p_2 < -p_1 - ma_2(1+\xi)$，同时有 $-p_2 < -p_1 - ma_2$，即矿产资源开发利用企业 B 不合作的支付大于其合作的支付时，也即矿产资源开

发利用企业 B 购买矿产资源开发利用企业 A 提供副产品作为原料的收益，大于其通过其他渠道的收益，所以矿产资源开发利用企业 B 具有合作欲望。那么：

若 $p_1 - ma_1 > -f$，即矿产资源开发利用企业 A 合作的收益大于其合作的收益，所以矿产资源开发利用企业 A 具有合作的欲望。因此，有唯一的纳什均衡（合作，合作）；

若 $p_1 - ma_1 < -f$，即矿产资源开发利用企业 A 不合作的收益大于其不合作的收益，所以矿产资源开发利用企业 A 具有不合作的欲望；此时也有唯一的纳什均衡（不合作，合作）。

以上表明：虽然矿产资源开发利用企业 A 和企业 B 即使都有意愿共同解决副产品的处理和原料供应问题，但由于没有政府的参与去约束和改变矿产资源开发利用企业 A 的利益预期和行为方向，导致矿产资源开发利用企业 A 宁愿自己不合作而不愿意提供给企业 B 生产原料以实现共赢。

(2) 当 $-p_2 > -p_1 - ma_2$ 时，有 $-p_2 > -p_1 - ma_2(1+\xi)$，即矿产资源开发利用企业 B 合作的支付大于其不合作的支付，即矿产资源开发利用企业 B 接受企业 A 提供副产品的收益较低，会选择从其他渠道采购，所以矿产资源开发利用企业 B 具有不合作欲望。那么：

若 $p_1 - ma_1(1+\xi) > -f$，同时有 $p_1 - ma_1 > -f$，即矿产资源开发利用企业 A 合作的收益大于其不合作的收益，所以矿产资源开发利用企业 A 具有合作的欲望。此时有唯一的纳什均衡（合作，不合作）。

若 $p_1 - ma_1 < -f$，同时有 $p_1 - ma_1(1+\xi) < -f$，即矿产资源开发利用企业 A 不合作的收益大于其合作的收益，所以矿产资源开发利用企业 A 具有不合作欲望。此时也有唯一的纳什均衡（直接处理，不合作）。

(3) 若 $-p_1 - ma_2(1+\xi) < -p_2 < -p_1 - ma_2$，且 $p_1 - ma_1(1+\xi) < -f < p_1 - ma_1$，此时没有纯战略纳什均衡的稳定解，只能考虑混合策略。

3. 矿产资源开发利用企业间利益博弈模型的混合策略分析

设矿产资源开发利用企业 A 选择合作的概率为 q_1，则选择不合作（直接处理）的概率为 $1 - q_1$；设矿产资源开发利用企业 B 选择合作的概率为 q_2，则选择不合作（通过其他途径外购原料）的概率为 $1 - q_2$。

表 8-12 没有政府参与背景下矿产资源开发利用企业间的利益博弈混合策略模型

没有政府参与背景下矿产资源开发利用企业之间的利益博弈混合策略		矿产资源开发利用企业 B	
		合作 q_2	不合作 ($1-q_2$)
矿产资源开发利用企业 A	合作 q_1	$(p_1 - ma_1, -p_1 - ma_2)$	$[p_1 - ma_1(1+\xi), -p_2]$
	不合作（直接处理）$(1-q_1)$	$[-f, -p_1 - ma_2(1+\xi)]$	$(-f, -p_2)$

（1）矿产资源开发利用企业 A 的策略分析。

合作时，$AI_1 = q_2(p_1 - ma_1) + (1 - q_2)[p_1 - ma_1(1+\xi)]$；

不合作时，$AI_2 = q_2(-f) + (1 - q_2)(-f) = -f$。

当 $AI_1 = AI_2$ 时，企业 A 处于合作与不合作之临界状态，得：当 $q_2 \geqslant (ma_1 + ma_1\xi - p_1 - f)/ma_1\xi$ 时，矿产资源开发利用企业 A 选择合作策略。

（2）矿产资源开发利用企业 B 的策略分析。

合作时，$BI_1 = q_1(-p_1 - ma_2) + (1 - q_1)[-p_1 - ma_2(1+\xi)]$，

不合作时，$BI_2 = q_1(-p_2) + (1 - q_1)(-p_2) = -p_2$。

当 $BI_1 = BI_2$ 时，企业 B 处于合作与不合作之临界状态，得：当 $q_1 \geqslant (p_1 + ma_2 + ma_2\xi - p_2)/ma_2\xi$ 时，矿产资源开发利用企业 B 会选择合作策略。

4. 矿产资源开发利用企业间信任的力量

假设矿产资源开发利用企业 A 和企业 B 间的信任可以降低额外费用 ξ 的值，也即矿产资源开发利用企业间的相互信任会导致：任一矿产资源开发利用企业在不愿意合作时，会提前通知对方，以使具有合作意愿的一方能够提前准备——减少专用设备投资，或提前寻找替代合作伙伴，从而大大减少相应损失，降低 ξ 值。可通过求 ξ 的一阶导数，得到信任的作用结果：

由 $q_2 = (ma_1 + ma_1\xi - p_1 - f)/ma_1\xi$，得：$q_2' = (p_1 - ma_1 + f)/ma_1\xi^2$

由 $-f < p_1 - ma_1$ 可知，$q_2' > 0$，也即 ξ 是 q_2 的增函数。

说明当矿产资源开发利用企业 A 和企业 B 间的信任程度增加时，由于避险费用 ξ 的减少，q_2 也随之减少，矿产资源开发利用企业 A 选择合作策略的区间 $[q_2, 1]$ 会随之增大。

同理，由 $q_1 = (p_1 + ma_2 + ma_2\xi - p_2)/ma_2\xi$，得：$q_1' = (p_2 - ma_2 - p_1)/ma_2\xi^2$

由 $-p_2 < -ma_2 - p_1$，得 $q_1' > 0$；也即 ξ 是 q_1 的增函数。

说明当矿产资源开发利用企业 A 和企业 B 间的信任程度增加，紧急避险费用 ξ 的减少，q_1 也随之减少，矿产资源开发利用企业 B 选择合作策略的区间 $[q_1, 1]$ 会随之增大。

以上表明：即使没有政府参与对矿产资源开发利用企业行为进行引导和约束，随着矿产资源开发利用企业 A 和企业 B 双方信任程度的增加，合作发生的可能性也会增大。

（二）政府参与背景下矿产资源开发利用企业间利益博弈局势的改变

1. 假定与模型构建

（1）假定。政府对矿产资源开发利用企业间利益博弈的影响主要表现在：一是通过监督来促使矿产资源开发利用企业消除其在生产过程中的副产品问题，改变矿产资源开发利用企业的收益状况；二是通过税收优惠，无息贷款等对矿产资源开发利用企业进行奖励或处罚等。因此，为提高资源使用效率，减少资源浪费，保护生态环境，假设政府介入后，会鼓励矿产资源开发利用企业进行合作，并根据矿产资源开发利用企业在合作中的地位及对社会总福利的影响，对参与合作的矿产资源开发利用企业 A 和企业 B 分别提供激励 b 和 d。

（2）模型构建。鉴于政府介入后，对参与合作的矿产资源开发利用企业提供的激励改变了其收益结构，博弈模型如表 8-13 所示

表 8-13　政府参与背景下矿产资源开发利用企业间的利益博弈模型

政府参与背景下矿产资源开发利用企业之间的利益博弈		矿产资源开发利用企业 B	
		合作	不合作
矿产资源开发利用企业 A	合作	$(b + p_1 - ma_1, d - p_1 - ma_2)$	$[b + p_1 - ma_1(1+\xi), -p_2]$
	不合作（直接处理）	$[-f, d - p_1 - ma_2(1+\xi)]$	$(-f, -p_2)$

2. 政府参与背景下矿产资源开发利用企业间利益博弈的纯策略分析

由政府参与背景下矿产资源开发利用企业间的利益博弈矩阵可知：

（1）若 $-p_2 < d - p_1 - ma_2 (1+\xi)$，同时有 $-p_2 < d - p_1 - ma_2$，则矿产资源开发利用企业 B 接受企业 A 提供副产品作为原料带来的收益大于其通过其他渠道购买原料时的收益，即矿产资源开发利用企业 B 具有合作的欲望；那么：

若 $b + p_1 - ma_1 (1+\xi) > -f$，同时有 $b + p_1 - ma_1 > -f$，则矿产资源开发利用企业 A 提供原料的收益大于直接处理的收益，即矿产资源开发利用企业 A 具有合作的欲望。此时有唯一的纳什均衡（合作，合作）。

若 $b + p_1 - ma_1 < -f$，同时有 $b + p_1 - ma_1 (1+\xi) < -f$，即矿产资源开发利用企业 A 提供原料的收益小于直接处理的收益，即矿产资源开发利用企业 A 具有不合作的欲望。此时也有唯一的纳什均衡（不合作，合作）。

（2）若 $-p_2 > d - p_1 - ma_2$，同时有 $-p_2 > d - p_1 - ma_2 (1+\xi)$，即矿产资源开发利用企业 B 接受矿产资源开发利用企业 A 所提供副产品为原料时的收益太小，而导致矿产资源开发利用企业 B 选择从其他渠道采购原料，即矿产资源开发利用企业 B 具有不合作的欲望。那么：

若 $b + p_1 - ma_1 (1+\xi) > -f$，同时有 $b + p_1 - ma_1 > -f$，则矿产资源开发利用企业 A 提供副产品给企业 B 有利可图，即矿产资源开发利用企业 A 具有合作的欲望。此时有唯一的纳什均衡（合作，不合作）。

若 $b + p_1 - ma_1 < -f$，同时有 $b + p_1 - ma_1 (1+\xi) < -f$，即矿产资源开发利用企业 A 提供副产品给企业 B 无利可图，即矿产资源开发利用企业 A 具有不合作的欲望。此时也有唯一的纳什均衡（不合作，不合作）。

（3）若 $d - p_1 - ma_2 (1+\xi) < -p_2 < -d - p_1 - ma_2$；且 $b + p_1 - ma_1 (1+\xi) < -f < b + p_1 - ma_1$；由于没有占优策略，此时没有纯战略纳什均衡的稳定解，只能考虑混合策略。

3. 政府参与背景下矿产资源开发利用企业间利益博弈模型的混合策略分析

设矿产资源开发利用企业 A 选择合作的概率为 q_1g，则其选择不合作（直接处理）的概率为 $1-q_1g$；设矿产资源开发利用企业 B 选择合作的概率为 q_2g，则其选择不合作的概率为 $1-q_2g$。

表 8-14 政府参与背景下矿产资源开发利用企业间的利益博弈混合策略模型

政府参与背景下矿产资源开发利用企业之间的利益博弈混合策略		矿产资源开发利用企业 B	
		合作（q_2g）	不合作（$1-q_2g$）
矿产资源开发利用企业 A	合作（q_1g）	($b+p_1-ma_1$, $d-p_1-ma_2$)	[$b+p_1-ma_1(1+\xi)$, $-p_2$]
	不合作（直接处理）（$1-q_1g$）	[$-f$, $d-p_1-ma_2(1+\xi)$]	($-f$, $-p_2$)

(1) 矿产资源开发利用企业 A 的策略分析（见表 8-14）。

合作时，$A_1g_1 = q_2g(b+p_1-ma_1) + (1-q_2g)[b+p_1-ma_1(1+\xi)]$

不合作时，$A_1g_1 = q_2g(-f) + (1-q_2g)(-f) = -f$

由 $A_1g_1 = A_1g_2$，企业 A 处于合作与不合作之临界状态，得：当 $q_2g \geq (ma_1+ma_1\xi-b-f-p_1)/ma_1\xi$ 时，矿产资源开发利用企业 A 会选择合作策略。

(2) 矿产资源开发利用企业 B 的策略分析。

合作时，$BIg_1 = q_1g(d-p_1-ma_2) + (1-q_1g)[d-p_1-ma_2(1+\xi)]$

不合作时，$BIg_2 = q_1g(-p_2) + (1-q_1g)(-p_2) = -p_2$

由 $BIg_1 = BIg_2$，企业 B 处于合作与不合作之临界状态，得：当 $q_1g \geq (p_1+ma_2+ma_2\xi-d-p_2)/ma_2\xi$ 时，矿产资源开发利用企业 B 会选择合作策略。

（三）结论及政策取向

1. 政府参与矿产资源开发利用企业间利益博弈的作用结论

当政府没有参与到矿产资源开发利用企业间的利益博弈时，矿产资源开发利用企业 A 和企业 B 的均衡策略分别为：

$q_1 = (p_1+ma_2+ma_2\xi-p_2)/ma_2\xi$；$q_2 = (ma_1+ma_1\xi-p_1-f)/ma_1\xi$；

当政府参与到矿产资源开发利用企业间的利益博弈时，矿产资源开发利用企业 A 和企业 B 的均衡策略分别为：

$q_1g = (p_1+ma_2+ma_2\xi-d-p_2)/ma_2\xi$；$q_2g = (ma_1+ma_1\xi-b-f-p_1)/ma_1\xi$；

可发现：$q_1 > q_1g$；$q_2 > q_2g$。这说明：

在政府参与到矿产资源开发利用企业间利益博弈的情况下，政府通过政策对矿产资源开发利用企业利益结构的改变，矫正了矿产资源开发利用企业的行为取向；矿产资源开发利用企业 A 和企业 B 之间采取合作策略的区间加大了；通过矿产资源开发利用企业间的利益合作，污染和资源浪费问题发生的可能性会降低。

2. 政策取向

鉴于政府行为可以改变矿产资源开发利用企业间的利益博弈状况，因而，应规范政府行为，推进政企分开，发挥政府对矿产资源开发利用企业的监督、规范和引导作用，使矿产资源开发利用企业间的利益博弈态势向着矿产资源开发利用利益和谐发展的方向推进，向着政府与矿产资源开发利用企业、矿产资源开发利用企业间的利益分割最优状态逼近。

（1）要通过加强法制推进，引导政企分开。稳定而权威的法律环境是资源开发高效运作最基本的保障。政企分开需要法律手段来维护，通过立法形式转变政府职能部门对矿产资源开发利用企业人、财、物的直接干涉权，要科学、彻底地解决政企不分及由此引发的诸多矿产资源开发利用企业间的利益博弈行为问题。

（2）以产权制度为抓手，构建矿产资源开发利用企业产权法人化的制度。产权的强调意味着让法人财产权真正进入矿产资源开发利用企业，实现出资人所有权与法人财产权的分离，为矿产资源开发利用企业进入资源开发市场提供必要的前提，为矿产资源开发利用企业利益独立、利益激励创造基础，从而为政企分开提供产权制度保障，为政府通过政策引导矿产资源开发利用企业间的利益博弈态势创造基础条件。要按照国家统一所有、政府分级管理、矿产资源开发利用企业自主经营的基本方向来理顺产权关系，确立矿产资源开发利用企业竞争机制，完善矿产资源开发利用企业激励约束机制，提高矿产资源开发利用企业家自身素质。

（3）加强政府机构及配套设施改革。这是建立以市场调节为基础的资源开发体制的需要，也是政府参与调节矿产资源开发利用企业行为、提升行政效率的重大措施。政府职能应尽快向规范化的间接管理转变，当好"守夜人"的角色，为矿产资源开发利用企业的自由经营、通过利益博弈获得利润最大化，提供一个宽松而又安定的外部环境。

综上所述，政府和矿产资源开发利用企业在制定策略时，应多从对方利益的角度出发，换位思考；要以合理合法为基础，发挥政府宏观调控等政策对矿产资源开发利用企业行为的引导作用，促进矿产资源开发利用企业间的合作博弈朝政府和矿产资源开发利用企业利益多元化共赢的方向发展。

# 第九章
政府与矿产资源开发利用企业间博弈均衡发展的策略取向

在系统分析政府与矿产资源开发利用企业间利益博弈的行为偏好特征、基本互动博弈关系、主要博弈效应结果、博弈现状的深层动因、政府与矿产资源开发利用企业间的利益博弈机理、政府对多元矿产资源开发利用企业间利益博弈的制衡机理等基础上,本文提出矿产资源开发利用利益和谐均衡发展的针对性对策思路。主要有:完善矿产资源开发利用企业制度,规范资源开发行为选择。优化矿产资源开发利用企业行为选择的思路;完善矿产资源开发利用企业制度,规范资源开发行为选择;优化矿产资源开发利用企业行为选择的思路,完善矿产资源开发利用企业的内在行为激励;完善矿产资源开发利用企业的外部行为约束;强化矿产资源开发利用企业的生态环保行为规范;强化矿产资源开发利用企业的生产安全行为规范。完善地方政府职能,约束政府对矿产资源开发利用利益的调控行为。完善地方政府资源开发职能的目标取向;强化资源开发政策执行主体层面的行为约束;强化资源开发政策执行主体人格化层面的行为约束;强化资源开发政策执行过程中的公共利益维护;强化资源开发政策执行过程中的传播层面约束功能。

一 完善矿产资源开发利用企业制度,规范资源开发行为选择

(一) 优化矿产资源开发利用企业行为选择的思路

1. 明晰产权关系,提升矿产资源开发利用企业动力行为

分解和界定产权,明晰产权关系,完善矿产等物质资源开发权市场的

运行基础，既是矿产资源开发利用利益分配的基础，也是改变"资源无价"，提升矿产资源开发利用企业的动力行为，合理利用资源的关键。设置矿产等物质资源开发权制度的最终目的是通过资源开发权力结构的重组来降低或消除市场机制运行的社会成本、减少外部性，为矿产资源开发利用企业等利益相关主体提供安全保障，建立公平、公正的权利交换基础，维护资源开发的国家所有权和监管有序的开发秩序。所以，要建立以矿产等物质资源开发权主管部门为核心的权利配置体系，增加透明度；要规范政府行为，减少其他政府部门不必要的干扰，提升矿产资源开发利用企业的动力激励，提高矿产等物质资源开发权运行效率、资源开发要素的配置效率和促进开发利益的均衡发展。重点应放在矿产等物质资源开发权市场中介代理机构的建设和矿产等物质资源开发权市场运行的进一步规范上；要加快矿产等物质资源开发权市场体系的国际化建设，实现国内市场与国际市场的接轨。同时，放宽对矿产等物质资源开发权交易的限制，完善《资源法》以及《探矿权采矿权转让管理办法》中的条件约束，继续贯彻实行矿产等物质资源开发权有偿取得制度以及二级市场有偿转让制度。

2. 深化综合改制，提升矿产资源开发利用企业效率行为

要转变观念，提高矿产资源开发利用企业效率的意识。加强中国的矿情及相关法律、政策的宣传和教育，针对全民矿情意识差、违规开采严重的情况，促进其加深对资源综合利用、环境保护的认识，让全民了解中国的资源禀赋和开发情况，增强矿产资源开发利用企业合理利用的自觉性。加强政府宏观指导，完成矿产资源开发利用企业的相关体制和现代企业制度建设。加强矿产资源开发利用企业内部管理，进行技术革新，提升资源开发的工艺技能。

3. 建立抵押金制度，提升矿产资源开发利用企业责任行为

可借鉴美国、英国、德国的做法，建立生态补偿或生产安全保证金制度，所有矿产资源开发利用企业必须在缴纳一定数量保证金后才能取得采矿许可；保证金应根据每年生态损害或生产安全需要治理的成本加以征收，要能满足治理所需的全部费用。保证金可通过地方环境、生产安全或国土资源行政主管部门征收上缴国家，若矿产资源开发利用企业的开采行为未按规定履行生态补偿义务或生产安全承诺，政府可动用保证金进行治理。另外，政府也可以建立生态银行，设立矿产资源开发利用企业生态修复账户，实行专款专用，或委托其他生态公司予以完成。资源开发生态补偿标准应以生态环境修复的成本为依据确定，以达到保护和恢复生态环境的目的，保护矿产资源开发利用利益受损者的基本利益和符合补偿者的承受能力，具有可操作性。

4. 加强行业安全监管，引导矿产资源开发利用企业理性行为

首先，要加强对资源整合矿产资源开发利用企业的监督检查，重点查方案、查证照、查资源、查程序和查规模；加大对矿产资源开发利用企业水害等防治工作的检查，重点查责任制的落实、机构设置和人员配备、措施的制定和落实等。凡经发现不符合检查要求的，要立即限期改正；存在重大安全隐患的要立即责令停产整顿；存在违法违规行为的，要依法严肃查处。其次，切实提高技术管理水平，避免因地质灾害发生矿难，同时，要防止矿产资源开发利用企业超能力、超强度和超定员生产。再次，强化安全培训，提高工人的安全技术素质，加强工人的安全意识和自我保护能力。最后，通过法律规制的完善，加大资源开发行业的安全成本，提高行业的进入门槛，严格事前事后监督，杜绝矿难发生。

5. 加大矿产勘查力度，提升矿产资源开发利用企业可持续发展行为

要加速地质勘查与矿产资源开发体制的改革，建立勘查资金来源的市场化机制，开拓勘查投入新渠道，大幅度增加有效勘查投入，同时要加大资源开发结构调整力度，采取积极措施解决冶炼产能过剩问题。要建立公益性地质调查与商业性矿产勘查分体运行机制，整顿和规范资源勘查、开发秩序，结合资源整合，合理布局矿产资源开发规划。要加大有效勘查投入，提高工作区地质工作研究力度。

（二）完善矿产资源开发利用企业的内在行为激励

激励意味着当事人达到具有从事某种活动的内在推动力的一种状态，激励机制的本质是改变利益行为主体的机会成本结构，使个体努力与组织目标一致。约束是对机会主义行为倾向抑制性反应的产物，主要表现为制定限制机会主义行为的规则，监督规则的执行，并对可能发生的机会主义行为实行某种形式的惩罚。所以，约束机制的实质是一种加大成本的惩罚机制。因此，建立合理的矿产资源开发利用企业内部制度安排，尤其是激励约束机制的建立，在于规范矿产资源开发利用企业的行为选择，促进行为自律。

1. 促进矿产资源开发利用企业加快建立现代企业制度

构建"产权清晰、权责明确、政企分开、管理科学"的现代企业制度，通过制度规范矿产资源开发利用企业的行为选择，使管理者真正立足长远谋划发展。只有这样，矿产资源开发利用企业的行为选择才会既有压力又有动力，保障产权主体的合法权益；促进资源开发要素的优化配置；规范矿产资源开发利用企业的市场交易行为，有助于解决资源开发的外部性问题。

首先，按现代企业制度要求，改革矿产资源开发利用企业管理体制。适时完善矿产资源开发利用企业产权和组织制度改革，促进股份制转变和完善，发挥现代企业制度的优势，更好地调动员工的积极性、创造性，尤其是经营、管理者的内在动力，为矿产资源开发利用企业的发展提供更大的内在激励。随着经济体制的转型，矿产资源开发利用企业应参照国际、国内著名大型矿产资源开发利用企业的开发经验，依托矿产资源开发利用企业发展的成功经验，建立起指挥系统更加高效，责、权、利更紧密、更明确，各个层次的管理者、劳动者更有积极性和主动性的现代管理体制，由经验管理转变为更多地依靠严格的制度化管理促进矿产资源开发利用企业发展。

其次，狠抓技术创新，加快矿产资源开发利用企业研发运作。科技进步已成为国家、地区经济发展，资源开发档次提升的主导因素，技术创新已成为矿产资源开发利用企业生存发展的生命线。应加大矿产资源开发利用企业的科技创新投入，促进由技术含量低的原材料资源性产品向技术含量较高的深加工资源性产品转变，促进由传统资源性产品向高技术资源性产品的转变。

最后，要抓紧人才、智力的引进与培养。人才、智力是矿产资源开发利用企业一切经营、开发活动成败的关键，人才的引进与培养也是现代矿产资源开发利用企业制度的重要内容之一。善于发现、培养矿产资源开发利用企业内部的人才,为可用、可造之才创造进修提高和成才的机会;采取切实有效的培训措施,提高矿产资源开发利用企业职工的整体素质;制定一系列优惠政策,引进高层次资源开发技术创新和管理人才;善于借助外在的人才、智力,"不求所有,但求所用"。

2. 完善矿产资源开发利用企业的激励措施体系,调动员工积极性

矿产资源开发利用企业的发展需要员工的支持。员工决不仅仅是一种工具或要素,其主动性、积极性和创造性将对矿产资源开发利用企业的生存发展产生巨大作用。要建立有效的激励机制,通过奖励制度的设计、职位序列的设计、员工培训开发方案的设计、员工参与和沟通等激励方法的设计,提高员工积极性、主动性。薪酬体系要做到内部公平、公正,并与外部市场薪酬水平相吻合,避免员工产生不满情绪、消极怠工,甚至造成人才流失。把员工持股制度作为一项薪酬激励机制。要努力满足员工的各项需求,通过提供稳定可靠的就业,满足员工的生活需求和安全感;通过尊重激励、参与激励、工作激励、培训和发展机会激励、荣誉和提升激励等使员工产生归属感,增强矿产资源开发利用企业的凝聚力;通过有意识的建立共同的价值观、职业道德观,加强人力资源管理,建立优秀的矿产资源开发利用企业文化。总之,要制定出合理的激励制度,通过竞争机制、岗位制度、目标激励,有效调动员工的积极性和主动性。

(三) 完善矿产资源开发利用企业的外部行为约束

1. 强化矿产资源开发利用企业的市场准入资格审查

严格矿产资源开发利用企业准入条件,加大对非法矿产资源开发利用企业进入资格审查力度,强化矿产资源开发利用企业淘汰机制。认真贯彻执行国家颁发的《矿产资源开发利用企业安全生产基本条件规定》,逐条对照,凡有一项不合格,必须强制关闭;凡已关闭的矿产资源开发利用企业不允许死灰复燃;不具备安全生产条件,尤其是没有按规定办理安全生产许可证的矿产资源开发利用企业,要清理出资源开发行业,杜绝非法矿产资源开发利用企业的存在。加大对矿产资源开发利用企业相关重要负责人员的资格审查,各负责人均必须达到一定的资格标准才能兼任相关职

务，提高任职人员的素质水平。

2. 提高矿产资源开发利用企业非法经营的风险成本，降低预期利润

加大对矿产资源开发利用企业非法开采的处罚力度，提高矿产资源开发利用企业的违规成本，有效抑制非法开采现象的发生。过去矿产资源开发利用企业违规，即使在出人命的情况下，伤亡一人往往只需赔上几万元就能摆平，这对于每年盈利上百万的矿产资源开发利用企业大老板来说不足为惧。正是由于过去违规成本太低，才会造成矿产资源非法开采现象十分猖獗。要加大矿产资源开发利用事故发生的赔偿额，同时加大罚款、没收非法所得，考虑根据《安全生产法》并处以1倍至5倍的罚款，甚至更高。促进矿产资源开发利用企业注重加强安全投入，重视矿产资源开发利用企业行为选择的合法性，形成根本"不敢出事故，出不起事故，出不了事故"的责任意识，警钟长鸣，使冒险经营非法矿产资源开发的可能性大大降低。

3. 规制寻租行为，抑制"官股"现象

地方政府出于自身各种利益的考虑，对矿产资源开发利用企业的监管责任行为很容易出现懈怠，随意关停矿产资源开发利用企业会直接影响地方财政收入和本地区的 GDP 水平，每个地区都怕自己行动而别的地区不行动，从而让其他地区得到狂热开发资源的好处；当很多地区都做如此盘算时，合成谬误就发生了，个体理性叠加在一起就成了集体、社会的非理性。此外，在政府官员监督体系还不完善的情况下，部分负有监管责任的官员由于追求私利而被矿产资源开发利用企业顺利"俘虏"，并参与矿产资源开发利用企业利润的分享，使政府监督成为追求利润的一种手段，导致"合谋"，甚至地方政府在矿难发生后还与矿产资源开发利用企业经营者"合作"隐瞒矿难伤亡状况。为此，应加大对政府执法人员执法不力的惩罚力度，规制寻租行为，确保政府监督部门执法的严肃性。应加大对监管部门在技术、人力、装备、资金等方面的政府投入，保证监管部门有效地打击非法矿产资源开发利用企业。应继续完善资源开发责任追究制度，严厉整治政府执法队伍中的各种失职渎职、执法不力行为。

（四）强化矿产资源开发利用企业的生态环保行为规范

1. 调整矿产资源开发利用企业生态环境行为的法律保护制度

（1）加强资源开发的环境保护立法。立法是加强环境管理的基础和依据。完善资源开发生态环境保护立法是调整矿产资源开发利用企业生态环境行为的前提条件。要从法律约束上指导环境保护与矿产资源开发利用的利益矛盾和冲突。

（2）确立完善资源开发环境听证制度。环境听证制度的论证、辩论等形式，作为公众参与原则的具体化和程序化的具体体现，可保障环境相对利益主体的合法权益，同时可控制、限制环境权力的滥用，避免因权力滥用或机关不作为而给环境相对利益主体带来不公正的影响。同时可使环境决策以充分、全面的信息为基础而做出，保证其最终决定的正确性；减少环境机关自行调查的时间、降低成本，提高环境决策的效率。

2. 完善矿产资源开发利用企业外部环境保护机制

（1）明确矿产等物质资源开发权属制度。良好的产权制度是资源开发环境保护的基础。应完善中国资源的所有权和使用权制度，建立资源产权制度运作机制。国内外经验表明，良好的产权制度可明确矿产等物质资源开发权主体，明晰权利与责任的归属，有利于资源的有效利用；更重要的是界定各主体在矿产资源开发利用中的损益，确立补偿和环境治理的机制，减少资源开发过程中的负外部性，使原来由矿区或社会承担的环境污染和破坏的成本内部化，促进矿产资源开发利用企业提高治理污染和恢复环境的意识和能力，将环境治理费用纳入矿产资源开发利用企业的成本会计核算，改变从前由矿产资源开发利用企业享受开发收益而由矿区和全社会承担损失的不良后果，有效遏制环境污染与破坏。

（2）完善矿产资源开发利用企业环境恢复保证金制度。要明确对矿产资源开发利用企业环境恢复治理而设计的保证金的收取依据。依据1995年的《担保法》，一旦矿产资源开发利用企业没有履行其应尽的义务，没有恢复治理或者恢复治理不达标，就可以启动矿产资源开发利用企业缴纳的保证金来开展环境恢复治理。如果矿产资源开发利用企业较好地完成了环境恢复，那么缴纳的保证金将在规定的时限内连本带息全部返还。根据《土地复垦规定》的"谁破坏，谁复垦"的原则，在资源开发中造成的土地破坏，需要相关的矿产资源开发利用企业等出资复垦。保证金的收缴标准，既要根据操作比较简便的矿区面积测量结果来确定，又要体现不同矿种及其开采造成的环境破坏程度，并考虑矿种、开采方式和地质、地貌、水文、植被等资源开发禀赋条件。

（3）健全矿产资源开发利用企业环境容量许可证制度。有关主管部门应向勘探开采资源的矿产资源开发利用企业颁发探矿许可证、采矿许可证，以防止环境破坏，保护自然资源；而排污收费的制度并没有对矿产资源开发利用企业在勘探、开采过程中产生、排放的污染物要求事先申报排污量，因此，要根据环境容量确定矿产资源开发利用企业的排污量并发给许可证监管。

3. 完善矿产资源开发利用企业自身环保机制

改善资源开发的生态环保，应从每个矿产资源开发利用企业做起，在矿产资源开发利用企业内部建立环境目标评估程序和决策模式，鼓励矿产资源开发利用企业对自身环保行为的评价和反思，督促矿产资源开发利用企业本着资源开发要素优化配置的原则，对矿产资源开发利用企业造成的生态环境问题进行治理和整治。可借鉴澳大利亚矿产资源开发利用企业的做法，建立矿产资源开发利用企业环境管理系统，由管理层对矿产资源开发利用企业导致的生态环境管理做出全面承诺，并把环境管理承诺综合到组织战略和日常规划及运作中。从矿区勘探阶段、矿产资源开发利用企业建设可行性研究阶段、规划阶段、开发运作阶段，直至闭坑后整个矿产资源开发利用企业开发全过程的环境监督管理，都被纳入矿产资源开发利用企业自身的"环境管理系统"中，使矿产资源开发利用企业的开发利用达到经济效益、社会效益、资源效益和环境效益的最佳统一。

（五）强化矿产资源开发利用企业的生产安全行为规范

1. 加大中央对地方政府规制矿产资源开发利用企业安全的监督

为减少矿产资源开发利用企业事故的发生率，除中央加强对地方政府的监督处罚力度外，还应设立行之有效的激励措施，使中央与地方政府间的利益一致性增强。

（1）改革矿产资源开发利用制度。科斯第二定理说明，如果交易费用大于零，不同的产权界定将会导致不同的资源配置效率。中国资源的所有权虽属于国家，但为了降低交易费用，国家将资源使用权等以法律形式分配给各级地方政府，地方政府作为国家代理人全权掌握着资源开发管理。但政府的目标函数是复杂的，产权界定可能导致寻租和地方保护主义，使地方政府规制矿产资源开发利用企业安全的行为流于形式。要推行资源开发生产有偿使用制度，通过资源开发的公开拍卖，创建公开、平等、竞争、择优的市场环境和良好的规制环境，削减地方政府寻租的概率，促进地方政府更好地落实矿产资源开发利用企业安全规制政策。

（2）改革矿产资源开发利用企业财税制度，改善中央和各级政府之间的激励相容。资源开发过程中的资源税和增值税等，划归地方的部分是地方政府财政收入的主要来源，也是地方政府与中央进行资源开发相关博弈的利益起因。通过矿产资源开发利用企业财税政策调整，政府间利益分享问题更好地解决了，政府行为也得以调整，推动矿产资源开发利用企业安全规制新机制的形成。

2. 打破地方政府与矿产资源开发利用企业间的利益关系怪圈

地方政府的监督力度不够必然导致矿产资源开发利用企业减少本应进行的安全生产投入，获取更多的利润，并对地方政府寻租的能力会越来越强，形成恶性循环的怪圈。

（1）加强对矿产资源开发利用企业安全生产的规制，保证规制机构和人员的独立性。要减少地方政府、安全规制机构和人员与矿产资源开发利用企业间的利益寻租和勾结，从制度上治理国家公务人员的腐败行为；同时治理政府政策和市场双重失灵，确保矿产资源开发利用企业安全规制效果，独立性是基础。

（2）改变矿产资源开发利用企业的税费结构。重新确定矿产资源开发利用企业的收益与安全资金投入比例，使矿产资源开发利用企业达到稳定的安全资金投入。一般来讲，矿产资源开发利用企业仅获取正常利润，寻租能力会随之减弱；地方政府在没有租金的引诱下，会更好行使其本应行使的职责，达到降低矿产资源开发利用企业事故发生率的目的。

（3）建立矿产资源开发利用企业安全生产基金。安全费用作为矿产资源开发利用企业提前按照一定标准预留的资金，并在生产后的利润积累中计提,进行专户存储,对于安全状态良好的矿产资源开发利用企业,能按一定比例逐年返还;而对于发生安全事故的矿产资源开发利用企业,可将安全生产基金直接用于事故救助。通过安全基金制度的建立政府可以筹集较多资金用于防范矿产资源开发利用企业安全风险,提高地方政府督管的约束力,提升矿产资源开发利用企业的安全生产隐患排查意识,预防或减少安全事故发生。

3. 加强工人工会组织建设,增强工人集体谈判力量

加强工人工会组织建设,增强工人集体谈判力量,建立完善工人社会保障体系。当社会存在大量剩余劳动力时,工资补偿对矿产资源开发利用企业安全的调节机制将不再发挥作用。因为在既定工资水平下,无数剩余劳动力在等待就业,迫使工人对工资和安全水平的选择转变为对就业和失业的选择。所以,安全规制就成为保障工人安全的基本手段,需要增强工人的博弈能力,需要加强工人工会的组织建设,增强工人集体谈判的力量。从长远来讲更需要加强社会保障体系建设,使工人的基本生活得到保障,相当于间接地帮助和提升工人维护其自身利益的能力,最终降低矿产资源开发利用企业事故的发生率。

4. 加强社会各界的安全监督,减少信息不对称和信息租金

加强社会各界的安全监督,减少信息不对称和信息租金,提高矿产资源开发利用企业安全规制效率,政府可以运用建立举报制度等多种手段,对于举报非法生产、违法违规生产、隐瞒事故等行为予以奖励,发挥社会和媒体对矿产资源开发利用企业安全生产的监督作用,在强化矿产资源开发利用企业内部约束的同时,实现多个利益主体对矿产资源开发利用企业生产安全的监督,减少中央与地方政府、地方政府与矿产资源开发利用企业间的信息不对称,提高矿产资源开发利用企业安全规制的效率,促使约束机制由政府外部约束向矿产资源开发利用企业内部约束转变,减少矿产资源开发利用企业生产事故的发生。

二 完善地方政府职能,约束政府对矿产资源开发利用利益的调控行为

(一)完善地方政府资源开发职能的目标取向

中国的改革开放以及全球化和地方化,使地方政府被推向资源开发的

前沿，地方之间的竞争加剧和升级，使得资源开发的决定性要素愈易通过"用脚投票"的方式检验地方政府的服务质量，也使得地方政府的矿产资源开发利用利益结构日益复杂，需要调整地方政府的矿产资源开发利用利益目标导向和可持续发展战略管理能力，促进矿产资源开发利用利益的均衡发展。

1. 明确定位地方政府的资源开发管理职能

（1）担负地方资源开发的调控职能。作为中央管理地方资源开发的代理机构，地方政府担负着所在地资源开发的调控职能，具体体现在：一是承接上级政府的资源开发调控任务。包括保证上级调控目标的实现，制定相应的地方政策，协调上级政策与地方政策的贯彻落实。二是引导地方资源开发的健康运行。包括研究和制定地方战略，编制和实施有关规划，合理调控开发速度，调整和优化结构。三是调节资源开发的利益分配，维护利益均衡发展和社会公平。

（2）提供地区矿产资源开发利用利益发展所需的制度基础。矿产资源开发利用利益分割中存在着多重角色冲突与利益矛盾，地方政府承载着协调平衡的制度基础。一是资源开发要素市场体系的培育、规则完善和开发秩序维护。通过制定地区性法规与政策等手段，营造规范、竞争、有序的资源开发市场条件。二是培育地区资源开发的多种利益主体，为利益主体与中介组织的发展提供良好的政策支持。通过理顺政府与矿产资源开发利用企业、政府与工人、政府与矿区等互动关系，形成矿产资源开发利用利益各相关主体间的适当分工、密切合作的伙伴关系，实现资源开发责任承担和利益共享。

（3）提供所在地区资源开发所需的公共产品与服务。由于矿产资源开发所必需的基础设施等地方公共产品具有投资周期长、资金回收慢、社会效益大于经济效益，且在利用上具有非竞争性等特点，必须由地方政府来供给。同时，在信息不对称的情况下，与中央相比，地方政府更接近信息源，相互竞争的地方政府能更好地提供地方资源开发所需的公共产品。

（4）加强地方资源开发生态环境的保护和建设。资源开发易导致外部自然条件恶劣、生态环境脆弱，植被减少与严重水土流失等严重后果，要求地方政府应搞好生态环境的保护和建设，牢固树立生态环保和可持续发展的观念，做好资源开发统筹规划，通过解决好机制创新和后续产业发展问题，切实加强本地区的生态资源保护。

（5）建立国外、省外和域外投资准入机制，给各类矿产资源开发利用企业平等的地位和宽松的发展环境。地方政府必须推行行政管理制度改革，规范行政审批制度，建立国外、省外和域外投资准入机制，通过规范或准入规则，完善各类矿产资源开发利用企业所有制的资本准入大门，形成本地资源合理开发和综合利用的开放式运行新模式。

（6）分清政府与市场的边界，消除地方政府过分干预资源开发的影子。地方政府必须建立科学的发展观和政绩观，管理区域资源开发应以经济手段为主，行政干预为辅。地方政府应和中央统一认识，减少不必要的行政干预，消除地方政府主导资源开发要素配置的影子，还以市场经济本色；同时，规范税收减免，提高协调能力，支持和推动矿产资源开发利用利益内在机制的生成与发育。

2. 完善设定地方政府矿产资源开发利用利益发展的治理目标

地方矿产资源开发利用利益治理的重要目标取向在于塑造对相关利益主体负责、履行资源开发公共责任的地方政府治理体系。

（1）利益相关主体与矿区公民社会的发展。作为地方治理能够存在和发展的基础，以及地方治理实践成效的外在标识，利益相关主体与矿区公民社会发展的成熟度是制约矿产资源开发利用利益失衡的重要原因，易导致弱势矿产资源开发利用利益相关主体的行为诉求被忽视。

（2）利益相关主体治理参与机制的创新推进。矿产资源开发利用利益相关主体参与地方治理实践，是追求矿产资源开发利用利益均衡、实现和谐共赢目标和检验地方治理水平的重要标志。矿产资源开发利用利益相关主体通过公共参与对政治系统的代表性和回应能力的提高，增进与政府间的互相了解和信任，消除疏离感，可促进政府制定和执行资源开发政策的合法化，发展矿区居民、工人等行为个体的思想感情与行动力量，引导和促进矿产资源开发利用利益均衡发展。

（3）地方政府管理资源开发的能力、方式和效率的提升。地方政府管理资源开发的责任性主要体现在回应性和有效性。前者意味着地方政府对矿产资源开发利用利益相关主体多样化需求的及时反应与满足能力，对资源开发重大突发事件的预测、预警、防范、处置和修复能力；后者意味着地方政府的资源开发管理效率，包括管理机构合理设置，管理程序科学，管理活动灵活以及最大限度地降低管理成本等。

3. 规范地方政府的矿产资源开发利用利益行为

促进地区资源的可持续开发利用，保障国家经济发展的资源供给是地方和中央的共同利益目标，但由于理性行为特征，使得地方政府在地质找矿、矿产等物质资源开发权市场建设、矿产资源开发利用等方面都存在绕不开的利益问题；地方政府会根据自身利益需要与中央政府展开博弈，国家的资源开发管理政策到地方会遇到各级地方政府的"偏好"调整，因此，需规范地方政府的矿产资源开发利用利益行为。

（1）地方利益在矿产资源开发利用中的表现特点。一是分割权力。地方政府面对矿产资源开发利用中的探矿权、采矿权带来的丰厚收益，会通过种种方式控制矿权，使其收益留在地方；越是基层政府这种想法越强烈，特别是在矿产资源开发为其主导产业的地方。一些地方政府甚至乡镇设置了资源开发管理委员会或管理领导小组等非正式管理机构，对辖区内资源的勘探、采掘进行管理，有关探矿、采矿的年检等事务都要先经过这些委员会或领导小组的批准。这种对资源开发权力的实际控制，使得每级地方政府都会抱怨下级政府分割权力。

二是设置土政策，利益短期化。由于资源开发分级管理的限制，省以下地方政府可对探矿权的申请、年审、勘查作业设置土政策，如向矿产资源开发利用企业收取安全、投资、生态环境等保证金，大大增加了探矿权的获得成本；同时，这些保证金并没有相应专门账户管理，常常作为地方政府的收入而挪作他用，到时政府会以投资不到位、环境恢复不彻底而不归还。有的地方政府可对原"招拍挂"取得的探矿权以年审不合格为由，不再延续，无偿或低价收回，即使原权利人不交回，相关的工作也无法进行下去；被收回的探矿权不久后可被二次招拍挂，再次获得出让金。

三是地方保护。一些地方政府实行"肥水不流外人田"的策略，帮助地方所属矿产资源开发利用企业垄断辖区内的资源开发；有的地方政府成立自己的矿产资源开发基金，辖区的资源开发全部由自己的基金来做，导致政府行为企业化。

（2）地方利益对资源开发的影响。一是矿产资源开发利用利益非均衡发展。鉴于各级政府组织要完成本辖区内的经济社会管理任务，履行其管理职能，需要有充足的财政收入作为支撑，并由 GDP 来评价政治绩效和实现个体利益，使得地方政府竭尽所能追求能提高资源开发对 GDP 贡献度的方法，一些矿产资源开发利用企业也在影响政府的行为选择。因此，资源开发常常伴随着政府行为企业化、利益短期化，使得矿产资源开发权力的市场化配置建设受到重大影响，不利于资源的合理开发利用，导致资源的重大浪费、环境的不断恶化和安全事故的接连发生。

二是地方利益在某些资源开发管理机制不完善的矛盾中被放大。现行的资源开发权力运作管理中，资源开发的登记与管理相脱节，在加强对资源开发集中管理的同时，又加大了地方政府和中央之间的宏观调控矛盾。资源开发登记主要在省部两级，意味着资源开发的财产管理权主要在省部两级，但资源开发的日常监管、探查和开采过程事务协调等工作实际在地市、县的行政辖区内进行，使得省部级管理的资源开发权力市场化配置在地市、县受阻，基层地方政府可通过自己的土政策以及地方保护，阻碍资源开发权力的市场化运作，扰乱资源开发的市场秩序，使审批登记的资源开发权力不能实际行使。

三是从 1994 开始的分税制改革的不完善会加重基层地方政府控制资源开发权力的利益驱动。尽管分税制初步理顺了中央与地方之间（主要是中央与省级之间）的财力分配关系，而省以下财权与事权的划分出现了相背离的局面。省以下政府层层向上集中资金，基本事权却有所下移，特别是县、乡两级政府，在很大程度上加剧了基层政府财政困难。尽管现行分税制财政体制下，除海洋石油资源税外，其余所有资源税收入均归地方政府所有，但央企、地方企业税利上缴的区别，使得地方政府"理性"地偏好地方矿产资源开发利用企业，制定土政策促进资源开发的地方保护。

四是现行的 GDP 政绩评价指标体制助长地方矿产资源开发利用利益的膨胀。因为充分开发资源是实现财富增长的有效途径之一，而当年国民收入增长的政绩中，不但没有扣除自然资源的成本投入，反而将这种成本作为一种收入，是不需要成本投入的净收入，这样只会误导地方多开发多收益。

（3）规范地方矿产资源开发利用利益的原则。中国现行的《资源法》第三条明确规定"资源属于国家所有"，"地表或者地下的资源的国家所有权，不因其所依附的土地所有权或者使用权的不同而改变"。《宪法》也明确规定资源属于国家所有。同时，对资源开发的收益分割，包括国家投资形成的矿产等物质资源开发权出让价款、资源补偿费、资源税等，都向地方财政倾斜。比如1994年税制改革时，中央政府考虑到中国的资源大多分布在欠发达地区，因此把资源税划为地方税种。矿产资源开发利用利益向地方倾斜，在补偿生产区利益后，要使全体公民利益均沾，公平分配是被普遍接受的观点。所以，原则一要求，既然资源属于可耗竭的财富，那么只有把资源开发收益归到为耗竭而承受社会经济负担的那级政府才是公平的；原则二要求，只有当提供基础设施和为生态环境损失方面承担开采代价的那些利益主体获得矿产资源开发利用利益补偿时，公平才能体现出来，即资源的收益要与其成本补偿相适应。所以，地方政府在获得矿产资源开发利用利益的同时，要承担相应的生态环境补偿成本。如果地方政府仅仅是增加了收益分配，而没有承担相应的责任，就会使地方全面快速、不计后果地开发利用资源，获得财富，取得政绩。

（4）规范地方矿产资源开发利用利益的行为取向。一是明确地方收益和地方应承担相应的补偿成本，这点应成为规范地方矿产资源开发利用利益的法律基础。应当承认地方利益的合法性、合理性，应制定地方矿产资源开发利用规划，完善资源管理体制；建立有效的地方利益表达机制，肯定地方政府在矿产资源开发利用中的作用。以法律手段界定地方权力的范围及其运行模式，以保障地方利益的合法性、正当性，使地方政府的资源开发责任与权利相适应，明确矿产资源开发利用的问责制度。

二是利益共享是规范地方矿产资源开发利用利益的重要途径。要在规范地方矿产资源开发利用利益方面进行有益的探索，包括在整合地方矿产资源开发利用企业时，协调税收的分配，构建矿产资源开发利用利益共享和惠民利民长效机制；在农村集体经济组织，可将资源开发项目区内的集体土地使用权、林木等作价入股，参与矿产资源开发利用利益分配；基层政府所得利益分成原则上应将不低于50%的收益用于改善矿区的生产生活条件和解决其长远生计；矿产资源开发利用企业要优先安排符合条件的当地劳动力就业；矿产资源开发利用利益转化可实行"飞地经济"模式，即非本地的矿产资源开发利用企业上缴的增值税、所得税部分，资源输出地可参与分享。

三是通过规划调整共同利益，强化战略目标管理，是规范地方矿产资源开发利用利益的重要手段。促进地方资源的可持续开发利用，保障国家经济发展的资源供给是地方和中央政府共同的利益。须先通过规划协调，达成一致的战略管理目标。把规划作为优化资源开发管理的重要手段，使其体系不断深入且系统化，调整基层地方利益。应根据国家和省的发展政策、地方经济社会发展规划以及市场供需状况，按照资源开发规划及专项规划，既给予地方政府相应的决策权，又有利于省政府的宏观控制。

四是限定地方资源开发收益的使用范围，是规范地方利益的重要内容。尽管国家在逐步明确地方政府资源开发收益的分配比例，但对所获得的收益使用基本没有范围限定，也缺少相应的财政监管，特别是近年来收取的矿产等物质资源开发权出让金的使用。在美国，《1920年矿产租赁法令》规定了红利、年地租和权利金的使用范围：10%交联邦财政用于各项开支；52.5%作为复垦基金；37.5%由联邦财政部分配给所有的州、郡政府，明确作为公路建设、维修和支持公立学校教育的费用。[①]

4. 完善中央与地方政府间资源开发的区域管理模式

中央具有宏观调控权，在对区域资源开发行使调控权与管理权过程中，与地方政府应明确界定管辖权限，在各自的领域和范围内发挥作用。一般而言，对于一些跨省的、需要全国做出统一规定的资源开发事务，由中央负责解决；而对于省内及以下的一些事务则由地方各级政府根据中央的有关资源开发政策创造性地加以解决。为此，需将资源开发调控系统的诸多环节加以调整或改造，使地方政府资源开发管理所必须具有的信息搜集、整理、加工系统，成为资源开发战略和中长期计划的制订和实施系统。同时，在中央的统一领导下，以充分发挥地方政府的积极性，合理确

---

① 王峰：《浅析矿产资源开发中的地方利益规范》，国土资源网（2009年6月12日），http://www.clr.cn/front/read/read.asp?ID=160128。

定中央与地方政府间的资源开发职能分工为原则,可将地方政府资源开发管理体制的主要内容界定为:一是根据国家的资源开发战略目标,确定地方的阶段目标,编制中长期规划,落实阶段性预定目标。二是贯彻执行中央政策,落实中央对地方资源开发的调节措施。有针对性地运用经济杠杆、法律手段和辅之必要的行政措施,使本地资源开发良性循环发展,避免大起大落。三是建立资源开发的监测、预警、反馈信息系统。掌握运行情况、跟踪监测,提前预测,及时提出资源开发管理措施。四是在区域资源开发中,对出现的一些带根本性、地区性的问题,加强协调。

(二) 强化资源开发政策执行主体层面的行为约束

资源开发政策执行中,不同层级政府之间的利益矛盾冲突无疑是客观存在的。要整合府际利益关系,承认博弈局中人之间的利益差别,强化资源开发政策执行主体层面的行为约束,寻找利益均衡点,使之成为促进矿产资源开发利用利益最大化的内在驱动,形成利益共同发展的局面。

1. 完善地方政府执行中央资源开发政策的制度框架

地方政府执行中央资源开发政策,既应体现全局利益的统一性,又兼顾局部利益的灵活性。不允许存在损害国家资源开发整体利益的地方利益,但整体利益也应适当照顾地方利益;只有地方政府行为规范、中央的决策合理,才可能使双方的利益目标趋于一致,最终形成整体利益与地方利益的双赢。地方政府执行中央的资源开发政策,应当坚持有利于矿产资源开发利用利益均衡发展的方向,加强中央的宏观调控能力,并根据矿产资源开发利用利益的战略需要、政治发展要求准确把握向地方分权、放权的"度",逐渐实现中央与地方在权力设置上的"集分平衡",达到矿产资源开发利用利益的共赢。

(1) 按照利益共赢原则确定中央和地方间的资源开发权利义务关系制度框架。鉴于中央常常要与众多的地方政府通过谈判来确定资源开发的权利义务关系,存在着高额谈判成本的可能;而且中央与地方的谈判具有示范效应,一旦中央在与某个地方政府的谈判中承诺了更多要价,则其他地方政府必然会跟随效仿。因此,中央和地方间的资源开发权利义务划分需受制于基于利益共赢的制度框架,若没有具有稳定性的制度框架依靠,双边谈判将造成地方政策的不稳定性，可能发生中央政策权力的收回，或地方政府不遗余力地使用对自身有力的政策措施，酿成恶果。

（2）依托市场行为取向科学划分和确定地方与中央间的资源开发事权关系制度框架。根据中央与地方政府在资源开发管理中的地位和作用，科学划分二者间的资源开发事权，从法律上规定二者的资源开发管理范围和相应权力。凡关系国家整体矿产资源开发利用利益、全局利益的事务，如矿产出口和国际开发合作、生态环保、区域利益转移平衡等，应由中央处理。凡关系地方局部利益和地方自主性、地方自主发展的资源开发事务归地方处理。逐步建立起既能发挥中央调控职能又能增强地方活力的事权关系体系。鉴于合理的制度安排有助于降低系统内的交易成本，《宪法》和《地方各级代表大会和地方各级人民政府组织法》等为地方与中央间权限划分提供了法律基础和依据，应明确中央与地方政府间在矿产资源开发利用中的行政主体地位及权利义务关系，将界定合理的利益关系纳入制度框架中，避免变动的随意性和人治色彩，减少地方政府在执行中央资源开发政策过程中讨价还价的成本，使制度真正成为政策领域内博弈的游戏规则。

2. 明确地方政府执行中央资源开发政策的行为选择空间

在资源开发政策执行过程中，应严格区分地方保护主义与合理的地方利益保护之间的界限，使属于地方的正当权力和利益能够及时归位。

（1）充分利用地方政府在资源开发调控方面比中央更有利的条件。地方政府不仅熟悉本区域的资源开发情况，有助于宏观调控的有效，还可以充分发挥区域资源开发优势，保持本区域的灵活性和多样性。因此，在强调中央对全国资源开发宏观调控时，有必要赋予地方政府相应的区域调控权，使地方政府调控成为介于中央调控与以经济杠杆为手段的间接调控之间的中间环节，成为资源开发的建设者和维护者。

（2）充分利用地方政府在资源开发政策方面的信息优势。中央在做出重大资源开发战略决策或出台重要政策法案时，应主动征求地方政府的意见和建议，集思广益，强化与地方政府之间的信息沟通，以出台更符合地方资源开发实际的决策。地方政府也应积极主动参与研讨，代表地方利益对中央决策施加影响，尽可能争取地方政府对中央资源开发政策的共识。

(3) 充分利用地方政府建立矿产资源开发利用利益补偿和平衡机制。一般而言，只有符合"帕累托"原则的资源开发政策方案才是最优选择，即利益调整应使得一些利益主体的境况变好，同时又不会使其他利益主体境况变坏。然而，实际政策执行过程中的这种情况常常几乎是不可能实现的，因为资源开发政策执行必然改变旧的利益分配格局，在矿产资源开发利用利益总量一定的条件下，一部分利益的增加可能要以另一部分的利益损失为代价。因此，为了减少政策执行阻力，必须建立相应的利益补偿和平衡机制，依靠地方政府对矿产资源开发利用利益倾斜政策的推行，惠及利益受损方。按照均等化的方向实行转移支付，平衡利益关系。

3. 有效控制地方政府部门的矿产资源开发利用利益

（1）明确利益分配权力。财产权包括所有权、占有权、使用权和处置权，与此相类似，资源开发权力也可进一步划分为所有权、使用权和管理权。其中，所有权归国家，因为它是国家凭借授权参与矿产资源开发利用利益分配且受法律保护的保障，使用权和管理权应归政府各部门，以履行政府的资源开发职能。因为国家不可能直接行使其所有权，只能委托地方政府代理，形成一种委托代理关系。所以，只有明确资源开发权力分配，才能从根本上优化矿产资源开发利用利益谁收取、谁所有、谁享用的状况。

（2）依托制度完善，缩小甚至取消政府部门的矿产资源开发利用利益空间。不少地方政府推行阳光财政，取消政府部门的资金账户，对约束政府部门的矿产资源开发利用利益空间收到了良好效果。对于由部门利益驱动而导致的政府部门不廉洁、执行资源开发政策低效等问题，应切实加强人大、政协、新闻媒体及纪检监察部门的合力监督。

（3）通过严格执法，加大对执法不力的惩罚力度。应加大对政府执法人员关于资源开发政策执行不力的惩罚力度，确保政府监督部门执法严肃性，在短期内可使执法人员认真执法，使矿产资源开发利用企业遵纪守法，选择合法经营；在长期内能形成行为惯性，抑制非法开采行为的发生。

4. 准确把握地方政府间矿产资源开发利用利益整合的基本原则

（1）公平竞争原则。创造平等竞争的资源开发环境，使地方政府在统一的市场规则中处于公平竞争的地位。中央对待各个地方政府应一视同仁，公正对待，绝不能只顾锦上添花，而忘记雪中送炭。

(2) 利益共享原则。市场经济是利益主导的经济，参与资源开发的行为主体都有利益选择与利益预期，离开了利益目标，矿产资源开发利用中的利益合作无从谈起。从利益合作共享的角度看，主动寻求资源开发合作是一种理性选择，因为区域合作极易获得利益共享、信息共享的好处，有利于调动各合作者的积极性，发挥不同地区在矿产资源开发利用中的比较优势，互利互惠。

(3) 共同发展原则。资源禀赋的地域不平衡是客观存在的，国家应尽可能在依托资源开发实现发达地区发展的同时，推动欠发达地区的发展。地方政府所在的各个区域都是国家整体的一部分，都在整个国家的资源开发中具有特定作用。地方政府不应在获得自身的矿产资源开发利用利益同时，损害其他地方的利益或国家利益，而应在相互尊重、相互平等、因地制宜、自主创新的基础上，实现矿产资源开发利用利益共赢。

(三) 强化资源开发政策执行主体人格化层面的行为约束

资源开发政策执行主体利用所掌握的政策执行权力来调节各种利益关系，从一定意义上看，是资源开发政策执行行政人的一种选择行为，包括人格化的行政人个人利益和公共利益。资源开发政策执行者因其所处的地位和掌握的权力而对授权的上级和社会承担职责和义务，是内在的主观行政伦理责任与外在的客观制度性责任的统一。公共领域和私人领域的差异性及行政人对公共权力的执掌度，决定了资源开发政策执行行政人不应当仅满足遵纪守法，而必须有更高的道德自律追求。资源开发政策执行行政人的确具有个人利益，自我价值的实现不应以个人利益实现的程度为标准，而应以政策的执行完美为前提，这种价值目标的根本性转移是基于"责、权、利"统一的行政伦理，强化资源开发政策执行主体人格化层面的行为约束，把占有的追求转化为奉献的追求。

1. 加强资源开发政策执行行政人的行政伦理制度建设

(1) 应在明晰行政人兼具"经济人"和"公共人"二重属性的基础上，加强资源开发的行政伦理制度建设。应将行政制度、体制本身的道德导向问题放到更为突出的位置，通过制度建设加强行政伦理对资源开发行政权力的约束。依据《宪法》、法律、行政法规、地方性法规、政府规章以及其他规范性文件，约束资源开发政策执行人的权力行为；同时，用法律规范的形式将行政责任和行政伦理固定下来，以法规的强制力来保证基本道德规范的实践。

（2）努力提高资源开发政策执行行政人的道德能力。道德能力表现为道德判断力和道德意志力的获得、延续及提高等，主要依靠对职业道德要求发自内心的体验和认识以形成高尚的道德品质来维系。行政人的道德品质在资源开发政策权力的行使过程中主要体现为强烈的利益分割的正义感和责任感等，要通过加强行政伦理培训使行政人形成适当的伦理价值，诱导更强烈的对资源开发公共利益负责的精神；提升行政人自身的道德自律，维护社会公正，化解资源开发政策执行过程中行政人的权力滥用，保障政策执行有效。

2. 加强资源开发政策执行人的行政行为考核与评估

资源开发政策执行行政人的行为考核与评估，作为一种监督、控制和制裁行为，要求行政人必须按照各自的责任和要求去从事相应的行政活动，承担相应的义务。凡是未能完成所承担的任务或犯有违法失职行为的，都应承受相应的责任、处罚或制裁。这是资源开发政策执行责任的本质要求。

（1）必须制定科学、有效、详细的执行行为考核标准。鉴于行政人往往会为自身利益的最大化而忽视全局利益，使资源开发政策执行行为呈现出异化特征，因此，考核标准的科学性直接影响资源开发政策的成效。具体化、数量化的考核标准，会使考核注重实绩；由考核专家和考核对象共同参与制定的考核指标会增强考核的针对性和可操作性。要进一步建立健全岗位责任制，构建资源开发政策执行考核标准的直接依据；增强考核内容和岗位职责的一致性；将德、能、勤、绩、廉方面的考核细化为许多小的可量化的指标，增强考核的可操作性。

（2）加强对行政人平时的考核力度，体现平时考核的价值。在资源开发政策执行行政人的行为考核中，应加大平时考核分值和权重，将平时考核与执行目标相结合。将平时考核结果体现在奖优罚劣上，树立权威性；提升考核结果的价值，增加考核制度的生命力，落实考核管理的根本。

3. 建立完善资源开发政策执行人监督制度

从资源开发实践看，对资源开发政策执行行政人的监督主要包括：大众传媒和公共舆论监督；依赖于组织最高层的意志、权威和价值取向等对行政人的监督；国家权力机关对行政官员的监督。可通过与执法执纪部门联系、责任审计、聘任监督员、设立监督举报电话等方式，强化对资源开发政策执行行政人个体行为的监督，以便更迅速准确地了解行政人执行资源开发政策的现实情况。

（四）强化资源开发政策执行过程中的公共利益维护

在资源开发政策执行中，政府的作用是双重的，既可能增进资源开发的公共福利，也可能侵蚀损害公共利益，这就是诺斯所言的"政府悖论"。政府要真正成为资源开发公共利益的代表，必须有一定的实现条件和保障机制。

1. 明确资源开发政策的公共利益边界

明确公共利益边界是约束资源开发政策执行过程中政府利益扩张的首要保障。作为资源开发政策公权力的主要行使者，政府行为与公共利益有着最为密切的联系，也最容易对公共利益造成实质性的危害和侵犯。必须对资源开发政策的公共利益严格界定。由于矿产资源开发利用中的公共利益关系着其中多元相关行为主体社会生活的诸多方面，各种法律、法规对此皆有涉及，为解决资源开发公共利益法律界定的混乱与无序，必须由立法机关对公共利益做出统一、权威的立法解释，以提供明确的法律指引和预期。应明确资源开发公共利益的内涵；尽可能较为全面地列举出属于公共利益范畴的资源开发事项；设立兜底性条款，明确无法列举或难以列举的其他应属于公共利益范畴的事项；设立排除条款及限制性条款，明确排除不属于公共利益范围的事项。更加重视矿产资源开发利用利益相关主体的评议和公开讨论，通过不同意见的表达和交流过程，实现对资源开发公共利益的价值分享和传递。

2. 防止资源开发政策执行中的公共利益泛化

资源开发政策执行中的公共利益泛化意味着各种地方利益、部门利益、商业利益、私人利益等相关主体的利益诉求，以公共利益为幌子，把矿产资源开发利用利益都扯上公共的标签，以公共利益大旗为其行为选择提供便利，仿佛资源开发公共利益成为政府政策行为选择的包罗万象的大口袋，范围被无限扩张。导致本来用于维护资源开发公共利益的法律，被损害公共利益的行为钻了空子；本来应该代表和守护公共利益的政府，却事与愿违地损害了公共利益；本来应该分享公共利益的利益相关主体，却被"公共利益"伤害了利益。因此，应依托法律政策文本的详细界定，严格把握矿产资源开发利用中的公共利益含义和行为界限。

3. 积极促进矿产资源开发政策执行中的公共利益与私人利益关系和谐

资源开发政策执行过程中的公共利益和个人利益有时相互一致，有时相互冲突。在完善的市场机制下，个人利益的追求往往符合公共利益，在追求个人利益最大化的同时，促进了资源开发公共利益的最大化；在一定条件下，公共利益与私人利益还可以相互转化。但是，公共利益与私人利益之间难免会发生冲突。因此，一是应明确资源开发的公共利益具有核心地位，这在资源开发政策执行活动中发挥着向导作用。二是在追求公共利益的同时，资源开发政策执行活动应体现对私人利益的关怀。如果矿产资源开发利用利益的私人生长空间被压制，公共利益就会失去存在的基础，公共利益不能脱离私人利益而存在。三是在矿产资源开发中应促进具有社会分享性的公共利益和具有私人独享性的个人利益二者之间的整合与和谐。通过利用《宪法》《刑法》《民法》《民事诉讼法》《行政诉讼法》等重要法律中关于"公共利益"的原则性规定，建立和完善资源开发的公益诉讼制度，使得公共利益的保护落到实处。总之，资源开发政策执行须以公共利益为其逻辑起点和根本目标，以致力于维护和增进公共利益作为政府活动的最高行为准则。以资源开发政策是否指向公共利益的实现，以及实现能力和程度，是判断和评价政府政策执行正当及有效性的基本标准。

（五）强化资源开发政策执行过程中的传播层面约束功能

作为一种公共权力，资源开发政策执行权力必须服从、服务于利益相关主体和公共利益。但在缺乏有效制约和监督机制的情况下，资源开发政策执行往往背离其利益目标，阻碍政策目标的实现。为使资源开发政策执行过程更加透明和公正，有必要主动公开与政策相关的信息，保障公众知晓政策；应接受来自方方面面的舆论监督，以使执行行为得到及时调整和修正。

1. 强化资源开发政策执行过程中的信息公开

资源开发政策执行信息覆盖资源开发过程的各个方面，在不同程度上影响着相关利益主体的行为选择，影响着开发效率和利益分割。政府与矿产资源开发利用利益相关主体在信息公开问题上的兴趣并非总是趋于一致。事实上，政策信息公开意味着某些权利的实现，也意味着政府的相应义务。基于政治风险的回避、经济利益的寻租、信任危机的消解等原因，资源开发政策执行主体往往具有强烈的信息保守倾向，但为恢复政府的责任心和对政府的信任，采取某些信息公开措施是必要的。

（1）资源开发政策信息公开应与利益相关主体的知情权实现相对应。知情权意味着民众对政府的重要事务以及社会上当前发生的与普通公民权利和利益密切相关的重大事件，有及时、准确了解的权利。资源开发知情权的内容不仅局限于知道和了解资源开发相关的法律、法规，还应包括政府掌握的一切关系相关利益主体的权利和利益的信息。因此，有必要在资源开发中对知情权予以明确确认，使其真正成为矿产资源开发利用利益相关主体的一项基本权利。

（2）资源开发政策信息公开的原则应当是"以公开为原则，不公开为例外"。"例外"意味着豁免公开的信息，包括公开后可能会危害国家资源开发安全的信息，涉及商业秘密的信息，等等。除此之外，政府的重大资源开发决策、政府行政审批的开发项目、重大突发事件的处理情况等信息都必须公开。

（3）扩大资源开发政策信息公开的范围。政府在做出影响资源开发公共利益的决策时所依据的政策、法规、内部文件和事实依据等均应及时公开。适时推行资源开发领域的财政预算公开。突破目前以政府主动为主的信息公开方式，探索根据利益相关主体的申请公开信息的方法和制度。强调公开信息的最大限度，还要遵循适当原则，平衡信息公开与隐私保护、商业秘密保护和国家安全之间的关系。

（4）拓展资源开发政策信息公开的渠道，充分实现政府信息公开的效能。资源开发政策信息的传统公开方式有政府公报、红头文件、党报、党刊、电视台、电台、墙报、专栏、布告、标语等；还可以设立固定的信息公开厅、公开栏、电子屏幕、电子触摸屏、信息公开服务热线等多种形式。要推进政府网站建设，对公开的资源开发政策信息的检索、查询、分类、浏览等不得故意设置阅读访问障碍，鼓励公开性评价，以保证政府网站公布信息的准确、全面、及时、有用。始终把便利作为选择政府信息公开方式的首要条件。

（5）必须打破时空界限和行政机关层级与部门之间的界限，提高资源开发政策信息公开的内外沟通效率，及时传达施政的意图、方针、程序。设立权威性的机构统一协调信息公开。政府各部门须根据自身的职能和服务特点，整合资源开发公共信息资源库。保证提供信息的财政投入。依法规范政策信息公开，实现资源开发政策信息公开法制化。

2. 强化资源开发政策执行过程中的舆论监督

资源开发政策执行过程中的舆论监督意味着借助大众传媒形成舆论力量，对执行权力运行的偏差行为进行披露、建议乃至批评，以影响资源开发政策的执行效果。

（1）营造良好的舆论监督环境。资源开发管理行政机关及其行政人员尤其是领导干部，应以宽容的态度对待舆论的多样化，真诚欢迎和接受舆论监督，为舆论监督开"绿灯"，鼓励和支持大众传媒大胆开展舆论监督。同时，加强与传媒沟通，及时通报资源开发情况，帮助媒体把握正确的舆论导向，减少负面效应，扩大正面影响。传媒应主动向矿产资源开发利用利益相关主体和其他公众提供必要的条件，方便其行使政策执行的监督权利。

（2）拓展舆论监督的形式。应减少不必要的环节，及时疏通沟通管道，保障矿产资源开发利用利益诉求的有效表达。尽可能兼顾不同利益主体的需求，照顾弱势群体的利益诉求和意愿，确保其声音得到有效传达。

（3）健全舆论监督的保护机制和查处机制。正确运用有关法规，及时排除舆论监督对资源开发的各种干扰。对压制舆论监督报道的行为应及时予以查处。对舆论监督所反映的资源开发问题，应及时组织力量查处，或督促有关部门限期解决。

参考文献

高政利、李亚伯、欧阳文和:《公共选择视角:论组织制度的宽放效应》,《兰州商学院学报》2006年第26卷第1期。

格兰诺维特:《经济行动与社会结构:嵌入性问题》,社会科学文献出版社,2007。

耿书文、刘胜富、任天贵、柏元夫:《资源补偿费征管的博弈分析及对策建议》,《煤炭学报》2002年第1期。

公共管治的理论和实践学术研讨会:《非理性绩效考评、组织依附与目标置换——一个地方政府微观失范行为的分析框架》,http://www.ppirc.org/html/46/n-2946.html。

龚冰琳、徐立新、陈光炎:《中国的地方保护主义:直接的微观证据》,《经济学报》2005年第1卷第2辑。

龚怡祖:《人是价值的存在及其教育学意蕴辨疑》,《南京农业大学学报》(社会科学版)2001年第4期。

顾惠祥:《控制税收征管成本的探讨》,《税务研究》1999年6月5日。

关晓丽:《国外中央与地方财政关系的支配性力量及启示》,《社会科学战线》2008年1月1日。

郭邦军:《论博弈论在经济管理中的战略意义》,《社会科学战线杂志》2008年第11期。

郭进平、张惠丽、卢才武、李江武:《有关资源问题的博弈分析》,

《金属矿山》2005年第2期。

郭松民：《"血汗工厂"现象应当休矣!》，《中国改革报》2003年12月15日。

国家安监总局：《2005年全国安全生产各类伤亡事故情况表（统计数）》，2006年1月；国家安监总局：《2006年安全生产主要特点》，2007年1月；《2006年全国非煤矿山事故分析》，2007年1月；国家或地方安全生产政府门户网。

国家环保总局：《近期两大环境事件根源在行政不作为》，2006年9月15日发布，人民网，http：//politics.people.com.cn/GB/1027/4819641.html。

国家统计局：《中国统计年鉴2008、2011》，中国统计出版社。

国土资源部：《全国资源规划（2008~2015年）》，2009年1月7日发布，http：//www.mlr.gov.cn/xwdt/zytz/200901/t20090107_113776.htm；或中国新闻网，http：//www.chinanews.com.cn/n/2003-07-10/26/322827.html；或人民日报海外版，www.hexun.com。

国土资源部等九部门：《关于进一步推进资源开发整合工作的通知》，2009年9月28日发布，中国网（china.com.cn），http：//www.china.com.cn/policy/txt/2009-10/27/content_18776576.htm。

《华东矿山环境治理须解决三大难题》，国土资源网，2009年5月27日，http：//news.mlr.gov.cn/front/read/read.asp?ID=158878。

国务院：《中华人民共和国资源法实施细则》，http：//www.dayi888.com/show.asp?id=210。

国务院发展研究中心课题组：《中国统一市场建设》，《新华文摘》2004年第19期。

国务院新闻办公室：《中国矿产资源政策白皮书》，新华网，2003年12月23日。

国务院研究室课题组编《中国农民工调研报告》，中国言实出版社，2006。

哈耶克：《经济、科学与政治——哈耶克思想精粹》，江苏人民出版社，2000。

韩海青、苏迅：《建立完善土地和资源节约集约利用新机制》，《中国国土资源经济》2008年03期。

韩克庆：《社会流动视域中的农民工权益保护》，《河南大学学报》（社会科学版）2009年第49卷第1期。

何修猛：《转型期政府形象危机的理性思考》，Journal of US – China Public Administration, ISSN 1548 – 6591, USA; Oct. 2005, Volume 2, No. 10 (Serial No. 11)。

何增科：《试析我国现行权力监督存在的问题及原因》，《学习与探索》2008年7月15日。

袁飞、陶然、徐志刚、刘明兴：《财政集权过程中的转移支付和财政供养人口规模膨胀》，《经济研究》2008年第5期。

何忠洲、唐建光：《"垂直管理"风起 央地博弈：权力边界尚待清晰》，2006年11月28日发布，中国新闻周刊，http://review.jcrb.com/zywfiles/ca598648.htm。

贺军：《我国行政权力扩张和泛法化的制度原因探析》，《湖南科技学院学报》2005年第26卷第6期。

贺雪峰：《经济分化与社会分层》，三农中国，http://www.snzg.net/article/show.php? itemid – 462/page – 1.html。

李强：《改革开放30年来中国社会分层结构的变迁》，《北京社会科学》2008年10月15日。

胡红安、李海霞：《西部资源开发与生态环境保护的博弈分析——以S县煤矿资源开发为例》，《陕西科技大学学报》2008年第1期。

胡乐明：《公共物品与政府的作用》，《财经研究》2001年8月3日。

胡仁霞：《中俄市场化程度的比较分析》，《东北亚论坛》2005年1月20日。

胡淑女、余浩、戴燕：《基于创新促进的产业集群内竞合研究》，《北方经济》2006年11月1日。

胡税根：《论新时期我国政府规制的改革》，《政治学研究》2001年12月30日。

胡希宁、贾小立：《博弈论的理论精华及其现实意义》，《中共中央党校学报》2002年第2期。

华兴顺：《集群经济对中西部地区经济发展的意义》，《求索》2004年第8期。

淮安市城市建设指挥部办公室：《如何经营一座城市？》，http：//cjb.huaian.gov.cn/jsp/content/content.jsp？articleId=33762。

奂平清：《社会资本视野中的乡村社区发展》，《河北学刊》2009年1月2日。

黄进：《社会资本：经济学与社会学的对话》，《天府新论》2005年第1期。

黄强、郑力：《后全能时代中央与地方政府的博弈及思考》，《唯实》2006年1月20日。

黄少安：《中国经济体制改革的核心是产权制度改革》，《中国经济问题》2004年第1期。

四川社会科学在线：《四川资源补偿机制研究》，2009年2月18日发布，http：//www.sss.net.cn/ReadNews.asp？NewsID=20971&BigClassID=27&SmallClassID=93&belong=sc。

贾俊祥：《"官煤勾结"不休 矿难难止》，http：//blog.sina.com.cn/s/blog_46c82afd0100096n.html。

江立华、符平：《断裂与弥补——农民工权益保障中的法与政府角色》，《社会科学研究》2005年第6期。

金晶、王颖：《委托代理理论综述》，《中国商界》2008年第6期。

金太军、赵军锋：《政治资源配置与和谐社会构建——和谐社会的政治社会学分析》，《理论探讨》2008年3月15日。

金太军：《从行政区行政到区域公共管理——政府治理形态嬗变的博弈分析》，《中国社会科学》2007年第6期。

靳景玉、刘朝明：《基于协同理论的城市联盟动力机制》，《系统工程》2006年第24卷第10期（总第154期）。

《干部年轻化不能绝对化》，京报网，2008年5月5日发布，http：//

www.bjdj.gov.cn/Article/ShowArticle.asp?ArticleID=36777。

景跃军：《中国资源与经济可持续发展研究》，《人口学刊》2002年第5期。

九三学社：《地方政府正面临严重信用危机》，《北京青年报》2006年3月9日；或MSN中文网，http://msn.ynet.com/view.jsp?oid=7967512。

康晓光、韩恒：《分类控制：当前中国大陆国家与社会关系研究》，《开放时代》2008年第2期。

孔东菊、戚枝淬：《职工参与公司治理及其对关联交易的制约》，《经济研究导刊》2009年6月25日。

孔善广：《地方政府真的是扰乱经济秩序的坏孩子吗？》，《光明观察》2006年9月6日，http://guancha.gmw.cn/show.aspx?id=572。

矿产资源开发利用企业公民研究中心：《责任与底线：从CSR到CC》，21世纪商业评论，http://www.21cbr.com/html/cc/review/200908/04-4603.html。

蓝宇蕴：《都市里的村庄：一个"新村社共同体"的实地研究》，生活·读书·新知三联书店，2005。

郎友兴：《中国干部考核制度在变脸》，2008年3月18日发布，人民网-人民论坛，http://politics.people.com.cn/GB/30178/9577019.html。

李传军：《利益相关者的共同治理机制》，《矿产资源开发利用企业改革与管理》2009年第8期。

李纯：《制度变迁中的中国家族企业家行为研究》，《北京工商大学学报》（社会科学版）2006年第3期。

李发戈：《宪政背景下政治国家与公民社会的关系》，《中共成都市委党校学报》2008年2月15日。

李凡：《关于中国选举制度的改革》，上海交通大学出版社，2005。

李景鹏：《中国社会利益结构变迁的特点》，《北京行政学院学报》2006年第1期。

李军杰、钟君：《中国地方政府经济行为分析——基于公共选择视角》，《中国工业经济》2004年第4期。

李强（学术论文选摘）：《中国社会分层结构的新变化》，《北京社会科学年鉴》2003。

李强：《政府规制、路径依赖与全流通时代我国上市公司股权结构的导向》，《湖北社会科学》2008年第4期。

李强：《中国城市农民工劳动力市场研究》，《学海》2001年2月28日。

李强：《转型时期的中国分层结构》，黑龙江人民出版社，2002。

李秋元、郑敏、王永生：《我国资源开发对环境的影响》，《中国矿产资源开发》2002年第2期。

李瑞昌：《论市场经济条件下的公众参与公共决策》，《福建行政学院学报》2002年3月30日。

李善同、侯永志、刘云中、陈波：《中国国内地方保护问题的调查与分析》，《经济研究》2004年第11期。

李胜：《两型社会环境治理的政策设计——基于参与人联盟与对抗的博弈分析》，《财经理论与实践》2009年第9期。

李文俊：《全国煤矿安全生产状况分析及发展对策》，《中国煤炭》2001年6月25日；或江西煤矿安全监察局网站，2004年5月26日发布，http://www.jxmkaqjc.gov.cn/2004-8/2004830155540.htm。

李晓培：《关于库恩"不可通约性"观点的思考》，《职业圈》2007年第22期。

李新平：《契约、制度变迁和股权分置改革——兼论中国证券市场政府职能的重新定位》，成都社科在线，http://www.cdss.gov.cn/yanjiu/SHFZ/lxp/365.htm。

李秀江：《地方人大何时走出监督困局》，《民主与法制时报》，2009年11月18日发布，http://www.mzyfz.com/news/times/v/20091118/104727.shtml。

李学：《公平观念与城市化过渡社区中居民的利益博弈——以X市PN社区为例的实证分析》，《公共管理学报》2008年第4期。

李亚兵、陶建标、乔鹏亮：《制造矿产资源开发利用企业物流外包风险及控制研究进展》，《商业时代》2008年第36期。

李尧远、任宗哲：《我国区域经济发展中地方政府合作困难的原因与措施探析》,《西北大学学报》(哲学社会科学版) 2009 年第 5 期。

李郁芳:《体制转轨时期的政府微观规制行为》,经济科学出版社, 2003。

李芝兰 (Linda Chelan Li):《跨越零和: 思考当代中国的中央地方关系》,《华中师范大学学报》(人文社会科学版), 2004 年第 43 卷第 6 期。

梁凯、兰井志:《我国资源综合利用的现状及对策》,《中国矿产资源开发》2004 年第 13 卷第 12 期。

梁莹、黄健荣:《论我国第三部门的成长与社会资本的建构》,《学海》2004 年第 4 期。

林尚立:《国内政府间关系》,浙江人民出版社, 1998。

刘大志、蔡玉胜:《地方政府竞争行为与资本形成机制分析》,《学术研究》2005 年第 3 期。

刘飞:《资源税: 宜中央地方共享而非地方独享》, 2010 年 12 月 4 日, 中国经济导报, http://www.ceh.com.cn/ceh/cjxx/2010/12/4/72226.shtml。

刘海波:《我国中央与地方关系探析》,《甘肃行政学院学报》2008 年第 2 期; 何兵:《法院中央化是地方民主化的制度前提》, 南方都市报评论周刊, 2008 年 9 月 7 日发布, http://www.chinaelections.org/News Info.asp?NewsID=134114。

刘华:《政府培育社会资本以提高政府绩效的路径选择》,《经济与社会发展》2008 年第 10 卷第 25 期。

刘建新、蒲春玲:《新疆在矿产资源开发利用中的利益补偿问题探讨》,《经济视角·下半月》2009 年 2 月 20 日。

刘林平:《外来人群体中的关系运用——以深圳"平江村"为个案》,《中国社会科学》2001 年第 5 期。

刘凌波、丁慧平:《乡镇工业环境保护中的地方政府行为分析》,《管理世界》2007 年第 11 期。

刘铁敏、任伟:《我国煤矿安全管理的现状与对策》,《煤矿安全》2000 年第 31 卷第 2 期。

刘维佳:《中国农民工问题调查》, 学习时报网, http://www.hcpccc.com/newsInfo.asp?id=1084。

刘欣：《阶级惯习与品味：布迪厄的阶级理论》，《社会学研究》2003 年第 6 期。

刘雪莲：《论全球性问题治理中西方发达国家的责任》，《政治学研究》2008 年第 1 期。

刘亚平：《退出选择视角中的地方政府间竞争：两个基本维度》，《江海学刊》2006 年第 1 期。

刘晔、漆亮亮：《当前我国地方政府间税收竞争探讨》，《税务研究》2007 年第 5 期（总第 264 期）。

刘卓珺：《中国式财政分权与经济社会的非均衡发展》，《中央财经大学学报》2010 年 1 月 25 日，http：//www. crifs. org. cn/0416show. asp？art_ id＝3834。

刘祖云：《政府间关系：合作博弈与府际治理》，《学海》2007 年第 1 期。

柳建平：《市场化的内涵及其定量分析》，《甘肃省经济管理干部学院学报》2004 年 3 月 26 日。

龙太江：《政治妥协与西方政治发展》，《广州大学学报》（社会科学版）2007 年 3 月 30 日。

龙云凤、付善明、赵宇鴳：《广东省矿山可持续发展问题研究》，《中山大学研究生学刊》（自然科学、医学版）2003 年第 1 期。

娄晓海：《企业与政府在矿产资源开发利用中的博弈分析》，《经营管理者》2008 年第 13 期。

卢福财、胡平波：《网络组织成员合作的声誉模型分析》，《中国工业经济》2005 年 2 月 17 日。

卢梭：《社会契约论》（第三卷第一章 政府总论），何兆武译，商务印书馆，2003。

罗尔斯：《政治自由主义》，万俊人译，译林出版社，2002。

罗斯·M. 斯塔尔：《一般均衡理论》，鲁昌、许永国译，上海财经大学出版社，2003。

罗云等：《安全经济学》，化学工业出版社，2004。

马德普：《超越"人民主权"与"三权分立"之争——罗伯特·达尔的民主理论述评》，《教学与研究》2001 年 7 月 20 日。

马敬仁:《论广域规划落实中不同层级政府间行政责任及问责体系——以珠江三角洲地区发展规划为例》,广东省行政管理学会,http://www.gdpas.gov.cn/InfoShow.asp?id=553。

马俊军:《宪政视野中的公民文化——理解百年中国宪政的一个视角》,《理论月刊》2007年12月10日。

马骏、侯一麟:《中国省级预算中的非正式制度:一个交易费用理论框架》,《经济研究》2004年第10期。

马克思:《马克思恩格斯全集》第49卷,人民出版社,1956。

马克思:《马克思恩格斯全集》第1卷,人民出版社,1956。

马克思、恩格斯:《马克思恩格斯全集》第1卷,人民出版社,1956。

马克思恩格斯列宁斯大林著作:《马克思恩格斯全集》第25卷,中共中央编译局,人民出版社,2008。

马宪彬:《著达尔文密码——生存竞争的十大丛林法则》,地震出版社,2005。

马晓河:《渐进式改革30年:经验与未来》,《中国改革》2008年第9期。

马泽文:《中国的光荣与梦想——一位记者眼中的大国十年》,上海人民出版社,2010。

冒天启、朱玲:《转型期中国经济关系研究》,湖北人民出版社,1997。

穆延奎:《产业集聚促进区域经济隆起》,《中国改革报》2007年12月21日。

那春光:《资源规划实施中的博弈问题》,《中国地质矿产经济学会资源经济与规划专业委员会2006学术交流会》。

南江波、刘天喜:《市场经济条件下公民与政府之间的平等关系》,《理论月刊》2004年第5期。

倪星:《公共权力委托—代理视角下的官员腐败研究》,《中山大学学报》(社会科学版)2009年第11期。

《牛津法律大辞典》,光明日报出版社,1988。

农业部信息中心:《可口可乐之父伍德鲁夫:史上最伟大的推销员》,http://information.zgppny.com/info26877.shtml。

潘岳:《甘肃、湖南两起重大环境事件源于"行政不作为"政府有关责任人应受到严厉查处》,2006年9月14日发布,中华人民共和国环境保护部,http://panyue.mep.gov.cn/zyjh/200907/t20090708_154447.htm。

彭正波、赵瑞峰编著:《现代公共政策分析概论》,航空工业出版社,2009。

彭正波:《长三角区域政府合作:现状、困境与路径选择》,《经济与社会发展》2008年9月25日。

齐树洁:《论我国环境纠纷诉讼制度的完善》,《福建法学》2006年第1期(总第85期)。

企业公民研究中心:《责任与底线:从CSR到CC》,21世纪商业评论,http://www.21cbr.com/html/cc/review/200908/04-4603.html。

秦前红、张萍:《浅析社会契约思想与宪政》,《湖北大学学报》(哲学社会科学版)2004年1月30日。

青木昌彦:《市场的作用,国家的作用》,中国发展出版社,2002。

阙忠东:《转型期中国地方政府行为研究》,中央编译出版社,2005。

《"淡化"GDP,还考核什么——解读干部考核的"湖州样本"》,人民网,http://politics.people.com.cn/GB/1025/9703079.html。

《光明日报:构建和谐社会 千秋伟业我们成就》,人民网,http://opinion.people.com.cn/GB/51863/3799002.html。

《湖南郴州矿产资源开发乱象调查:官商黑势力结成利益链条》,人民网,2007年9月10日发布,http://society.people.com.cn/GB/41165/6237661.html。

《中国的资源政策》白皮书(全文),人民网,http://www.people.com.cn/GB/shizheng/1026/2261013.html。

《中华人民共和国宪法》(全文),人民网,http://www.people.com.cn/GB/shehui/1060/2391834.html。

《党报谈山西煤炭重组 煤老板"合法"利益获保护》,人民网-人民日报,2009年11月15日发布,http://www.dahe.cn/xwzx/gn/t20091115_1692919.htm。

任远、邬民乐:《城市流动人口的社会融合》,《人口研究》2006年第3期(第30卷)。

〔美〕乔万尼·萨托利:《民主新论》,冯克利等译,东方出版社,1998。

沈春光：《和谐社会建设中的政府规制问题探讨》，《中国特色社会主义研究》2007年6月11日。

施建淮：《基于信息的双重危机模型及其在东亚危机中的应用》，《经济学》（季刊）2001年10月15日；朱波、范方志：《金融危机理论与模型综述》，《世界经济研究》2005年6月25日。

石国亮：《中国政府的管理规则系统》，《学习与探索》2010年第1期。

石林伟：《"官煤"背后的博弈》，《时代金融》2006年第8期。

史晋川：《法律经济学评述》，《经济社会体制比较》2003年3月25日。

舒尚奇：《博弈思想在微观经济学中的应用》，《中国市场》2005年第6期。

司训练、陈金贤、李秉祥：《企业隐性知识外部化过程中企业与员工的博弈分析》，《科学学与科学技术管理》2005年第9期。

宋莉莉、彭涛：《现阶段制度创新的"第一行动集团"——论在渐进的市场取向改革中地方政府的角色行为》，《理论月刊》2001年第1期。

宋全喜：《公共服务的制度分析：以公共安全服务为例》，制度分析与公共政策学术网站，http://www.wiapp.org/article/default.asp?id=53。

搜狐新闻：《创新社区党建 构建和谐社区（探索与思考）》，人民日报-人民网，2008年5月14日发布，http://news.sohu.com/20080514/n256835288.shtml。

苏旭霞：《市场化过程中的政府管理体制改革》，《中国经济时报》2003年5月19日。

隋舵：《国际石油资源博弈与中国的石油外交战略》，《学习与探索》2005年第3期。

孙春晨、李茹：《公共领域与媒体伦理》，《中国应用伦理学2005—2006》，宁夏人民出版社，2006。

孙德超：《论行政程序对行政自由裁量权滥用的控制》，《社会科学战线》2006年第3期。

孙洪志、张少杰、刘继伟：《小煤窑行为策略博弈分析》，《辽宁工程技术大学学报》（社会科学版）2003年第6期。

孙鸿烈：《中国资源百科全书》，中国大百科全书出版社、石油大学出版社，2000。

孙立清：《基于社会资本视角的行业协会职能分析》，《开放导报》2007年4月8日。

孙瑞华、刘广生：《产业安全：概念评析、界定及模型解释》，《中国石油大学学报》（社会科学版）2006年10月30日。

孙宛永：《论政府竞争与企业竞争的关系》，《新乡师范高等专科学校学报》2003年7月30日。

孙亚忠：《政府规制、寻租与政府信用的缺失》，《理论探讨》2007年第1期。

孙友然：《我国农民工权益保障问题研究综述》，《南京人口管理干部学院学报》2008年4月15日。

孙玉娟：《利益冲突视角下的政府和农民非对称博弈》，《当代世界与社会主义》2007年2月20日。

《马英九：两岸不要再进行割颈、割喉式竞争》，台海网，http://taiwan.huanqiu.com/news/2008-12/327298.html。

谈志林、张黎黎：《我国台湾地区社改运动与内地社区再造的制度分析》，《浙江大学学报》（人文社会科学版）2007年第2期。

覃湘阳、曹明华：《环境污染问题的博弈浅析》，《中小矿产资源开发利用企业管理与科技》2009年第15期。

谭卫国、李静、吴奇东：《新农村建设下农民增收困境的思考》，《当代经济》2007年10月15日。

汤雁斌：《有色矿山可持续发展存在的问题和对策》，《四川有色金属》2003年第2期。

唐咸正：《国土矿产资源开发利用状况对产业结构的影响》，《资源产业》1999年第5期。

陶国根：《社会资本与完善社会管理的行动逻辑》，《党政干部学刊》2008年4月16日。

陶冶：《社会转型期的人民内部矛盾辨析》，《上海社会科学院学术季刊》

1995年第1期。

童远忠：《论竞争与人类社会发展》，《长沙铁道学院学报》（社会科学版）2007年第3期。

万建华、戴志望、陈建编著：《利益相关者管理》，海天出版社，1998。

汪承亮：《以民为本、公正协调是政府角色定位的基本原则》，《浙江大学学报》（人文社会科学版）2004年第11期。

汪丁丁：《制度分析的特征及方法论基础》，《社会科学战线》2004年第6期。

汪伟全、许源：《地方政府合作的现存问题及对策研究》，《社会科学战线》2005年9月25日。

汪信砚：《全球化中的价值认同与价值观冲突》，《马克思主义哲学研究》2004年第7卷第15期。

汪洋：《国企要练内功、调结构、强创新》，2009年6月4日，城市网，http://city.cctv.com/html/chengshiyaowen/89313422d9d8a3daae478abc97c9f204.html。

汪云甲：《论我国资源安全问题》，《科技导报》2003年第2期。

王长勇：《"扩投资"诱发"乱收费"？》，《财经》2009年2月23日。

王驰：《信息非对称理论在公共管理中的应用与反思》，《经济与社会发展》2007年第12期。

王春福：《政策网络的开放与公共利益的实现》，《中共中央党校学报》2009年8月3日。

王春梅：《西方发达国家政府职能的变革及其启示》，《理论学刊》2007年2月15日。

王春永、李晓华编著：《石头剪子布图解博弈论中的人生智慧》，中国发展出版社，2009。

王峰：《浅析矿产资源开发利用中的地方利益规范》，国土资源网，2009年6月12日，http://www.clr.cn/front/read/read.asp?ID=160128。

王刚：《社会排斥与农民工社会权利的缺失》，《理论观察》2006年第2期。

王广成、闫旭骞：《资源管理理论与方法》，经济科学出版社，2002。

王欢苗：《企业社区关系管理研究》，辽宁大学，2009 年 5 月。

王静、张蓉、庄龙玉：《民间组织在城市社区治理中的作用——政府与民间组织互动关系分析》，《中国农业大学学报》（社会科学版）2006 年第 1 期。

王锴：《论我国宪法上的劳动权与劳动义务》，中国宪政网，2009 年 11 月 2 日发布，http：//www. locallaw. gov. cn/dflfw/Desktop. aspx? PATH = dflfw/sy/xxll&Gid = 754e6e69 – 9cbe – 406e – ab0f – ffc97d1f6bee&Tid = Cms_ Info。

王良伟：《政策执行主体的自利性与公共政策失灵》，《中共南京市委党校南京市行政学院学报》2008 年第 1 期。

王攀：《社区建设，政府当好"协助员"即可》，2007 年 10 月 12 日发布，南方网，http：//opinion. southcn. com/southcn/content/2007 – 10/12/content_ 4257587. htm。

王万华：《统一行政程序立法的破冰之举》，《行政法学研究》2008 年第 3 期。

王欣然：《浅析我国劳动法立法现状及完善》，http：//www. btophr. com/s_ mfile/18303. shtml。

王莹、沈晓峰：《论我国城市社区管理中政府的功能定位》，《北京农业职业学院学报》2007 年第 6 期。

王颖春：《我国资源的综合平均回收率不足 50%》，中国经济导报，2010 年 3 月 25 日，http：//finance. eastmoney. com/news/1355，2010032570268261. html。

王则柯：《博弈论平话》，中国经济出版社，2004。

王志武：《资源型城市可持续发展面临的问题与对策研究》，《郑州经济管理干部学院学报》2002 年第 17 卷第 1 期。

王中昭、陈喜强、曾宪友：《社区政府与社区组织的委托代理关系模型》，《统计与决策》2006 年第 2 期（下）。

王忠文：《保罗·克鲁格曼获奖和空间经济学的发端》，《消费导刊》2009 – 02 – 23 期。

王仲兵：《论中国会计制度变迁》，《会计之友》2001 年第 7 期。

王竹林:《农民工问题与企业的社会责任》,《农业经济问题》2007-07-23期。

韦红:《中国—东盟合作与东亚一体化》,《现代国际关系》2005年第9期。

魏后凯主编:《现代区域经济学》,经济管理出版社,2006。

魏振香:《体制转轨过程中"寻租"问题的危害与治理对策》,《商场现代化》2005年7月15日。

文军:《从分治到融合:近50年来我国劳动力移民制度的演变及其影响》,《学术研究》2004年7月20日。

文旻:《社会化网络服务的关系发展取向——"强""弱"关系的选择》,中国社会学网,www.sociology.cass.cn。

《国内企业社会责任风气渐趋显著》,沃华传媒网,http://www.wowa.cn/Article/50390.html。

吴昊:《简论财政联邦主义理论在中国的适用性》,《经济研究导刊》2009年第18期。

吴建南、马亮:《政府绩效与官员晋升研究综述》,《公共行政评论》2009年第2期。

吴江、黄晶:《社会资本理论剖析》,《理论学刊》2004年第5期。

吴理财:《政府间的分权与治量》,2004年3月30日发布,中国农村村民自治网,http://www.chinarural.org/newsinfo.asp?Newsid=15561。

吴强:《矿产资源开发活动中"三率"指标执行监督博弈——子博弈完美纳什均衡》,《资源·产业》2003年第5期。

吴小丁、王晓彦:《对零售业过度竞争解释的理论缺陷》,《浙江大学学报》(人文社会科学版)2010年第40卷第1期。

武建强:《沟通与信任:和谐政治关系形成的机制》,《长安大学学报》(社会科学版)2007年第4期。

郗伟明:《山西煤炭资源整合法律问题探析》,《山西大学学报》(哲学社会科学版)2009年第5期。

湖南省国家税务局:《资源税应告别"隔靴搔痒"》,2005年6月27日发布,

http://www.hntax.gov.cn/article_content.jsp?articleid=20051206004090。

席恒：《合作收益与社会动员：和谐社会的制度基础——2007年中国管理科学学会公共管理专业委员会年会暨合作收益、公共管理与和谐社会学术论坛论文选》，中国管理科学学会，http://www.mss.org.cn/html/guanlihuicui/guanliluntan/2009/1013/150.html。

向德平：《社区组织行政化：表现、原因及对策分析》，《学海》2006年第3期。

晓唐、赵锁成、王雅芹：《我国目前雇佣劳动与资本关系的深层思考》，《河北师范大学学报》（哲学社会科学版）2006年第3期。

肖红：《激励机制在工程项目监理中的应用》，《四川建材》2007年第33卷第3期。

肖立辉：《县委书记眼中的中央与地方关系》，《经济社会体制比较》2008年第4期。

肖卫东等：《"1000亿元欠薪"与"3000亿元讨薪成本"》，《工人日报》2005年6月10日。

谢立中：《西方社会学名著提要·第1卷》，江西人民出版社，2007。

谢识予：《经济博弈论》，复旦大学出版社，2002。

谢炜、蒋云根：《中国公共政策执行过程中地方政府间的利益博弈》，《浙江社会科学》2007年9月15日。

谢炜：《中国公共政策执行中的利益关系研究》，学林出版社，2009。

谢晓波、黄炯：《长三角地方政府招商引资过度竞争行为研究》，《技术经济》2005年第8期。

谢晓波：《地方政府竞争与区域经济协调发展》，社会科学战线，2004年7月25日。

辛向阳：《百年博弈：中国中央与地方关系100年》，山东人民出版社，2000。

新华网：《甘肃省徽县水阳乡血铅超标事件已查明》，2006年11月21日发布，天水在线网址，http://www.tianshui.com.cn/news/ln/2006112121180818780.htm。

新华网：《"官煤勾结"多是掌握管理资源权力的官员》，2005年11月22

日发布，法制网，http：//news.xinhuanet.com/lianzheng/2005－11/22/content_3815369.htm。

新浪网博客：《政府信用危机表现特征及政府失信危害》，2009年9月27日发布，http：//blog.sina.com.cn/s/blog_5ff9f0320100fhv4.html。

国土资源部：《全国资源规划（2008~2015年）》，http：//www.mlr.gov.cn/xwdt/zytz/200901/t20090107_113776.htm。

信用中国：《政府公信力浅说》，2007年9月10日发布，http：//www.ccn86.com/news/comment/20070910/24546.shtml。

熊冬洋：《对税收竞争中地方政府行政权力滥用的思考》，《税务与经济》2009年5月15日。

熊跃根：《转型经济国家中的"第三部门"发展：对中国现实的解释》，《社会学研究》2001年1月20日。

徐绍史：《中国进出口总额近35%为资源性产品进出口》，中财网，http：//www.cfi.net.cn/p20111121000130.html。

徐湘林：《党管干部体制下的基层民主试改革》，《浙江学刊》2004年第1期。

徐岩松：《从压力型体制向合作体制转变县乡两级政治体制改革的优选之路》，2003年8月20日发布，中国选举与治理网特稿，http：//www.chinaelections.org/Newsinfo.asp？NewsID＝18790。

许慧：《基于相关者利益均衡的矿产资源开发利用企业财务管理目标》，《当代经济》2007年10月15日。

许淑君、马士华：《供应链企业间的信任机制研究》，《工业工程与管理》2000年第5卷第6期。

学习公社：《国家的基本制度（下）我国是单一制的社会主义国家》，http：//app2.learning.sohu.com/education/html/article－9346.html。

闫海：《论地方政府间税收竞争的宪政治理》，《江南大学学报》（人文社会科学版）2007年第4期。

盐田区安全生产信息服务网：《第四讲　事故经济损失分析》，2005年7月7日发布，http：//www.ytsafety.gov.cn/viewnews.jsp？newsID＝6467。

杨立雄：《农民工社会保护问题研究》，《中国人民大学学报》2006年第6期。

杨立雄：《浅谈"个体主义"抑或"整体主义"》，《经济学家》2000年第1期。

杨连专：《中国农村养老问题研究》，《洛阳工学院学报》（社会科学版）2002年12月30日。

杨瑞龙、冯健：《企业间网络的效率边界：经济组织逻辑的重新审视》，《中国工业经济》2003年第11期。

杨曾宪：《论价值取向评价与价值认知评价》，《天津师范大学报》（社会科学版）2000年12月20日。

杨志勇：《财政竞争：呼唤约束和秩序》，2005年2月1日发布，中国财经报，http://web.cenet.org.cn/web/yzy/index.php3?file=detail.php3&nowdir=&id=58522&detail=1。

杨志云：《浅谈矿产资源开发利用中的环境问题》，《科技资讯》（能源与环境部分）2009年第2期。

叶志华：《当前社会不公现象的原因剖析》，《岭南学刊》2000年第4期。

亿维网，《激励相容》，http://www.yeewe.com/wiki.php?/%BC%A4%C0%F8%CF%E0%C8%DD/。

易斌、左治兴、朱必勇：《中国有色金属矿山可持续发展存在的问题与解难》，《中国矿产资源开发》2007年第16卷第6期。

尹成果：《〈宪法与政府〉学习指导纲要》，2008年5月19日发布，http://www.bsdj.cn/21/372/377/20085193773559.html。

应松年、薛刚凌：《地方制度研究新思路：中央与地方应用法律相规范》，《中国行政管理》2003年2月15日。

应星：《"气场"与群体性事件的发生机制——两个个案的比较》，《社会学研究》2009年11月20日。

尤玉平：《矿产资源开发利用企业、社区与政府：组织行为的经济学比较研究》，华南农业大学硕士学位论文，1999。

余斌、张钟之：《试析公共产品的本质属性》，《高校理论战线》2007年1

月 24 日。

余少祥：《法律语境中弱势群体概念构建分析》，《中国法学》2009 年 6 月 9 日。

郁振华：《波兰尼的默会认识论》，《自然辩证法研究》2001 第 17 卷第 8 期。

袁方成：《实现政府管理与社区自治有效衔接的社区治理机制创新研究》，《全国和谐社区建设理论研讨会暨首届城区论坛》，http：//mzzt.mca.gov.cn/article/hxsqyth/zxlw/200810/20081000020676.shtml。

袁嗣兵、梁莹：《政府与信息化时代的"善治"》，《湖北社会科学》2005 年 3 月 25 日。

《云南泸西举报矿难 当地政府调查后称无瞒报》，2010 年 1 月 19 日发布，云南网（云南），http：//news.163.com/10/0119/09/5TCM37RQ0001124J.html。

曾学文：《中国经济市场化程度达 73.8%》，2005 年 8 月 15 日发布，人民网，http：//finance.people.com.cn/GB/1045/3615148.html。

张丙乾、李小云、叶敬忠：《加速的变迁》，《农村经济》2007 年第 7 期。

张丙乾、李小云：《基于资源开发的农村社区权力运作探析》，《社会科学辑刊》2007 年第 5 期（总第 172 期）。

张方华：《社会资本理论研究综述》，《江苏科技大学学报》（社会科学版）2005 年 12 月 30 日。

张芳杰主编：《牛津现代高级英汉双解辞典》，Oxford University Press，1984。

张富良、刘书英：《从治理主体角度透视乡村治理危机——河南省 Z 县村支书、村主任现状调查》，《阿坝师范高等专科学校学报》2004 年 6 月 30 日。

张恒龙、陈宪：《当代西方财政分权理论述要》，《国外社会科学》2007 年 5 月 15 日。

张红梅：《鲁滨孙漂流记中的启蒙思想窥探》，《时代文学》（双月版）2006 年第 4 期。

张建伟、胡乐明：《西方主流经济学的理性主义"硬核"剖析》，《中州学刊》2005 年第 4 期。

张紧跟：《纵向政府间关系调整：地方政府机构改革的新视野》，《中山大学学报》（社会科学版）2006年第2期。

张靖华：《西方财政分权理论综述》，《开发研究》2005年4月30日。

张军：《政府转型、政治治理与经济增长：中国的经验》，《云南大学学报》（社会科学版）2006年8月28日。

张康之：《行政改革中的理论误导——对在政府中引入市场竞争机制的质疑》，《天津社会科学》2001年第5期。

张良：《制度研究的最新进展：历史比较制度分析》，《2007制度经济学年会征文》，http://www.unirule.org.cn/xiazai/200711/60.pdf。

张流柱：《浅论我国现行分税制》，《湖南经济管理干部学院学报》2004年第15卷第1期。

张朋柱等：《合作博弈理论与应用：非完全共同利益群体合作管理》，上海交通大学，2006年。

张萍：《科恩的范式理论及其中国经济学创新借鉴》，《商场现代化》2007年第3期。

张其仔、郭朝先：《制度挤出与环境保护政策设计》，《中国工业经济》2007年第7期。

张惟佳：《中小企业发展过程中的政府规制探析》，《现代经济探讨》2004年第9期。

张维迎、栗树和：《地区间竞争与中国国有企业的民营化》，《经济研究》1998年12月5日。

张维迎：《博弈论与信息经济学》，上海人民出版社，2004。

张伟、吴必虎：《利益主体（Stakeholder）理论在区域旅游规划中的应用——以四川省乐山市为例》，《旅游学刊》2002年第4期。

张文彬、宋焕斌：《21世纪矿业可持续发展问题与对策》，《昆明理工大学学报》1998年第2期。

张文宏：《社会资本：理论争辩与经验研究》，《社会学研究》2003年7月20日。

张锡恩：《论中央与地方关系的规范化、法制化——学习江泽民〈正确处理社会主义现代化建设中的若干重大关系〉的思考》，《东岳论丛》1996年9

月25日。

张小洁：《网民关注浙商与山西的利益对决》，经济参考报，2009年11月12日，http://jjckb.xinhuanet.com/gnyw/2009-11/12/content_190891.htm。

张闫龙：《财政分权与省以下政府间关系的演变——对20世纪80年代A省财政体制改革中政府间关系变迁的个案研究》，《社会学研究》2006年5月20日。

张燕：《农民工维权成本报告：讨薪1000元成本3000多元》，《新民晚报》2005年6月21日。

张宇燕、何帆：《由财政压力引起的制度变迁》，载盛洪、张宇燕主编《市场逻辑与制度变迁》，中国财政经济出版社，1998。

张智勇：《户籍制度：农民工就业歧视形成之根源》，《农村经济》2005年4月28日。

赵长茂：《让人民生活得更有尊严》，《文汇报》2010年3月17日。

赵成根：《转型期的中央和地方》，《战略与管理》2000年第3期。

赵海云、李仲学、张以诚：《矿产资源开发城市中政府与企业的博弈分析》，《中国矿产资源开发》2005年第3期。

赵红：《环境规制对产业技术创新的影响——基于中国面板数据的实证分析》，《产业经济研究》2008年第3期（总第34期）。

赵洁心、冯波、谭俊、鲍明学、李闫华：《我国矿产资源开发利用现状与可持续发展探讨》，《经济管理》2006年第27卷第5期。

赵鹏大：《矿产勘查理论与方法》，中国地质大学出版社，2001。

赵祥：《建设和谐社会过程中地方政府代理行为偏差的分析》，《理论与改革》2006年5月15日。

赵云旗：《中国分税制财政体制研究》，经济科学出版社，2005。

郑健壮：《产业集群理论综述及其发展路径研究》，《中国流通经济》2006年2月23日。

郑永年、吴国光：《论中央与地方关系——中国制度转型中的一个轴心问题》，郑永年粉丝俱乐部编，2007年12月5日，http://zhengyn.sakura.ne.jp/zhengyn/CL.pdf。

《郴州官矿勾结专题》,中国安全天地网,http://www.aqtd.cn/czgkgj/list/list_327.html。

《中华人民共和国大气污染防治法》,中国标准信息网,http://www.chinaios.com/HJBH - flfg/14164599326.htm。

《中华人民共和国固体废物污染环境防治法》,中国标准信息网,http://www.chinaios.com/HJBH - flfg/14164599326.htm。

《中华人民共和国环境噪声污染防治法》,中国标准信息网,http://www.chinaios.com/HJBH - flfg/14164599326.htm。

《中国资源性产品进口关税下调平均降至9.03%》,中国发展门户网,2007年2月27日发布,www.chinagate.com.cn。

中国会计视野:《矿产资源开发利用企业所得税暂行条例》,http://law.esnai.com/law_show.aspx?LawID=163。

中国科普博览,恐龙博物馆:《生存竞争——达尔文进化论的精髓》,http://www.kepu.net.cn/gb/lives/dinosaur/extinction/ext302.html。

《什么是资源?》,中国矿网、矿产资源开发百科,2008年6月11日发布,http://www.minevip.com/Cyclopaedia/bkShow.aspx?ClassID=22&ID=49。

《宪法学视野中的中央与地方关系 浅论中国国家结构形式制度的缺失与修缮》,2009年6月8日发布,中国人民法制网,http://www.fz - china.com.cn/News Detail - 26326.html。

《全国资源规划(2008~2015年)》,中国网,http://www.china.com.cn/policy/txt/2009 - 01/07/content_17069166.htm,2009年11月11日。

《当前我国农民工群体文化生活状况调查及对策研究》,中国网,http://www.china.com.cn/culture/zhuanti/07ggwhfubg/2007 - 12/19/content_9403474_3.htm。

《国务院关于解决农民工问题的若干意见》,中国网,http://www.china.com.cn/chinese/PI - c/1167797.htm。

《社会责任国际标准体系SA8000》,中国网,http://lt.china.com.cn/chinese/zhuanti/zgqy/925766.htm。

《按2005年平均汇率计算 中国人均GDP为1700美元》,中国新闻网,

http://finance.sina.com.cn/g/20060125/12072305960.shtml。

《国务院关于解决农民工问题的若干意见》，中国政府网，http://www.gov.cn/jrzg/2006-03/27/content_237644.htm。

《中华人民共和国宪法》，中国政府网，http://www.gov.cn/gongbao/content/2004/content_62714.htm。

《关于贯彻信贷政策与加强环境保护工作有关问题的通知》，中华环保频道，http://www.cctvep.com/tech/2007-7-5-1074.htm。

中华人民共和国财政部：《屡查屡犯的背后看资源补偿费征收管理》，http://ha.mof.gov.cn/lanmudaohang/jianguanshixiang/200907/t20090716_182729.html。

中华人民共和国国土资源部：《地勘单位改革发展若干问题探析》，中国国土资源网，http://www.mlr.gov.cn/zt/yw/dzzkgg/mtsp/200911/t20091120_127351.htm，2009年11月20日发布。

中华人民共和国国土资源部：《论资源所有权及其实现》，2009年12月25日发布，http://www.mlr.gov.cn/wskt/wskt_bdqkt/200912/t20091225_130930.htm。

中华人民共和国年鉴：《自然资源》，中央政府门户网站，http://www.gov.cn/test/2005-07/27/content_17405.htm，2005年7月27日发布。

《中国资源综合利用现状、问题与对策研究》，中华商务网，http://www.chinaccm.com/H8/H814/H81401/news/20070315/110513.asp。

钟晓敏：《市场化改革中的地方财政竞争》，《财经研究》2004年第1期。

钟笑寒：《地区竞争与地方保护主义的产业组织经济学》，《中国工业经济》2005年第7期。

周海生：《政治文化与公共政策》，《广东行政学院学报》2008年6月10日。

周红云：《社会管理体制改革当秉持何种理念》，新华网-新华法治，http://news.xinhuanet.com/legal/2010-04/01/c_1212478.htm，2010年4月1日发布。

周惠中、易纲、海闻：《微观经济学》，上海人民出版社，1999。

周黎安：《晋升博弈中政府官员的激励与合作 兼论我国地方保护主义和重复建设问题长期存在的原因》，《经济研究》2004年第6期。

周美雷:《以公共服务评估促进和谐社会建设》,人民网,http://theory.people.com.cn/GB/40537/5158990.html,2006年12月12日发布。

周庆智:《等级制中的权位竞争——对某县行政权力的实证分析》,《东南学术》2005年第5期。

周湘斌:《社会支持网络理论在社会工作实践中的应用性探讨》,《中国农业大学学报》(社会科学版)2005年第2期。

周业安、冯兴元、赵坚毅:《地方政府竞争与市场秩序的重构》,《中国社会科学》2004年第1期。

周业安、赵晓男:《地方政府竞争模式研究——构建地方政府间良性竞争秩序的理论和政策分析》,《管理世界》(月刊)2002年第12期。

周业安:《地方政府竞争与经济增长》,《中国人民大学学报》2003年第1期。

周业安:《健康的经济来自好的治理机制——威廉姆森的思想精髓》,2009年11月4日,http://www.21cbh.com/HTML/2009-11-4/152340_2.html。

朱健刚:《城市街区的权力变迁:强国家与强社会模式——对一个街区权力结构的分析》,《战略与管理》1997年第4期。

朱晓超、康理诚:《美国煤矿安全启示》,《财经》,2005年2月23日发布,http://www.jxmkaqjc.gov.cn/2005-2/2005223210409.htm。

朱仲梅:《生物学教学中的模型和模型方法的开发研究》,《商情》2009年第10期。

庄国波:《领导干部政绩评价的理论与实践》,中国经济出版社,2007。

邹东升、李辉:《美国院外活动及其法律规制——兼论其对规范我国人大会外活动的启示》,西南政法大学天宪网,http://www.txwtxw.cn/Article_Show.asp?ArticleID=661。

图书在版编目（CIP）数据

资源开发过程中的利益博弈及均衡发展研究/杜明军著. -- 北京：社会科学文献出版社，2018.6
（中原学术文库·学者丛书）
ISBN 978-7-5201-2584-0

Ⅰ.①资… Ⅱ.①杜… Ⅲ.①企业管理-生产管理-研究-中国 Ⅳ.①F279.23

中国版本图书馆 CIP 数据核字（2018）第 074247 号

中原学术文库·学者丛书
资源开发过程中的利益博弈及均衡发展研究

著　　者 / 杜明军

出 版 人 / 谢寿光
项目统筹 / 任文武
责任编辑 / 丁　凡

出　　版 / 社会科学文献出版社·区域发展出版中心（010）59367143
　　　　　 地址：北京市北三环中路甲29号院华龙大厦　邮编：100029
　　　　　 网址：www.ssap.com.cn
发　　行 / 市场营销中心（010）59367081　59367018
印　　装 / 三河市尚艺印装有限公司

规　　格 / 开　本：787mm×1092mm　1/16
　　　　　 印　张：21.75　字　数：343千字
版　　次 / 2018年6月第1版　2018年6月第1次印刷
书　　号 / ISBN 978-7-5201-2584-0
定　　价 / 78.00元

本书如有印装质量问题，请与读者服务中心（010-59367028）联系

▲ 版权所有 翻印必究